Em torno de Rivail

Os direitos autorais desta edição foram integralmente doados ao *Centre d'Etudes Spirites Allan Kardec (CESAC)*, não recebendo os autores qualquer remuneração proveniente da sua venda.

# Em torno de Rivail

*O mundo em que viveu Allan Kardec*

© 2004 Centre d'Etudes Spirites Allan Kardec – CESAC

Direitos de publicação cedidos pelos autores ao
INSTITUTO LACHÂTRE
Caixa Postal 164 – CEP 12914-970 – Bragança Paulista – SP
Telefone: 11 4063-5354
Página na internet: www.lachatre.org.br
E-mail: editora@lachatre.org.br

CAPA
Andrei Polessi

REVISÃO
Cristina da Costa Pereira

2ª edição – 3.000 exemplares – julho de 2015

A reprodução parcial ou total desa obra, por qualquer meio, somente
será permitida com a autorização por escrito da Editora.
(Lei nº 9.610 de 19.02.1998)

Impresso no Brasil
Presita em Brazilo

---

CIP-Brasil. Catalogação na fonte

Em torno de Rivail / Beatriz Helena P. Costa Nunes, Cleone Augusto,
Edgar Francisco de Jesus, Elizabeth Pinto Valente de Souza, Fabio
Dubs, Iole de Freitas, Maria do Carmo Marino Schneider, Maria Elisa
Hillesheim, Nadja do Couto Valle, Pedro Simões  Renata Feital, Ro-
drigo Bentes Monteiro, Veronica Cardoso de Jesus – Bragança Paulis-
ta, SP : Lachâtre, 2004.

336p.

1.História da pedagogia. 2.Literatura francesa do século XIX. 3.Músi-
ca europeia do século XIX. 4.Artes plásticas na França do século XIX.
5.Arquitetura francesa do século XIX. 6.História da França século
XIX. 7.Filosofia no século XIX. 8.História da medicina. 9.Homeopa-
tia. 10.Ciência do século XIX. 11.Rivail, Hippolyte-Léon-Denizard,
1804-. 12.Pestalozzi, Johann Heinrich, 1746-1827. 13.Hahnemann,
Samuel, 1755-1843. I.Título.

CDD 709.44
944
109

Para Sarah,
que teceu seu 'fio-destino'
entrelaçado em nossa rede.

O quadrado agora se encontra inteiramente recoberto de cartas de tarô e de histórias. As cartas do maço estão todas à mostra sobre a mesa. E a minha história, onde está? Não consigo distingui-la entre as outras, tão intrincado se tornou seu entrelaçamento simultâneo. De fato, a tarefa de decifrar as histórias uma por uma fez-me negligenciar até aqui a peculiaridade mais saliente de nosso modo de narrar, ou seja, que cada relato corre ao encontro de outro relato.

Italo Calvino, *O castelo dos destinos cruzados*.

# AGRADECIMENTOS

Nada do que foi realizado – elaboração do projeto, contatos de autores, organização de colóquios – teria sido possível sem o grande empenho e as ideias de Miriam da Conceição; a ela devemos um agradecimento especial. Edson Audi e Claudia Bonmartin estiveram também na origem de tudo. Somos gratos ainda a Rafael Giordano, pelo registro audiovisual das exposições didáticas e reuniões, e a Caio e Sussu Capillé, Joana Garcia, Sarah Santoro da Costa, Lúcia Ramos, Lúcia Rangel, Marly Taguatinga, Elias Costa, Maria Bellar, Isabel Aquino, Melissa Schneider, Christine Costa, Maria Sena e Darcy Moreira.

Petrópolis – Rio de Janeiro – Vitória – Genebra
maio de 2001 – maio de 2003
Os autores

# SUMÁRIO

Introdução, 13

### I – Formação cultural e vida urbana

**O universo educacional e a proposta de Pestalozzi, 21**
MARIA ELISA HILLESHEIM

**As multifárias manifestações da espiritualidade na literatura, 49**
MARIA DO CARMO MARINO SCHNEIDER

**Notas de uma viagem musical: escalas e escolhas em Paris, 91**
BEATRIZ HELENA P. COSTA NUNES

**Artes plásticas: a potência de uma estética renovadora, 115**
IOLE DE FREITAS E CLEONE AUGUSTO

**Paris, espaço e paisagem da modernidade, 129**
FABIO DUBS

### II – Ideias, política e sociedade

**História entre impérios e revoluções, 147**
RODRIGO BENTES MONTEIRO

12 | EM TORNO DE RIVAIL

A 'questão social' e suas alternativas, 187
PEDRO SIMÕES E RENATA FEITAL

Materialismo e espiritualismo na filosofia: culminâncias
e sínteses, 221
NADJA DO COUTO VALLE

### III – Razões e sensibilidades científicas

História da medicina: o homem na eterna busca da cura, 269
VERÔNICA CARDOSO DE JESUS

A homeopatia: alvorecer da arte de curar, 287
ELIZABETH PINTO VALENTE DE SOUZA

Ciência em evolução, 309
EDGAR FRANCISCO DE JESUS

Allan Kardec, 349
MAURICE LACHÂTRE

Sobre os autores, 357

Notas, 359

Bibliografia, 375

# INTRODUÇÃO

De um modo geral, as religiões no mundo – sejam elas de origem oriental ou ocidental – estão associadas a personagens reveladoras de um determinado saber. Desse modo, para se entender o islamismo, é fundamental a figura de Maomé; sem Sidarta não se teria o budismo; e o cristianismo, por sua vez, tem suas bases na própria vida de Jesus de Nazaré e nas cartas de Paulo de Tarso.

Mas a consideração da vida e da obra desses fundadores, expressa em postura de encantamento e admiração, frequentemente ofusca os contextos históricos em que eles se situavam, ambientes que possibilitaram o advento e a expansão das suas respectivas filosofias morais. No Ocidente, por exemplo, numerosos estudos foram realizados sobre as reformas protestante e católica com o intuito de situá-las em termos políticos, sociais, culturais e até econômicos. Essas pesquisas contribuem para a compreensão de novas questões relacionadas aos movimentos religiosos, para além de uma profissão de fé. Em outras palavras, trata-se de promover uma abordagem independente da história institucional da religião e do debate doutrinário, não importando a crença – ou a não-crença – do autor do trabalho, ou de seu leitor. Tais estudos têm o mérito de apresentar um panorama mais complexo e abrangente do objeto de investigação – a gênese das religiões.

O espiritismo também foi abordado em estudos acadêmicos a partir de diversos enfoques.[1] Outros trabalhos foram realizados na literatura espírita tradicional – ou no campo da divulgação – sobre a trajetória de Hippolyte Léon Denizard Rivail – mais conhecido como Allan Kardec – e os acontecimentos que marcaram o princípio do conhecimento espí-

14 | Em Torno de Rivail

rita. Nenhum deles, no entanto, buscou de forma privilegiada a relação entre a biografia de Allan Kardec, o espiritismo, e seu universo cultural.[2]

O propósito deste livro é tentar esclarecer acerca do mundo em que viveu o homem, educador, cidadão e magnetizador Denizard Rivail. A coletânea de estudos visa suprir justamente essa lacuna, considerando os estudos já publicados sobre o espiritismo e seu fundador: a elucidação de vários aspectos pertinentes à França e à Europa entre 1804 e 1869 – tempo de vida de Rivail. Portanto, a presente obra enfatiza um ponto até então obscuro, importante para a compreensão mais alargada da origem do espiritismo no seu tempo e no seu espaço.

Essas ideias encontraram respaldo na sociologia histórica desenvolvida pelo alemão Norbert Elias (1897-1990), que perseguiu com tenacidade o tema das relações entre 'indivíduo' e 'sociedade'. Em uma biografia histórica e sociológica, Elias concebe a personalidade pública de Wolfgang Amadeus Mozart em relação com o mundo em que vivia, o império austríaco ao final do século XVIII. A rejeição da aristocracia vienense, a genialidade do artista são aspectos contemplados na obra, contrapondo o brilho individual do compositor e seus anseios em tornar-se um músico independente ao despreparo daquela sociedade cortesã em lidar com a individualidade, tentando mantê-la como um criado capaz de proporcionar entretenimento. O fracasso de Mozart em seu sucesso profissional é interpretado por Elias como um descompasso entre a afirmação dessa personalidade singular e um mundo não preparado para acolhê-la, fato comum em momentos de crise e de mudanças sociais. Interessante notar que o sociólogo não desconsidera a originalidade da personalidade pública de Mozart, mas analisa-a sempre em relação à sua sociedade, de tal forma que se torna impossível separar as instâncias social e individual.[3] Na compilação de comunicações proferidas ao longo de sua vida acadêmica intitulada A sociedade dos indivíduos, o sociólogo – também estudioso de medicina, filosofia e psicologia – aborda com mais consistência teórica o mesmo tema. Elias afirma que a relação da pluralidade de pessoas com a pessoa singular chamada 'indivíduo' não é algo claro. Embora ninguém duvide de que os indivíduos formam a sociedade, ao se tentar teorizar essa vivência cotidiana, visualiza-se um quebra-cabeças com muitas lacunas. É preciso então recorrer-se a modelos de imagens, expressos nas relações entre os tijolos e as ca-

O Mundo em que Viveu Allan Kardec | 15

sas, as notas e a melodia, as partes e o todo, para avançar o raciocínio. Segundo Elias, 'indivíduo' e 'sociedade' são elementos desprovidos de objetivos, não existindo um sem o outro, como os planetas formando o sistema solar. Desconsiderar essa existência não finalista e causal seria equivalente a se conceber a pessoa como um "eu destituído de nós", ou a sociedade como "um nós desprovido de eu".[4]

O elenco de padrões sociais de auto-regulação que o indivíduo desenvolve em si ao crescer e transformar-se seria específico de cada geração e próprio de cada sociedade. A maneira como o indivíduo se comporta pode ser exemplificada também nos passos dos bailarinos de um corpo de baile em sua coreografia. Amigos ou não, pais e filhos, marido e mulher, nobres ou servos, reis ou súditos, o modo como os indivíduos agem seria influenciado pelas relações passadas ou presentes com outras pessoas. Cada pessoa parte de sua posição única em sua rede de relações para construir sua história singular, vinculada aos outros. Elias entende a individualidade em termos das relações que lhe são outorgadas pelo destino. A estrutura de personalidade seria assim um produto reticular. Mais uma vez o sociólogo utiliza uma imagem como exemplo:

> Nessa rede, muitos fios isolados ligam-se uns aos outros. No entanto, nem a totalidade da rede nem a forma assumida por cada um de seus fios podem ser compreendidas em termos de um único fio, ou mesmo de todos eles, isoladamente considerados; a rede só é compreensível em termos da maneira como eles se ligam, de sua relação recíproca. Essa ligação origina um sistema de tensões para o qual cada fio isolado concorre, cada um de maneira um pouco diferente, conforme seu lugar e função na totalidade da rede. A forma do fio individual se modifica quando se alteram a tensão e a estrutura da rede inteira. No entanto essa rede nada é além de uma ligação de fios individuais; e, no interior do todo, cada fio continua a constituir uma unidade em si; tem uma posição e uma forma singulares dentro dele.[5]

Com o intuito de desenvolver essas ideias *em torno de Rivail*, desde 2001 um grupo de estudiosos organizou três colóquios durante finais de semana. Nesses encontros, cada autor partilhou o fruto de suas reflexões. Os temas apresentados foram amplamente discutidos pelo

16 | EM TORNO DE RIVAIL

grupo e adequados à proposta geral da obra. Nos colóquios, busca-va-se um aperfeiçoamento dos artigos em elaboração, até a sua forma final. A peculiaridade de alguns temas permitiu a utilização de recursos como *slides*, músicas, vídeos e declamações, expressando uma preocupação em resgatar símbolos e imagens próprios da época.

O plano da presente obra compreende uma divisão em três partes temáticas. A primeira delas aborda aspectos mais especificamente culturais de grande importância para o contexto europeu. Alguns desses aspectos foram relevantes na formação de Rivail. O artigo de Maria Elisa Hillesheim enfoca a pedagogia do mestre suíço Pestalozzi como agente transformador da prática educacional no mundo contemporâneo. Maria do Carmo Schneider trabalha o ambiente dos literatos priorizando o espiritualismo de suas obras. O convite para uma viagem musical feito por Beatriz Helena Nunes destaca a centralidade da vida cultural francesa no âmbito dos virtuoses e compositores em voga. Iole de Freitas e Cleone Augusto enfatizam as potências da alma nos quadros dos artistas românticos, e o espírito de observação em outros pintores. As avenidas e os *boulevards* parisienses são abertos por Fabio Dubs, contemplando o mundo das reformas urbanas.

A segunda parte do livro tem como objeto principal a análise das formas de pensamento em suas manifestações políticas, sociais e filosóficas. Nos artigos os autores buscaram, tanto quanto possível, relacionar essas ideias aos acontecimentos procedentes. O poder e os movimentos revolucionários constituem o artigo de Rodrigo Bentes Monteiro, explicitando a tensão entre o Estado e sua contestação. Pedro Simões e Renata Feital abordam o mundo do trabalho, a questão da pobreza e suas formas de combate, com destaque para as ações caritativas e o socialismo utópico. As correntes filosóficas do materialismo e do espiritualismo, com seus vários desdobramentos, compõem o texto de Nadja do Couto Valle.

A terceira e última parte prioriza o campo das descobertas científicas, em especial na medicina e em outras vertentes, algumas em sintonia com o espiritismo. O artigo de Verônica Cardoso de Jesus aborda a história da arte de curar de modo contexualizado e analítico. Elizabeth Valente de Souza estuda a vida e a obra de Hanneman, destacando os princípios filosóficos que envolveram o surgimento da homeopatia. Por fim Edgar de Jesus, a partir de um panorama sobre as pesquisas científicas nos séculos XVIII e XIX, particulariza a prática do magnetismo naquele ambiente, e a ponte com o universo metafísico.

A organização dos temas procurou situar no início, no meio e no fim da coletânea de ensaios aspectos mais conhecidos da trajetória de Rivail – o educador, o filósofo e o estudioso do magnetismo –, informações obtidas na literatura espírita. Mas é preciso reconhecer que todos os temas tratados são relevantes para se compreender a multifacetada formação do codificador do espiritismo.

Todavia, as muitas relações entre a biografia de Rivail, sua obra e seu mundo, quase não foram explicitadas no livro, constituído na realidade por ensaios que visaram apenas caracterizar aspectos reconhecidamente significativos do contexto histórico abordado. Nesse sentido, deve-se afirmar que o presente livro não contém hipóteses e conclusões em forma de tese, pois simplesmente levanta novos temas e questões. Esses temas são merecedores de outras pesquisas que contribuam para o esclarecimento da origem do espiritismo e da contextualização da vida de Rivail. Trata-se, então, de uma obra aberta, que deixa o leitor livre para concluir acerca da validade dessa iniciativa.

OS AUTORES

# I

## Formação Cultural e Vida Urbana

# O UNIVERSO EDUCACIONAL E A PROPOSTA DE PESTALOZZI

MARIA ELISA HILLESHEIM

Este capítulo transcreve datas e acontecimentos mais relevantes da vida de Pestalozzi em ordem cronológica. Esta ordem, entretanto, é um fio alinhado no qual vão surgindo as primeiras reflexões filósofo-sociológicas, as tentativas encadeadas com crianças e diferentes situações sociais e que resultam em proposta pedagógica, exercida, em plenitude, em Iverdon. Acima de fatos e menção a textos traduzidos da obra pestalozziana, pouco conhecida no Brasil, transparece o homem íntegro, generoso e profundamente direcionado ao desenvolvimento educacional na Suíça dos séculos XVIII e XIX. O artigo comenta vivências educativas do mestre suíço, ligando-as a posturas atuais, analisando assim a influência do seu trabalho através do tempo e a maturidade de seus ideais. Rever Pestalozzi se justifica pelo objetivo do livro agora apresentado: em que esfera educativa-acadêmica viveu o codificador do espiritismo. Como o desenvolvimento intelectual e moral do menino Rivail se processa no sistema pestalozziano de ensino.

As diferentes atividades do conhecimento humano se encadeiam pelos séculos. Com maior ou menor espaço de tempo, surgem os inovadores, homens que reflexionam sob influência de outros homens que marcaram a história.

Johann Heinrich Pestalozzi, em retrato de F.G.A. Schöner, 1804

Jean-Jacques Rousseau defende a ideia de que o homem em seu estado natural é bom

Herdamos, em cada cultura, as ideias de pensadores que nos antecederam, por meio daqueles que se filiam às proposições anteriores, desenvolvendo-as ou contrapondo-se a elas.

Johann Heinrich Pestalozzi, no contexto do século XVIII – nasce em Zurich, a "Atenas do rio Limmat", em 12 de janeiro de 1746. Estudante de linguística e filosofia, aluno de mestres famosos, crítico da situação política da Suíça, publica propostas de educação, inspirado, inicialmente, nos precursores da pedagogia moderna.

Lembramos que a tradição filosófica protestante europeia teve em Jam Amos Comenius (1592-1670), Checoslováquia, tanto um líder religioso (discípulo de Jan Huss) como um filósofo e cientista interessado em educação.

Comenius propunha que a educação alcançasse homens e mulheres, sem distinção de camada social, de normalidade ou deficiência. Inovador, condenou os castigos atemorizantes para a infância. Como prática pedagógica, idealizou a aprendizagem global, baseada no interesse e na observação do educando.

Jean-Jacques Rousseau (1712-1778), Genebra, com sua obra clássica: *Emílio, ou da educação*, propõe que o homem nasce bom e, mais tarde, por culpa da educação e da sociedade, degenera.

O discípulo de então, Pestalozzi, é atraído vivamente pela obra de Rousseau, estudando os textos do filósofo suíço e, em sua homenagem, dá o nome de Hans Jakob (Jean-Jacques) a seu único filho.

O que torna, no entanto, Pestalozzi conhecido na comunidade europeia – superficialmente no Brasil – é a profícua gestação de ideias e de experiências, a partir das propostas filosóficas aceitas por ele.

O Mundo em que Viveu Allan Kardec | 23

Antes da divulgação do método pedagógico praticado por ele, com sucesso, no Instituto de Yverdon, Pestalozzi ensaia a explicitação de sua linha filosófica, discordando então de posições de seu mestre Rousseau, em pensamentos independentes que o caracterizariam até o final da vida.

Chamado de "filósofo solitário" por Dora Incontri, enraizado no seu tempo e em sua formação, iluminista – como "linha filosófica que se serve da razão para estudar o desenvolvimento do homem" –, Pestalozzi cria seus próprios termos e embasa o método educativo em potencial, em concepções originais próprias ou em concepções derivadas do contexto histórico e educacional.[1]

Percebemos, hoje, a necessidade de um ponto de partida filosófico para a educação, uma filosofia de essência que permeie as relações pedagógicas. Filosofia entendida como "a tentativa para pensar do modo mais genérico e sistemático em tudo o que existe no universo. Pensamento exigido pela necessidade de o homem organizar suas ideias".[2]

Assim, Pestalozzi elabora, com sua filosofia, a visão do desenvolvimento integral do homem: moral, intelectual e físico.

Na primeira obra, *Crepúsculos de um eremita* (1780), ele inicia com as perguntas básicas da filosofia: "O que é a natureza humana? O que é propriamente o meu ser, quais os sinais característicos da natureza humana como tal?"

Consideram os estudiosos que, junto a *Crepúsculos de um eremita*, estão outras duas obras principais: *Minhas indagações* (1797) e *Canto do cisne* (1826). Nenhuma destas obras foi traduzida integralmente para o português. Há outras publicações importantes de Pestalozzi como: *Leonardo e Gertrudes* (1781 – 1ª parte) (1782 – 2ª parte) (1785 – 3ª parte) (1787 – 4ª parte). *Como Gertrudes ensina seus filhos* (1801) não têm mais do que citações traduzidas.

Pestalozzi não passa apenas ao papel as suas ideias, vai ao encontro da criança, colocando ideias em ação. É assim que surge a primeira tentativa pedagógica de Neuhof (1774-1779).

Em Neuhof, Pestalozzi, já casado com Anna Schulthess (1738-1815), instala-se no campo, onde irá nascer seu único filho Hans Jakob (1770-1801), buscando, na volta à natureza, o homem ideal.

Também o inspiram os ideais políticos, próprios dos cantões suíços, de busca de soluções para a nação, na agricultura. A inabilidade, porém, em manejar as questões financeiras e os problemas com as plantações levam-no à falência.

Pestalozzi inicia suas atividades pedagógicas em Neuhof (Granja Nova, 1774), impulsionado pelos ideais de redenção do povo pela educação. Reuniu crianças pobres numa fazenda, adquirida por ele, numa nova proposta educativa: ensinar a ler, escrever, calcular, trabalhar e orar. O educador, que se formava, pretendia instalar um grande lar, onde órfãos e mendigos pudessem aprender uma profissão e desenvolver uma formação moral.

Pretendia agir como um pai diante de filhos, avaliando o potencial de cada criança. Esperava manter o instituto com seu trabalho e o das crianças, já que seria uma escola ativa; o trabalho elementar como preparação para um trabalho produtivo.

Experiência rural de Pestalozzi em Neuhof

Percebe-se, neste movimento, o gérmen das atuais escolas profissionais e agrícolas.

O idealismo não superou as dificuldades financeiras e Pestalozzi tudo perde. Outros fatores concorrem para o fracasso: granizo, doenças endêmicas, a desconfiança dos camponeses em seus métodos, a falta de apoio das autoridades. De seu ensaio pedagógico, nada resta de material. O verdadeiro cristão, porém, continua inteiro. Conta-se dele, como se fosse anedota:

> Um dia, nas ruas de Bâle, notaram que os sapatos de Pestalozzi estavam atados com palha. 'É meio doido', diz alguém que ignorava a causa disso: não tendo dinheiro para dar a um pobre, ele havia entregue as fivelas de prata de seus sapatos.[3]

Fracassado o empreendimento em Neuhof, amigos o acolhem e tornam possível a publicação do livro *Crepúsculo de um eremita*. A obra traduz a necessidade de reflexão do educador e de novas diretrizes para outras realizações.

E se interroga: "O homem que é igual a si mesmo, quer esteja sobre um trono ou sob a sombra de uma ramagem, o homem no seu ser, o que é?" Procura respostas para a realidade social, política e psicológica que o cerca. "Como trabalhar a natureza humana pela educação, levando em conta os fatores que constituem uma realidade global?"

Estes questionamentos deveriam ser poderosos não apenas para o Pestalozzi-filósofo. O educador, que agia como um pai diante de seus alunos e como tal alcançava resultados pedagógicos, culpa-se, mais tarde, pelo fracasso intelectual e emocional do único filho.

Em muitos escritos, revela sua crença de que o amor materno e paterno conduziriam o processo pedagógico com êxito.

Extremamente amoroso e dedicado ao filho, responsável por sua educação até os doze anos, não atinge os resultados sonhados na tarefa familiar.

Então, encontramos o pai-educador a interrogar-se sobre a natureza humana, sobre a fragilidade do ser, sobre influências, forças interiores que ele não conseguira trabalhar no filho.

Questionamentos que se perpetuaram. Até hoje pais e educadores se perguntam: por que resultados diferentes se o processo foi o mesmo?

Então a essência e a individualidade apresentam-se diversas na criança?

E repetimos uma pergunta de Pestalozzi: "Como trabalhar a natureza humana pela educação...?"

Como a educação poderia ligar o ser humano com suas próprias forças e ao mesmo tempo com a realidade objetiva?

Concentrando ideias já desenvolvidas e agora escritas com clareza e objetividade, surge o já mencionado *Leonardo e Gertrudes*, em quatro volumes, que é considerado um romance pedagógico.

Nele, Pestalozzi lança sua experiência de vida, os ideais norteadores do educador, até então, e as questões ainda não resolvidas por ele.

Na pesquisa de Dora Incontri, vamos conhecer as duas personagens do título: Gertrudes, esposa do pedreiro Leonardo, é mãe de família e educadora exemplar dos próprios filhos. O enredo transcorre na aldeia de Bornal e há oportunidade de descrição de outros perso-

26 | EM TORNO DE RIVAIL

nagens: o bailio (magistrado provincial), autoridade corrompida da região e dono de uma taberna; Arner, fidalgo de grande generosidade; Ernst, o pastor que luta contra a exploração dos mais fracos.

À medida que escreve, Pestalozzi passa da retratação das situações cotidianas da aldeia para a abordagem da natureza humana. Ele escreve em um prefácio:

> Comecei pela cabana de uma mulher oprimida e com o quadro da grande ruína da aldeia e termino com sua ordem. O quadro se tornou mais abrangente. A cabana da mulher pobre foi desaparecendo à medida que gradativamente avança na apresentação do todo.

O filósofo Pestalozzi dedica-se agora ao completo relacionamento homem-meio: a natureza do homem na realidade política e social ou o homem político e social, manifestando-se na realidade encontrada.

Gertrudes consegue retirar Leonardo de uma vida ociosa em que a bebida mantém os camponeses explorados pelo magistrado provincial. Arner, a exemplo de Gertrudes, toma atitudes para reverter o processo de degeneração social da aldeia: investigação de corrupção, reforma agrária dos camponeses, instituição de poupanças para as crianças pobres. Ernst, o pastor, debate a exploração dos mais fracos, enquanto Gertrudes é descrita orando com os filhos, nos cultos domésticos do Evangelho.

Compreendemos, através da história, o pensamento de Pestalozzi: a confiança dele em que as pessoas têm gosto em se tornarem boas, apesar das resistências às mudanças; a crença de que toda transformação moral deve partir do sentimento em direção ao bem.

Neste rápido enfeixe da obra, podemos ter a falsa ideia de que Pestalozzi idealiza as criaturas – personagens mencionados – e não descreve a mentalidade das classes mais baixas. Ele expõe, no entanto, o comportamento dos camponeses:

> (...) relaxamento, ociosidade, falta de higiene, superstições, intriga, inveja mútua, ignorância etc. Coisas que os enfraquecem, arrancando-lhes a dignidade humana e a capacidade de reação contra os que os exploram e dominam por causa mesmo de suas fraquezas morais. Como pano de fundo de toda engrenagem social corrompida,

O Mundo em que Viveu Allan Kardec | 27

está a chaga moral, a alienação do homem em relação à sua divindade interior.[4]

Começam a ser delineadas, em livro, as orientações que Pestalozzi seguirá, mais tarde, na prática pedagógica: reestruturação da ordem social por meio de uma revolução moral. Pestalozzi assim se expressa na fala da personagem Gertrudes:

> (...) se apenas fosse preciso trabalho e salário para tornar os pobres felizes, então isso em breve se resolveria. Mas não é assim: nos ricos e nos pobres, é preciso que o coração esteja em ordem, se eles devem ser felizes.[5]

Novamente mencionando Rousseau, na educação de Emílio, encontramos o paralelo com a educação dos filhos de Gertrudes. Tanto Rousseau quanto Pestalozzi colocam em teoria as concepções de uma formação mais adequada do homem para, mais tarde, envidarem esforços concretos na realização da prática pedagógica. O que representou para o mundo, na renovação escolar, na visão global do educando, o esforço dos filósofos suíços seria mais tarde reconhecido até por leigos em educação.

Os biógrafos de Pestalozzi observaram que o período de publicação de *Leonardo e Gertrudes* foi relativamente calmo, considerando-se todas as crises que o afligiram no longo tempo de trabalho educacional.

O período serve-lhe de tempo de profunda reflexão na área da política, da sociologia e do direito. Percebemos, cotejando datas, que, no mesmo ano da segunda parte do romance pedagógico, é publicada *Legislação e infanticídio*, considerada a primeira obra de sociologia juvenil em edição no mundo.

À medida que desenvolve a segunda e a terceira parte de *Leonardo e Gertrudes*, Pestalozzi vai expondo a importância do aspecto político em sua concepção do ser.

Os personagens mais uma vez traduzem as observações do escritor quanto à origem do mal, quanto às resistências ao bem, tão profundamente experimentadas no instituto de Neuhof.

Por certo, a análise mais aprofundada destas obras nos permitiria aquilatar a evolução do pensamento de Pestalozzi junto às experiên-

28 | EM TORNO DE RIVAIL

cias e às observações acuradas. Por enquanto, o educador Pestalozzi não é conhecido como introdutor de um método pedagógico. Ele mesmo se declara como alguém sem postulados definidos. Mesmo mais tarde, com o sucesso europeu de seu educandário, continuará a se dizer um observador da natureza humana e um esforçado mestre junto às crianças.

A Revolução Francesa, que teria pouco depois influência direta na administração dos cantões suíços, vem trazer a Pestalozzi mais reflexões sobre as características da natureza humana – o exercício do poder constituído e os impulsos revolucionários das classes mais baixas.

As avaliações amadurecem e Pestalozzi centraliza ainda mais sua atenção no indivíduo, de vez que as instituições políticas o frustram. É neste tempo (1797) que *Minhas indagações sobre a marcha da natureza no desenvolvimento da espécie humana* vem a público.

Assim ele se coloca: "Diz a experiência de todos os tempos que o homem em comando é motivado em primeiro lugar a beneficiar-se a si próprio..."

Neste livro, é bastante conhecido o paralelo que Pestalozzi faz entre a árvore e o ser humano. Vale transcrevê-lo:

> (...) se eu te declaro animal no envoltório do teu nascimento, não coloco o objetivo da tua perfeição nos limites do invólucro da tua origem. Vejo o interior do teu ser como divino, assim como o ser interior da minha natureza (...). Se o homem planta uma árvore ou uma flor, ele a enterra no solo, põe esterco na raiz e a cobre de terra. Mas o que ele faz com tudo isso ao ser íntimo da flor? O material, pelo qual a semente se desenvolve, é infinitamente de menos valor que a semente em si.[6]

Pestalozzi distingue a divindade do ser humano – a semente, o gérmen, a potência – da sociedade que como a terra o envolve e o esterco que cobre as raízes identifica como os instintos humanos. Se o homem não se escravizar aos instintos, se for além da sociedade, poderá se realizar como homem inteiro, permanecendo a essência divina, a semente. Mais tarde, Pestalozzi, reafirmando tal pensamento, escreverá sobre a educação, como o fator que pode estimular o desa-

O Mundo em que Viveu Allan Kardec | 29

brochar do gérmen ou levará ao abafamento da liberdade moral do indivíduo. Associando religião à moral, escreve contra tudo o que submeta o indivíduo, já que lhe retira a oportunidade de autoconstrução.

Desde 1764, Pestalozzi fazia parte de grupos da Sociedade Helvética, que lutava por reformas nos cantões rurais – cantões então em sistema confederativo. Com a Revolução Francesa, grupos revolucionários da França exerceram influência sobre a situação política da Suíça.[7]

A história dos cantões suíços remete-nos ao século XI. A então Helvécia fazia parte do Sacro Império Romano Germânico, que já buscava a autonomia de suas cidades.

Os cantões suíços permaneceram livres até a Revolução Francesa, apesar dos conflitos religiosos entre os cantões católicos e protestantes.

Nos séculos XVII e XVIII, os governos citadinos inclinaram-se ao aristocratismo. Nas cidades manufatureiras, as corporações de ofício controlavam a política e a economia, cada vez mais em favor das famílias dos grandes mestres. A Confederação Helvética, à época de Pestalozzi, era uma organização confusa – treze cantões soberanos, cada um deles com forma de governo e religiões diferentes.

Neste contexto, as ideias francesas foram assimiladas por alguns cantões menos conservadores. A população, liderada por intelectuais liberais, exigia direito de voto masculino, o afastamento dos aristocratas, a instauração de assembleias constituintes nos cantões.[8]

Diante, porém, da indiferença das elites dirigentes suíças em atender às exigências do povo, os cidadãos insatisfeitos se insurgem, sob a proteção dos franceses, e é iniciada a Revolução Helvética.

Pestalozzi e outros intelectuais, já membros da Sociedade Helvética, procuram ativar as mentes nacionalistas no ideal de construção de uma nova República. Neste momento lhe é entregue, pelo ministro da República, a direção da *Folha Popular Helvética*, em que seriam publicadas as novas ideias para a população, objetivando uma reestruturação social.

As resistências de alguns cantões se fizeram sentir contra a nova ordem: quebra de tradições; interferência estrangeira (França); conflitos religiosos – cantões com predominância católica, em país de tradição protestante. Para agravar a postura religiosa dos suíços, a nova constituição não privilegia os princípios religiosos.

## 30 | Em Torno de Rivail

A reação avoluma-se, enquanto novos decretos do governo são conhecidos. Dentre os contrarrevolucionários, convocando o povo até para a resistência armada, está o padre capuchinho Paul Styger, o vigário de Stanz.

A aldeia de Stanz, cantão Unterwalden, é envolvida então em sangrento conflito. O Diretório Helvético emprega força armada com o auxílio dos franceses, contra uma minoria de unterwaldenses malarmados. Em Stanz, foram perdidas 386 vidas (102 mulheres e 25 crianças) em lutas desesperadoras (setembro de 1798).

Pestalozzi assim se expressa diante dos acontecimentos que enlutaram os patriotas suíços:

> Que angústia! Que angústia tive neste dia! As últimas horas do poder conciliador haviam escoado, o trovão da guerra desabou montanha abaixo; a pátria confiava em toda a sua extensão; a dor pousava em cada fronte e angustiosa preocupação em cada olhar (...). Nesse estado de ânimo, o terrível dia passou sobre a planície, mas a noite trouxe um horror mudo. Um fogo sem par ardia ao longo das montanhas que nossos pais nos acostumaram a admirar com mais alta reverência. Deus! Com que sentimentos viu o povo esse incêndio entre os confederados! (...)
>
> Vou me recompor, ser viril, e invocar com circunspecção e serenidade, e em toda amplitude, as causas primeiras dessa desgraça, para que a pátria não só suavize a sua desgraça presente, mas que também a torne impossível no futuro.[9]

A rápida menção aos acontecimentos da Revolução Helvética é justificável para aquilatarmos a dor de Pestalozzi diante do sofrimento do povo e para compreendermos a decisão de prestar socorro à aldeia, que os partidários da República tomam. Procuram reerguer Stanz por meio de voluntários e Pestalozzi é indicado para dirigir um instituto educacional para as crianças órfãs da tragédia.

Antes mesmo da guerra civil, Pestalozzi pedira auxílio ao Diretório Suíço para colocar em prática seus projetos educacionais, em lugar adequado. Pensara na região de Zurich ou de Argau. Poderia ter solicitado um alto posto que lhe seria acessível como um patriota, mas expressa um só desejo: "Quero ser mestre-escola."

Apesar do fracasso de Neuhof, há vinte anos, e com fama de mau administrador, Pestalozzi é designado com outras duas personalidades da República para formar o "comitê para os pobres", em Stanz.

Em 7 de dezembro de 1798, começaram as reformas necessárias e o término da construção de um convento de Ursulina para abrigar as crianças. No dia 14 de janeiro de 1799, em condições extremamente adversas, o Instituto recebe crianças sujas, com feridas e piolhos e marcadas pela desgraça.

Pestalozzi com os órfãos de Stanz

O ambiente de miséria e ignorância do povo, a desconfiança natural contra homens que representavam o poder que havia aniquilado a aldeia, a instabilidade política, a necessidade de reformulações sociais foram alguns desafios colocados ao mestre. O desejo, no entanto, de concretizar seus projetos educacionais, a compaixão diante dos órfãos e da população desordenada davam-lhe forças para colocar-se por inteiro nas tarefas.

E assim foi preciso. O governo lhe envia dinheiro mas as condições são tão precárias quanto ao grupo de alunos, quanto aos poucos auxiliares de que dispunham, que o educador tanto dirige a instituição quanto participa do banho dos alunos e da limpeza das salas.

Não havia por parte de Pestalozzi um plano de trabalho. Não tem pressa de ensinar. A experiência íntima com as crianças vai norteando seu procedimento, mostrando a flexibilidade e autenticidade que haveriam de caracterizá-lo tão bem em outras tarefas. Considera-se que nesta experiência vai nascendo o que seria chamado depois de método pestalozziano: sem moldes preestabelecidos, em que cada indivíduo é único, mesmo em grupos afins.

O educador rodeia-se de crianças; discute a situação de cada um, da Escola com seus problemas diários, da comunidade ignorante e rude. Coloca-se inteiro no relacionamento com os alunos, em atitudes de intensa dedicação e amor. Na falta de professores, leva-as a ensinarem umas as outras; aquele que aprendeu, reforça o aprendiza-

## 32 | EM TORNO DE RIVAIL

do, ensinando por sua vez. Na maioria do tempo, instrui-as sozinho, trata os doentinhos, em longas vigílias, ora com elas.

No século XX, Carl Rogers, autor dedicado à educação não diretiva, escreve o que se pode dizer de Pestalozzi, naquelas circunstâncias:[10]

> Talvez a mais básica dessas atitudes essenciais (para facilitar a aprendizagem) seja a realidade ou a autenticidade. Quando o facilitador é uma pessoa real, sendo o que é, ingressando num relacionamento com o estudante sem apresentar-lhe uma máscara ou fachada, ela tem muito mais probabilidade de ser eficiente. Isto significa que os sentimentos que está experimentando estão disponíveis para ela, disponíveis à sua consciência, que ela é capaz de viver esses sentimentos, sê-los, é capaz de comunicá-los, se for apropriado. Significa que ela se encontra direta e pessoalmente com o estudante, encontrando-o numa base de pessoa para pessoa. Significa que está sendo ela própria, não renegando a si.[11]

A experiência em Stanz é profícua. Ele elabora questões e as fundamenta no método que aplicaria mais tarde em Burgdorf e, finalmente, em Yverdon.

Foram apenas cinco meses de trabalho junto às crianças, quando o governo necessita do prédio onde funcionava o instituto para a instalação de um hospital militar. Os pequenos alunos cederam lugar a soldados doentes e feridos.

Pestalozzi é levado por amigos para os Alpes, com a saúde abalada. Lá, em convalescença, escreve a "Carta de Stanz" dirigida a um amigo, em que expõe as ideias que praticara com os alunos e diz de sua dor, pelo encerramento das atividades do instituto.

A "Carta de Stanz" foi traduzida para o português por Dora Incontri. Um resumo breve desta tradução, cerca de vinte páginas, com certeza nos será de utilidade, para compreensão da proposta educacional de Pestalozzi.

Inicia ele, falando dos projetos anteriores à formação do instituto – anteriores à tragédia de Unterwalden; da urgência do governo em reerguer a região destruída. Apesar de tudo faltar para que o empreendimento tivesse sucesso, ele vai de bom grado. "Esperava encon-

O Mundo em que Viveu Allan Kardec | 33

trar na inocência do campo uma compensação para insuficiência de recursos e na sua miséria, uma raiz para sua gratidão."

Ele descreve as crianças pobres, abandonadas: com tanta sarna, que mal podiam andar, muitas com trapos, cheias de piolhos; muitas tão magras como esqueletos; com olhos cheios de medo e a fronte cheia de rugas de desconfiança e preocupação; outras, atrevidas, acostumadas à mendicância e à mentira. Em geral, preguiçosas e sem formação escolar.

Pestalozzi, como já vimos, confia nas faculdades de natureza humana que Deus proporciona a todas as crianças e que permanecem, caso tenham vivido elas em circunstâncias embrutecedoras e de miséria. Ele queria elevá-las da lama para um ambiente doméstico, familiar, embora simples. Acompanha as crianças, de manhã cedinho até tarde da noite; seu coração, preso às crianças, que percebiam-lhe o interesse autêntico, os cuidados, os sentimentos que o impulsionam.

"Antes de mais nada, eu queria e precisava ganhar a confiança e a afeição das crianças."

\*

\* \*

O depoimento de Pestalozzi, nestes primeiros contatos com as crianças em Stanz, coloca-nos diante do quadro atual das crianças brasileiras desassistidas. Reações semelhantes: desconfiança, atrevimento, embrutecimento, mendicância, preguiça, ausência de formação escolar.

Quantos projetos conhecemos e que se concretizaram; no entanto, poucos alcançaram resultados realmente benéficos.

Os maiores recursos contemporâneos – financeiros, tecnológicos, teóricos – teriam que responder por faixas também maiores de crianças e jovens com oportunidades efetivas de integração útil à sociedade. Ainda lutamos, entretanto, os que labutam em atividades educacionais e recuperadoras, com o fracasso: desistências do educando, superficialidade na integração de conceitos. O que nos falta? A dedicação autêntica? Ganhar efetivamente a confiança e a afeição das crianças? Como? Participando ativamente do dia da criança? Interagindo todo tempo? Criando um campo de convivência real, baseado

## 34 | Em Torno de Rivail

na afetividade? Procurar caminhos especiais para as circunstâncias diversas da realidade social?

Quantos questionamentos!

Pestalozzi encontrou caminhos para atingir a criança abrigada no orfanato-escola.

Como encontraremos o nosso caminho? Subsídios, nós temos.

\*

\* \*

A confiança e a afeição foram conquistadas pouco a pouco, a ponto de defenderem o professor do desprezo da comunidade que o via como um herege, protestante, representante de um serviço público.

Os pais de algumas crianças abrigadas – nem todas eram órfãs – são entraves dolorosos a Pestalozzi. Influenciam as crianças contra a rotina escolar, exigem esmolas para permanência das crianças. Algumas fogem, mas a maioria aprende a ler, a estudar com interesse.

Pestalozzi, entretanto, continua a encontrar falta de disciplina individual. Para ordenação no processo educativo, procura um fundamento mais alto, mas devia brotar do relacionamento com as crianças, não de um plano preestabelecido. Ele coloca, assim, a reflexão no agir:

> Necessariamente devia primeiro vivificar o seu íntimo, despertando um estado de alma moral e positivo, para fazê-las depois ativas, atentas, dispostas e obedientes na atitude exterior. Não poderia ser de outra forma e eu tinha de construir sobre a sublime máxima de Jesus Cristo: "Purifica primeiro o teu interior para que o exterior também se torne puro" – e nunca essa máxima se provou verdadeira, de forma tão incontestável, como no meu caso.[12]

Ele aconselha, na carta, que se procurem fazer crianças generosas, irmãs, impregnando-as da sensibilidade do professor, depois acostumá-las às práticas e por último, o professor aproxima-se delas com as palavras – "esses perigosos sinais do bem e do mal".

Diz ainda que pouco explicou às crianças; não lhes ensinou nem moral, nem religião. Aproveita os momentos de quietude e de manifestações de afeto para perguntar, orientando-lhes o pensamento. Descreve-lhes a felicidade de uma família tranquila, e a possibilidade que elas teriam, com instrução, de não permanecerem miseráveis.

> Vi então crescer uma força interna nas crianças, que, em geral, ultrapassou de muito as minhas expectativas e cuja manifestação muitas vezes me espantava e me comovia.[13]

Conclui que suas experiências mostravam que ensinos e pregações não atingem a criança se ela não estiver habituada a uma vida virtuosa.

Pede-lhes para darem livremente a opinião em qualquer acontecimento da casa; deixa-os livres sob seus olhos, incentiva a alegria, deixa-as convictas do seu amor por elas.

No âmbito do ensino, pretendia ligar o estudo ao trabalho, a escola à industria, o que lhe foi impossível realizar pela falta de recursos.

Quase ao final da carta, expõe um pensamento que hoje, mais do que nunca, precisa ser avaliado:

> Considero muito grande o prejuízo causado às crianças, quando são enviadas muito cedo à escola e por tudo o que lhes é impingido artificialmente fora de casa.[14]

Berçário, creche, jardins de infância... Necessidades institucionais para famílias em que a mãe se ausenta do lar para o trabalho que a gratifica e a faz crescer profissionalmente.

Psicólogos e pedagogos debatem a questão: o que é melhor para a criança nos primeiros anos?

Difícil é sustentar posição contrária à modernidade, aconselhando a dedicação da mãe para com o filho pequeno, tão exclusiva quanto possível.

Para Pestalozzi, o amor materno é indispensável à criança. Amor que se expressa na presença constante da mãe, nos cuidados cotidianos, no viver junto a experiência que a criança começa a viver.

Impossível para algumas mães? Transferência cômoda de outras mães para as instituições? E as consequências, quais serão? A formação da criança sofrerá lacunas difíceis de preencher no futuro?

36 | EM TORNO DE RIVAIL

Como podemos perceber, a "Carta de Stanz" não se limita a reproduzir ideias, mas coloca-nos diante de um educador na prática, agindo diante das situações mais adversas.

É então que o agora conhecido "amor pedagógico", de que falava Pestalozzi, toma contornos que hão de se definir totalmente em Yverdon.

Ao referir-se ao prejuízo causado às crianças que partem cedo para escolas, Pestalozzi apoia-se na importância do amor materno – abnegado, devotado – refletindo o amor de Deus pelos homens.

Não liga, essencialmente, o amor materno aos laços sanguíneos, tanto que propõe que cada ser humano, especialmente o educador, desperte em si amor semelhante ao amor materno, para que tenha possibilidades de ajudar crianças.

Ele tão bem exemplifica esta proposição quando assume cuidados de mãe com as oitenta crianças, no convento inacabado das Ursulinas e propõe a vida familiar como base de sua tarefa.

Infere-se que ele não pretenda substituir o que um coração materno, pleno, pode oferecer ao filho – quando as mães possuem e transmitem o amor puro e inteiro –, mas considera essencial para o despertamento dos germens latentes na criança que exista um vínculo afetivo entre educador e educando.

Pestalozzi se debruça a examinar as características do amor materno. Fala em "cegueira amorosa", "amor vidente", "amor esclarecido", "amor reflexivo" e aconselha as mães a exercerem seu amor com a maior força possível – amor equilibrado pela reflexão, pela razão. Amor que vê no outro a diversidade, as dificuldades, as fraquezas, mas que mesmo assim sabe despertar o ser divino em cada um, acompanhando sem cansaços todas as etapas do desenvolvimento do ser amado.

Há mais do que a procura de instrução, de adequação à sociedade no método de Pestalozzi. Ele vê o homem integral, o ser espiritual, que pode se elevar e atingir uma dignidade verdadeira.

No parágrafo que se segue – sempre com tradução de Dora Incontri – lemos Pestalozzi:

> Devemos nos convencer de que o objetivo final da educação não é o de aperfeiçoar as noções escolares, mas sim o de preparar para

O Mundo em que Viveu Allan Kardec | 37

a vida; não de dar o hábito da desobediência cega e da diligência comandada, mas de preparar para o agir autônomo.[15]

Visualizamos, por estas palavras, o educador em Stanz, preocupado em realizar um ensino sobre novas bases: "não lhes ensinei nem moral, nem religião". No estímulo da vida em comum, despertava a vontade de aprender, enquanto sublinhava os sentimentos nobres para a importante formação moral. O processo de aprendizagem intelectual vinha como consequência do afloramento da vontade de aprender.

Na experiência de Stanz, o amor aparece como fundamento, depois surge a percepção.

Pelas dificuldades quanto à tradução de uma língua saxônica para a latina, vemos a palavra 'percepção', em outros trabalhos, ser entendida como 'intuição', 'contemplação', 'experiência'. Dora Incontri adota o termo 'percepção' em seus estudos sobre Pestalozzi.

Percepção – apreensão do exterior pelos sentidos ou contato imediato do sujeito e objeto.

A visão de Pestalozzi sobre percepção exterior e interior é tão significativa que encontramos, em várias métodos educacionais atuais, a influência deste filosofar.

Vejamos:

> O processo de se apoderar da realidade pela percepção é lento, porque é preciso perceber, sentir, ouvir, captar, olhar, apalpar, verificar, cheirar, se apossar dos objetos com o deslumbramento e a calma necessários, partindo sempre da realidade mais próxima para depois alargá-la.[16]

As tentativas de nosso ensino, partindo do concreto para o abstrato, têm o fundamento da extrema observação que Pestalozzi realiza com as crianças, desde a apreensão sensorial – exterior – até a realizada ainda pelos sentidos físicos, mas acompanhada pelos sentimentos – percepção interior, forças internas, ativas, relacionando-se com os sentidos.[17]

Pestalozzi compara, na continuidade deste processo, uma pedra que cai, em águas tranquilas, à natureza humana. O círculo inicial aumenta, gradativamente, até desaparecer. O círculo (saber) começa

## 38 | Em Torno de Rivail

próximo do homem, em suas relações com ele mesmo e com o mundo, mas continuará refletindo, nos círculos maiores, o círculo inicial – o aprendido na base.

A criança percebe, inicialmente, a ela mesma e a tudo que lhe é próximo. Isto é conduzido primeiro à consciência. Esta percepção interior conta com seus sentidos físicos – contato com o próprio corpo e suas possibilidades –, com os sentimentos da alma (amar, ser amado, afetos). Daí as faces da percepção, segundo Pestalozzi: uma, exterior, em que o sujeito observa o objeto e o imprime na consciência; na outra face, interior, com a participação do centro do ser, a criança compreende, relaciona, raciocina.

Mais um ponto a considerar em nossos métodos atuais, partindo de Pestalozzi: a interdisciplinaridade. O acesso à realidade não pode estar limitado à apreensão pelo intelecto, ou só pelos sentidos, ou só pelos sentimentos. O quanto possível, considerando-se as áreas específicas de conhecimento, a visão de mundo, com equilíbrio e coerência, surgirá da percepção que reflita o homem em sua totalidade: sensorial, afetiva, moral, intelectual.

Compreendemos, agora, a importância menor que a palavra tinha para Pestalozzi: a criança não apreende a realidade pela palavra. O conteúdo apreendido é que vai dar significação às palavras que nomeiam os objetos, sentimentos. Ele, seguindo a sua própria percepção, não fazia discursos sobre aquilo que a criança não compreendia por sua aquisição. Ele despertava os sentidos e sentimentos para aplicação nos relacionamentos, para as próprias decisões. Depois falava, valorizando a correção da língua, valorizando a escrita correta. A linguagem é compreendida então como ferramenta com que se extravasa a percepção. A palavra vai cumprir o objetivo de traduzir a apreensão sensorial ou a apreensão íntima, no momento em que houver correspondência significativa. Para Pestalozzi, este processo é iniciado na infância.

Em *Leonardo e Gertrudes*, o pastor Ernst é assim descrito:

> Ele dava pouca importância às palavras e dizia que elas são como a fumaça: sinal de fogo, mas não o próprio fogo. E quanto mais puro o fogo, menor a fumaça, e quanto mais puro o ensinamento humano, menos palavras (...). Quanto mais palavras, mais fracamente exprime o que vai no seu coração.[18]

Estava explicitada sua aversão à palavra oca, ao verbalismo.

Ao final da experiência em Stanz, no término do século XVIII, a situação das escolas suíças é deplorável. O ministro Stapher[19] decide pela abertura de escolas normais.

Um novo instituto é fundado num castelo, na parte alta da pequena cidade de Burgdorf ou Berthoud. Convidado para dirigir a escola, Pestalozzi recusa. Aceita, posteriormente, o ensino elementar, em que meninos são entregues a sua iniciativa.

Em março de 1800, são realizados os exames de final de ano. Os meninos de Pestalozzi têm tal sucesso que a comissão de escolas se julga na obrigação de consignar os resultados em relatório ao professor. "(...) qualquer menino é apto para alguma coisa, quando o mestre sabe reconhecer aptidões e cultivá-las com uma arte verdadeiramente psicológica".

Ilustração da obra *Leonardo e Gertrudes*

É evidente o quanto o mestre desenvolveu nos alunos o gosto pela história, história natural, geografia e como aprenderam rápido a ler, a escrever, a calcular.

Em maio é nomeado professor da segunda classe – setenta alunos de oito a quinze anos. Novamente, sucesso. É-lhe solicitado, então, um resumo de seus princípios e processos. Em 27 de junho de 1800, expõe pela primeira vez o que se chamaria seu 'método'.

Graças a Pestalozzi, Burgdorf, em dois anos, tornou-se o primeiro centro de educação na Suíça.

Em Burgdorf, seus discípulos são formados como também os auxiliares que o seguiriam para o instituto de Yverdon.

No livro *A eschola pública: ensaio de pedagogia prática* (1895), Oscar Thompson assim escreve:[20]

> Encerramo-lo (o livro) com os aforismos de Pestalozzi, os quais constituem hoje base de todo o ensino intuitivo:
> I – A atividade é uma lei da meninice. Acostumai os meninos a fazer – educai a mão.

40 | EM TORNO DE RIVAIL

II – Cultivai as faculdades em sua ordem natural, fornecei primeiro o espírito para instruí-los depois.

III – Começai pelos sentidos e nunca ensineis a um menino o que ele pode descobrir por si.

IV – Reduzir cada assunto a seus elementos. Uma dificuldade de cada vez é bastante para uma criança.

V – Avançai passo a passo. Sede completo. A medida de uma informação não é o que o professor pode dar, mas sim o que a criança pode receber.

VI – Cada lição deve ter um fito, quer imediato, quer remoto.

VII – Desenvolvei a ideia, daí depois o termo. Cultivai a linguagem.

VIII – Procedei do conhecido para o desconhecido; do particular para o geral, do concreto para o abstrato, do mais simples para o mais complicado.

IX – Primeiro a síntese, depois a análise. Não a ordem do assunto, mas sim a ordem da natureza.

---

\* Psicóloga e educadora russa. Trabalhou em Genebra com Claparède, antes de fixar-se no Brasil, onde fundou sociedades para crianças deficientes.

---

\*\* Pestalozzi muda-se de Burgdorf, por circunstâncias políticas, para Muchenbuchesce, em 1804. Viaja muito neste período.

No prefácio que Helena Antipoff\* escreveu no livro de Firmino Costa, encontramos que Pestalozzi tornou "a criança menos infeliz na escola". Os nove passos, transcritos acima, nos remetem a esta realidade.\*\*

O instituto de Yverdon, cidade suíça do cantão de Vaud, região de língua francesa, situada na extremidade do lago Neuchâtel, funcionava no castelo construído em 1135, pelo duque de Zähringen.[22]

Lá, Pestalozzi reúne os auxiliares de Burgdorf, mestres mais jovens, ex-alunos e conceituados professores vindos de outros países, quando se tornou necessário atender alunos de outras línguas, na maioria franceses.

Respeitado agora pelo trabalho no instituto de Burgdorf e pelos livros já editados, a abertura da escola em Yverdon, 1804, traz-lhe a oportunidade de aplicar seus conceitos com alunos de várias idades e de diferentes procedências geográficas e sociais, tornando-se uma escola modelo da Europa.

O instituto foi visitado por nomes célebres na época: Humbolt, Saint-Hilaire (naturalistas); Gregoire Girard, Fröebel (pedagogos); *mme.* de Staël (escritora); Robert Owen (reformador socialista), para citar apenas alguns; príncipes e nobres europeus, inclusive a futura imperatriz do Brasil, d. Leopoldina da Áustria.

Carl Ritter, célebre geógrafo, ao conhecer o educador, escreve em uma de suas cartas: "Eu vi mais do que o paraíso da Suíça, vi Pestalozzi, aprendi a conhecer o seu coração, o seu gênio..."[23]

Castelo de Yverdon

O filósofo alemão Johann Fichte, amigo constante de Pestalozzi, diz, em 1807, que "a reforma da educação devia tomar por ponto de partida o método de ensino de Pestalozzi".

Em outro momento, Fichte também fala do amigo: "Ele é feio, veste-se como um camponês, mas é tão cheio de sentimento que poucos homens o igualam."[24]

Dentre os visitantes, há referências em várias fontes a Marc-Antoine Jullien (1775-1848), publicista, homem público e jornalista francês.

Jullien permanece por dois meses (1811), observando e vivendo o dia-a-dia do instituto de Yverdon, onde, após esse período, coloca seus três filhos. Com a alma aberta ao ideal de Pestalozzi, Jullien, na publicação de sua autoria *Sistema de educação de Pestalozzi*, talvez explicite melhor os resultados e os passos do mestre, do que ele mesmo o faria.

Jullien descreve os arredores do instituto: o grande lago, alamedas de álamos, campinas, planícies cultivadas, montanhas, tudo ao alcance das crianças que têm liberdade para sair como se estivessem em casa com a família. As águas do lago possibilitam banhos seguros para as crianças e são ideais para o exercício da natação.

Os alunos são divididos em seções de oito a dez crianças ou jovens; cada seção com seu preceptor. Pela manhã, após a reunião de ação de graças, das orações, os alunos se exercitam e jogam para depois usufruírem do café da manhã. Então começam as atividades pelo sistema de ensino.

42 | EM TORNO DE RIVAIL

Todas as crianças são tratadas com a maior doçura e o jornalista constata que:

> (...) não há pompa, nem aparato, nem exames públicos, em que as figurinhas, movidas com mais ou menos arte por seus mestres, conquistam aplauso e provocam admiração.[25]

Tudo é simples e natural. A criança é acompanhada em seu agir, em seu manifestar, para melhor avaliação de suas inclinações. Até certo ponto são entregues a si mesmas, desenvolvendo iniciativas e sendo assim entendidas como natureza individual, para que os educadores melhor as estimulem. São crianças alegres, saudáveis, felizes.

Jullien relata que Pestalozzi é amado como um pai, que educadores e companheiros são amados como irmãos. Não há incentivo às disputas, às rivalidades; todos prestam-se serviços mútuos.

A religião e a moral aparecem nos costumes e na vida diária, sem discursos ou cerimônias, sem recompensas e castigos.

As portas estão abertas o dia inteiro; não há guardas, mas os alunos não saem sem permissão, ou em horas de estudo.

> Por que hão de fugir de um lugar que lhes é tão agradável? Por que hão de deixar de pedir permissão, quando sabem que não se há de negar-lhes sem um motivo razoável, relativo ao seu próprio interesse e do qual se lhes dá certa satisfação?[26]

O regime de instrução mútua, já aprovado em Stanz, é novamente aplicado em Yverdon, com os melhores resultados. Todas as ocasiões favoráveis são utilizadas para fazê-las sensíveis, para inspirar-lhes a auto-estima: observar a natureza, passeios pelos arredores, excursões às florestas, vales e montanhas, relações com parentes e amigos.

As aulas se sucedem, das seis da manhã às oito da noite, mas, após cada aula, um pequeno intervalo é feito, ou uma troca de sala ou uma observação concreta no exterior do Instituto.

Jullien ainda menciona as disciplinas estudadas: línguas grega e latina, com a solicitação dos pais; francês e alemão; desenho com noções de geometria ou de relação das formas; cálculo; geografia; história e história natural. Exercícios de leitura, exercícios de composição e de estilo; exercícios de memória, associados ao entendimento e ao raciocínio; canto; instrução religiosa ou moral, respeitando o credo católico ou protestante do aluno; ginástica, natação, longas caminhadas, corridas, saltos, escaladas; trabalhos manuais; jardinagem.

Mobiliário original da sala de Pestalozzi em Yverdon

O trecho traduzido por Dora Incontri é assim finalizado:

> O bom-senso em sua acepção mais extensa e completa vem a ser o resultado desse método intelectual, assim como a boa saúde e a bondade do coração e do caráter. São os efeitos necessários da educação física e moral. É assim que o sistema forma o homem como um todo.[27]

Em 1807, o instituto tem uma média de cento e cinquenta alunos[28] e a aceitação de educadores, pais e alunos. A diretoria, tendo à frente Pestalozzi, trabalha em conjunto; mais tarde virão os desentendimentos entre os colaboradores, tão prejudiciais à organização do instituto.

Dentre os alunos da Europa, os franceses chegam em grande número. No início do século XIX o ensino francês revela-se deficiente. Poucas crianças frequentam a escola: pequeno número de instituições públicas e privadas, professores mal preparados, mesmo em Paris.

O instituto de Yverdon chama a atenção de famílias francesas, que pretendiam uma educação mais aprimorada para seus filhos. Passam a enviá-los à Suíça, a Yverdon, em tal número que quase se equivalem aos alunos de língua alemã. Jullien é solicitado a procurar mestres de língua francesa para lecionar em Yverdon.

Em 1818, o instituto de Pestalozzi estende o ensino a crianças pobres, meninos e meninas, na escola de Clindy, nos arredores de Yverdon.

## 44 | EM TORNO DE RIVAIL

Mais uma inovação do pedagogo. Lembramos com Philippe Ariès que poucas meninas eram enviadas "às pequenas escolas" ou a conventos, já que a educação feminina se procedia em casa e que a escolarização obedecia à hierarquia social.[29]

Com Pestalozzi, a escola gratuita é transferida, em 1819, para o castelo de Zähringen, para o instituto reconhecido, onde passaram a conviver meninos pobres e ricos.

Escola de Clindy para crianças pobres

O educador é intensamente criticado por este procedimento, embora tenha demonstrado os benefícios da educação de classes sociais diferentes.

Muitos alunos de Pestalozzi se destacaram em vários campos, depois da formação em Yverdon, inclusive divulgando o ensino pestalozziano. Dentre os destacados, encontramos um nome por certo conhecido de muitos brasileiros: Hippolyte Léon Denizard Rivail, francês, de Lyon.

Aluno, desde 1815, com onze anos de idade, talento precoce, inteligência ativa, foi levado pela família a Yverdon, como tantas outras famílias francesas o fizeram, atraída pelo trabalho do pedagogo suíço.

Torna-se um discípulo aplicado, observador, dedicado à pesquisa. Interessado por botânica, procura espécies nas montanhas; fascinado pelos estudos dos problemas de ensino, dedica-se também à educação, mais tarde. Como aluno em Yverdon, contando com a simpatia do velho Pestalozzi, toma parte no sistema de monitorias para depois ser considerado eficiente colaborador.

Já se revela, no estudante, o bom-senso que o distinguiria mais tarde, como codificador da doutrina espírita, sob o pseudônimo de Allan Kardec.

As pesquisas biográficas levam à constatação de que Denizard Rivail, depois da instrução primária e secundária, dedica-se ao último grau de educação: normal ou especial, que formava professores. Estes estudos não preparavam apenas para o conhecimento acadêmico das disciplinas a que viriam a se dedicar, mas também formavam a educação pedagógica do futuro professor.

O Mundo em que Viveu Allan Kardec | 45

O desenvolvimento intelectual e as experiências, no exercício da função de submestre em Yverdon, permitem ao professor Rivail, de volta a Paris, publicar livros didáticos: *Curso prático de aritmética*, por exemplo, e o estimularam a levar, à França, o sistema pestalozziano de ensino.

Rivail funda, em Paris, estabelecimento de ensino, onde, repetindo o velho mestre, resume, em seis, os princípios fundamentais de Pestalozzi.[30]

> 1) Cultivar o espírito natural de observação do educando, chamando-lhe a atenção para os objetos que o rodeiam.
> 2) Cultivar-lhe a inteligência, seguindo a marcha que possibilita ao aluno descobrir as regras por si próprio.
> 3) Partir sempre do conhecimento para o desconhecido, do simples para o composto.
> 4) Evitar toda atitude mecânica, fazendo o aluno compreender o alvo e a razão de tudo o que faz.
> 5) Fazê-lo apalpar com os dedos e vista todas as realidades.
> 6) Confiar à memória somente aquilo que já foi captado pela inteligência.[31]

Podemos dimensionar a influência da educação em Yverdon sobre o jovem Denizard Rivail, mais tarde conhecido sob o pseudônimo de Allan Kardec, a partir de sua posterior dedicação à atividade pedagógica e dos inúmeros textos que irá produzir sobre o assunto.

O discípulo, em Paris, desenvolve o método de ensino do mestre suíço.

A orientação educativa de Pestalozzi é assimilada pelo jovem Denizard, ecoando em experiências milenares bem sedimentadas.

A independência religiosa vivida em Yverdon, mesclando alunos católicos e protestantes, rejeitando dogmas e preconceitos, afinizou-se com a concepção religiosa mais tarde expressa pelo codificador do espiritismo, na França. Pestalozzi e Kardec focalizam o sentimento religioso como a prática da moral cristã, sem sectarismos e superstições.

Kardec recebe de Pestalozzi instrução sólida, conceitos de honestidade e retidão, vivência de cidadania, compreensão de que o homem moral tem compromissos com a humanidade.

Desde 1817, dissenções internas tornaram-se mais aparentes no instituto de Yverdon. A princípio, questões de dinheiro, depois divergências entre os colaboradores mais próximos da direção (Niederer e Schmidt); divergências que acabaram repercutindo no conceito da escola.[32]

46 | Em Torno de Rivail

Outro fator de decadência: perda de alunos pensionistas. As famílias não aceitavam as crianças pobres convivendo com seus filhos.

As dificuldades financeiras aumentaram e os últimos estudantes, de famílias abastadas, afastam-se em 1823 e princípios de 1824.

Com a decadência do instituto e sendo inúteis os esforços de Pestalozzi em conciliar os colaboradores adversários, ele deixa Yverdon em 2 de março de 1825.

Permanece em Neuhof em seus últimos dias, mas é em Brugg (1827) que ele falece, levado por amigos, para assistência médica.

Em discurso pronunciado em Porto Alegre, em 12 de junho de 1946, Thiago M. Wurth diz que Pestalozzi continua desconhecido, apesar da importância da sua vida. É muito citado, embora poucos lhe tenham estudado as ideias.[33]

Mais de cinquenta anos passaram e poderíamos repetir o conteúdo e o discurso de Wurth.

Por sua atividade filantrópica, o nome Pestalozzi é associado a escolares excepcionais ou a entidades de assistência ao menor.

A maturação espiritual de Pestalozzi, no entanto, transcende a estas nobres instituições. As obras de assistência educacional estavam implícitas em sua filosofia.

O percurso de vida do educador foi longo e doloroso, até que se concretizassem seus ideais pedagógicos – muito mais, ideias e ideais, do que um método com passos definidos, com caráter sistemático ou com ordenação rígida e formal.

Pestalozzi não inventa sistemas no campo da pedagogia ou da sociologia educacional. Ele levou os alunos a agir, a aprender, "subindo e descendo montanha", impulsionados pelo sentimento amoroso do mestre. Permitiu que o aluno se sentisse em liberdade para que se desenvolvessem suas capacidades naturais.

Pouco estudado em nossos tempos, as ideias de Pestalozzi influíram na educação do século XIX. Uma onda de renovação no ensino é constatada, com pedagogos brilhantes quanto Herbart, quanto Fröebel, que depois de conhecer Yverdon, funda na Alemanha os "Jardins de Infância" (Kindergarten).[34]

Estudiosos, ainda no século XIX e depois no século XX, contribuíram para que os sistemas educacionais se aperfeiçoassem e para que

O Mundo em que Viveu Allan Kardec | 47

os educadores aprofundassem conhecimentos e ampliassem percepções acerca da mente humana.

Teorias, propostas, experiências valiosas foram acrescentadas e atualizadas.

E Pestalozzi, o educador pouco revelado para o Brasil pedagógico, seria adotado em nosso tempo, em nossa sociedade, se mais estudado? Ou sua teoria e prática só foram possíveis em lugar e época determinados: Europa dos séculos XVIII e XIX? A proposta pedagógica de Pestalozzi poderia encontrar seguidores fiéis em nossas escolas?

Acreditamos que os grandes pensadores e os devotados às causas nobres não sejam datados. O contexto se modifica, as necessidades são diferentes, mas a essência da proposta pestalozziana permanece válida, até o século presente.

O "ensino da cabeça, do coração e da mão" é expresso hoje em discursos que abordam as inteligências múltiplas.

O valor da autenticidade no educador, que age como sente, tem hoje adeptos que se diferenciam na teoria.

Reconhecer que o sucesso da educação depende do menor ou maior conhecimento que o educador tenha de si mesmo é recurso valioso em todos os sistemas, culturas e datas.

Vemos Pestalozzi como arauto, como mensageiro de partida para elaboração de propostas específicas em nossa época.

O maior reconhecimento, entretanto, do pensamento do educador suíço, o norte da vivência educativa, está na certeza, adotada por ele, de que o processo amplo de aprendizagem irrompe, em essência, na presença do amor. Amor interno, ativado pela capacidade de cada educador, pai ou mãe.

Desenvolver o sentimento amoroso, reflexo do amor de Deus, eis o grande desafio lançado por Pestalozzi, a todos os educadores, em qualquer sistema pedagógico.*

*Assim demonsta a inscrição de Augustin Keller, sob o busto de Pestalozzi, na face lateral da escola de Birr:
"Aqui repousa
"Heinrich Pestalozzi
"Nascido em Zurich a 12 de janeiro de 1746.
"Morto em Brugg a 17 de fevereiro de 1827.
"Salvador dos pobres em Neuhof,
Pregador em *Leonardo e Gertrudes*,
"Pai dos órfãos em Stanz,
"Fundador da Nova Escola Popular
"Em Burgdorf e em Münchenbuchsee,
"Educador da humanidade em Yverdon.
"Homem, cristão, cidadão.
"Tudo para os outros, nada para ele
"Bendito seja seu nome!
"A nosso pai Pestalozzi
"A Argóvia reconhecida."[35]

# As multifárias manifestações da espiritualidade na literatura

### MARIA DO CARMO MARINO SCHNEIDER

Objetiva-se, neste capítulo, abordar a literatura do século XIS, seus principais representantes, seu engajamento literário, político e social, e, notadamente, a busca espiritual de cada um deles, independentemente da corrente filosófica defendida ou da crença religiosa professada.

A espiritualidade, termo que se presta a múltiplas interpretações, será focalizada no texto como a parte da vida interior que se questiona sobre o sentido último dos seres e das coisas, nesta zona do espírito onde a inteligência argui a crença e as origens, mais ou menos ritualizadas, de uma fé em Deus, a busca do Absoluto e sua influência sobre os seres hu-manos e a tentativa de penetrar o desconhecido mundo invisível.

A partir de uma abordagem diacrônica, procurar-se-á traçar um perfil desse século em expansão, associando os momentos políticos do país às tendências de cada escritor: os tradicionalistas, os românticos, os místicos ardentes, os polemistas católicos e os simbo-listas voltados para a contemplação de sua própria aventura espiritual. Ver-se-á que cada autor, à sua época e à sua maneira, empenhou-se nessa busca espiritual.

## Introdução

Muitos autores do século XIX foram, de alguma forma, influenciados pela crença no sobrenatural e essa crença tem sua origem na

Victor Hugo fotografado por Nadar

50 | Em Torno de Rivail

própria condição do homem. Walter Scott,[1] em um artigo publicado na *Revue de Paris*, em abril de 1829, afirma:

> Tudo nos lembra sem cessar que não somos senão viajantes nesta terra de provas, da qual passamos para um mundo desconhecido, onde a imperfeição de nossos sentidos não nos permite perceber as formas e os habitantes.

Cumpre ressaltar que, por volta de 1770, o triunfo da filosofia coincide não fortuitamente com um retorno à curiosidade sobre as doutrinas esotéricas. Três iluminados dominam a geração ansiosa da época: Emmanuel Swedenborg e suas correspondências, Martines de Pasqually e sua teurgia e Claude de Saint-Martin e sua mística. O Iluminismo tem como principal representante Lavater e o magnetizador Mesmer se destaca com suas curas magnéticas. Swedenborg edificou uma cosmologia que repousa inteiramente sobre a noção de correspondência entre o universo espiritual e o universo material. Segundo Swedenborg o mundo onde vivemos reflete o princípio do qual é emanado e os objetos de representação comum são os símbolos dos seres reais. Para ele os espaços interplanetários são povoados de anjos situados em esferas segundo seu grau de perfeição, com as quais se relaciona por um modo particular de oração e de concentração, que lhe permite penetrar na essência da realidade espiritual.

Martines de Pasqually associa o ocultismo ao cristianismo, recomendando o estudo das ciências esotéricas como a numerologia, a adivinhação ou a exegese hermética. Instituiu uma tradição oral transmitida em círculos restritos até o século XX, formulando o essencial de sua doutrina em um *Traité de la réintegration des êtres dans leurs premières proprietés, vertus et puissances spirituelles et divines*. Ele pretendeu fornecer os meios de entrar em relação com os espíritos 'superiores' que permanecem mais próximos de Deus e que, devidamente solicitados, podem fazer brilhar suas luzes.

Em 1830, explode uma grande curiosidade sobre o mistério, quando trabalhos científicos sobre o magnetismo animal e sobre os estágios secundários da personalidade são realizados. A obra de Hoffmann é consagrada e ele passa a exercer uma grande influência sobre os escritores franceses (1830-1833). Temas que abordam o 'desco-

O Mundo em que Viveu Allan Kardec | 51

nhecido' são explorados amplamente pelos artistas do século XIX. A música, a pintura, a literatura adquirem novas roupagens e essa revolução estética não conhece fronteiras. Delacroix, sob essa influência, com seu *Dante et Virgile*, impõe-se como um gênio visionário. Boulanger, com suas litografias, é também destaque, principalmente quando em *Les fantômes* retrata a dança dos espíritos à volta de um túmulo. Na música instrumental o maior acontecimento é a *Symphonie fantastique* de Hector Berlioz, que retrata a obsessão por uma mulher, com acentos trágicos da marcha para o suplício no movimento tumultuado de um ronda infernal.

Weber e Hoffmann, escritores alemães, exercem decisiva influência sobre os escritores franceses: Alfred de Vigny em *Stello*, retrata um homem obsidiado por demônios; mme. de Girardin em *Lorgnon*, romance de costumes, apresenta uma estranha figura de uma velha fantasmagórica, de feiúra extraordinária; Alexandre Dumas, em *Un bal masqué*, descreve uma brilhante noite em uma ópera em que as descrições representam um universo misterioso e que se contrapõe a uma realidade amedrontadora; Balzac, em *La peau de chagrin* e em *Sarrasine*, apresenta uma atmosfera fantástica em que as árvores parecem espectros livres de suas mortalhas, nas imagens gigantescas da célebre "dança dos mortos".[2] E em *Le chef-d'oeuvre inconnu* o autor apresenta o personagem principal dominado por um demônio interior. Os sonhos estranhos e apavorantes são frequentemente sonhos de embriaguez, exaltados pelo vinho, pelo álcool, pelo ópio, ou outra espécie de estupefaciente, em que a imaginação do autor se expande em suas combinações fantásticas. Alguns autores, entretanto, permitem ao leitor emprestar uma verdade transcendental às intuições da 'segunda vista'. Em seus relatos, o sonho envolve uma premonição, a visão alucinada, uma profecia e mesmo a loucura torna-se o privilégio de espíritos superiores, que transfiguram, graças às suas luzes interiores, os dados frios do conhecimento comum.

Em sua análise sobre essa tendência dos escritores do século XIX, Castex (1994) realça que com as conquistas da ciência, que procurou clarificar os fenômenos considerados 'estranhos', responsáveis pela imaginação dos escritores, alguns ocultistas e estudiosos dos fenômenos chamados 'desconhecidos', procuraram satisfazer as exigências do espírito científico. Enumera dentre esses o mago Eliphas Levi,

52 | EM TORNO DE RIVAIL

que se declara positivista, e o professor e estudioso Allan Kardec, que define o espiritismo como ciência, publicando obras que contribuem para dar relevo à imaginação fantástica, apresentando sob novas formas o problema das relações entre o homem e o mundo desconhecido. Complementando sua análise, Castex considera que após 1850 a influência do fantástico na literatura francesa evoluiu graças a:

1 – Progresso da psiquiatria e do eletromagnetismo – principalmente os estudos do magnetismo animal e os trabalhos sobre a hipnose (Braid) e sobre a anestesia (Morton); analogias observadas entre as manifestações tradicionalmente atribuídas a um fluido e os dados da patologia nervosa (Charcot). Paralelamente, certos experimentos (Matteuci, Faraday e Reichenbach) que compararam os fenômenos magnéticos e os fenômenos elétricos.

2 – Desenvolvimento do espiritismo e restauração da magia – enquanto o materialismo ganha terreno nos meios científicos, a inquietude quanto ao mundo espiritual e a necessidade de uma fé no espírito permanecem aumentadas. O espiritismo acalma essa inquietude e satisfaz essa necessidade. Sucesso surpreendente de Allan Kardec, segundo Castex, que apresenta sua doutrina como religião e ciência: "Vê, toca, compreende e crê." Allan Kardec denuncia o materialismo, proclama a existência de um universo espiritual e afirma a possibilidade de entrar em comunicação com esse universo graças a um agente de transmissão pessoal ou material, um médium. Ele satisfaz assim a essa curiosidade de l'au-de-là, que sempre atormentou os homens e que assegura a perenidade das religiões, oferecendo-lhes um meio imediato de apaziguar suas angústias, e esquecer suas dores, percebendo os mistérios da morte.[3]

Enquanto a ciência caminha de descoberta em descoberta, a magia pretende reafirmar seu poder soberano, papel que coube a Eliphas Levi, que traça sua história, expõe seu dogma e fixa seu ritual. Ele enuncia a lei da universal analogia e se afirma igualmente católico e positivista. Quem pode ser contra nós, se Deus e a razão estão conosco?

3 – Evolução do gosto literário – marcado pela ascensão de Hoffmann, pela influência de Edgard Poe, caracterizado pela curiosidade pela ciência e seu gosto pelas revelações do além-túmulo e pela patologia.

É essa literatura que será focalizada no texto, tanto na prosa quanto na poesia, em que se revela a comunicação supra-racional entre

O Mundo em que Viveu Allan Kardec | 53

a consciência e o mundo invisível em autores como Nodier, Hugo, Gautier, Nerval e muitos outros expoentes da literatura que, mesmo sendo chamados de visionários, procuram ter acesso à presença imanente das forças obscuras que conduzem o mundo.

## A espiritualidade na literatura francesa

> *Ce 'siècle des lumières' est*
> *aussi des illuminés.*
> R. Jasinski

O século XIX na França caracteriza-se por sua grande complexidade. Os movimentos políticos que eclodiram nesse século têm, em seu bojo, ideias que influenciaram significativamente os movimentos literários e as obras que os representam.Tanto a luta política quanto as teses sociais exerceram influência na literatura da primeira metade do século e, em consequência, passam a ser estimuladas as obras de conteúdo social e humanitário. A segunda metade é dominada pelo progresso das ciências e da técnica, o que se reflete na vida literária. No fim do século, uma reação idealista concede ao homem de então uma nova dimensão espiritual.

Do ponto de vista histórico, no período de 1800 a 1900, a França viveu sete regimes políticos: o Consulado, o Império, a Restauração, a Monarquia de Julho, a Segunda República, o Segundo Império e a Terceira República. Pode-se dizer que o século XIX é, incontestavelmente, um período de extrema instabilidade. Apesar do clima de divisões internas, a nação francesa demonstrou uma poderosa vitalidade e uma espantosa capacidade de regeneração e de redirecionamento durante a alternância desses múltiplos regimes políticos. Ora dominada por regimes autoritários ou liberais, ora pelos de emancipação ou de reação, o povo francês reconquistou, ao longo do século XIX, o governo democrático instaurado pela revolução de 1789, logo substituído, sob a Revolução mesmo, por um poder ditatorial. Nas duas primeiras décadas do século, ou seja, à época do Império, surgem várias figuras isoladas no mundo literário, dentre as quais se destacam *mme.* de Staël (1766-1817) e Chateaubriand (1768-1848), principalmente, que preparam o terreno para a geração seguinte.

Madame de Staël
em gravura do século XIX

Mme. de Staël escreveu várias novelas de cunho sentimental e autobiográfico – *Delphine* (1802) e *Corinne* (1807) –, mas sua importância literária deve-se principalmente a dois livros: *De la littérature* (1800) e *De l' Allemagne* (1813), que exaltam as literaturas estrangeiras. Em *De l'Allemagne*, mme. de Staël expõe uma espécie de misticismo poético científico, em que o mundo material e o mundo ideal se correspondem:[4]

> As verdadeiras causas finais da natureza são as relações com nossa alma e com nossa sorte imortal; os objetos físicos têm por si só uma destinação que não se limitam à curta existência do homem aqui embaixo; eles existem para contribuir ao desenvolvimento de nossos pensamentos e para a obra de nossa vida moral.[5]

E, ao definir entusiasmo, o faz com um sentido de elevação espiritual:[6]

> O entusiasmo se conjuga com a harmonia universal: é o amor ao belo, a elevação da alma, a alegria do devotamento, reunidos em um mesmo sentimento que tem grandeza e calma. O sentido dessa palavra, entre os gregos, é a mais nobre das definições: o entusiasmo significa *Deus em nós* (com grifo no original). Com efeito, quando a existência do homem é expansiva, ela tem qualquer coisa de divino.[7]

Papel maior exerceu Chateaubriand (1768-1848), iniciador de várias tendências que outros continuariam mais tarde: entusiasmo pela época medieval e pela civilização cristã, exaltação dos valores estéticos da religião, análise de uma vaga melancolia que, com o tem-

O Mundo em que Viveu Allan Kardec | 55

po, converter-se-ia no "mal do século", gosto por cenários exóticos e pelos grandes espetáculos da natureza. Suas obras retratam tais características. *Le génie du christianisme* (1802) é uma vibrante apologia da religião cristã e da cultura por ela inspirada, compreendendo: *René*, de fundo autobiográfico, que representa a inquietude romântica do autor em sua adolescência e *Atala*, que associa a uma história de amor entre dois índios americanos esplêndidas visões de paisagens. *Les martyres* (1809) contrasta o mundo clássico pagão com o cristão, em extenso poema em prosa sobre a perseguição de dois jovens no século IV. Escreveu ainda *L'itinéraire de Paris à Jérusalem* (1811) e *Mémoires d'outre-tombe* (1841), relato póstumo de sua vida, publicado em folhetins, de 1848 a 1850, em que um duplo tema predomina: a poesia da lembrança e da morte. Ele evocou com prazer melancólico seus anos de juventude, alternando essas evocações com visões do outro mundo que o atraem:[8]

> A morte é bela; ela é nossa amiga; entretanto, nós não a reconhecemos, porque ela se nos apresenta mascarada e sua máscara nos apavora.

Essas duas últimas obras completam a produção desse aristocrata católico cujas características como escritor e homem – temperamento ativo e melancólico, religiosidade entusiasta e emotiva, propensão ao estilo nobre e solene – suscitariam numerosos imitadores. Ao lado desses dois grandes ensaístas, representam as diversas tendências morais ou políticas da época Lamennais, Benjamin Constant e Proudhon.

Pode-se dizer que o movimento literário do século XIX continua a mesma tradição do século que o antecedeu. Numerosos escritores engajam-se na luta política e social, com suas obras e com suas ações. Entre 1820 e 1830, ou seja, à época da Restauração burbônica, uma nova geração proclama com estridência os princípios da literatura romântica, rompendo definitivamente com a tradição clássica, adotando uma ideologia e desenvolvendo preferentemente os aspectos mais pitorescos da revolução espiritual e estética iniciada por seus predecessores, especialmente Chateaubriand.

Em 1827 Victor Hugo publica *Cromwell*, um drama impossível de ser representado, em cujo prefácio propõe a tese segundo a qual o

56 | EM TORNO DE RIVAIL

romantismo é o liberalismo da literatura, e que constitui o manifesto do movimento romântico na literatura francesa. O marco dessa revolução foi a noite da estreia de *Hernani*, de Victor Hugo – 25 de fevereiro de 1830 – que convulsionou a cidadela dos clássicos, quando os jovens Gérard de Nerval (1808-1855) e Théophile Gautier (1811-1872) lideram a famosa 'batalha' de *Hernani* entre clássicos e românticos, no *Théâtre-Français*, que durou cinco noites e que consagrou Hugo como líder romântico.

Autores como Lamartine e Victor Hugo se elegem deputados e defendem, na tribuna, suas ideias e seus projetos de reforma social. Alfred de Vigny candidata-se às eleições. Em 1848, Lamartine, que contribuiu em grande parte para o movimento republicano, torna-se chefe do governo provisório. Em meados do século, Victor Hugo, mesmo de seu exílio, na ilha de Jersey, arrasa Napoleão III em sua obra *Les châtiments* (1853) perseguindo, mesmo à distância, o cumprimento de sua missão política. Alguns autores militam pela causa republicana ou socialista, em particular Émile Zola, por meio de seus romances e de sua enérgica intervenção no caso Dreyfus. Outros engajam-se no movimento de Restauração. O partido liberal exige uma aplicação rígida da *Charte* e uma maior amplitude das liberdades por ela garantidas. Sonha-se com o restabelecimento da República que, 'escamoteada' em 1830, será proclamada em 1848. Alguns liberais são por vezes anticlericais, como Stendhal. Chateaubriand torna-se liberal e prevê o surgimento da democracia. Sob o regime da Monarquia são discutidos os problemas e as questões sociais: liberdade não é o bastante, há que se promover a igualdade, ou, pelo menos, diminuir as injustiças sociais. Alguns autores como Lamartine lutam pela conservação da propriedade individual, outros desejam as reformas radicais. Esses debates prolongam-se, havendo duas crises que eclodem violentas: uma, nos dias de junho de 1848, e outra, a *Commune* de 1871. É somente no Segundo Império que serão reconhecidos os direitos dos operários e a Terceira República constituirá, pouco a pouco, uma legislação social. Tendo como pano de fundo esses regimes políticos diferenciados, a literatura francesa do século XIX é dominada por três correntes literárias, cada uma delas com sua concepção própria de arte e sua visão original de homem e de mundo: o Romantismo, o Realismo e o Simbolismo, que se sucedem, sem

O Mundo em que Viveu Allan Kardec | 57

que possamos assinalar datas precisas. O que se pode afirmar é que o Romantismo triunfa sob a Restauração e a Monarquia de Julho, o Realismo sob o Segundo Império, e o Simbolismo por ocasião da Terceira República. Esses movimentos se entremeiam de forma singular e o que se observa são mudanças fecundas. Um desses exemplos é o de Balzac, criador do romance realista, apesar de ter sido, também, um romântico e um visionário.

O *Romantismo* torna-se difícil de ser definido por sua diversidade. A palavra 'romantismo', na França, aplica-se a toda uma época ou, mais exatamente, a todas as obras escritas dentro dela e que se inspiraram no espírito do século novo, traduzindo suas exigências. O Romantismo não é um movimento exclusivamente artístico: é, antes de tudo, uma maneira de viver, aquela que traz os sonhos à realidade. Não é também um movimento exclusivamente literário: engloba todas as artes. Escritores, pintores e músicos se frequentam, trocam ideias e experiências. Delacroix pinta Chopin, Berlioz escreve as partituras de peças dramáticas de Hugo e de outros autores; Lizt escreve um poema sinfônico inspirado nas palavras de Hugo, *Sur la liberté*. Théophile Gautier[9] teve razão em afirmar que Berlioz pareceu formar com Hugo e Delacroix a trindade da arte romântica na França.

O Romantismo não é também um movimento exclusivamente francês: muitas influências estrangeiras o prepararam e ele foi, com efeito, mais europeu que nacional, haja vista as influências de Walter Scott, Shakeaspeare, Hoffmann e Goethe.

A sociedade francesa à época saía de 25 anos de caos e de lutas, e ainda que a ordem exterior estivesse restabelecida, isso não significava que todos os valores antigos deixassem de ser questionados, os valores literários, sobretudo, mas também os da vida moral e política, além da própria imagem do homem. A vida mundana tem suas características próprias e é falso imaginar os românticos como perpétuos solitários. Nos salões, dentre os quais *L'Arsenal*, chefiado por Charles Nodier, a juventude literária sabia divertir-se em noites agradáveis, e às vezes até mesmo excêntricas, animadas pelo grupo *Jeune-France*. O salão de Victor Hugo, o conhecido "novo cenáculo", onde as ideias novas fervilhavam, era frequentado por Musset, Gautier, Balzac, Saint-Beuve, Vigny, Dumas, Nerval, pelos pintores Delacroix, Achille Deveria, Louis Boulanger e escultores como d'Angers.

58 | Em Torno de Rivail

Qualificado de "gênero nebuloso" pela Academia Francesa, o Romantismo se caracteriza antes por seus temas e suas fontes de inspiração que por um programa estético precisamente definido. Delineado nos anos 1820, sob o *slogan* "liberdade na arte", se expressa nas cenas de teatro por um gosto remarcado pela tragédia histórica, enquanto que na pintura os artistas privilegiam a atualidade e os assuntos literários e retratam 'paisagens' que prenunciam o realismo. É a expressão de um grande entusiasmo, de fé religiosa no futuro da humanidade, de uma ânsia de ultrapassar a sociedade burguesa e seus valores. A exaltação da sensibilidade, do imaginário, do fantástico são os motores de uma arte que sob o plano plástico se traduz pelo renascimento da cor, do claro-escuro e dos movimentos em detrimento da linha. A confiança no espírito, a procura de um Absoluto espiritual, tal é o segredo do romântico. Sob as aparências, esconde-se um drama metafísico (Hugo); ajudar o Bem contra o Mal, crer no amor como força de regeneração (Musset, Nerval, George Sand), eis o que pode conduzir a uma serenidade final. Para o romântico, tudo torna-se objeto da poesia que pode exprimir-se tanto em prosa como em verso; ele rejeita a linguagem nobre, clássica e adota a linguagem mais simples que ganha um novo vigor. Estes traços estão presentes em *Paroles d'un croyant* (1834) de Lamennais, em *Méditations* (1820), poemas de Lamartine, e em algumas obras de Victor Hugo como *Hernani* (1830) e *Les Burgraves* (1843), que assinalam as grandes datas do Romantismo francês.

Os escritores nascidos por volta de 1820, Baudelaire, Renan e Flaubert, são profundamente marcados pelo romantismo de sua juventude, mesmo tentando renegá-lo ou querendo 'curar-se' dele. Dentre os autores mais representativos do movimento romântico destacam-se: na poesia romântica, Lamartine, Hugo, Vigny, Musset, Gautier e Nerval; no teatro, Victor Hugo, Dumas e Musset; no romance sentimental e romance histórico, George Sand e Hugo. Quanto às primeiras manifestações do 'fantástico' na prosa romântica, têm em Charles Nodier o seu primeiro teórico e representante.

Lamartine (1790-1869) foi o primeiro a dar, com suas *Méditations poétiques* (1820), uma amostra do novo lirismo. Possuidor de uma alma sonhadora e sentimental, seus versos, em sua maioria elegíacos, têm suave doçura e equivalem à expressão sincera e harmoniosa de seu espiritualismo cristão, sempre a exaltar os mais puros valores: o amor, a fraternidade, o sacrifício. No poema *Le lac* predomina o sentimento da Natureza aliado a considerações sobre a passagem do tempo e a fugacidade do amor. Em *Nouvelles méditations* (1823) e *Harmonies poétiques et religieuses* (1830), a descrição da paisagem ocupa um lugar especial, e em *Jocelyn* (1836) e *La chute d'un ange* (1838), vêem-se dois relatos em verso que fazem parte de uma vasta epopeia sobre o destino do homem. Ao lado do tema do amor desiludido, sua poesia caracteriza-se pela inquietude religiosa. Algumas

Lamartine

de suas 'meditações' são particularmente consagradas à filosofia moral e aos grandes problemas metafísicos: o homem, a imortalidade, o desespero, a prece, Deus. O problema de *l'au-de-là* o amedronta. Ele possui uma aspiração permanente para Deus e seu pensamento é essencialmente cristão, mas de um cristianismo poético, demonstrando em seus versos uma esperança e uma crença inquebrantável em uma imortalidade que responde à necessidade profunda de sua sensibilidade cruelmente ferida pela infelicidade. Sua originalidade consiste no elo que estabelece entre seu amor e sua aspiração religiosa. Na sua poesia o "amor humano" é revestido de tal espiritualidade que parece infinito e imortal e, dada a sua sinceridade, como se fora uma "etapa para o amor divino". Exemplo dessa religiosidade é o poema "*L'immortalité*", de *Méditations*, em que se observam o seu pensamento filosófico, seu sentimento religioso, seu espiritualismo:[10]

>  Morro e ainda não sei o que é nascer.
>  Tu a quem em vão interrogo, *espírito*,[11] hóspede desconhecido,
>  Antes de me animar, em que céu habitavas?
>  Que poder te lançou sobre este frágil globo?
>  Que mão te fechará em tua prisão de argila?

60 | Em Torno de Rivail

Por qual novo palácio deixarás a terra?
Esqueceste tudo? Além do túmulo,
Vais renascer ainda em um novo esquecimento?
Vais recomeçar uma vida semelhante?
Ou no seio de Deus, tua origem, tua pátria,
Liberto para sempre de teus liames mortais,
Vais gozar enfim de eternos direitos?[12]

Muito maior foi a representatividade e a extensão da obra poética de Victor Hugo (1802-1885), que, além de haver desempenhado o papel de chefe da escola romântica, conservou, até o fim de sua vida, o lugar de patriarca da literatura francesa do século XIX, graças ao volume sonoro de sua voz, sua poderosa imaginação, grandeza de imagens, riqueza de ritmo e amplitude de sentimentos à frente da nova escola romântica. Mesmo nas obras em prosa Hugo é, antes de tudo, poeta, e sua poesia é essencialmente lírica e épica. Estas duas inspirações dominam até nos romances e nos dramas. Aos seus primeiros livros *Les odes* (1822), *Les odes et ballades* (1826) e *Les orientales* (1829), que apresentam características ainda da escola clássica, descrevendo de forma colorida ambientes exóticos, seguem-se várias obras impregnadas de um lirismo francamente romântico: *Les feuilles d'automne (1831), Les chants du crépuscule (1835), Les voix intérieures* (1837), *Les rayons et les ombres* (1840). Nessas obras dominam as recordações pessoais, o sentimento patriótico, as ideias humanitárias, o entusiasmo pela natureza, e o amor, expressados com riqueza de imagens, variedade melódica e veemência extraordinárias.

Desterrado por sua ideologia liberal, durante o Segundo Império, escreveu no exílio *Les châtiments* (1853), sua mais violenta sátira contra Napoleão III, *Les contemplations* (1856), dedicado em grande parte à morte de sua filha Léopoldine, e o começo de um grande poema épico – *La légende des siècles* (1859-1883) – formado por uma série de quadros históricos e legendários que vão desde a época bíblica até o século XIX, com os quais quis dar uma imagem grandiosa do progresso da humanidade e do desenvolvimento da liberdade.

O período de exílio nas ilhas de Jersey e Guernesey assinala as experiências de Hugo com l'*au-de-là*, quando a família Hugo se inicia no fenômeno das 'mesas girantes' em voga nos salões franceses,

## O Mundo em que Viveu Allan Kardec | 61

e que lhes foi apresentado por *mme.* de Girardin, grande amiga da família.* Durante dois anos, Hugo e os demais proscritos recebem mensagens de mais de cem espíritos, dentre os quais destacam-se Dante, Molière, Joana d'Arc, Rousseau, Sócrates, Ésquilo, Galileu e Shakespeare.[14] Esses diálogos com o desconhecido influenciaram de maneira significativa o homem e o escritor. Os reflexos dessa influência podem ser percebidos em toda a sua obra, em prosa ou poesia, nos pensamentos filosóficos e na sua atitude perante a vida. Hugo acreditou que uma verdadeira religião surgiria das revelações esparsas das mesas e a crença na existência e na presença tangível dos espíritos acompanhou-o até a morte. Referindo-se ao autor, Emmanuel Godo (2001)[15] afirma que em Hugo:

*Jornalista e autora de duas obras importantes, *Essais poétiques* e *Nouveaux essais*, e de numerosas comédias e obras em prosa, *mme.* de Girardin granjeara celebridade desde os 16 anos com o cognome de "Musa da Pátria". Após seu casamento com Émile de Girardin, homem público, escritor e político francês, fundador do jornal *La Presse*, abriu seu salão à sociedade parisiense, tornado famoso no círculo literário, sendo freqüentado por Hugo, Musset, Gautier, Balzac e muitos outros. Lá ela introduziu o hábito à consulta aos espíritos com a utilização das 'mesas girantes', que, a princípio, foi vista com desconfiança e como um meio de distrair os franceses da grande preocupação política da época, mas que, a partir da explicação teórica do fenômeno feita pelo estudioso e pesquisador do magnetismo, do hipnotismo e do sonambulismo, Allan Kardec, em *Le livre des esprits* (1857), a sociedade francesa vê surgir cada vez mais novos adeptos e o *spiritisme*, tal como foi denominado por seu autor, ganha um novo conceito e a respeitabilidade.[13]

> (...) a escrita e a espiritualidade eram consubstanciais. Hugo não é um crente que escreve. É um escritor que crê, isto é, um homem cuja experiência interior e cuja referência a Deus passam pela mediação obrigatória da escrita. É ilusório querer separar o credo hugoano de sua expressão literária. A obra de Hugo forma um todo indissociável.

A partir de 1853 foi a exigência espiritual que determinou suas escolhas estéticas assim como sua filosofia de vida, que fizeram dele um profeta frequentemente inspirado. Acusado de ateu, Hugo, na realidade foi um anticlerical, contrário à Igreja institucionalizada à época. A crença em Deus foi uma constante em sua vida. Em todas as ocasiões ele opõe essa crença àqueles que o taxavam de ateísmo ou que buscavam fazer dele um militante do materialismo. Ele jamais professou a fé católica que impõe, como

## 62 | EM TORNO DE RIVAIL

todas as crenças institucionalizadas, respostas às questões. "Pensar é duvidar", afirmava.

Para ele a 'religião' que une, que agrega é boa, e as 'igrejas' que praticam o anátema são más. Em suas obras percebe-se a influência de seus diálogos com as sombras e sua busca de Deus: "A única salvação para o homem: seguir a via moral; o homem não vê Deus, mas pode ir até Ele. Seguindo a claridade do bem, sempre presente."[16]

Em 19 de setembro de 1854, o espírito que se denominou Morte comunica-se, convidando-o a dar uma outra dimensão à sua obra e à sua vida:[17]

> Vem fazer tua outra obra. Vem olhar o inabordável, vem contemplar o invisível, vem achar o improvável, vem transpor o intransponível, vem justificar o injustificável, vem realizar o não-real, vem provar o improvável.

O mesmo espírito volta em, 22 de dezembro do mesmo ano, e o aconselha de novo:[18]

> (...) a obra de tua alma deve ser a viagem de tua alma; tu não deves profetizar, tu deves adivinhar, adivinhar o céu estrelado, e aí encontrar o teu itinerário.

Há que se admirar os versos sombrios de *Ce que dit la Bouche d'ombre,* em que se manifesta um espírito perseguido pelos problemas do além, debatendo-se entre a dúvida e a fé, numa busca solitária de uma explicação do universo e da significação do homem sobre a terra:[19]

> Nós nos debatemos, pássaros presos à rede do ser;
> Livres e prisioneiros, o imutável penetra
> Todas as nossas vontades.
> Cativos nas malhas das coisas necessárias,
> Ouvimos tecerem-se os fios das nossas desgraças
> Lá nas imensidões.

Hugo coloca nos lábios desse espectro a sua filosofia, a sua visão do mundo em que, segundo a revelação do espírito, "tudo está repleto de almas". Entre os seres existe uma hierarquia que possui diferenças

O Mundo em que Viveu Allan Kardec | 63

quanto aos níveis de perfeição, devido às diferenças de moralidade: de existência em existência, de reencarnação em reencarnação esses seres 'descem', se são maus, mergulhando cada vez mais na matéria e na noite; mas, se são bons, se elevam, cada vez mais espiritualmente em direção à luz.[20] Seus diálogos com o mundo invisível (dois volumosos livros manuscritos) estão arquivados na Biblioteca Nacional de Paris (*Le livre des tables*).[21]

É ainda em *Les contemplations* que se observa o nível de espiritualidade alcançado por Hugo nos magníficos versos do poema *À Villequier*:[22]

> Eu digo que o túmulo que sobre os mortos se fecha
> Abre o firmamento
> E que aquilo que aqui embaixo acreditamos ser o fim
> É o começo.

Dentre os romances que escreveu, de cunho histórico e social, destacam-se: *Le dernier jour d'un condamné* (1829), *Notre-Dame de Paris* (1831), *Les misérables* (1862), *Les travailleurs de la mer* (1866), *L'homme qui rit* (1869) e *Quatrevingt-treize* (1874). As obras dramáticas com as quais se imortalizou foram: *Hernani* (1830), marco do início do romantismo francês, *Marion Delorne* (1830), *Le roi s'amuse* (1832), *Lucrèce Borgia e Marie Tudor* (1833), *Angelo* (1835), *Ruy Blas* ( 1838) e *Les burgraves* (1843).

Em razão de escolher como campo de luta o da luz contra o obscurantismo, o da justiça contra a miséria, o da liberdade contra a opressão, o do progresso contra a ignorância, o da laicidade contra a ordem moral, tornou-se uma figura política de referência no século XIX. Esse foi o século dos gênios e Hugo, sem dúvida, foi o gênio sem fronteiras no qual sonho e lucidez, misticismo e política foram duas faces indissociáveis de uma mesma atitude: aquela que explica que ele foi um dos escritores mais profundamente religiosos do século XIX, poeta espiritual, sem ter deixado jamais de ser um escritor engajado.[23]

À terceira década do século correspondem, também, os primeiros versos de Alfred de Vigny (1797-1863) – *Poèmes antiques et modernes* (1826) e *Cinq-Mars* (1826), um romance histórico, aos quais se seguiria anos mais tarde *Les destinées* (1838), publicado após sua morte

## 64 | Em Torno de Rivail

por Louis Ratisbonne em 1864. Renunciando por algum tempo à poesia, consagra sua obra, mais filosófica, aos 'párias' da sociedade moderna: em *Stello* (1832), evoca a condição de poeta, de onde emerge o drama *Chatterton* (1835), no romance *Servitude et grandeur militaire* (1835) aborda a condição do soldado e em *Daphné* (1837) trata de questões religiosas.

Oposto à confissão sentimental e ao subjetivismo da época, Vigny tem em comum com os românticos o pessimismo de sua visão da vida, uma vida voltada à solidão à qual se condena. Como muitos românticos, uma das angústias de Vigny era o que acreditava ser a morte das religiões, o que certamente impedia a preservação dos valores morais. Seus temas são o silêncio de Deus em face de nossos males, e o dos homens diante do sofrimento humano, a resignação estoica diante da dor e do mal que domina a existência. Suas obras são de uma excepcional elevação moral. No poema "*Les Destinées*", Vigny elabora uma sabedoria feita de um otimismo humanista em que o espírito, o gênio triunfa sobre as fatalidades e assegura as bases de uma moderna religião da humanidade. O seu pensamento filosófico pode ser evidenciado no poema "*L'esprit pur*", escrito em março de 1863, pouco antes de sua morte, em que exprime sua fé entusiasta no progresso, concebido como o "triunfo do espírito puro" – o espírito independente da matéria – cujos intérpretes terrestres são os poetas e os filósofos. Essa fé, que consiste em uma verdadeira religião do espírito, constitui seu testamento literário e filosófico expresso nos versos que se seguem:[24]

> É chegado teu reino *puro espírito*, rei do mundo.
> Quando tua asa celeste na noite nos surpreendeu,
> Deusa de nossos costumes, a guerra vagabunda
> Dominava nossos ancestrais. Hoje, é o *escrito*,
> O *escrito universal*, às vezes imperecível,
> Que gravas no mármore ou sobre a areia,
> Pomba de brônzeo bico. *Visível Santo Espírito*.
>
> Só e último elo de duas correntes rompidas,
> Permaneço. E sustento ainda nas alturas
> Entre os mestres puros de nossos cenáculos,
> O *ideal* do poeta e dos austeros pensadores.
> Experimento sua duração em vinte anos de silêncio
> E sempre, de tempo em tempo, vejo a França
> Contemplar meus atos e oferecer-lhes flores.[25]

Alfred de Musset (1810-1857), também pertence a essa década. Considerado *l'enfant prodige* do Romantismo, começou a escrever seus versos em 1824. Seu estilo contrasta com o de Vigny uma vez que ora apresenta-se apaixonado até o desespero, ora caprichosamente irônico. Suas primeiras poesias caracterizam-se por temas violentos e trágicos – *Contes d'Espagne et d'Italie* (1830) ou por seu tom leve e galante. A inquietude de sua alma atormentada é retratada em *La confession d' un enfant du siècle* (1836). Seu poema lírico "*Nuits* (*La nuit de mai, La nuit de décembre, La nuit d'août, La nuit d' octobre*", 1835-1837), inspirado por seu amor a George Sand, após dolorosa ruptura, é um dos mais sinceros gritos de dor da lírica francesa. *Souvenir* (1841) é uma espécie de epílogo de *Nuits*, em que o sofrimento dá lugar a uma terna emoção diante das recordações da felicidade perdida. No poema "*Lettre à Lamartine*" (1836) esse sentimento torna-se bastante evidente:[26]

Alfred de Musset por Charles Landelle, 1878

> Assim, quando abandonado por uma infiel amante,
> Pela primeira vez eu conheci a dor
> Traspassado que fui por flecha sangrante
> Sozinho, com o coração em dissabor.

Poeta desiludido e marcado por grandes dores, ele recusou-se a ser prisioneiro de uma escola e a alienar sua liberdade de inspiração. Ao contrário da maioria dos poetas dessa época, Musset não se engaja na poesia social. Ele prefere insurgir-se contra o Romantismo que denomina 'humanitário' dos românticos e reclama o direito de falar das contradições do seu próprio coração, da dualidade entre a sua sede do Absoluto e seu ceticismo moral e religioso. Assim, prefere optar por um caminho em que dominam as emoções profundas e sinceras que tocam o coração:[27]

O que é necessário ao artista ou ao poeta é a emoção.
Quando sinto,
ao fazer um verso, um certo estremecer do coração que já
conheço, estou
certo que meu verso é o da melhor qualidade.

Em um soneto escrito em 1843, dedicado a Victor Hugo, Musset reflete sobre o valor da amizade e sobre a imortalidade do espírito, o que se torna evidente nos dois tercetos apresentados:[28]

Desses bens passageiros que se goza à metade,
O melhor que resta é uma velha amizade.
Quer se brigue ou se fuja. – Se um destino nos une,

A gente se abraça, sorri, a mão toca a mão
E nós nos recordamos que seguimos juntos,
*Que a alma é imortal, e o ontem, o amanhã.*[29]

Charles Nodier é considerado um ficcionista e teórico do fantástico na França. Seus primeiros romances foram escritos entre 1799 e 1805 e compôs a maior parte de seus contos após 1830. O primeiro relato sobrenatural, publicado em 1806, é intitulado *Une heure ou la vision*; o segundo, publicado em 1821, *Smarra ou les démonds de la nuit*; o último, publicado em 1838, *Lydie ou la réssurrection*, em que se percebe uma associação não fortuita entre seus títulos.Não encontrando nos dogmas cristãos respostas para seus questionamentos e inquietudes, volta-se para o Iluminismo. Ocupa uma posição privilegiada na época em que se engendra o Romantismo francês, pois tem contato, ainda muito jovem, com os outros romantismos em formação: o alemão e o inglês. Além da convivência com a nova literatura estrangeira, desde muito cedo Nodier bebe nas fontes ocultas do Romantismo. Por intermédio de seu pai e de suas leituras, entra em contato com as diversas filosofias espiritualistas, principalmente a de Saint-Martin e de Swedenborg, que proliferavam na França, sobretudo a partir da segunda metade do século XVIII. É ele quem abre caminho para Hoffmann na França por meio da tradução de um de seus contos. É um dos primeiros escritores a refletir sobre os novos gêneros, inclusive o fantástico, tratando-os como novas modalidades para a expressão da sensibilidade de uma época: "Eu estava só na

O Mundo em que Viveu Allan Kardec | 67

minha juventude, a pressentir o surgimento de uma nova literatura", afirma ele no segundo prefácio de *Smarra*.[30]

Nodier aborda na narrativa intitulada *M.Cazotte*, o dom da visão premonitória, ou seja, nas palavras de Nodier *"les intuitions de la seconde vue"* – as intuições da segunda vista,[31] em que o autor presta homenagem ao precursor francês da literatura fantástica, Jacques Cazotte, que previu a própria morte, feita por uma senhora extremamente velha, *mme.* Lebrun.

No conto *"La Fée aux Miettes"*, publicado em 1832, expõe as ideias fundamentais da sua obra literária e sua teoria sobre o fantástico, que para ele diz respeito a dons milagrosos que certas pessoas comprovadamente possuem. As viagens oníricas descritas por Nodier em seus contos orientam-se em duas direções, pois para o sonho supõe, ao mesmo tempo, um mergulho no abismo da alma e a ascensão ao conhecimento profundo do ser, revelando os mistérios da vida eterna. O conto *"Smarra ou Les démonds de la nuit"*, publicado em 1821, relata de maneira bastante poética, a descida aos infernos do herói por meio de um pesadelo povoado de monstros e demônios.

Em um ensaio de 1832, intitulado *De la palingénésie humaine et de la réssurrection*, Nodier discorre sobre a palingenesia, que no seu texto tem o significado de 'renascimento' ou 'novo nascimento'. Suas preocupações místicas remontam ao início do século, quando adere ao grupo dos *Méditateurs*. Adversário do progresso social, Nodier acredita em um progresso metafísico e se persuade de que o universo evolui para seu final. À perfectibilidade, que considera uma quimera, opõe a palingenesia, a realidade do futuro; mostra que o homem não é o objetivo final da criação, mas um episódio passageiro, cuja conclusão se oculta no desenrolar da ação universal. Seus personagens em geral são 'loucos', 'inocentes', 'idiotas', ou 'monômanos', e ocupam uma posição privilegiada na sequência da evolução humana por ele imaginada:[32]

> Os lunáticos (...) ocupariam, eu acredito, o grau mais elevado da escada que separa nosso planeta de seu satélite, e como eles se comunicam necessariamente desse grau com as inteligências de um mundo que não nos é conhecido, é bastante natural que não os entendamos, e é absurdo concluir disso que falta sentido e lucidez

68 | EM TORNO DE RIVAIL

às suas ideias, porque elas pertencem a uma ordem de sensações e de raciocínio que é inacessível à nossa educação e a nossos hábitos.

Na França, Nodier foi o primeiro escritor a trilhar esse caminho, sendo o precursor das narrativas do século XX, pelo emprego que fez em sua obra dos temas do sonho e da loucura como formas de acesso a uma realidade superior e como reflexos dessa realidade.

Também se destaca nesse período o jovem Théophile Gautier, que além de poeta foi romancista e crítico francês. Em sua obra, bastante considerada e muito variada, ele se mostra o apóstolo convencido do romantismo, ao mesmo tempo que um escritor hábil. Por ocasião da 'batalha' de *Hernani*, juntamente com Gérard de Nerval e alguns jovens artistas Românticos militantes, defende ardorosamente Victor Hugo contra os clássicos. Em sua fase mais madura Gautier apresenta um Romantismo mais profundo, feito de pessimismo e de agonia. Esta inquietude aparece no romance *Mademoiselle de Maupin* (1835-1836) e em um novo relato lírico, *La comédie de la mort* e *Poésies diverses* (1838). Um Simbolismo discreto pode ser percebido em *Le spirite* (1866), transposição para o plano espiritual de um grande amor e de uma longa busca pelo ideal. Entusiasta do movimento da "arte pela arte", em que encontra seu ideal e sua razão de viver, e cuja obra o ilustra ricamente, marca uma reviravolta na história da poesia francesa. Sem jamais renegar o Romantismo de sua juventude, Gautier abre espaço para a poesia plástica e 'impassível' do Parnasianismo. Sua doutrina da "arte pela arte" influenciou igualmente Baudelaire, que lhe dedica *Fleurs du mal*, e a poesia moderna deve-lhe, em parte, a liberação que a caracteriza.

A partir de 1831 Gautier publica alguns contos arrolados por Castex (1994)[33] como exemplos do fantástico francês. "*La Cafetière*" (1831) é um desses exemplos em que, sob a influência de Hoffmann, Gautier aborda temas como o inanimado que ganha vida, a morte, o amor impossível, a busca da eternidade. Em 1832 escreve o longo poema "*Albertus ou L'âme et le péché*", lenda teológica em que exalta o amor em liberdade e onde tem-se a presença do tema da morta-viva, encarnada na figura da feiticeira Véronique, que seduz o pintor Albertus. Esse tema será retomado no poema "*La mort dans la vie*", de *La comédie de la mort* (1838), e no famoso conto fantástico "*La morte*

O Mundo em que Viveu Allan Kardec | 69

*amoureuse"*, que aparece de início na *Chronique de Paris*, de 23 e 26 de julho de 1836, considerado por Baudelaire a obra-prima do autor. Numa tentativa de classificar os contos de Gautier no chamado 'fantástico' francês pode-se dividi-los em duas fases: a primeira, marcada por forte influência de Hoffmann, de 1831 a 1841, em que se destacam: *"La Cafetière"*, *"Onuphrius ou les vexations fantastiques d'un admirateur d'Hoffmann"*, *"Omphale"* (1834), *"La morte amoureuse"*, *"Une nuit de Cléopâtre"* (1839), *"Le chevalier double"* (1840), *"Le pied de momie"* (1840), *"La pipe d'opium"* (1838) e *"Deux acteurs pour un rôle"* (1841). E a segunda, a partir de *Club des Hachischins* (1846), em que o escritor começa a se libertar de suas influências e seus contos vão aos poucos demonstrando o amadurecimento observado em *Arria Marcella. Souvenir de Pompei* (1852), *Avatar* (1858), *Jettatura* (1857) e em seu último conto *Spirite, nouvelle fantastique* (1866). Em todos esses textos percebe-se uma grande variedade de temas: a morte-vida, o desdobramento da personalidade, as projeções do desejo e seus desdobramentos psíquicos, as visões oníricas, as alucinações e os sonhos noturnos, a ressurreição da mulher morta pela ação do desejo, o inanimado que se anima etc., que exprimem a sensibilidade, as obsessões e as incertezas de um artista entediado que observa a realidade e procura no mundo dos sonhos um refúgio para suas angústias e suas inquietações.

Como outros autores, Gautier buscava o mundo dos sonhos no Hotel Pimodan, onde artistas, homens de letras e mulheres mundanas procuravam usufruir os prazeres do haxixe, por curiosidade, pela necessidade de fuga ou para se guir os ditames da moda parisiense de então. Uma dessas experiências é extraordinariamente descrita com detalhes e imagens fantásticas no *"Club des Haschischins"*, um conto em que Gautier descreve os lugares, o uso da droga, pintando as alucinações com uma precisão de termos que nos faz penetrar nos fatos de uma forma quase que real.

O conto *"Spirite"* tem como personagem principal o espírito de uma jovem de dezoito anos que domina toda a narrativa em suas múltiplas aparições. Castex[34] afirma que o conto não pode ser visto como testemunho de uma crença no espiritismo, uma vez que Gautier jamais levou a sério as experiências de Allan Kardec. Ele chegou a frequentar sessões de mesas girantes na casa de *mme.* de Girardin, mas demonstrou sempre ser um cético. Todavia, o conto mostra claramente a curiosidade do autor, já nítida em contos anteriores, sobre os mitos relativos ao além-túmulo e às heroínas sobrenaturais.

O ideal de Gautier é a perseguição de uma beleza perene, beleza essa que não é serena nem pura. Na realidade, sua alma é atormentada por uma profunda angústia sobre a condição humana e que transparece na obra *Comédie de la mort*, que aborda o diálogo entre uma jovem morta e um verme que começa a corroê-la.[35]

**A Morta**
A erva cresce mais rápido no coração que no fosso.
Uma pedra, uma cruz, o terreno que se alça
Dizem que um morto está aí.
Mas que cruz mostra um túmulo no âmago?
Olvido! Segunda morte, vazio que reclamo
Vem! Eis-me aqui!

**O Verme**
Consola-te.– A morte dá a vida. Desabrochada
À sombra de uma cruz, a eglantine é mais rosada
E mais verde a sebe.
A raiz das flores mergulhará em tuas espaldas
No lugar onde dormes as ervas serão mais altas:
Nas mãos de Deus, tudo serve!

Gérard de Nerval
fotografado por Nadar

Outro autor merece destaque entre os poetas representativos da segunda metade do século: Gérard de Nerval (1808-1855). Como Gautier, Nerval faz parte de *"la bohème galante"* do Romantismo. Influenciado pelo Romantismo alemão, foi precursor do Simbolismo por valorizar em sua obra o sonho como "uma segunda vida" na qual "o mundo dos espíritos se abre para nós", e por sua vontade de penetrar até o fundo nos mistérios da existência – atitude que o levou à loucura e ao suicídio.

O Simbolismo e o Surrealismo que caracterizam a obra de Nerval não são artifícios literários, são absolutamente autênticos. Optando pelas crenças ocultas, a visão de *l'au-de-là* era para ele uma experiência natural, uma misteriosa correspondência entre o mundo familiar e o mundo sobrenatural, do qual ele não conseguia se libertar. Ele é, com efeito, persuadido de que há um elo de ligação entre o mundo exterior e o mundo interior, e o mundo exterior, por outro lado, liga-se ao mundo dos espíritos, que o amedronta, e o mundo terrestre. Mostra-nos, assim, toda uma teogonia mística e ocultista que não afirma ser verdadeira ou não, mas que ele viu. Sua obra mostra-nos também a inquietude na escolha entre as religiões esotéricas e a religião cristã:[36]

> Eu não sei como explicar que, em minhas ideias, os acontecimentos terrestres podiam coincidir com os sobrenaturais; isso é mais fácil de sentir do que evocar claramente.

Dentre suas obras mais significativas destacam-se *Lorely* e *Nuits d'octobre* (1852), *Sylvie*, inserido em *Filles du feu* (1854), assim como o conjunto de sonetos de *Les chimères (1854)*. Em 1853 ele redige *Aurelia*, sua obra-prima, que surgirá em 1855, a história de seu amor, das obsessões que se sucedem e de sua "descida aos infernos". De 1853 a 1854 escreve sua última obra, *Pandora*, em que, na segunda parte, domina a angústia. Na obra nervaliana recordações, sonhos e reminiscências de vidas anteriores se confundem na aspiração a um paraíso perdido, tal como o atesta o poema "*Fantasie*", publicado em 1832, escrito com uma arte de extrema pureza e quase imaterial, cujo tema é a vida anterior, também focalizado por Gautier e posteriormente por Baudelaire, com a diferença de que em Nerval há como ponto de partida recordações bem precisas.[37]

> Vitrais pintados com vibrantes cores,
> Cem grandes parques, rio num recanto
> Beijando seus pés, que corre entre flores.
>
> E uma mulher em sua janela
> Loira, olhos negros, com antigo vestido...
> De outra existência talvez seja ela
> A mulher que recordo já ter conhecido!

> Há uma atmosfera que eu diria
> E um castelo, com pedras no canto,
> Ser de Rossini, Mozart e Weber,
> Antiga, lânguida e de melancolia,
> Que só a mim segredos quer dizer.
>
> E cada vez que a escuto em enlevo
> A velha alma então rejuvenesce:
> É Luís XIII... – e ostentar-se vejo
> Um prado verde que amarelece.[38]

Com toda a simplicidade, e porque acreditava que o sonho extravasava-se na vida real, explorou as fontes do inconsciente e do sonho. Desejoso de encontrar os mortos amados, aventurou-se, bem longe, no domínio dos conhecimentos ocultos, sendo considerado um dos raros poetas do esoterismo na literatura francesa. Acreditava haver uma correspondência entre os acontecimentos de nossa existência quotidiana e os mistérios do além-túmulo. O sonho, na sua concepção, é o meio para passar de um mundo a outro, de aprisionar o sentido oculto que revelam nossas aventuras terrestres, de ultrapassar *"les portes d'ivoire ou de corne qui nous séparent du monde invisible* ("as portas de marfim ou ebúrneas que nos separam do mundo invisível"). Ele invoca os exemplos dos grandes visionários e designa Swedenborg, Dante, Apuleio, como seus gloriosos predecessores nessa exploração.

Os romances histórico e sentimental foram os gêneros mais característicos da literatura romântica, representados não só por Victor Hugo e Vigny assim como por Alexandre Dumas (1802-1870), autor de inúmeras narrações que alcançaram grande difusão – *La tour de Nesle* (1832), *Les trois mosquetaires* (1844), *Le chevalier de maison-rouge* (1847)), *La reine Margot* (1845), *Le comte de Monte-Cristo* (1848), *L'Orestie* (1856), *La dame de Monsoreau*

Busto de Alexandre Duma por Henri Chapu, 1876

(1860), e muitas outras, reunindo fabulosos personagens nascidos de sua imaginação e outros históricos. Sua obra encantou milhões de leitores com sua variedade, seu fascínio, sua alegria e sua forma encantadora de dizer.

Sua obra foi uma espécie de projeto político, qual seja o de transmitir seus conhecimentos ao povo divertindo-o, a fim de lhe dar, com o gosto do saber, todo o progresso intelectual possível. Para Dumas não havia fatalidade. Nisso ele se distingue dos outros escritores chamados de 'engajados', porque para ele a ordem imutável das coisas é que contém uma classe de opressores e uma classe de oprimidos. Acreditava em Deus: *"Je crois en un Dieu infiniment puissant et bon. Ne m'en demandez pas plus!"* ("Creio em um Deus infinitamente poderoso e bom. Não me perguntem mais nada") – mas não tinha senão uma religião: a do trabalho. Queres ser um homem? Trabalha! Era a única mensagem de profissão de fé que escreveu aos leitores quando decidiu, em 1848, candidatar-se em Seine-et-Oise:[39]

> O trabalho é a destinação do homem. Toda virtude decorre do trabalho como todo vício da ociosidade. Deus deu a um a força física, a outro a força intelectual. A preguiça é um crime social (...) A retribuição é dada segundo o trabalho.

As maiores criações da prosa literária nesse período, as obras de Stendhal e Balzac, são romances sociais não importa a outra categoria em que possam ser incluídos. Balzac (1799-1850) reuniu com o título de *La comédie humaine* (1842-1850) uma série de romances nos quais deixou um quadro extraordinariamente vivo e movimentado do ambiente e dos tipos humanos das primeiras décadas do século, da Revolução à Monarquia de Julho, compreendendo noventa obras e duas mil personagens, um gigantesco mundo novelístico no qual se destacam a observação documental da realidade e uma prodigiosa imaginação. O autor soube dar vida a uma série de personagens – sobre-

Honoré de Balzac num de seus retratos mais famosos

74 | Em Torno de Rivail

tudo da classe burguesa, os quais a paixão pelo dinheiro ou a ambição pelo poder arrastam aos piores excessos (das duas mil personagens, quatrocentas e sessenta reaparecem em vários romances).

Tecendo comentários sobre o valor de sua obra, Hauser afirma:[40]

> Balzac é um dos profetas literários em que a visão do futuro era mais forte do que a observação do presente. 'Profeta' e 'vidente' são, é claro, meras palavras usadas, quando se tenta disfarçar o dilema posto por uma arte cuja influência mágica parece afinal aumentar em cada nova fraqueza. Mas que outra coisa se pode dizer acerca de uma obra como *Chef-d'oeuvre inconnu*, que combina a mais profunda penetração psicológica do significado da vida e da época presente com uma candura inconcebível? (...) Balzac previu o destino do século passado e descreveu-o incomparavelmente. Reconheceu os resultados do seu afastamento da vida e da sociedade, e compreendeu o esteticismo e o niilismo, o perigo da autodestruição que as ameaçavam e que viriam a ser uma terrível realidade no tempo do Segundo Império, mais completamente do que mesmo o mais culto e mais arguto dos seus contemporâneos.

A diversidade de Balzac se mostra em uma ampla produção em que o elemento romântico tem seu ponto de partida no conceito pessimista da humanidade, valendo-se das circunstâncias sociais, econômicas e espirituais da época. Seus romances podem ser classificados sob os seguintes aspectos:

a. *La peau de chagrin* (1831), *Louis Lambert* (1832), *Séraphita* e *La recherche de l'absolu* (1834) são romances filosóficos;

b. os romances de costumes, os mais numerosos, são representados por uma série de cenas da vida privada, cenas de província, da vida parisiense, da vida militar e do campo, dentre os quais se destacam: *Gobseck* (1830), *La femme de trente ans* (1831-1842), *Le colonel Chabert*(1832), *Le curé* de Tours (1832), *Le médecin de campagne* (1833), *Le curé de village* (1839- 1846), *Les paysans* (1844);

c. romances de aprofundamento do seu realismo, criando tipos poderosamente delineados, dentre os quais se destacam duas obras-primas: *Eugénie Grandet* (1833) e *Le père Goriot* (1834-1835), aos quais se seguem outros não menos importantes: *Le lys dans la valée* (1835-1838), *Les illusions perdues* (1837-1843), dedicado ao seu

O Mundo em que Viveu Allan Kardec | 75

amigo Victor Hugo, *Ursule Mirouet* (1841),[41] *Splendeurs et misères des courtisanes* (1838-1847).

Gênio visionário, Balzac sonha retratar o homem não apenas em suas relações com seus semelhantes, mas com os anjos e os demônios, na busca do Absoluto. O fantástico exprime sua filosofia, responde à sua preocupação mais profunda, às suas mais altas ambições. Castex (1994), analisando as obras de Balzac no que tange ao fantástico ou às suas alusões ao sobrenatural, afirma que *Seraphita* é um dos exemplos em que suas reflexões metafísicas sobre a condição humana assentam-se sobre mitos e visões sobrenaturais, fruto das leituras das obras de Saint-Martin, de Swedenborg e das doutrinas dos ideólogos e fisiologistas, que despertaram sua curiosidade sobre o mundo invisível ainda muito cedo. Ressalta ainda que o autor dedicou-se ao estudo das experiências de Mesmer sobre o magnetismo animal, em moda na França por volta de 1812. Essas influências aparecem nas notas filosóficas redigidas entre 1818 e 1820, que contêm os germens das ideias apresentadas posteriormente em *Louis Lambert* e no seu romance *Sténie* (publicado por A. Prioult em 1936). Entre 1823 e 1824 a inspiração de Balzac sofre uma certa mudança, quando, sob influências diversas, sobretudo de leituras como *L'homme de désir*, de Saint-Martin e *Méditation sur le 'Pater'*, de santa Tereza, se inclina para uma espécie de misticismo religioso e moral, esboçando um *Traité sur la prière*, em que testemunha uma curiosidade nova pelos dramas de consciência e pela vida interior. Em torno de 1825 seu ardor pelo Absoluto o leva a interessar-se cada vez mais pelas ciências ocultas e é evidente a sua tendência ao misterioso, ao 'desconhecido', que está presente em muitas de suas obras. Sobre o seu misticismo afirma Castex:[42]

> Balzac jamais deixou de acreditar nas interferências entre o mundo visível e o mundo invisível. Ele gosta de sugerir, segundo a fórmula de M. Baldensperge, 'uma região imanente de claro-escuro', e ele cerca frequentemente suas personagens de um halo mágico.

Outro autor desse período que se sobressaiu pelo gosto do fantástico foi Prosper Mérimée (1803-1870). Um dos românticos liberais do *Globe*, após suas primeiras tentativas no teatro consagrou-se principalmente ao romance histórico, conforme a preferência da época

## 76 | EM TORNO DE RIVAIL

(*Chronique du règne de Charles IX,* 1829) e às novelas que lhe deram um grande sucesso. Pode-se dizer que foi romântico por seu gosto pelo mistério, pela violência e pela cor italiana ou espanhola de suas descrições, mas foi realista pela precisão e a veracidade dos detalhes, das informações e a forma como as colocava na paixão fatal, cara aos românticos, e na ambiência popular e primitiva de seus relatos. Como um adepto do 'fantástico', em suas obras o sobrenatural e o improvável têm sempre a última palavra, deixando ao leitor a decisão de aceitar ou proclamar o seu cepticismo. Na época em que escrevia a *"Vision de Charles XI"* (1829), Mérimée se dedicava a impor ao leitor a alternativa de negar o real ou aceitar o impossível:[43]

> Debocham das visões e das aparições sobrenaturais; algumas, entretanto, são tão perfeitamente atestadas que, se alguém se recusa em acreditar nelas, seria obrigado, para não ser incoerente, a rejeitar em massa todos os testemunhos históricos.

Seus contos abordam aparições, vampirismo e mau-olhado. *"Vision de Charles XI"* (1829) tem como tema uma aparição sangrenta e profética já abordada no conto *"La Guzla"*, feito na juventude sob influência das leituras sobre ocultismo.

Escreveu ainda *Les âmes du purgatoire* (1834), *La Vénus d'Ille* (1837), *Il Viccolo di Madama Lucrezia* (1846) e *Les dernière nouvelles* (1868-1869) – *Lokis* e *Djoûmane*. Em *Les âmes du purgatoire* (1834) Mérimée ilustra seu gosto pelo fantástico com precisão e sobriedade no relato de uma visão fúnebre e sobrenatural. Ele aborda o problema da fé das obras: qualquer que sejam seus crimes, um homem pode ser salvo pela graça, se tem fé.

Junto à poesia, à prosa ideológica e à história, a crítica literária da época romântica conta com uma grande figura, Saint-Beuve (1804-1869), que hostil inicialmente ao romantismo monárquico, tornar-se-á um dos defensores do lirismo hugoano. O estilo que o caracterizou como crítico eminentemente literário na França, está representado por uma obra sobre crítica e história da literatura. Dentre elas destacam-se: *Critiques et portraits littéraires* (1836-1839), *Portraits de femmes* (1844), *Portraits contemporains* (1846), *Port-Royal* (1840-1859), considerada a obra-prima da crítica do séc. XIX, *Causeries de lundi* (1849-1861), *Cha-*

O Mundo em que Viveu Allan Kardec | 77

*teaubriand et son groupe littéraire sous l'Empire* (1861) e ainda *Mes poisons*, notas íntimas e correspondências, publicadas em 1926, em que se revela um homem complexo, irônico, se comparado aos seus contemporâneos, mas guardando sempre uma plena liberdade de julgamento. Desenvolveu uma crítica que pode ser qualificada como uma crítica romântica. A fé cristã o interessa mas não chega a adotá-la inteiramente. É influenciado pelo cientificismo e pelo positivismo da geração pós 1848. Sob essas influências, particularmente a de Taine, ele chega a falar de uma "história natural literária", diferenciando-a da sua, uma vez que se considerava um "naturalista dos espíritos".

O Segundo Império marca um período de ecletismo – um período sem estilo próprio em arquitetura e nas artes industriais, e sem unidade estilística na pintura. Vemos surgir uma nova tendência literária que se afirma por uma reação contra o lirismo e o subjetivismo romântico, contrapondo a esse o gosto exagerado pelo real. O Romantismo propiciou uma expansão de sensibilidade mas, da mesma forma, deu oportunidade aos escritores de cair no perigo da dispersão, da facilidade e da vulgarização. Todos os esforços dos 'artistas' após 1850, que se filiaram ao Realismo ou que anunciaram o Simbolismo, são para reencontrar a concentração do espírito que, para eles, é a única que pode assegurar à sua obra a pureza e perfeição.

A escola de 1830 conserva como discípulos Théophile Gautier e Théodore de Banville, que são os autores de transição, mas, em geral, a poesia se afasta do subjetivismo romântico. Certas tendências parnasianas ultrapassam o domínio da poesia propriamente dita: a busca da impessoalidade, o culto da beleza formal, o reconhecimento da arte e da literatura como fins em si mesmas, parecem traços comuns à maioria desta geração, que é a mesma de Flaubert e que se pode chamar de geração dos 'artistas'. A figura principal do Parnasianismo, Leconte de Lisle (1818-1894), compôs três importantes livros de poemas – *Poèmes antiques* (1852), *Poèmes barbares* (1862) e *Poèmes tragiques* (1864) –, em que, movido por um pensamento niilista, expôs as crenças religiosas dos distintos povos, sublinhando a luminosa beleza do mundo helênico e atacando o cristianismo, considerado por ele como fanático e violento. Sua poesia é de um tom profundamente amargo e céptico, o que se pode observar nas três últimas estrofes do poema "*Le vent froid de la Nuit*":[44]

Mas, ó sonho! Os mortos se calam na noite.
É o vento, é o esforço dos cães em seu farejo,
É teu suspiro morno, implacável natureza!
É meu coração ulcerado que chora sob o açoite.
Cala-te. O céu é surdo, a terra te despreza.
Para que lamentos, se não te podes salvar?
Como um lobo ferido, ao morrer é preciso calar
E morder o cutelo, no pescoço que o flagela.

Mais uma tortura, um golpe ainda.
Depois, nada. A terra se abre, a carne aí afunda;
E a erva do olvido, cobrindo bem a tumba,
Sobre tanta vaidade cresce infinda.[45]

O romance torna-se um instrumento de pesquisa para Flaubert (1821-1880) e Zola (1840-1902), chefe e teórico do Naturalismo, motivo de posteridade.

Gustave Flaubert

Em meados do século, a novela realista chega ao seu auge com Gustave Flaubert. Sua obra-prima, *Madame Bovary* (1857) revela uma meticulosa observação da realidade psicológica e social e um estado impessoal e objetivo. Psicólogo penetrante, Flaubert guardou uma impassibilidade voluntária diante das 'misérias' morais e intelectuais da natureza humana. Impôs a si próprio um ascetismo, uma reclusão monástica à qual se recolheu, para buscar na arte amparo e proteção contra a romântica impetuosidade de sua juventude. Esta renúncia à vida, o entregar-se nas mãos da arte, adquire, com Flaubert, um caráter místico, quase religioso, um certo êxtase: "*l' art, la seule chose bonne de la vie*" ("*a arte, a única coisa boa na vida*"), escreveu ele no final dela. Este estetismo representa um verdadeiro niilismo anti-social e que nega a vida, uma negação absoluta do mundo. Flaubert fez da impessoalidade seu dogma como o atestam as palavras de sua correspondência a Louise Colet:[46]

O autor, em sua obra, deve ser como Deus no universo, presente em tudo mas não visível em toda parte. A Arte sendo uma segunda

O MUNDO EM QUE VIVEU ALLAN KARDEC | 79

natureza, o criador dessa natureza deve agir segundo procedimentos análogos. Que o sintam em todos os átomos, em todos os aspectos, como uma impassibilidade escondida e infinita. (9/12/1852)

Aos poucos o gênero novelesco se encaminha decididamente para o Naturalismo, graças à influência da filosofia positivista de Comte (1798-1857), desdenhosa de toda ambição metafísica, e as doutrinas de Hippolyte Taine (1828-1893), cujas obras de história, de crítica literária e artística têm como base uma concepção determinista do mundo. O pensamento crítico e filosófico é também enriquecido na segunda metade do século pela figura de Ernest Renan (1823-1892), que depois de haver perdido a fé, dedicou sua vida ao estudo das questões religiosas – *Les origines du crhistianisme* (*Vie de Jesus*, 1863; *Les apôtres*, 1866, *Saint Paul*, 1869; *l'Antechrist*, 1873; *Les évangiles*, 1977; *L' église chrétienne*, 1879; *Marc Aurèle*, 1881), *L'histoire du peuple d' Israël* (1888– 18894), *L'avenir de la science* (escrita em 1848 mas publicada em 1890) e obras diversas como *Souvenirs d'enfance et de jeunesse* (1883), *Feuilles détachées* (1892) e *Correspondance* (1898). Incrédulo, mas tolerante e idealista, Renan transportou para a ciência todo o seu poder de crença. Ela foi sua fé, seu culto, sua paixão, o motor para sua evolução espiritual:[47]

> Tive razão, no início de minha carreira intelectual em crer firmemente na ciência e de compreendê-la como o objetivo da minha vida. Se fosse preciso recomeçar, eu faria tudo de novo; e, durante o pouco de tempo que me resta viver, eu continuarei. A imortalidade consiste em trabalhar em uma obra eterna.[48]

Em *L'avenir de la science*, Renan defendeu a ideia de que a humanidade tende para uma espécie de saber universal que a aproxima de Deus, concebido como o Absoluto do espírito e que o papel do sábio não é o de esboçar vastas sínteses prematuras, mas sim o de contribuir para o progresso por meio dos estudos precisos que se apoiem na erudição histórica.

No último quartel do século XIX, à época da Terceira República, as últimas tendências se esboçam. É a época do triunfo da democracia, da ciência, da indústria e da burguesia francesa; é também o da revisão da

80 | EM TORNO DE RIVAIL

nova ordem moral; politicamente, os ministérios se sucedem; socialmente, os anarquistas e os movimentos contestatórios se multiplicam; artisticamente, as rebeliões individuais se estendem a todos os domínios.

Usa-se o termo *simbolistas* para definir os artistas em busca de ideal, de sentido e da alma. Um termo não adaptado a figuras bem diversas, que se recusam a aderir à corrente. Um ponto, porém, é comum a esses artistas: a busca do inteligível, para além das aparências, recorrendo-se ao símbolo, uma das raras fontes comuns de uma plêiade de artistas cujas obras aparecem entre o fim de 1870 e o início de 1900. A morte é a musa das obras simbolistas, criando um clima melancólico e fúnebre dos valores espirituais característicos desse fim de século. Nesse mundo de incertezas e dúvidas pessoais, os artistas simbolistas se servem da arte como um meio de fuga cada vez mais para longe: para o passado, para o desconhecido, para o além. As buscas espirituais da virada do século tomado pelo materialismo se voltam principalmente para o domínio do mistério, do imaginário e dos sonhos. A arte da sugestão é a primeira originalidade dessas pesquisas espirituais. A inovação significa a exploração do recôndito de suas almas em múltiplos gêneros que são postos em destaque: ópera, dança, livros, fotografias etc. Alguns artistas se voltam para a Igreja. Outros abraçam o esoterismo da Ordem dos Rosa-Cruzes, o ocultismo, largamente partilhado pelos meios mundanos, e todos os extremos de um fim de século amante das emoções: haxixe, ópio, álcool e outras formas de fugir da realidade exterior.

Em relação à arte plástica, à beleza fria como o mármore, do Parnasianismo e ao romance naturalista (documental), começa a surgir um certo 'idealismo', que tem ardentes defensores como Gérard de Nerval e Victor Hugo, mas é Baudelaire (1821-1867) que firmará o início dessa nova tendência chamada por alguns de Decadentismo, por outros Simbolismo, sendo considerado o seu mais notável antecessor e o criador da lírica moderna, em geral.

Os poetas simbolistas ultrapassam a contradição entre realismo e idealismo, estabelecendo misteriosa correspondência entre o mundo das sensações e o universo supra-sensível. Para descrever suas impressões, suas visões, ou as impalpáveis emanações da alma das coisas, eles recorreram à paisagem interior, ao simbolismo, à metáfora, à alusão. É o uso de uma simbologia, na suposição de que a função da poesia é exprimir qualquer coisa que não se pode moldar numa forma definida nem ser abordada de um modo direto. O símbolo pode ser considerado a reação contra toda e qualquer poesia anterior – *la poésie pure* – poesia que surge do espírito irracional, não-conceptual, da linguagem, que é contrária a toda interpretação lógica.

Exemplo desse sentimento está contido nos versos que se seguem, quando afirma Baudelaire que *"les vrais voyageurs sont ceux-là seuls qui partent pour partir..."*. ("os verdadeiros viajantes são os únicos que partem simplesmente..."). É a verdadeira fuga (interior) que se empreende, não porque se é tentado, mas porque se está nauseado por qualquer coisa, ou da própria vida, já sem esperança:[49]

Baudelaire

Ó Morte, venerável comandante, já é tempo! Levantemos âncora!
Este país nos entristece, ó Morte! Preparemos a partida!
Se o céu e o mar estão sombrios como o desconhecido,
Nossos corações, que tu conheces, estão plenos de luz!

Derrama sobre nós teu veneno para que ele nos reconforte!
Queremos que este fogo queime nossa mente,
Mergulhar no fundo do abismo, Inferno ou Céu, que importa?
Ao fundo do Desconhecido para encontrar *o novo*![50]

Esse poema é como uma síntese do destino humano, comparado a uma viagem, na qual o homem parte cheio de ilusões e da qual regressa totalmente desiludido. Somente o Mal e o Pecado têm às vezes podido romper este tédio fundamental que o viajor procura evitar, mas que encontra em toda parte. Théophile Gautier, no prefácio de *Le fleurs du mal*, tecendo comentários sobre alguns críticos que acusaram Baudelaire de imoralidade em razão de sua preferência por temas sórdidos e pecaminosos, apresenta informações surpreendentes sobre essa tendência:[51]

(...) odiava o mal como um desvio em relação à matemática e à norma, e, em sua qualidade de perfeito *gentleman*, desprezava-o como inconveniente, ridículo, burguês e sobretudo desonesto.

## 82 | Em Torno de Rivail

> Se frequentemente tratou de assuntos hediondos, repugnantes e doentios, foi por esta espécie de horror e de fascinação que faz descer o pássaro magnetizado para a goela impura da serpente; porém, mais de uma vez, com um vigoroso golpe de sua asa, ele rompe o feitiço e sobe novamente para as mais azuis regiões da espiritualidade.[52]

Antecipando-se à geração simbolista, Baudelaire tentou expressar seus complexos estados de ânimo – feitos de atração pelo mórbido e de afã pela pureza, últimos lampejos do "mal do século" romântico – valendo-se de uma multiplicidade de símbolos que ele via na realidade física. Ele é o primeiro a transformar as imagens em símbolos porque está convencido de que existe, por detrás do mundo real, um mundo espiritual e, entre os dois, 'correspondências'.

Seu célebre *Les fleurs du mal* (1857), onde alterna o mais corrompido e perverso com o mais atraente, revela uma refinadíssima sensibilidade, sempre atenta a captar misteriosas correspondências sinestésicas entre as diversas sensações – perfumes, cores, sons...– e entre estas e o mundo espiritual. A primeira parte de *Fleurs du Mal* é construída sobre dois postulados simultâneos que o autor discerne em todo homem: um, é o Ideal ou espiritualidade, que consiste no desejo de elevar-se; o outro, é o *spleen*, a tentação da descida, impressão de esmagamento, obsessão do vazio. Eis um exemplo típico do primeiro momento:[53]

> Sobre os charcos, além das selvas, dos valados,
> Acima da montanha e além das nuvens no ar,
> E do mar e do sol e do éter a brilhar
> E para lá do fim dos planos estrelados,
>
> Sinto-te ágil, ó meu espírito, ascender
> E como nadador que a onda de gozo inunda,
> Sulcar alegremente a vastidão profunda,
> Um indizível, casto e másculo prazer!
>
> Voa fugindo ao mal destes miasmas baços.
> Purifica-te no ar do azul superior
> E bebe, como um puro e divino licor,
> Do claro fogo que enche os límpidos espaços.
>
> Por trás dos tédios, sob a dor que a alma reduz,
> E abate, como um peso, a existência brumosa,

Ah! feliz de quem possa, a uma asa vigorosa,
Suspenso, arrebatar-se às regiões da luz!
Quem tenha os sonhos como as calhandras que se alam
E giram pelo céu ao matinal clarão;
– Quem sobre a vida paire e sem esforço vão,
Saiba as flores ouvir e as coisas que não falam!⁵⁴

O segundo momento é exemplificado pelo próprio autor quando diz abandonar-se a uma espécie de embriaguez, o que é retratado em um de seus *Petits poèmes en prose (Énivrez-vous)*:⁵⁵

> Deve-se estar sempre bêbado. Está tudo aí: é a única questão. A fim de não se sentir o fardo horrível do Tempo que parte tuas espaldas e te dobra sobre a terra, é preciso te embriagares sem trégua. Mas de quê? De vinho, de poesia ou de virtude, a teu gosto. Mas embriaga-te.

Embora seus *Poèmes saturniens* (1866) se achem ainda dentro da órbita do Parnaso, Paul Verlaine (1844-1890) é uma das três grandes figuras do Simbolismo, como o demonstram seus livros posteriores – *Les fêtes galantes* (1869), *Romances sans paroles* (1874), *Sagesse* (1881) –, em que a confidência sentimental, impregnada de voluptuosidade ou de sincero arrependimento, se converte no eixo da elaboração poética.

O dito de Verlaine *Je suis l'empire à la fin de la décadence* ("eu sou o império no fim da decadência") passa a ser o emblema da época, e apesar de ele ter os seus antecessores em Gérard de Nerval, Baudelaire e Gautier, é ele quem pronuncia o refrão no momento próprio e confere àquilo que, até então, fora a expressão de um mero estado de espírito, o caráter do programa cultural desejado. Viveu uma vida atribulada, mergulhado na maior parte do tempo em miséria moral e física, em que, do início ao fim, a calma e a tempestade, a guerra e a paz, a sabedoria e a loucura, a abjeção e a piedade estiveram indissoluvelmente interligadas. Converte-se ao catolicismo e atraves-

Paul Verlaine, retrato de Eugène Carrière, 1861

## 84 | EM TORNO DE RIVAIL

sa uma fase mística porém sua existência doentia, dominada pelo vício, a boêmia, a aventura e a dissipação acaba por conduzi-lo a uma morte na mais completa miséria. Apesar de uma trajetória existencial altamente tempestuosa, nada o impediu de desenvolver uma obra poética grandiosa.

Verlaine soube criar em suas obras um melancólico ambiente musical, comunicando-nos, por meio de sutis e evocadoras melodias, todo um mundo de vagas e poéticas imagens de sonhos. Com seu temperamento fraco, alterna, nos últimos anos de sua vida, uma inspiração espiritual que domina certos poemas com uma exaltação carnal que impregna outros que retratam a tirania da carne, passando do pecado ao arrependimento, com poemas da mais alta elevação como um cântico à Virgem e outros que atestam sua fé renovada e sua humilde confiança em Deus. Um dos poemas dessa fase, traduzido por Edmundo Costa, é "Parábolas":[56]

> Sê bendito, meu Deus, que a fé cristã me deste,
> nesta quadra feroz de sombra e de rancor.
> Dá-me a força, porém, dá-me a audácia celeste
> de te ser sempre fiel, tal como um cão, Senhor,
> de ser teu cordeiro eleito que se apreste
> seguindo a ovelha mansa e atendendo ao pastor
> a imolar sua vida e a lã de que se veste,
> quando queira o zagal daqueles bens dispor;
> o peixe que a Jesus de símbolo servia;
> o jumento plebeu, que Ele um dia montou,
> e o porco vil que do meu corpo esconjurou.
> Pois, nestes tempos maus, de luta e hipocrisia,
> O animal, no cumprir seu humilde mister,
> É mais puro e melhor do que o homem e a mulher.

Grande interesse desperta hoje a produção de Arthur Rimbaud (1854-1891), em quem a crítica vê um precursor da poesia surrealista pela aparência irracional de suas deslumbrantes e enigmáticas imagens. Escritos totalmente em sua adolescência, os versos e os poemas de Rimbaud – *Les illuminations* (1871-1873), publicados por Verlaine em 1886, *Une saison en*

Arthur Rimbaud

*enfer* (1873) –, produzem a impressão de imtensas 'visões', que mais que a expressão de um sentimento, tentam nos desvendar um novo aspecto da realidade com a estranha força de uma alucinação profética. Ele é o 'vidente', aquele que penetra no desconhecido e revela suas experiências inauditas. A poesia torna-se alucinação. É uma espécie de busca espiritual em forma de enigma e sua obra se realiza em silêncio, fechada e de forma negativa. Ele recusa o mundo, a lei do trabalho, a vida das grandes cidades; recusa também a literatura: "*l'art est une sottise*" ("a arte é uma bobagem"), assim como o culto da felicidade, da justiça e da beleza:[57] "Eu me armei contra a justiça. Eu me escondi. Ó origens, ó miséria, ó ódio, a vocês confio meu tesouro. Eu consigo fazer esvanecer do meu espírito toda a esperança humana."

Essa vidência é fruto do desregramento de todos os sentidos, de uma espécie de ascese espiritual, tal como ele mesmo o afirma:[58]

> Eu fixava vertigens...Me habituei à alucinação simples: via mesmo uma mesquita na lugar de uma usina, uma bateria comandada por anjos, carruagens nas rotas do céu; um salão no fundo de um lago; monstros, mistérios; o título de uma peça de *vaudeville* vestia espantos diante de mim. Depois, eu explicava meus sofismas mágicos com a alucinação das palavras. Eu acabei por achar sagrada a desordem de meu espírito... Eu decifrei uma ópera fabulosa.[59]

Nesse texto ele diz, sem meias-palavras, sobre seu próprio processo de captar a alteridade do sentido. Sob o efeito da droga a personalidade desaparece, perde-se a noção de tempo, de espaço, os sentidos (visão, audição, tato) se mesclam, produzindo sinestesia: a imagem tem uma música, tem uma cor, as palavras têm cheiro. A imagem mais banal é revestida das significações mais inusitadas, apresentando-se na forma de alegorias.

Uma misteriosa beleza tem, por exemplo, seu originalíssimo poema "*Le bateau îvre*" (1871), no qual a aventura e a evasão para o desconhecido nos são transmitidas com símbolos dotados, como em outros momentos, de extraordinário poder de sugestão. É a peça mais importante de Rimbaud. Esse barco ébrio, levado pelo vento através das paisagens mais estranhas, é o símbolo da vida do poeta que, após

## 86 | EM TORNO DE RIVAIL

haver esgotado todas as possibilidades da poesia e da aventura, se encaminha para a morte, tal como o canta em suas três últimas estrofes:[60]

> Verdade, chorei muito. Albas são agonizantes.
> Toda lua é atroz, todo sol amargar.
> O acre amor me encheu de torpores inebriantes.
> Óh, que a quilha estoure! Oh, que eu naufrague no mar!
>
> Se eu desejo uma água da Europa, ela é o charco
> Negro e frio onde para o arrebol em desmaio
> Uma criança agachada e triste, solta um barco
> Frágil tal como uma borboleta de maio.
>
> Não posso mais, ondas, banhado em vossas canseiras,
> Tirar sua esteira ao condutor de algodões.
> Nem cruzar o orgulho de flâmulas, bandeiras,
> Nem vogar sob o olhar horrível dos pontões.* [61]

_____
\* Prisão flutuante inglesa, cuja gravura foi estampada no _Magazine Pittoresque_.
_____

Em meados do século, o teatro francês apresenta como gênero mais característico um tipo de comédia realista centrado na pintura da vida burguesa do Segundo Império e nos conflitos sociais ou familiares da época. As figuras mais destacadas dessa época são Émile Augier (1820-1889), autor de obras como _L'enfer de m. Posier_ (1854), em que são realçados os defeitos da sociedade do momento, censurando-se o desenfreado passionismo do Romantismo e do materialismo burguês, e Alexandre Dumas filho, severo moralista, em uma série de comédias em que os personagens são, de preferência, aqueles que têm a infelicidade de estarem à margem da sociedade, advogando, em seu teatro de ideias, uma reformulação de costumes e da vida familiar, baseada no respeito, no amor e no desinteresse. Sua primeira obra, que obteve o maior sucesso, foi _La dame aux camélias_ (1852), na qual tenta a reabilitação de uma cortesã e _La traviata_ (1853), que o tornou famoso mundialmente.

A partir de 1880, aproximadamente, a produção dramática toma um grande impulso, situando-se na linha do Realismo Naturalista e, mais tarde – última década do século – na do Simbolismo. O teatro naturalista, cujo representante foi Becque (1837-1899), com suas obras pessimistas e amargas, cujas principais são _Les corbeaux_ (1882) e *La parisienne* (1885), alcançou uma notável dimensão graças a Antoine, fundador do *Théâtre Libre* (1887), que se propõe a romper com os convencionalismos das representações cênicas, dando-lhes um tom mais realista.

Destaca-se nesse final de século Victorien Sardou (1831-1908), cujo talento é mais voltado para as comédias, misturando à arte que diverte um pouco de emoção. De suas obras a mais importante é *Madame Sans-Gêne* (1893), uma comédia histórica que coloca em cena o marechal Lefèbvre e Napoleão I, e *La tosca* (1887). Escreveu também uma peça intitulada *Spiritime*,* que foi encenada no teatro da Renascença, em maio de 1897. O teatro de Sardou, caracterizado como comédia de intriga, encena a história dando-lhe toda sua exatidão pitoresca, continuando, assim, a evolução iniciada pelo teatro romântico.

*Como outros autores do século, Sardou foi também influenciado pelas idéias de Allan Kardec e pelas doutrinas espiritualistas que grassaram entre os escritores em sua incessante busca espiritual. Além de escritor Sardou foi um médium de efeitos inteligentes, realizando gravuras sobre couro, sob o pseudônimo de Bernard Palissy.

### Conclusão

Pode-se afirmar, com certeza, que o século XIX foi o século dos gênios e, segundo Hauser, "a unicidade do momento, que nunca antes existira e nunca se repetirá, foi a experiência fundamental do século XIX".[62]

A geração de 1830 foi uma geração inquieta e desapontada; sua melancolia encontra um alimento na desilusão que traduz a falibilidade dos ideais políticos e no desarrazoamento que provoca a crise das crenças religiosas. Muitos escritores, sem dúvida, recusam-se ao desespero e, constatando os vícios de seu século, proclamam uma resolução de preparar dias melhores. Entretanto, outros dão as costas a uma realidade que acham insuportável e procuram frequentemente no mito uma diversão, um consolo ou, ainda, uma imagem de seu tormento. Assim, muitos dos escritores que focalizaram o 'sobrenatural' foram relatores do mundo

Victor Hugo em 1885, por Charles Gallot

## 88 | EM TORNO DE RIVAIL

moderno, às vezes até parceiros de uma determinada reação ideológica. Balzac, ao debruçar-se sobre seus sonhos políticos ou místicos, esquece as negras conclusões para as quais o inclina a observação de seus contemporâneos. Nerval, descontente com as contingências terrestres, caminha ainda em vida pelas vias do seu sonho estrelado. Gautier e Mérimée, mergulhando no imaginário, indiferentes aos problemas sociais, se contentam com a monarquia burguesa e, melhor ainda, com a ordem imperial, que lhes assegura bem-estar e preserva sua tranquilidade. Victor Hugo busca no espiritismo e seus diálogos com o *l'au-de-là* balsamizar sua dor pela perda da filha e encontrar forças para viver seu exílio político com dignidade.

Para esses escritores do século XIX, em sua busca espiritual, ora magoados, ora descrentes, ora absorvidos por suas visões interiores, a imaginação fantástica procede de uma recusa mais ou menos consciente de se interessar pelo mundo tal como ele é. É uma atitude de evasão que frequentemente assume a forma de um refugiar-se no abismo do sonho.Uma primeira atitude de evasão é marcada pela atitude dos boêmios românticos, que não passavam de um grupo de insatisfeitos contra a vida burguesa, jovens artistas e estudantes originais e extrav agantes, cuja oposição contra a sociedade representava antes de mais nada exuberância juvenil e espírito de contradição (Théophile Gautier, Nerval, Arsène Houssaye etc.). A boemia da geração seguinte, que se isola da sociedade burguesa – principalmente Rimbaud, Verlaine, Baudelaire, assim como pintores dentre os quais Gauguin e Van Gogh, é representada por um grupo de artistas desorientados, proscritos, que malbaratam a vida em cafés, *music-halls*, bordéis, hospitais ou nas ruas, esmagados por um tédio sombrio e sufocante em que o álcool e o haxixe já não satisfazem o vazio nessa *belle époque de l'opium*, e a arte não mais embriaga, narcotiza apenas. Os exemplos apresentados refletem a angústia fundamental do ser abandonado a si mesmo e momentaneamente privado de todas as justificativas que possam dar um sentido à sua vida. Em sua busca desesperada, na sua fuga para fora de si mesmo, os autores retratados anseiam por novas alvoradas, daí as buscas espirituais se voltarem para o domínio do mistério, do imaginário, dos sonhos e o predomínio de um forte desejo do além que tomou conta principalmente do fim do século tornado materialista. A metáfora utilizada por Moisés

O Mundo em que Viveu Allan Kardec | 89

para retratar *le fin-de-siècle* não poderia ser mais feliz. Com ele, a palavra final, para dar o retoque a essas breves pinceladas sobre a literatura finissecular do século XIX na França:[63]

> (...) o período é qualquer coisa como uma enorme e desgovernada estação ferroviária aonde vão chegando várias composições que não deveriam estar ali, que já deveriam ter cumprido seu itinerário décadas ou séculos atrás, mas insistem em seguir adiante, misturando-se a outras, apenas prontas para zarpar. Os passageiros, atônitos, não sabem em que composição embarcar: se nas que estão partindo para o futuro, se nas que estão chegando do passado. Não sabem também, ao certo, se aquelas não poderão levar de volta a este, nem que rumo seguirão, para frente ou para trás, as locomotivas do passado. Não sabem também tampouco se algumas ou todas não conduzirão a lugar nenhum. A sensação é a de que o grande comboio da História perdeu o rumo pausado que conhecera até então, os caminhos se multiplicaram e todas as viagens se tornaram possíveis, simultaneamente, em aceleração vertiginosa.

# NOTAS DE UMA VIAGEM MUSICAL: ESCALAS E ESCOLHAS EM PARIS

### BEATRIZ HELENA P. COSTA NUNES

Viagem musical imaginária a Paris em período do século XIX. Reportam-se as impressões experimentadas em diversas salas, salões de concerto e teatros de ópera na cidade. Breves dados biográficos alinham-se com episódios relevantes dos principais compositores em voga na época e com a atmosfera vivida na Paris de então, centro de convergência de ideias, valores e propostas em ebulição cultural. O ballet – referência e preferência na cultura francesa – a ópera, o piano, a orquestra são observados sob a ótica de ouvinte frequentadora de ambientes de música, captando as inovações nas formas musicais e tendências dos compositores, com ênfase no Romantismo em afirmação crescente.

*De la Musique avant toute chose.*
(Verlaine)

Não se pretende neste depoimento uma nova leitura da história das ideias ou da criação musical na Paris do século XIX.[1]

Sou uma cidadã do mundo da música – passaporte universal – que, em viagem insólita e singular no tempo e no espaço, um dia aporta à França do século XIX. Dia imaginário; não sei nem quanto tempo vou ficar. Destino certeiro. Paris, porque há cidades que sim-

Hector Berlioz, em retrato de Coubert

Vista exterior da Ópera de Paris

bolizaram ou sintetizaram períodos de florescimento de ideias, valores, propostas, centros de convergência em ebulição cultural.

Tenho minhas ideias, como amante da música e, naturalmente, predileções e tendências, com trânsito internacional em variadas salas de concerto e teatros de ópera. Mas, se existe outra Meca a ser reverenciada no século XIX, precisamos conhecê-la.

Deixamos nossa bagagem no hotel, sob o espanto da camareira: quantos livros, tantos sobre vidas de compositores, programas de teatros e concertos em várias línguas...

Vamos à rua sentir a atmosfera da cidade. Caminhamos nas galerias, local de atração obrigatória para forasteiros. Lojas (*magasins*), jornais, o império das *nouveautés*.

Num relance, descobrimos, visualmente, e pelas conversas entreouvidas dos passantes e dos que se demoram borboleteando em torno das *nouveautés*: a Música de que se fala é essencialmente ópera – arte de acompanhamento do drama, do espetáculo. As vozes discutem "AS VOZES".

> Ópera, feitiço sob forma de música, palavra mágica, harmonia de todas as artes, obra artística completa, festa dos olhos, dos ouvidos e da alma! Divertimento poético, dramático, musical. Campo de atividade de poetas, compositores, regentes, empresários, músicos, pintores, cenaristas, diretores, dançarinos... um exército, tendo atrás outro, invisível: alfaiates, sapateiros, cabeleireiros, maquinistas, eletricistas, pontos\*... mas a apoteose cabe a um só: o cantor, que, para triunfar, necessita de três coisas apenas, como diria Rossini, que muito bem sabia o que dizia: VOZ, VOZ... e VOZ![2]

---

\* O ponto é a pessoa que, estrategicamente colocada, oculta do público, indica aos cantores suas entradas (hora e o que cantar ou dizer).

Fisiologicamente, diz-se que:

O Mundo em que Viveu Allan Kardec | 93

(...) a voz humana é o som produzido pelas vibrações das cordas vocais. O órgão vocal pode ser considerado um instrumento de sopro em que os pulmões e a traqueia representam o fole; a laringe (cordas vocais) é o principal órgão do som; a faringe e as cavidades bucal e nasal modificam o *timbre*.[3]

Mas, que distância entre a descrição científica do fenômeno fisiológico e a disputa apaixonada dos admiradores dos astros e prima-donas em voga! Quase sempre tudo girava em torno do timbre, que dá a qualidade e a individualidade à voz e que permite aos apreciadores identificar de imediato e inconfundivelmente uma frase musical cantada por seu (sua) eleito (a).

Tenores, barítonos, baixos, sopranos, meio-sopranos e contraltos desfilavam na Ópera de Paris e na Ópera dos Italianos, mas quase sempre os malabarismos vocais dos tenores, entre os homens, e dos sopranos, entre as mulheres, levavam a palma.

Árias eram trauteadas pelas ruas e nos salões elegantes da sociedade afluente, em meio a disputas acaloradas sobre compositores e intérpretes em voga.

Ouvi um nome repetidamente, que terminava por *Bach*. Mas, não era o gigante da criação alemã, Johann Sebastian, nem nenhum dos seus descendentes talentosos. Semelhança apenas na desinência. Apurei os ouvidos e identifiquei: *Offenbach*.

Jacques Offenbach criou a comédia musical francesa, parente próxima da opereta* vienense e da zarzuela espanhola. Seu nome, misto emblemático – nascido na Alemanha, fez carreira na França – celebrizou-se com o cancã nos palcos do chamado teatro ligeiro francês. A dança era comum entre os malandros parisienses em torno de 1830; Offenbach trouxe-a para suas partituras teatrais, agora incluindo apenas mulheres, que, em dança vivaz e contagiante, em determinados momentos suspendem enormes saias e movimentam as pernas

* Diminutivo empregado desde o século XVIII para designar as óperas bufas ou óperas cômicas, em que a negligência musical prevalece sobre o rebuscamento. A opereta, que teve o seu apogeu no século XIX, é uma peça leve em que o 'falar' predomina e as árias são em geral divididas. Artistas de talento não desdenham o gênero e podem aí empregar muito espírito. As operetas de Offenbach, Leviq, Hervé, Terrasse, Méssega, Halévy, Grétry, Gossec marcaram época na França. Gravações antológicas de grandes intérpretes remetem ao tema.

94 | EM TORNO DE RIVAIL

para cima e para os lados, sem sair do lugar. A plateia delirava! Para rivalizar com o cancã só o galope, verdadeira marca registrada do século e que encerrava bailes e quadrilhas esfuziantes.

Percebi também uma característica nacional. Franceses não dispensavam a dança nos espetáculos teatrais – o balé era obrigatório – a esse dogma curvando-se até os todo-poderosos compositores de ópera italianos, endeusados mas constrangidos a cumprir o dever.

Nem o 'rei' Rossini desobedeceu a regra, o mesmo acontecendo, muito mais tarde, com o ícone Verdi, que inclui um balé no segundo ato da obra-prima entre as óperas, *Aída*.

O balé constituía até unidade de tempo nas marcações de compromissos e encontros no teatro. Era comum dizer-se entre amigos: "Vou encontrá-lo antes ou depois do balé!"

Segundo alguns autores franceses, a depreciação da música francesa remonta ao fim do reinado de Luís XV, quando o gosto público preferiu a facilidade italiana à mais elaborada escola nacional da época. Quando da Revolução, o mecenato – até então cultivado – deixou de existir e não teve volta. Nem os salões da Restauração o ressuscitaram. Destaque-se ainda que a Revolução incentivara a música ao ar livre, popular e cívica.

Chegam então grandes e pequenos mestres italianos para explorar o mercado parisiense.

Rossini encabeça a lista. Gioacchino Rossini, nascido em 1792 em Pesaro, morre em Paris em 1868, onde fez carreira sempre acompanhada de sucesso. Franceses entronizam-no e se alguém quiser testemunhar basta comparecer à Ópera dos Italianos, que dirige em liderança inconteste, de 1824 a 1830, apoiado em privilégios exorbitantes, de acordo com os mais lúcidos. Mas, como pensar em lucidez em meio aos avassaladores aplausos desde a estreia triunfal do *Barbeiro de Sevilha* em 1 819 nessa Paris desvairada? Elege-a como moradia e dominará sua vida musical por muitos anos. É conhecido como "Mr. Crescendo", pelo uso regular deste recurso dinâmico na música, principalmente nas aberturas sinfônicas das óperas. Escreveu mais de quarenta óperas. A análise da obra rossiniana revela insistência do tema, aceleração do ritmo – segundo os críticos mais severos para envolver os ouvintes menos dotados – mas, não se pode contestar a verve cênica, a graça da melodia e a elegância da orquestração. Em

1829, contudo, em esforço notável, tenta renovar o estilo com a composição *Guilherme Tell*. Nem sempre qualidade é sucesso. O público da Ópera dos Italianos não o acompanha mais. Desloca a sua atenção para outras figuras emergentes: Halévy, Meyerbeer e, entre os italianos, Bellini e Donizetti.

O francês Jacques Halévy (1799- 1862) conquistou significativo êxito com a ópera *A Judia* desde a estreia em Paris, em 1835. É um melodrama grandiloquente, com as dimensões gigantescas da época: cinco atos! A ação passa-se em Constança (Suíça), por ocasião do célebre concílio. Tudo o que o grande público quer: intrigas, traições, paixões aceitas e contrariadas, perseguições religiosas, delações, conflitos, anátemas etc... É música 'acessível'... A peça repetia-se durante anos, arrancando os mesmos suspiros e aplausos.

Um camarote no Teatro dos Italianos

Mas já causava *frisson* na Ópera e entre admiradores em caudal nas ruas e nas conversas de salão o indefectível Giacomo Meyerbeer (1791, Berlim – 1864, Paris), nascido Jakob Meyer Beer. Pianista e regente, após viver na Itália fixou-se em Paris. Halévy não era páreo para ele. Peças mais que grandiloquentes, efeitos sonoros, garantia de êxito total. Embora alemão, era discípulo da escola italiana e aclimatou-se, inclusive musicalmente, a Paris e ao que Paris desejava, pelo menos grande parte das plateias. Não era bem o que pensava George Sand, afirmando irônica e categoricamente: "Há mais música num único Prelúdio de Chopin que numa ópera inteira de Meyerbeer". Referia-se provavelmente à enorme extensão, à ostentação da obra de Meyerbeer. Meyerbeer era a moda, o mais completo representante da "grande ópera" francesa. Isso ficou muito claro com a estreia gloriosa de *Robert, le diable* (Paris, 1831), e a repetição do sucesso em *Les Huguenotes* (Paris, 1836), *Le Prophète* (Paris, 1849), *Dinorah* (Paris, 1859) e *L'Africaine* (Paris, 1865), esta estreada depois da morte de Meyerbeer.

96 | EM TORNO DE RIVAIL

Richard Wagner não tinha contemplação – concessão, aliás, rara em sua personalidade – com Meyerbeer. Considerava-o "um zero absoluto" e, ao compará-lo a Auber, por exemplo, elegia a superioridade do compositor de *La Muette de Portici*.

O grupo de compositores franceses, à época, não era tão descartável, como algumas crônicas posteriores vieram confirmar. Libretistas e compositores procuram caminhos; um dos mais trilhados era o de engrandecer a república, o nacionalismo, com aspirações mais ou menos nítidas a realizar obras de arte 'políticas'. Não é fácil, contudo, produzir lírica ou música revolucionária que sobreviva à revolução. Alguns analistas são peremptórios: o único verdadeiro intérprete musical da Revolução Francesa foi Beethoven.*

*Beethoven, democrata por excelência, tinha grandes esperanças em Napoleão para a redenção da Europa. A ele dedicou sua 3ª sinfonia, a "Heróica". Quando, porém, Napoleão coroou-se a si mesmo, no conhecido gesto de poder e arrogância, conta-se que Beethoven rasgou a dedicatória, substituindo-a por uma frase patética: "Sinfonia para um herói morto" (grifo nosso).

André Ernest Grétry (1741-1813), um dos melhores músicos da virada do século XIX, anteviu o perigo e advertiu:

> Parece que, desde a tomada da Bastilha, na França só se compõe música com tiros de canhão. Eis aí um engano trágico que mina a inventiva, o gosto e a verdade da expressão melódica. Se não tomarmos cuidado, o ouvido e o gosto do povo não tardarão em ser corrompidos e daqui a alguns anos haverá apenas fabricantes de ruído musical. Sem dúvida, essa 'arte' tremenda será o fim da verdadeira arte.

Num exercício de futurologia, diríamos que sobreviveriam algumas lembranças e obras, principalmente trechos e aberturas.

Voltando às galerias e ao burburinho das *nouveautés*, outros nomes desfilavam.

François Adrien Boieldieu (1775, Rouen – 1834, Javey) era professor de composição no Conservatório de Paris. Duas óperas encantavam o público: *O Califa de Bagdá* (1800) e *A Dama de Branco* (1825), obra-prima de Boieldieu, baseada em tema de Walter Scott.

Daniel François Auber (1782, Caen – 1871, Paris), diretor do Conservatório de Paris, assumindo em 1842, e também diretor musical nas cortes de Luís Felipe e Napoleão III, tinha uma legião de fãs. Chamado de "O Rossini francês", compôs também mais de quarenta óperas, as mais bem-sucedidas *A Neve* (1823), *La Muette de Portici* (1830), a preferida do grande público, e *Fra Diavolo* (1830). Como bom francês, também rendeu-se aos bailados, que compôs em profusão.

Dizem à boca pequena que *La Muette de Portici* desencadeou nada menos que a revolução belga de 1830: a massa humana, incitada pela ópera que de forma metafórica descreve a opressão do país, atirou-se às barricadas e conquistou a independência da Bélgica contra a Holanda.

Da ópera de Louis Joseph Hérold (1791-1833), *Zampa*, tão decantada por meus companheiros de café, na mesa do lado, e que fui conferir, imagino que só restará a vibrante e bem orquestrada abertura...

Interessei-me por *Giselle*, na primeira vez em que fui ao balé francês. A música de Adolph Adam, professor do Conservatório de Paris, diziam, era o protótipo do romantismo de melodia envolvente. Mais que isso, assinavam também o balé-enredo nada menos que Saint-Georges, Théophile Gautier e Corday, sobre tema de Heinrich Heine. Encantei-me com o balé-pantomina em dois atos, a beleza da linha melódica rendia os mais insensíveis. Quase sempre é assim. Vou ao balé e, apesar da atração dos passos – *deboulé, échappé, en l'air, en tournant, o fouetté* eletrizante – há que haver *música*, ela nunca é fundo... Carlota Grisi, como protagonista, arrancou ovações.

Comentava-se ainda o grande prêmio de Roma obtido pelo jovem Charles Gounod, todos apontavam que ele seria futuramente organista e mestre de capela.*

Outro organista famoso, nomeado em 1857 para a Madeleine, foi Camille Saint-Saens (1835, Paris – 1921, Argel), fundador da Sociedade Nacional de Música, em Paris. Compositor versátil, dominou diversos gêneros e, segundo Artur Harvey, entre os músicos, Saint-Saens:

> *Charles Gounod – foi realmente mais tarde organista-mestre de capela e compôs a famosa *Ave Maria*, sobre tema de Bach e uma ópera até hoje apresentada nos principais palcos do mundo: *Fausto* (1859), típica ópera francesa, com um bailado cuja importância lhe confere a possibilidade de ser encenado independentemente.

> (...) é o mais difícil de classificar. A cada momento ele nos escapa – tão variados são em sua natureza os elementos constitutivos de sua personalidade musical, ainda que pareçam fundir-se de maneira tão admirável. Saint-Saens é um francês típico (...)

98 | Em Torno de Rivail

Uma das joias de Saint-Saens só foi publicada postumamente, embora a executasse às vezes na intimidade do círculo de amigos: *O Carnaval dos Animais*. As razões podem ser óbvias se atentarmos para a fantasia e o senso de humor – frequentemente crítico de situações, ideias e personalidades musicais da vida parisiense. As caracterizações dos animais exibem a inventiva do compositor: o uso do piano e contrabaixo para descrever o *Elefante* (com motivos musicais da *Danação de Fausto*, de Berlioz); do clarinete para sugerir o *Cuco* no bosque; as alusões irônicas a ideologias musicais que considerava superadas em *Fósseis* – Rossini e Offenbach. Mas, deixou a inventiva melódica e a afetividade eternizarem-se no trecho que se tornaria o mais conhecido da obra: o solo de violoncelo em *O Cisne*, de que Ana Pavlova se apoderou, deixando escola para o sucesso das grandes bailarinas da posteridade (*A Morte do Cisne*).

Saint-Saens rendeu-se também à ópera e... ao balé. Em *Sansão e Dalila*, com libreto de Ferdinand Lemaire, a "arte latina de Camille Saint-Saens" – no dizer de Romain Rolland – surge soberana na ária do segundo ato, "*Mon coeur s'ouvre à ta voix*", trunfo dos grandes mezzo-sopranos. O indefectível balé – *Bacanal* – aparece na ópera, composta sobre episódio bíblico extraído do *Livro dos Juízes*.

Mas não só de voz vive o homem... Há também a orquestra. Comecei a ouvir comentários sobre um revolucionário do aproveitamento da orquestra. E era francês: Hector Berlioz. Nascera em dezembro de 1803, em Côte-Saint-André, entre Grenoble e Lyon.

Obrigado pelo pai, também médico, a estudar medicina, foi para Paris. Não obstante as aulas de anatomia e dissecação no "Jardin des Plantes", onde Gay-Lussac ministrava cursos de Física, em meio a outros luminares, atraíam-no muito mais as conferências sobre literatura no Collège de France e principalmente a ópera. Estuda e copia partituras de Gluck na Biblioteca do Conservatório; seus estudos de música por vários anos na província o habilitavam a essas incursões e... finalmente decide-se à empreitada: não seria médico, mas músico! Quer ser um grande compositor de música dramática. Idealiza composições colossais – enormes massas vocais e instrumentais num oratório – *Passagem do Mar Vermelho*. Decepciona-se quando essas proporções reduzem-se a duas dezenas de músicos e coristas, erros de cópia, uma grande confusão no ensaio geral. Tinha

O Mundo em que Viveu Allan Kardec | 99

apenas vinte anos, mas não desiste. Continua a escrever no jornal *Le Corsaire*, sem contemplação, contra o bel canto de Rossini e seus súditos. Persevera e escreve uma *Missa Solene*, que ele faz executar às suas custas na Igreja de Saint-Roch, em 1825, com 150 componentes da Ópera e do Teatro dos Italianos. Foi a primeira grande aceitação. Sedento de novas experiências, começa a frequentar a temporada do teatro inglês no Odeon e... encontrou a grande revelação da arte dramática. No palco, peças de Shakespeare; na plateia, os nomes de um movimento nascente, o Romantismo: Delacroix, Victor Hugo, Alfred de Vigny, Alexandre Dumas, Gérard de Nerval... Encanta-se com o *Fausto* de Göethe e as obras de Beethoven, trazidas a Paris por Habeneck. É um mundo novo: poesia e música. Há que se uni-las!

> Este temperamento audacioso e combativo chega ao ano de 1830, o ano do Romantismo, da revolução liberal de julho, que pôs abaixo Carlos X e exigia a restauração das liberdades públicas, o ano da primeira representação do *Ernani*, de Victor Hugo, que constitui verdadeira batalha entre clássicos e românticos.[5]

Escreve então a *Sinfonia Fantástica*, sendo chamado o chefe do Romantismo Musical Francês, título que não lhe agrada muito. Pano de fundo: o amor pela atriz shakesperiana Harriet Smithson. O próprio autor dá-lhe um subtítulo: "monodrama lírico; episódio da vida de um artista" e redigiu o 'programa' da obra, em cinco partes: Devaneios-paixões; Baile; Cena no Campo; Marcha ao Suplício; Sonho de uma Noite de Sabá. Berlioz, fomos ouvir, atinge com essa obra o máximo de seus recursos. O ouvinte, ainda que não conheça o programa, em sintonia fina com o autor, intui acontecimentos no íntimo, capta a 'atmosfera' pela criação-intenção e uso magistral dos instrumentos da orquestra. Isso nos chamou logo a atenção em Berlioz: a magnificência sonora no apuro do tratamento da orquestra e plena utilização dos diferentes naipes. Mas imagino que somente o tempo fará especialistas entenderem o gênero novo criado por Berlioz – o poema sinfônico – e sua grandeza de sinfonista, única àquela época na França. Sinfonistas daquele quilate eram mais comuns além do Reno, nas terras germânicas.

## 100 | Em Torno de Rivail

Os jornais, cada vez mais esmerados em Paris – e mais profusos no mundo – começavam a ensejar observações preciosas aos leitores mais perspicazes, penetrando além das *nouveautés*.

Entre as novidades que o tempo trazia era uma espécie de "despertar musical dos povos", uma universalização da música a partir dos sentimentos e herança cultural nacionais. Ampliavam-se as fronteiras musicais, tradicionalmente restritas – e registradas oficialmente – à Itália, Alemanha, Áustria, França, em menos escala, talvez, Inglaterra e Espanha, que se haviam ausentado do cenário em determinado período.

Buscávamos, em meio às leituras diárias e muita reflexão, razões para o fenômeno.

Seria o progresso da técnica, estreitando distâncias? Afinal, as estradas de ferro, os navios a vapor, o prenúncio das linhas telegráficas estavam ali; os avanços tipográficos eram notáveis e fariam, certamente, a felicidade de Guttenberg, seu precursor. Não só os tipos móveis: *as ideias se moviam*, o que explica o excepcional florescimento do século.

Um outro motivo, mais direto talvez, seria o recém-nascido movimento musical que rompia com as peias do classicismo e, num anseio libertário universal, fazia espocar aqui e ali as explosões de patrimônio cultural regional, recuperando lendas, motivos folclóricos, canções, danças, ritmos, melodias populares guardadas no íntimo dos povos por várias gerações em tradição oral. Era o Romantismo que chegava. Arrastava em caudal poderosa e multifacetada até conotações político-sociais – explícitas ou camufladas – em reação à forma--molde restritiva do universo-classe dominante.

Paradoxalmente, entretanto, a moda do 'exótico' – que passou a ser imitado e a influenciar as mais puras tradições europeias, compondo-se "*à la hungara, à la turca, à la zingaresca*" – veio confluir na convergência das diferenças – no idioma universal da Música: "onde cessam as palavras começa a Música" (Heinrich Heine). É o grande concerto das nações.

Mas até lá... quantas batalhas!

Ninguém, talvez, tenha despertado tantas polêmicas quanto Richard Wagner,[6] "o reformador do drama lírico e o criador da expressão dramática da música alemã", na síntese de Caldeira Filho. Continuando, o musicólogo declara:

O Mundo em que Viveu Allan Kardec | 101

Firmam-se também nele certas atitudes: luta contra o italianismo avassalador, combate ao virtuosismo pelo virtuosismo, empenho em despertar a consciência musical do povo germânico e dar-lhe adequada expressão pelo drama musical.[7]

Foi uma batalha quase sem tréguas, dividindo personalidades da época, mestres e discípulos de diversas correntes. Uma trégua merece ser lembrada graças ao engenho de um empresário em Paris. Este empresário decidiu-se a rogar ao público parisiense anti-wagneriano que aguardasse *pelo menos o fim da peça* para, então, permitirem-se as manifestações ruidosas de desagrado, assobios ensurdecedores etc.; em contrapartida, os partidários de Wagner não poderiam, em hipótese alguma, pedir bis em aplausos calorosos...

Nem sempre isso foi possível. Quando Wagner chegou a Paris pela primeira vez, em 1840, trazendo na bagagem *Rienzi* e imensa expectativa de fazer incluir a obra na Ópera, tudo foi em vão. Nem as apresentações e pedidos, de Meyerbeer – com quem se encontrava em Boulogne-sur-Mer – ao diretor do teatro, Pallet, funcionaram. A estreia só iria acontecer em Dresden, em 1842, com cantores de proa, como Schroeder-Deuriant e Tichatschek, em êxito retumbante, apesar das dimensões da ópera: a execução durava seis horas! Wagner, em gesto raro em sua trajetória, chegara a sugerir uma redução, mas os intérpretes reagiram, afirmando que não se deveria tirar uma nota.

A polêmica acompanhará Wagner por toda a vida. A genialidade do revolucionário, que não arredava um centímetro de suas convicções musicais, a personalidade ególatra, sua vida particular conturbada – expressão até condescendente, talvez – contribuíram para isso.

Não obstante, até na França teve defensores e amigos. É por intervenção de mme. de Metternich que Napoleão III dá à direção da Ópera ordem de montar *Taunhäuser*. Cumprida a ordem, o sucesso não vem. Wagner se frustra e enfurece mais uma vez. "A honra de defendê-lo cabe a um pequeno grupo de artistas: Baudelaire, Gaspérini, Léon Leroy, Fréderic Villot, Champfleury."[8]

Mas, os grandes e decisivos amigos da música de Wagner e fundamentais para a carreira e a obra do mestre foram Franz Liszt* e o rei Luís II, da Baviera.** O patrocínio dos dois garantiu a possibilidade de obras-primas como a franco-rejeitada "Taunhäuser" e a sucessão

## 102 | EM TORNO DE RIVAIL

fantástica: "Lohengrin", "Tristão e Isolda", "Os Mestres Cantores de Nuremberg" e a famosa "Tetralogia", "O Anel dos Nibelungos" (episódios da mitologia germânica), "O Ouro do Reno", "As Valquírias", "Siegfried" e "Crepúsculo dos Deuses". O ciclo da produção wagneriana se encerra com a genialidade de *Parsifal*.

A história da música, com o distanciamento isento do tempo, reconhece em Wagner a inovação que transfere a expressão musical da ópera, até então quase exclusividade das 'vozes' para a orquestra, criando o 'drama sinfônico'. Introduz e desenvolve em plenitude os *leitmotiv* (motivos condutores), que indicam ideias, fatos e sentimentos do drama. No dizer de Luís Ellmerich,[9] "no gênero criador e excepcional de Wagner fundiram-se o poeta, o músico e o pensador".

Continuo a ler jornais, revistas, frequentar a ópera, o teatro, os salões quando convidada e... principalmente folhear programas e ouvir conversas. A música instrumental vai ganhando terreno.

Percebe-se que se estreitam as ligações entre as artes; música e pintura se fecundam mutuamente; teatro, poesia, literatura em geral também se relacionam com a música, sempre meu maior interesse. É o romantismo musical, as ligações evidentes estampadas nos títulos: poema sinfônico, canção sem palavras, balada, folha de álbum, rapsódia.

Comecei também, ao ver os nomes de compositores em voga, a observar a extraordinária cronologia dos nascimentos: Berlioz em 1803; Mendelssohn em 1809; Schumann e Chopin em 1810; Liszt em 1811; Wagner em 1813.

De repente, nessa florescência ímpar, todo o mundo se reúne em Paris ou faz por aí vilegiaturas que marcam a estação.

Franz *Liszt*![10] A legenda viva do virtuosismo no piano. Já chegara a Paris precedido de fama ímpar. Personalidade meteórica ao piano, incandescente, tinha um lado, diziam os argutos psicólogos pioneiros da época, pouco conhecido do público e enigmático.

Mas quem pensa nisso quando aquela figura dominadora e eletrizante chega ao piano – de perfil, em inovação sua, exibindo uma linha de face que encantava as mulheres e mãos poderosas, quase sobre-humanas, que incendiavam a todos?

Tão grande era que rompeu com outra tradição: não mais o 'concerto', em que vários artistas, compositores e obra desfilavam em

## O MUNDO EM QUE VIVEU ALLAN KARDEC | 103

apresentações longas, que duravam horas. Surge o que seria em breve chamado de recital: um só artista, o instrumento e... o público! Ainda ecoava em Paris o que Liszt fizera em Roma e confessara em carta – como se escreviam cartas então! – à princesa Belgiojoso (1839):

> (...) estes cansativos solilóquios musicais (não sei que nome dar a esta minha invenção) com que eu homenageei os romanos e que tenciono *importar* aqui para Paris, tão grande a minha irreverência! Imagine que tão farto e aborrecido eu estava, não conseguindo armar um programa que tivesse bom-senso, que me aventurei a fazer uma série de apresentações *sozinho*, ao melhor estilo Luís XIV e anunciando cavalheirescamente ao público: – *Le concert, c'est moi!*

Para matar sua curiosidade, copio um programa dos meus solilóquios para você:*

> 1. Abertura do *Guilherme Tell, executada por mr. Liszt*;
> 2. Fantasia sobre excertos de *Os Puritanos, composta e executada pelo supra-citado*;
> 3. Estudos e Fragmentos, compostos e executados pelo mesmo;
> 4. Improviso sobre um tema dado – ainda pelo mesmo;[11]

A personalidade de Liszt era absolutamente original. Eis como se registra no hotel, ao chegar à Suíça: "*Profissão*: músico-filósofo. *Nascido*: no Parnaso. *Oriundo*: das dúvidas. *Com destino*: à Verdade.

Continuando a folhear meus alfarrábios e bisbilhotar nos salões, soube que, em 1823, após receber um beijo de Beethoven** ao final de uma apresentação em Viena, o jovem Liszt, aos doze anos, tentara ingressar no Conservatório de Paris. Cherubini, então diretor, fora inflexível. Nem uma apresentação do príncipe de Metternich o demovera de quebrar os cânones do regulamento: o Conservatório só admitia franceses.

Parece que não guardou ressentimento algum. Abriram-se inúmeras outras portas e muitas vezes retornou à França para eletrizar os parisienses.

---

*Liszt denominava o programa de "solilóquio". O termo "recital" ainda não era usado. Mas já em 1840, quando Liszt toca nos Salões Hannover, sob contrato com o empresário P. Frederick Beale (Londres) o jornal "John Bull", no dia 1º de maio, estampa a manchete "Recitais de piano de Liszt".

---

**Liszt estudou e admirou a obra de Beethoven; sua proverbial generosidade custeou o monumento à Beethoven erigido em Bonn.

## 104 | EM TORNO DE RIVAIL

Soube também que, em meio a estudos, composições e turnês vitoriosas, o rapaz experimentara algumas crises de intimismo, entregara-se a leituras místicas, pensara em tornar-se sacerdote e tivera visões. Mas o apelo dos palcos fez-se mais forte, soterrando nos arcanos do espírito essas ideias. Iriam retornar?*

Compõe e toca nos salões do mundo. Reverenciam-no multidões, inclusive cabeças coroadas. Eram comuns as cenas de mulheres – nobres de alta estirpe – lançando joias ao palco; êxtase; delírio; desmaios. Algumas disputavam as célebres luvas verdes que o pianista deixava no piano. Outras guardavam cordas quebradas – era acontecimento relativamente comum Liszt romper cordas nos concertos, o que o fazia, às vezes, apresentar-se com três pianos no palco.

*Liszt, após uma vida de sucesso público inigualável, amigo e protetor de diversos compositores, relacionamentos significativos com algumas mulheres (pode-se destacar a condessa Maria d'Agoult, a princesa Carolina de Saya-Wittgenstein, entre inúmeras outras relações ao longo da carreira), aos 54 anos retira-se para um noviciado e recebe ordens menores – é o *l'abbé* Liszt". Aos 75 anos, após rever as principais cidades onde se exibira e renovando os triunfos, chega a Bayreuth, onde morre em 1886.

Heinrich Heine perguntou a um médico em Paris** como explicar o fenômeno. O médico falava de:

**Conforme prometido à princesa Belgiojoso, em 1841 Liszt apresenta-se em recital em Paris, com a expressão já consagrada, como alerta Heine: "Liszt já deu 2 concertos em que, ao contrário do costume, tocou sozinho, sem a colaboração de outro músico".

(...) magnetismo, galvanismo e eletricidade; de contágio em salões cheios de lâmpadas de cera, centenas de pessoas perfumadas e suarentas; de epilepsia momentânea; de fenômenos de sensibilidade ('pessoas sensitivas') e outros que começavam a estar em voga (...)

Um inglês de nome Henry Reeves, que ouviu Liszt em Paris – lá estava eu também – deixou escrito seu testemunho:

> Eu vi Liszt sentar ao piano em atitude de contenção e assumir aquela expressão de agonia, combinada com sorrisos radiantes de alegria que não vi em nenhuma outra face humana, exceto nas pinturas de Nosso Salvador (Jesus) feitas pelos mestres de outro período; as mãos deslizavam sobre as teclas, o chão em que sentava tremia como um fio e a plateia inteira estava envolta em *som*, quando a mão e o perfil vergaram, por fim. Liszt caiu nos braços do cavalheiro que lhe virava as páginas*** e que o amparou. O pianista parecia 'ausente'. O efeito da cena era aterrorizante. O salão inteiro sentou, sem respiração e apavorado, até que Hiller****

# O Mundo em que Viveu Allan Kardec | 105

veio à frente e anunciou que Liszt voltara à consciência e estava bem. Quando conduzi minha acompanhante, madame de Circourt, à carruagem, nós dois tremíamos como folhas de álamo e, ainda ao escrever agora, alguns leves tremores me acompanham.[12]

***Mais freqüentemente Liszt tocava de cor, dispensando a partitura, o que foi outra inovação. Sua capacidade de ler a música à primeira vista era também legendária, conforme atestam testemunhos sem fim de mestres da época. É histórico o espanto de Mendelssohn ao mostrar a Liszt no Salão Érard o *manuscrito* do *Concerto em Sol menor*. Tocou de uma só vez e como!

Quem ouviu Liszt tocar sua *Aprés une lecture de Dante* pode entender e, muito mais, *sentir* tudo isso...

****Ferdinand Hiller (Frankfurt, 1811 – Colônia, 1885), pianista de renome, aluno de Hummel.

Era alto, louro, esguio, a testa generosa e bem delineada, cabelos privilegiados caindo até os ombros, um homem belíssimo. Ao piano, um gigante que subjugava a todos.

Existia à época um outro pianista, Thalberg (Sigismond Thalberg – 1812, Genebra – 1871, Posilipo, Itália), discípulo de Hummel e Moscheles, que dividia as plateias: pró-Liszt, pró-Thalberg. Eram comuns as disputas entre os admiradores de um e de outro, cada um tocando na Ópera e no Teatro dos Italianos, na mesma semana. Thalberg tinha entusiastas fervorosos que se perguntavam, maravilhados, como ele podia fazer ao piano aquele efeito de "três mãos": parecia que havia uma terceira, tocando!

A princesa Belgiojoso – a mesma que recebera a carta há pouco citada –, que era uma pianista amadora de talento, convida os dois para tocarem em seu salão* em benefício dos italianos refugiados. Foi o maior feito social-musical da década. A *Gazette Musicale* anuncia o programa no dia 26:

*Em 31 de março de 1837.

> O maior interesse será sem dúvida a apresentação de dois talentos cuja rivalidade agita o mundo musical – o duelo não decidido entre Roma e Cartago. Mm. Listz (sic.)** e Thalberg tocarão em rodízio o piano. Preço do ingresso: quarenta francos.

**Os franceses sempre tinham dificuldade em soletrar o nome: aparecia como Litz, Lits ou Listz.

Na noite famosa em Paris, os dois pianistas tocaram "Fantasias e Paráfrases", em transcrições ao gosto da época e que lhes permitiam mostrar todos os recursos do piano e de sua própria técnica prodigio-

# 106 | EM TORNO DE RIVAIL

sa. Os felizardos que puderam comparecer decidiram em acordo táci-
to: Thalberg era o melhor pianista do mundo. E Liszt? Ele era o *único*.
Minha impressão era de que o virtuosismo de Liszt era tanto que
ofuscava uma outra faceta que ele poderia melhor trabalhar e – quem
sabe? – o futuro vir a reconhecer: seu talento de compositor.*

*Liszt tem uma obra altamente significativa e foi pioneiro, prenun-ciando Wagner, no uso do "leit-motiv".

Quando o carro que conduzia Chopin transpôs as portas de Paris, o jovem músico subiu à boleia, ao lado do cocheiro. Não sabia onde pôr os olhos, se nos monumentos ou na multidão, tão densa, que se poderia pensar numa nova revolução. Entretanto, nada mais que a alegria de reviver atirava essa multidão para a rua, forçando os cavalos a irem a passo. O cocheiro reconhecia, como ninguém, os trajes simbólicos dos senhores burgueses, e designava-os a seu companheiro de viagem. Cada partido político ostentava seus distintivos. "A Escola de Medicina" e os "Jovem França" distinguiam-se pela barba e pelas gravatas; os "carlistas" vestiam coletes verdes; os "republicanos", coletes vermelhos; os "saint-simonianos", coletes azuis. Muitos se orgulhavam da sobrecasaca "à proprietária", que lhes caía até os tornozelos. Viam-se artistas fantasiados de Rafael, cabeleira até o ombros, e chapéus de abas largas. Outros, à moda da Idade Média. Numerosas mulheres trajadas de pajens, de mosqueteiros, de caçadores brandiam suas brochuras: Comprai *"A arte de conquistar amores e de os conservar"*, *"Os amores dos padres"*, *"O arcebispo de Paris e a senhora duquesa de Berry"*.

Um tanto escandalizado, Chopin foi logo agradavelmente surpreendido por um grupo de jovens que desfilava, gritando:

– Viva a Polônia![13]

O cocheiro logo explica que é em honra ao general Ramorino, o italiano que se empenha em libertar "nossos irmãos poloneses do tacão russo.[14]

Comecei a ouvir notícias sobre um polonês chegado a Paris, resi-
dindo no quarto andar do Boulevard Poissonnierè, n° 27.

Já está frequentando rodas de músicos, a Academia Real dirigida por Veron e onde Habeneck rege a orquestra; a ópera-cômica; o Teatro dos Italianos. É pianista, mas gosta muito de canto, da linha melódica de Bellini e Donizetti. Seu nome: Frederic François Chopin. Aclimatou-se muito bem em Paris este filho de francês com uma polonesa, nascido em Zelazowa Wola, em 1810.[15]

O Mundo em que Viveu Allan Kardec | 107

Impressiona-se com o número de pianistas na cidade. Mais ainda, com a quantidade de pianos nas residências. Não era apenas o instrumento favorito dos compositores daquele nascente Romantismo, mas era também um instrumento social. As moças o estudavam como costume; se cantavam, era ao piano; o piano também disseminava as peças recém-compostas. Muitas composições orquestrais ou operísticas, logo que lançadas, tinham versões reduzidas e transcrições para um ou dois pianos. Era a forma usual de se tornarem conhecidas.

Entre os pianos Érard e Pleyel,* Chopin prefere sempre o último, campo mais propício para seus recatados prodígios de sonoridade. Se Liszt era a tempestade, Chopin era a *finesse*, percebia-se logo. Ao ouvi-lo pela primeira

> *Chopin estréia em Paris justamente no Salão Pleyel, em 26/02/1832, presentes muitos, poloneses, críticos e musicistas. O público francês era pequeno. Liszt rendeu-se a Chopin desde esse dia, entusiasmado.

vez encantei-me com os pianíssimos inesquecíveis, a gradação sonora com requintes de luz e sombra, 'colorindo' a música como jamais havia ouvido. Uma revelação! O *touché* ideal para salões – nada de anfiteatros colossais – de bom-gosto. Os especialistas elogiavam seu uso do pedal, que proporcionava efeitos únicos.

Outra marca inconfundível de Chopin era o *rubato*: único, usado com maestria e perfeito equilíbrio, inimitável principalmente nas mazurcas.

Um episódio era comentado nos círculos dos entendidos. Chopin estava em plena aula, trabalhando com Wilhelm von Lenz, seu aluno, a Mazurca em Dó, Op. 33, n° 3. Eis como Wilhelm conta o ocorrido:

> Estava eu tocando quando Meyerbeer entra e diz:
> – Isto é 2/4 (compasso 2 por 4).
> Como resposta, Chopin fez-me repetir e marcava o tempo batendo forte o lápis no piano; seus olhos brilhavam.
> – Dois por quatro, repetiu Meyerbeer.
> Em todas as minhas aulas eu nunca vira Chopin zangado. E agora, estava! Um leve rubor coloriu a face pálida e ele parecia muito mais bonito.
> – É três por quatro, Chopin falou *alto*, ele que sempre falava baixo.
> – Dê-me esta mazurca para o balé de minha ópera *L'Africaine* e eu lhe mostrarei, então.
> – É três por quatro! – replicou Chopin quase gritando e tocou a peça, ele mesmo, diversas vezes, marcando o compasso com o pé, batendo energicamente no chão – estava quase fora de si.*

*Talvez devido a fatos como este, escreva ao amigo Titus: "Paris é tudo que desejarias que fosse. Aqui podes divertir-te, aborrecer-te, rir, chorar, fazer o que bem entenderes... Cada um segue exclusivamente o seu caminho. Não sei se haverá cidade onde se encontrem mais pianistas, mas também onde existam mais burros e virtuosos. Ah! Como desejaria que você aqui estivesse. Se soubesses como é triste não poder aliviar a alma!".

Nestes mesmos bulevares que atravesso, Chopin encontrou o príncipe Valentin Radziwill, seu compatriota, que o levou à casa do barão Rothschild. Sua glória passa a ser crescente; o barão recebia a sociedade mais requintada. Chopin aí toca repetidas vezes e é logo assediado por convites e pedidos de lições. Seus alunos e alunas formam um verdadeiro desfile heráldico...

O nome de Chopin é ouvido em toda a parte. Muda de residência, agora mais próximo de Liszt, que se hospedava no Hotel de France, e confessa ao amigo:

> Não sirvo para dar concertos. A multidão me intimida; sinto-me asfixiado por esses hálitos precipitados; paralisado por esses olhares curiosos. Emudeço ante essas fisionomias estranhas. Mas tu és votado para isso; pois quando não conquistas teu público, tens com que esmagá-lo.[16]

Chopin era para quem tinha 'ouvidos de ouvir' não tenho dúvidas. E... ouvidos de ouvir piano! Na época em que o piano era utilizado para transcrições de obras originalmente concebidas como música orquestral, vocal ou de câmara, aquele polonês criou verdadeiramente música para piano. Suas composições são inspiradas pelo piano e concebidas para piano. Tentativas para adaptá-las para outros instrumentos resultam em frustração e mutilação.

Enquanto tantos compositores 'ouvem' internamente a composição para esboçá-la e trazê-la para o manuscrito, para Chopin o próprio piano era o instrumento essencial. Dedilhava-o, passava as mãos sobre as teclas, em busca de nota 'azul', tônica e determinante da inspiração. Só então, e muitas vezes a contragosto, buscava a pena e o papel para eternizar a ideia.

> Chopin foi o próspero do piano. Lançou sobre ele um encanto mágico que o transformou... Obrigou o piano a cantar. Tal ideia não foi uma criação abstrata nem tampouco germinou acidentalmente.

O Mundo em que Viveu Allan Kardec | 109

Criança ainda, nutria já uma grande paixão pela ópera, sobretudo pela ópera italiana; estudava a fundo a música vocal e poderia ter sido um notável professor de canto. Instintivamente, compreendeu que uma melodia, para não parecer música mecânica, tinha de respirar, tal como a voz humana; então ordenou ao piano que respirasse. Assim nasceu o seu célebre *tempo rubato*. Serviu-se dele com a intuição, quase misteriosa, dos pontos em que a respiração se tornava necessária, sem todavia perder de vista a estrutura fundamental da composição nem lhe ultrapassar os limites. Veio assim a estabelecer o princípio de que o *tempo rubato*, para ser aplicado conscientemente, exige uma condição: o pianista precisa ter um sentido infalível do uso que dele pode fazer.[17]

Se Liszt cultivava o preciosismo técnico, a Chopin interessava a ideia; as dificuldades técnicas são inerentes e consequência lógica da *concepção* da obra. Percebi essa verdade à medida que me familiarizava com aquele polonês absolutamente original. Não perdia nenhum concerto público e esperava, ávida, as edições que saíam, com frequência crescente, de suas composições na Paris fervilhante. Felizmente M. Pleyel garantia a publicação regular dessas edições.*

Logo apareceu na imprensa um artigo, apreciação extraordinária sobre as Variações (op. 2) de Chopin. Na análise detalhada da obra lia-se uma frase-síntese:
"Tiremos o chapéu perante esse gênio, senhores!"

\*A Casa Pleyel foi grande editora das obras de Chopin em Paris.

Assinava um entusiasmado e erudito crítico de vinte e três anos: Robert Schumann.

Os salões da aristocracia polonesa exilada abriam-se para o pianista-compositor. Paris acolhia o sentimento libertário polonês, recusando o jugo russo. Caixa de ressonância dos grandes movimentos de consciência coletiva, Paris adotou e universalizava no sentimento polonês os anseios de revolução e libertação.

Chopin não faltava às reuniões do príncipe Adam Czartorisky, às segundas-feiras, e do conde Luís Plater, às quintas, quer o serão fosse dedicado à política, à música ou à dança.

As aulas, solicitadas nestes e outros salões, rendiam-lhe vinte francos a hora, mas não o impediam de dizer aos íntimos: "Vou avançando no mundo, mas sempre com um só ducado no bolso."

110 | Em Torno de Rivail

O mesmo Schumann, com perspicácia ímpar, diria da música de Chopin: "Esta música tem canhões entre flores" (se as autoridades russas percebessem...)

Polonaises e Mazurcas sucediam-se: seria o indefinível zal,* seria o ardor patriótico?

*Zal – sentimento idiomático polonês, intraduzível, como a nossa "saudade".

Sabia-se que "dois séculos antes de Chopin a polonaise já era um gênero conhecido; dizia-se que brotou dos velhos cânticos poloneses de Natal. Seu ritmo majestoso ouviu-se pela primeira vez em Cracóvia, em 1574, quando a nobreza polonesa desfilava perante o novo rei, Henrique III, de Valois. A partir daí estabeleceu-se o hábito de tocar polonaises nas festas de coroação; dançavam-se polonaises também nos castelos dos magnatas e nos solares da nobreza. Pouco a pouco essa dança – uma espécie de passeio em que os pares davam volta à sala em passos desligados e gestos graciosos – foi-se introduzindo na França e outros países da Europa, passando mesmo a ser, até a era napoleônica, uma das danças favoritas. Para os poloneses eram ecos do passado. Antes de Chopin, outros compositores, como Bach, Mozart, Beethoven, Weber, Schubert, além de compositores da Polônia, também escreveram polonaises. Todos eles se preocuparam, acima de tudo, com a forma. Chopin, entretanto, vivia o verdadeiro espírito desse gênero musical".[18]

Foi o que senti, por exemplo, ao ouvir a Polonaise em Lá Maior, um hino triunfal; a Polonaise em Dó Menor, um fúnebre lamento. A primeira, dizia-se, era o sonho de Chopin de a ver executada quando da coroação de um novo rei, de uma nova Polônia livre. Sentimentos contrastantes, estados de alma contraditórios, correntes magnéticas de ação recíproca, uma sobre a outra, essas duas polonaises sintetizam o indefinível zal.

Mas, além da Polônia aristocrata, da polonaise, havia a Polônia camponesa, da mazurca. Sem aproveitar textualmente as melodias dos cantos populares, modificava-as, conservando sempre o ritmo, sob inspiração superior. Se Chopin era um espírito aristocrata, buscava suas fontes na vida do próprio povo.

Em 26 de abril de 1841, Chopin venceu novamente sua resistência de tocar em público. Local: Sala Pleyel. Preço: bilhetes a quinze e vinte francos, vendidos rapidamente. Assistência: nobres, personalidades de sangue real, amigos, admiradores, discípulos. Pleyel preparou a sala para um misto de grande concerto e recital particular; escada atapetada com flores; duas alas de vegetação perfumada, plantas decorativas. Nas primeiras filas pude ver: George Sand, Heine, Liszt, Delacroix,* Franchomme, Legouvé (da *Gazette Musicale*), Mickiewicz. Programa: Estudos, Prelúdios, Noturnos, Mazurcas, *Polonaise em Lá Maior, Balada em Lá Maior*.

*Delacroix fez, em 1842, um célebre retrato de Chopin de perfil, quando de uma estada em Nohant, durante quatro semanas, em companhia de George Sand e outros amigos do casal.

Jornais e semanários falaram muito tempo deste recital: unânime reconhecimento ao valor, críticas altamente elogiosas. *Le Ménestrel* estampa: "Ouve-se Chopin como se lêem versos de Lamartine; no entanto só aqueles que têm sentimento poético podem apreciá-lo verdadeiramente."

Voltei a Paris muitas vezes para ouvir e acompanhar esse mestre polonês que chegou à França pronto e armado de recursos únicos. Harmonia própria, sentido melódico ímpar, modulações constantes, o segredo do Romantismo. George Sand comentava que a criação de Chopin era "espontânea, miraculosa". Encontrava-a sem procurar, sem prever. Aparecia-lhe ao piano, súbita, completa, sublime, ou acudia-lhe durante um passeio; neste caso sentia-se ansioso por ouvi-la no próprio instrumento...

Chopin, por Delacroix

O gênio de Chopin era o mais profundo e o mais cheio de sentimentos e emoções que jamais existiu. Conseguiu que um só instrumento falasse a língua do infinito. Conseguiu muitas vezes resumir em dez linhas, que qualquer criança poderia tocar,[19] poemas de enorme elevação, dramas de uma energia sem par.

George Sand e Chopin frequentavam as conferências do poeta polonês Mickiewicz, exilado e recém-nomeado professor de literatura eslava no Colégio de França; presentes, estudantes e eminentes personalidades do mundo intelectual: Saint-Beuve, Lamartine, Lamennais, Montalembert, Michelet. George Sand era sempre recebida com aplausos ao entrar na sala e sentar junto ao conferencista.

112 | Em Torno de Rivail

Sutil sintonia entre esses poloneses. Chopin tocava certa noite no salão de George Sand, presente também Delacroix. Súbito, a sineta do portão soou. Chopin, sobressaltado, parou de tocar. George Sand ordenou à criada que "não estava para ninguém". Ao que Chopin replicou: "Mas estás para ele... para Mickiewicz... É ele! E *era* mesmo...".

A situação política, com crescente rejeição por Luís Filipe, se agravava. O povo cantou a *Marselhesa* em frente ao palácio real em 22 de fevereiro de 1848, aniversário de Chopin. Acamado em Nohant, o polonês só se deu conta do que acontecia em Paris dias depois: estava proclamada a república. No novo governo havia alguns amigos de George Sand, *habitués* de seu salão e círculo político: Louis Blanc e Marcel Arago defendiam as reivindicações da classe operária e Mallefille é nomeado governador de Versalhes.

Saí de Paris pouco antes do acontecido e soube que a vida artística tinha sido, evidente, seriamente abalada.

Soube também que Chopin resolvera realizar uma ideia há algum tempo acalentada: ir à Inglaterra. Como ficar em Paris? A nobreza deixara a capital, os amigos se dispersavam, os alunos também... Não havia música em Paris naquela conjuntura. Londres fervilhava, então, de artistas. Os teatros líricos rivais, Covent Garden e Haymarket, anunciavam os mais festejados cantores, muitos fugindo à Revolução.

O clima não iria favorecer o doente tuberculoso, mas... o artista queria conhecer o novo centro.

Nada mais soube de Chopin até quando retornei a Paris, em fins de 1848. Chopin havia regressado de Londres, com sérios problemas de saúde, após consultar-se com vários médicos, inclusive o que atendia a rainha Vitória.

Retorna à praça de Orleans, tendo pedido a um amigo não esquecer de colocar no apartamento um piano Pleyel e... um ramo de violetas. Nunca mais daria um concerto em Paris, de onde sai para breve estada em Chaillot. Lembra-se com saudade da homeopatia do doutor Molin "que não me sobrecarregava com medicamentos e deixava a natureza agir".

Viveria suas últimas três semanas em Paris, na praça Vendôme nº 12, onde falece a 17 de outubro de 1849.

O Mundo em que Viveu Allan Kardec | 113

Repousa em paz, bela alma, nobre artista! A imortalidade começou para ti, e sabes agora, melhor do que nós, onde se reencontram, depois da triste vida deste mundo, as grandes ideias e as altas aspirações.[20]

O corpo de Chopin teve que aguardar na cripta da Madeleine até 30 de outubro,[21] quando ocorreu a cerimônia, o que me deu tempo para comparecer. Belíssimo e emocionante momento. "Ao meio-dia e ao som da *Marcha Fúnebre* de Chopin (num arranjo para orquestra de Réber) a urna foi transportada da nave lateral para um grande catafalco." "A cerimônia não podia começar de forma mais majestosa e a obra-prima de Mozart não podia ter encontrado mais nobre interpretação", segundo um quotidiano de Paris. A orquestra e o coro do Conservatório, sob a direção de Narciso Gérard, executaram o *Réquiem* que se não ouvia em Paris desde o dia em que os restos mortais de Napoleão haviam chegado de Santa Helena. Os solistas eram a senhora Viardot-Garcia, Joana Castellani, Alexis Dupont e Luís Lablache.[22] Depois do *Réquiem*, o organista da Madeleine tocou os *Prelúdios em Mi Menor e Si Menor* de Chopin, que ele próprio transcrevera. Segundo os relatos da imprensa francesa e inglesa, essas obras impressionaram bastante e, quando no fim da cerimônia, o organista tocou *Variações* sobre um tema de Chopin, a assistência não pôde conter as lágrimas."[23]

À saída do cortejo fúnebre, o príncipe Adam Czartorisky, pela Polônia, e Giacomo Meyerbeer, pelo mundo da música, iam à frente. Segurando o caixão, Franchomme, Delacroix, Pleyel e Alexandre Czartorisky. Chegando ao cemitério Père-Lachaise, foi enterrado entre Bellini e Cherubini, próximo a Heine, que chamava Chopin de "O Rafael da Música". O pouco de terra da Polônia que Chopin guardara sempre consigo, desde que deixara Varsóvia, foi atirado na cova. Conforme também seu desejo, o coração foi levado para Varsóvia e depositado numa das paredes da Igreja da Santa Cruz, na *Krakowskie Przedmiescie*, sua rua de juventude.

Nada mais havia a fazer em Paris. Voltei ao Reno e atravessei-o. Nas terras germânicas cresciam dois colossos que me iriam arrastar em fidelidade absoluta: Robert Schumann e Johannes Brahms. Mas... essa é outra história.

# ARTES PLÁSTICAS: A POTÊNCIA DE UMA ESTÉTICA RENOVADORA

### IOLE DE FREITAS E CLEONE AUGUSTO

O Romantismo, o Realismo e o Impressionismo marcaram revoluções estéticas significativas. Sua força se apresenta nas rupturas e conquistas plásticas expressas nas obras de Delacroix. Daumier, Monet, Degas, Seurat, Cézanne, entre outros. A fragmentação do espaço pictórico e sua constituição em padrões opostos ao da 'janela' renascentista se constroem na França durante o século XIX. Ocorre a tensão entre figura e fundo, e a pulsão das vibrações luminosas e cromáticas do Impressionismo indica a presença de um mundo não mais sólido e homogêneo. Buscando a espessura do mundo nas pinceladas grossas e autônomas, Cézanne estabelece uma outra noção de espaço, onde homem e mundo se integram. A consciência é o fator perceptivo substancial; dá significado ao que o olhar capta. Cézanne reconstroi consciencialmente a presença das coisas no espaço. Sendo linguagem plástica, ela se expande, nos alcança e comove. Assim como as diversas falas poéticas, constituídas de linha e cor, elaboradas por tais movimentos.

Refletindo a instabilidade política da França no século XIX, quando do sete regimes políticos se instalaram alternando expressões de autoritarismo e liberalismo, vemos os movimentos artísticos então implantados evidenciarem a pluralidade de suas questões estéticas numa dinâmica transformadora e constante. Esses movimentos não

Nifeia, por Monet

## 116 | EM TORNO DE RIVAIL

se superpõem, não surgem numa cronologia absoluta, um após o outro. Eles vão aparecendo, muitas vezes, num mesmo momento; irradiam-se concomitantemente, porém um ou outro vai tomando maior força e dominando aquela época; é apenas uma questão de predominância de tais ou tais características.

Assim, abrindo largo campo de investigações plásticas e com um senso crítico acentuado, o pensamento estético francês, de 1800 a 1900, alavanca processos revolucionários de estruturação da linguagem plástica, sem se deixar limitar pelas disputas do academismo, que se refletem nos Salões de Arte.

A liberdade, sempre um denominador comum das diversas formas de expressão artística, é a linha condutora que impulsiona processos de investigação, renovação e, portanto, de ruptura, objetivando a ampliação do campo de entendimento da linguagem, de suas estruturas plásticas. O conteúdo estará integrado à forma: nascem juntos e promovem simultaneamente rupturas e transformações. Assim, no meio artístico, as lutas entre autoritarismo e liberalismo se fazem no campo das ideias e das relações institucionais: artista/obra, obra/museus, obra/*marchand*.

No entanto, em qualquer um dos movimentos artísticos que se sucedem no século XIX – sempre contrapondo conceitos em relação aos anteriores, porém trazendo em seu núcleo as conquistas culturais das correntes passadas – se observa um movimento de resistência a qualquer tipo de autoritarismo em relação a ideias, formas e conceitos. O Romantismo exalta a imaginação e a sensibilidade, mais que a razão; traz a subjetividade acima da objetividade, propõe a exaltação do eu; mostra o homem dominado pela paixão, pelo tédio, o "mal do século". Luta a favor da igualdade e da fraternidade; participa da política. Torna-se precursor da psicanálise pela tomada de consciência da historicidade, ou seja, da finitude do homem e das coisas.

Otto Maria Carpeaux, que desenvolve a ideia de desdobramento do Romantismo em Romantismo liberal, revolucionário e Romantismo conservador – que abriga em si um viés classicista tido como humanismo –, nos alerta para a impossibilidade de reduzirmos este movimento a distinções puramente esquemáticas, que "não representam, de modo algum, o movimento dialético das ideias e formas".[1]

O Romantismo proclama a liberação da arte em relação à rigidez das regras clássicas. Quando o grotesco e o sublime se contrapõem –

O Mundo em que Viveu Allan Kardec | 117

e até se integram –, se acirra uma grande discussão sobre a primazia da linha e da cor. A linha, que estrutura o pensamento – intrinsecamente ligada à razão –, e a cor, que ativa tanto o campo sensorial do próprio artista como o do espectador. Esta discussão, que surge desde o século XVIII, amplia o conceito de belo, que passa a abarcar também o grotesco como instância do caos, do exuberante, do transbordante, postos em relação e em oposição aos cânones do Classicismo.

O sublime é, então, buscado como a referência do inalcançável. Daí o elogio do passado perdido, que se expressa no culto à catedral da Idade Média, às ruínas, à fantasmagoria e ao exótico, ao distante, a tudo aquilo que não está ao alcance imediato. Há o gosto de buscar o inatingível, seja no amor ou em quaisquer questões de vida.

O romântico exaure as próprias forças na busca do impossível. Não atualiza seu *élan* vital no embate da vida. Pelo contrário, ele se deixa definhar, ou melhor, como parte do código romântico, de modo mais ou menos consciente, busca a morte.

O conceito de natureza, no Romantismo, difere daquele do Classicismo e do Iluminismo, nos séculos XVII e XVIII, respectivamente. No Romantismo, o sentimento é o denominador comum entre todos os homens, assim como a razão o era para o Classicismo e o Iluminismo. É da natureza humana o sentir; para o romântico, isto é o natural, isto é o universal. No entanto, não se ignora a especificidade de cada indivíduo e, por isso, sublinham-se as *nuances* do sentimento.

Como já vimos, o Romantismo é marcado pelo senso de historicidade. Por certo, a ideia de movimento e fugacidade, de mudança não nasce aí. Heráclito já chamava a atenção para este fato. No entanto, as mesmas ideias vão reaparecendo com novas roupagens, novas *nuances*. O que marca o homem moderno é o modo de lidar com o processo constante de transformação; é a inaceitação do efêmero que, na linguagem plástica do século XIX, se traduz pela turbulência das formas e dos campos pictóricos que constituem o espaço da tela. Vigor, gestualidade, dramaticidade, expressão legítima de sentimentos que se exteriorizam numa estrutura estética – característica de Delacroix (1798-1863) – que mais tarde dará vazão à genialidade dos últimos Monet – abrindo, assim, caminho para a convulsão pictórica de um Pollock (1912-1956). Em Delacroix, os campos pictóricos se entrelaçam, numa

118 | EM TORNO DE RIVAIL

confluência de cores e transparências. Na obra *Caça aos Leões*, de 1854, o tumulto visual cria um vórtice de cor em que laranjas e vermelhos acenam para o surgimento do fovismo. Subitamente, inesperadamente, no entanto, volta Delacroix ao rigor clássico no domínio de linha e cor, que constroem obras como *Medeia Furiosa*, de 1838, e a própria *A Liberdade Guiando o Povo*, de 1830/31, seu trabalho mais reconhecido.

Esteticamente, estas idas e vindas, desde um equilíbrio clássico à permissão de uma exuberância que gera um movimento ciclópico na tela, definem a arte de um dos grandes gênios do século XIX, considerado mesmo, por Baudelaire, em sua crítica de arte, como o maior pintor do Romantismo, aquele que soube expressar de maneira mais rigorosa as qualidades de sua época, rompendo e renovando as estruturas da linguagem plástica do século XIX (cf. *A Morte de Sardanápalo*, de 1827/28). Inaugura, como nenhum outro artista da primeira metade daquele século, questões trabalhadas até hoje na arte. A coloração vibrante de *A Noiva de Abydos*, de 1852/53, se contrapõe ao sentido dramático, escuro, surdo que domina a tela *A Balsa da Medusa*, de 1819, de Géricault (1791-1824), seu antecessor e companheiro de ideal romântico. Enquanto Delacroix rompe, revoluciona, inova parâmetros plásticos, refletindo ideais sociais românticos, Géricault transpõe, para uma estrutura plástica ainda ligada, de certa forma, a conceitos clássicos, padrões existenciais revolucionários. Seus temas, seu engajamento político o confirmam. Disto resulta o fato de alguns críticos de arte ligarem seu nome também ao Realismo. Sua ânsia de retratar com fidelidade o drama humano, pintando a fisionomia dos loucos, a cabeça dos supliciados, com um realismo patético, testemunha sua atração pelo mórbido.

Pouco mais tarde, Daumier (1808-1879) retrata também, com profundo sentido social, o cotidiano das classes mais sofridas (cf. *O Vagão de Terceira Classe*, de 1862), garantindo, no entanto, por seu traço rápido e caricato, um humor sarcástico, no registro instantâneo e fiel desta realidade.

Com este mesmo gesto sarcástico, ironiza a presença frívola dos burgueses e políticos. Seu traço fere a estrutura fisionômica do retratado (cf. *Crispim e Escapim*). Sua linha é ágil e impregnada do compromisso de alertar a todos sobre os abusos daquela sociedade. Torna-se, assim, o maior caricaturista de sua época, o que difi-

O Mundo em que Viveu Allan Kardec | 119

culta seu reconhecimento como pintor. Pinceladas rápidas, quase grosseiras (cf. *Queremos Barrabás*, de 1850), que eliminam detalhes; construção de um espaço pouco profundo; cores dispersas em grandes campos evanescentes. Tudo evidencia a audácia com que estrutura sua linguagem.

> Se ele, Daumier, se inscreve na corrente realista pela escolha de seus temas e por seu engajamento na realidade social, afasta-se dela por seu desprezo à descrição realista; pode, no entanto, ser considerado como um precursor do Expressionismo pela liberdade de seu fazer, por sua busca do caráter do retratado, por seu gosto pela 'deformação' expressiva.[2]

Como Daumier, Courbet (1819-1877) aderiu a teorias socialistas, orientando-se assim para uma concepção mais democrática e popular da arte. Suas obras criaram impacto ao retratar a realidade cotidiana sem conotação de morbidez (*pathos*), mantendo-se, tanto quanto possível, fiel à realidade (sem o pitoresco). Tendo sido recusado no Salão Universal de 1855, organizou sua própria exposição. Redigiu o prefácio do catálogo desta mostra, que se tornou uma espécie de manifesto do Realismo. Nele, defende a abordagem direta da realidade, independente de qualquer poética previamente constituída. Considera superadas as poéticas clássica e romântica, pois destinadas a mediar, condicionar e orientar a relação do artista com a realidade. Não nega o valor da história, nem desconsidera os grandes mestres, mas afirma que deles não se herda uma visão do mundo, um ideal de arte, mas sim, e apenas, a experiência de enfrentar a realidade e seus problemas com os meios exclusivos da pintura. O Realismo propõe liberar a sensação visual de qualquer experiência ou noção adquirida, e de qualquer postura previamente ordenada, que prejudicasse sua imediaticidade; visa livrar a operação pictórica de qualquer regra ou costume.

Courbet, em composições frontais, de caráter monumental, usando tinta espessa e tonalidades sombrias, ainda mantém valores plásticos herdados das técnicas dos holandeses e espanhóis do século XVIII, o que não o impede de, em outros pontos, romper com a tradição.

120 | EM TORNO DE RIVAIL

Um dos aspectos peculiares da trajetória de Courbet é o seu interesse pela fotografia, e a maneira pela qual inseriu suas investigações nesta área no seu próprio processo pictórico, na estrutura plástica de suas obras. Busca, com esta nova técnica, a possibilidade de registrar com precisão, sem no entanto abrir mão da capacidade expressiva. Os grandes fotógrafos retratistas que o digam.

A invenção da técnica fotográfica, mais que isto, a inauguração desta nova linguagem poético-visual instiga a sensibilidade de diversos artistas que trabalharam principalmente na segunda metade do século XIX: Monet, Pissarro, Degas. Estimulados pela atividade do fotógrafo Nadar (em cujo ateliê foi realizada a primeira exposição impressionista), eles se atêm a esta nova linguagem, que imprime velocidade e fugacidade a sua poética. Pisca o olho humano; o diafragma da câmera abre e fecha; capta-se o movimento do corpo, das corridas de cavalo, das danças, então cristalizadas na chapa fotográfica.

Para Degas seria impossível construir o espaço pictórico – como o faz em suas obras *A Menina Lalá no Circo Fernando*, de 1870, e *Músicos na Orquestra*, de 1870/71, onde o ponto de vista está sempre no lugar inesperado – se não fossem as inúmeras possibilidades de enquadramento da câmera fotográfica. Pintar as bailarinas no palco, vistas a partir do lugar dos músicos da orquestra, e mostrar a malabarista pendurada no ar, vista de baixo para cima, resultam dos enquadramentos inovadores que a câmera oferece.

Enquanto Degas escolhia as cenas de interior das casas, dos teatros, da Ópera, dos bares e das lavanderias, Monet – como a maior parte dos impressionistas – pintava o exterior, as ruas, os jardins, os penhascos, o campo. A possibilidade da câmera de registrar as diversas intensidades de incidência da luz, durante todo o dia, sobre o mesmo lugar, abre para ele um campo fértil de pesquisa. Resulta num olhar cada vez mais aguçado na construção da luz na matéria pictórica. Faz com que dela emane a radiância do Belo. Cria um campo vibrátil, que oscila diante do nosso olhar pasmo e comovido (cf. Catedral de Rouen – Fachada, de 1892/94, Museu de Belas Artes, Boston, e *As Ninfeias: o Entardecer*, de 1914/18, Museu de l'Orangerie). Sem delinear áreas e formas, mas contrastando e fundindo campos cromáticos rigorosos, fala de luz e de cor – e assim, de luz e sombra – como ninguém.

Esta superfície pictórica pulsante estimula Seurat a dissecar este raciocínio sensível pontuando a presença vibrátil da luz por meio de uma nova linguagem: o Neo-impressionismo. Este movimento, que implanta a técnica do pontilhismo, procurou cientificizar o processo pictórico pondo em prática conceitos de fisiologia e de psicologia. Antecipando um aspecto técnico da reprodução gráfica – o uso da retícula nos fotolitos –, Seurat se soma ao grupo de artistas que, de maneira mais ou menos intensa e nítida, promovem a integração entre as descobertas no campo técnico e industrial e os processos criativos. Entre arte e indústria, que aflorou naquele século.

Enquanto Lautrec revoluciona a linguagem gráfica pela ousadia do traço que retrata personagens como Jane Avril (cf. *Jane Avril no Jardim de Paris*, de 1893, Museu de Albi) e Aristide Bruant, e Degas entende o olho da câmera como o de um aliado, Seurat mostra, no rigor de suas telas, a construção da imagem com micropontos de cor. Retiniano, Seurat reitera a obsessão impressionista pela atomização da forma, mas não afirma a integração entre os diversos campos que constituem a imagem (cf. *Um Domingo de Verão no Grande Jatte*, de 1884/86). Retoma a tentativa de representação da profundidade, e define, sem usar a linha, o limite e contorno da figura. Morrendo muito jovem, não nos permite avaliar aonde sua presença chegaria.

Jane Avril, de Lautrec

Resistentes a modificações dos conceitos estéticos do Impressionismo, Monet e Pissarro mantêm-se fiéis aos postulados desta escola, superando-os pelo seu próprio fazer, como nas explosões cromáticas dos últimos Monet, em que o movimento compulsivo das linhas de cor nas telas torna presente ao nosso olhar o balançar ora frenético, ora sinuoso das algas vistas através da massa líquida do lago (cf. *Ninfeias: Manhã*, de 1916/26, Museu d'Orsay, e *Ninfeias*, c./1920, Museu Marmottan), que, como uma lente, amplia o detalhe, revela o ritmo,

## 122 | EM TORNO DE RIVAIL

conduz a sensibilidade à relação espaço-temporal que o novo século abraçaria.

Enquanto parte dos impressionistas retrata aspectos da *Belle Époque*, artistas como Lautrec e Degas dirigem seu olhar aos trabalhadores, aos boêmios e artistas. As bailarinas, as passadeiras e lavadeiras, em Degas, são responsáveis pelas grandes construções plásticas de suas telas. As obras *Mulher Passando Roupa*, de 1882, e *A Passadeira*, de 1869, trazem um pano de fundo constituído por formas quadradas e retangulares dos mais variados matizes de branco, translúcidas e semi-opacas; são lençóis pendurados em ambientes abafados onde trabalham. Degas antecede Picasso (cf. *A Passadeira*, de 1904) no registro do esforço árduo e ativo, sacrificial, de corpos femininos no trabalho desgastante das lavanderias, ou na repetição excessiva dos exercícios de dança. Neles, observa o movimento contínuo e ritmado, os analisa e compreende. Degas abraça com sua estética uma faixa empobrecida da sociedade francesa, que luta pela sobrevivência. Parece entendê-la e respeitá-la, tornando-a o alvo de sua sensibilidade. Na obra *O Absinto*, de 1875, retrata o amigo e água-fortista Marcellin Desboutin e a modelo e artista Ellen Andrée, estagnados no tempo, em frente ao copo de absinto. Esta realidade se contrapõe à imagem da burguesia italiana, em *A Família Bellelli*, de 1858. Degas era filho de banqueiro, e tinha família na Itália, onde passou um bom período conhecendo arte italiana. Soube lidar com estes aspectos tão diferenciados da existência humana: o trabalho árduo, a exaustão do corpo (cf. *As Passadeiras*, de 1884/86, Museu d'Orsay, e *Dançarina Exausta*, de 1882).

Nos seus últimos trabalhos, Degas, já praticamente cego, como Monet no final de sua vida, imprime na tela aquilo que apreendeu do mundo e que, espiritualmente lúcido, antevê: um concerto de luz e cores, em que a fluidez da matéria traz ao olhar a fusão daquilo que é saia, daquilo que é chão, que é corpo, fundo ou cenário. Na tensão do processo artístico, isto sucede a determinados instantes de sua produção escultórica, como na belíssima *Pequena Bailarina de 14 Anos*, de 1880/81, trabalho no qual insere, de maneira inovadora, materiais banais como filó e fitas de cetim, na corporeidade do bronze. Degas imprime à cor um valor feérico. Já na tela *O Penteado*, de 1856, que anuncia o *Ateliê Vermelho* (de 1911, Museu de Arte Moderna,

O Mundo em que Viveu Allan Kardec | 123

Nova York) de Matisse, a cor vermelha impregna todos os elementos do quadro. Mas, nas últimas pinturas e pastéis – *Duas Bailarinas com Saias Verdes*, de 1894/99, e *Grupo de Bailarinas*, de 1900/05 –, os azuis, os verdes, laranja e coral explodem, cobrem o espaço da tela, emocionam.

Um outro elemento constitutivo de inúmeras obras, a partir do Renascimento, é a presença da imagem refletida no espelho, como no famoso quadro *As Meninas* (1656), de Velázquez. Degas insere a instância do espelhamento na arquitetura dos espaços das salas de aula de balé, como fator questionador da percepção visual da profundidade, sem para isto fazer uso dos critérios da perspectiva euclidiana.

Monet, por sua vez, em inúmeras obras, lida com o reflexo da natureza no espelho d'água. Mostra as algas do fundo do lago, junto ao reflexo dos salgueiros chorões e do céu, ao entardecer, na superfície da água, planarizando-os na superfície da tela pelo traço nervoso e fluente, enervado em um amálgama de cor (cf. *Ninfeias: os Salgueiros Chorões*, de 1916/26, *Ninfeias: o Amanhecer*, de 1912/26, e *As Nuvens*, de 1916/26, Museu de l'Orangerie).

Degas, em *A Aula de Dança*, de 1871, *Exame de Dança*, de 1874, e *Foyer da Ópera*, de 1872, revela não só a amplitude do espaço espelhado, mas a natureza dos movimentos das bailarinas vistos de frente e de costas. Bravo estudioso do movimento, cerca-o de todas as maneiras, com planos espelhados que recortam a tela e multiplicam as possibilidades do olhar, antevendo o questionamento cubista, que Picasso tão bem concretizou em suas pinturas e esculturas.

Numa série de fotos de interior, em que aparecem reunidos pintores, escultores e literatos amigos, Degas realiza um dos trabalhos-síntese de sua investigação com a fotografia: trata-se da foto de Auguste Renoir e Stéphane Mallarmé feita em dezembro de 1895, na casa de Julie Manet. Ele, Degas, aparece refletido no espelho, numa postura idêntica à de seus auto-retratos, porém seu rosto é explodido pela luz do *flash*, é dissolvido pela luz. Diluem-se a imagem, a fisionomia, na foto de um artista que sempre elegeu o retrato e o auto-retrato como momentos importantes do trabalho.

O que se pode acrescentar como elemento estético trazido pelo Impressionismo é a ideia de pulsão (tão desenvolvida no século XX),

124 | EM TORNO DE RIVAIL

que impregna as telas de Monet quando, não mais se referindo às imagens refletidas, nem a incidências várias de luz sobre um mesmo local, ele abarca a realidade densa do mundo, revelando-a, no entanto, como algo móvel, vibrante, que pulsa em cada fragmento de matéria, seja ela a da paisagem observada ou a da matéria pictórica utilizada. Nas telas em que pinta as aleias de Giverny (cf. *Aleia de Rosas em Giverny*, de 1920/22, e *O Salgueiro Chorão*, de 1919, ambas do Museu Marmottan), os caminhos batidos de terra e a solidez dos troncos e ramos de árvores, tudo, apesar de tão sólido ao olhar, surge como construído por uma convulsão de linhas que se aproximam e se repelem, constituindo uma superfície vazada para falar do cheio, do sólido, do pleno.

Esta conquista estética ensina a Pollock o caminho régio de sua realização plástica – caminho este que resulta nos *drippings* e no *overall* (técnica que recobre toda a tela com respingos de tinta), que organizam suas telas desde 1946/48, criando um campo pictórico pulsante, em que figura e fundo se entrelaçam de maneira extremamente peculiar, numa saturação plena do espaço. Conquista diversa daquelas de Mondrian e Matisse, no que se refere ao dilema moderno da constituição de uma superfície autônoma, em que figura e fundo se fundem e se tensionam.

Pode-se ter uma visão instigante e peculiar da arte na França, no século XIX, por meio das escolhas de um de seus mais significativos artistas: Degas. Com o cuidado e rigor que lhe são característicos, formou uma coleção de obras de arte constituída pelos grandes nomes do século XIX, e mesmo do século XVIII, como Ingres. Delacroix, Daumier, Manet, Monet, Pissarro, Mary Cassatt e Cézanne mostram claramente as afinidades estéticas de Degas. É impressionante a quantidade de Ingres (20 pinturas e 88 desenhos), de Delacroix (13 pinturas e 200 trabalhos em papel) que ele possuía. Adquiriu poucas obras de grandes mestres do passado, apesar de venerá-los: Tiepolo e El Greco (cf. *Santo Ildefonso*, c./ 603-14, e *São Domenico*, c./ 605). Van Gogh, Gauguin e Cézanne indicam o interesse dele por seus contemporâneos.

Há um duplo aspecto na escolha das obras de sua coleção: por vezes, descobre trabalhos em que existem valores inusitados na linguagem plástica do outro artista. Isto ocorre, por exemplo, na compra da aquarela *Estudo de Nuvem* (1849), de Delacroix, em que o volátil é uma presença inesperada: num único fragmento de céu azul, aparentemente tranquilo, está presente a agitação do gesto de Delacroix na nuvem que invade o quadro, antecipando até mesmo alguns trabalhos de Monet. Outras vezes, busca nas obras valores essenciais e características da poética do outro artista. É o caso do óleo sobre tela *Maçãs* (1875/77) e da tela *Duas Frutas* (1885), ambos de Cézanne; nesta última percebemos que o fundo não define profundidade – cria, isto sim, um campo cromático planarizado, fazendo com que as frutas quase despenquem. Em situações pontuais, ele tenta encontrar, na estrutura estética do outro, elementos de sua própria linguagem. A escolha de um interior com um grande plano vermelho (cf. *O Apartamento do Conde Mornay*, de 1832) de Delacroix objetiva a busca daconstrução

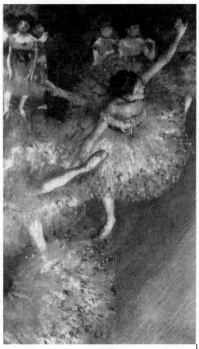
Bailarina, de Degas

plástica de espaços internos. Chama a atenção o caráter plácido desta obra em meio ao universo tão turbulento do Romantismo. Nela, as rupturas estéticas se devem ao enquadramento inusitado da pintura, em que os limites da sala são dados por cortes laterais que fragmentam móveis e objetos, negando a 'janela' renascentista.

Apesar das diferenças sociais, culturais e de temperamento, Degas tem uma coleção de Cézanne pequena na quantidade, mas significativa quanto à apreensão do percurso e sentido da obra. Cézanne, que se impõe como precursor do Cubismo, constrói, com suas pinceladas esparsas, individualizadas, autônomas, uma corporeidade nova na pintura. Transmite a espessura das coisas, da atmosfera, a volumetria do ar, a penetrabilidade da montanha pela luz. Por exemplo, quando pinta as montanhas de Sainte-Victoire, que obviamente são maciças e densas, e as torna mais sutis e etéreas, quase volatilizadas, integrando-as na atmosfera azulada que as envolve. Assim, sua estru-

126 | EM TORNO DE RIVAIL

tura plástica se apresenta nem sólida nem volátil, nem efêmera nem permanente, nem veloz nem estática, mas reconstruindo-se a cada instante por meio da pontuação precisa do sensível pela razão.

A mente busca conhecer o mundo no exato momento em que, inscrevendo-o poética e pictoricamente no tempo e no espaço, o transforma. Segundo Argan, Cézanne busca uma nova realidade do mundo, que não seria mais encontrada no exterior, mas na consciência, conquistada por meio da especificidade insubstituível da pintura.[3]

As maçãs de Cézanne são uma aula de corporeidade. Suas paisagens, mais ainda. Assim como o rosto humano delineado a golpes de espátula (cf. *Os Jogadores de Cartas*, de 1890/92). Seus jogadores de cartas são presenças tornadas inteligíveis pela malha de geometria construída por pinceladas rápidas, precisas, que tomam as mais diversas direções. Todo o espaço pictórico exala presença. Diversas densidades, transparências. Todas, sem abrir mão da figura, nos ensinam a ver.

Com tudo isto, Cézanne se impõe como precursor do Cubismo. Inaugura uma linguagem que impulsiona a investigação estética de artistas como Picasso. Este, por sua vez, sensibiliza Tatlin (que foi visitá-lo em seu ateliê, em 1913) com suas *Guitarras* tridimensionais (cf. *Guitarra*, de 1912). A partir daí, quando as experiências estéticas dos relevos-de-canto de Tatlin – herdeiros das guitarras picassianas – se realizam (cf. *Contra-relevo de canto*, de 1915), o Construtivismo surge como um dos valiosos desdobramentos da vanguarda russa. Do embate destas conquistas estéticas com as do Suprematismo russo – movimento liderado por Malevich –, e da fusão delas com os conceitos plásticos do Neoplasticismo de Mondrian, surgem os principais conceitos dos movimentos concreto e neoconcreto brasileiros.

Assim, diante do que nos mostra a história, verificamos a dificuldade de situar pensamentos revolucionários de alta potência transformadora numa rede rígida de tempo. Localizar com uma certeza relativa seu surgimento é possível, mas restringi-los e vinculá-los exclusivamente ao momento histórico e cultural de seu afloramento é impossível, pois as grandes construções do pensamento humano (sejam plásticas, literárias ou musicais) têm a força da permanência, que independe da medida das horas. Pelo contrário, expandem sua presença e a fazem atuar permanentemente, variando em seus desdobramentos, que, ao absorverem as transformações específicas de cada momento histórico, atestam o valor de sua descoberta.

O próprio movimento concreto e neoconcreto brasileiro faz explodir – potencializado pelas nossas características culturais – o teor da descoberta de Cézanne. Filtrada pelo Cubismo, pelo Construtivismo e Suprematismo russos, e acrescida do pensamento neoclássico de Mondrian, a percepção de Cézanne continua a influenciar a produção contemporânea.[4]

# PARIS, ESPAÇO E PAISAGEM DA MODERNIDADE

FABIO DUBS

Paris, século XIX. A industrialização muda o tempo e o espaço. A cidade medieval e barroca sufoca e é sufocada pela nova civilização nascente que transborda por entre as estreitas ruelas fétidas, caminhos seguros para conspirar revoluções.

Qual a repercussão de tantos eventos simultâneos na forma e na paisagem urbana de Paris?

Como um *flaneur*, nos perdemos por entre a multidão para olhar com olhos curiosos e encantados a descoberta da nova espacialidade parisiense.

Veremos que, nos esforços dos higienistas em remediar os males da cidade, o urbanismo apoia-se em seus primeiros passos para tornar-se uma disciplina de organização e desenho do espaço. Os desenhos de Napoleão abrindo as novas vias de sua capital, materializando-se no grandioso empreendimento de Haussmann.

E a arquitetura \? As contradições estilísticas para decidir entre o neoclássico e o eclético deixam-a como pano de fundo das grandes obras públicas de Haussmann, até ser contaminada pela ânsia de desenvolvimento, quando torna-se sinônimo de progresso com o revolucionário emprego do ferro, que controi palácios e torres que marcarão definitivamente a paisagem urbana parisiense até nossos dias.

Ao fim deste percurso, talvez seja possível entender todos estes eventos como un *ensemble*. Neste caso será possível não só apreciar ainda mais a Paris *d'aujourd'hui*, mas igualmente entender porque a apreciamos.

Vista de Paris, a partir da torre do relógio São Luiz, ilha de Paris

## 130 | Em Torno de Rivail

**Introdução**

Cidade, espetáculo da modernidade, Paris... O que há em comum? O novo homem, cunhado pela Revolução Industrial, necessita de um cenário para sua evolução em sociedade. O cenário: a cidade. A cidade: Paris.

Como um *flaneur*, perdemo-nos na multidão a olhar com os olhos de quem vivencia as transformações com curiosidade e encantamento da nova espacialidade parisiense.

A nós importa entender a nova forma da cidade, sua paisagem, a arquitetura como causas e/ou consequências do urbano nascente em Paris.

Vamos então acompanhar os primeiros traços de Napoleão III para 'abrir' Paris, os empreendimentos de Haussmann, intrépido visionário que transcendeu a realidade do urbanismo de seu tempo, planejando o novo a partir do real.

O caminho arquitetura, liberando-se do impasse estilístico, envolvendo o neoclássico, o Eclético e o racionalismo, que durante anos deixam-na como mera coadjuvante dos grandes *boulevards,* para tornar-se o símbolo do progresso científico, na descoberta do ferro que constrói palácios e ergue grandes torres.

**Paris medieval**

Muitos afirmam que, até os grandes trabalhos do Segundo Império, Paris ainda conservava as mesmas características desde a Idade Média. Raras foram as intervenções, como a ponte Neuf, a rua Dauphine, realizadas no pós-medieval. Do Renascimento à época Clássica, o centro de Paris não foi tocado, no que diz respeito a quaisquer renovações de seu espaço físico.

**Paris de Haussmann**

Entre 1830 e 1850, o urbanismo moderno dá seus primeiros passos apoiando-se nos erros e acertos da cidade industrial e sobretudo graças aos higienistas que, ao buscar os remédios para a cura de males crônicos – rede de esgotos precária, distribuição de água potável inexistente, propagação de epidemias –, requalificam os problemas urbanos.

Quando Napoleão III assume o poder, Paris conta com aproximadamente um milhão de habitantes e seu centro medieval demonstra-se cada mais incapaz de suportar tal pressão. As estreitas ruelas medievais e barrocas não comportam mais o volume crescente de tráfico, as antigas habitações tornam-se completamente inadaptadas às novas exigências sanitárias da cidade industrial, enquanto que os novos interesses e funções, surgidos com o desenvolvimento urbano fazem o valor da terra crescer de tal maneira que se torna inevitável uma grande transformação espacial.*

A nomeação de Georges Eugène Haussmann, em 22 de junho de 1853, como um dos prefeitos de Paris, foi a estratégia empregada por Napoleão III para ver suas metas políticas realizadas, nas quais a reforma da cidade era a mais importante.

A história contemporânea credita ao gênio empreendedor do barão Haussmann as mudanças que abriram Paris para a civilização moderna. Pierre Lavedan esclarece que Napoleão III é o verdadeiro autor. Haussmann lembra em suas memórias que desde seu primeiro encontro, o imperador transmitiu-lhe uma planta de Paris onde havia traçado, ele mesmo, em azul, vermelho, amarelo e verde, seguindo uma ordem de prioridades de execução, as novas vias para sua capital. Esta planta permaneceu exposta no gabinete da prefeitura ( l'Hôtel de Ville) durante todo o Império.

> * O discurso de Napoleão III em dezembro de 1850 representa claramente uma espécie de tratado de renovação de Paris; "...abramos novas ruas...; ...acabemos com os bairros populosos que não respiram e que a bênção da luz do sol possa penetrar em cada recanto..." É também uma precisa análise das funções do urbano, é a preocupação higienista e cultural que comandará as transformações de Paris, lançada no grande momento do racionalismo científico do século XIX.

Indicado por Persigny, ministro do interior, Haussmann fez suas, as ideias do imperador. Empenhou sua autoridade de prefeito para uma enorme mobilização de competências e energia, concentradas em um só objetivo: realizar os projetos e obras necessários para a concretização da reforma.

Por trás destes primeiros esboços, Napoleão III guardava duas importantes preocupações: uma de impedir a reconstrução das barricadas dos revolucionários nas velhas ruelas medievais, abrindo-as com largas e retilíneas artérias para a penetração de suas tropas; outra de reforçar sua popularidade no plano político, concretizando obras que seus antecessores não realizaram.

No âmbito de suas reformas, Napoleão III institui o urbanismo como um importante instrumento de poder, pois, mais do que uma disciplina que tratará os "problemas urbanos", ele será transformado em lei, avançada, como a lei republicana de 1850.

Esta iniciativa revela uma das principais características das reformas de Haussmann, ou seja, a mobilização simultânea de dispositivos técnicos e admistrativos para a transformação de uma cidade da dimensão de Paris, elaborados e aplicados com coerência e rapidez.

A demolição torna-se um dos temas prediletos de ataque por parte da população habitante dos bairros atingidos. O aspecto de caos, que toma conta do centro de Paris perturba o conforto e, sobretudo, cria monstros no imaginário popular. Caricaturas e panfletos fazem da demolição o principal tema de representação.

As primeiras intervenções de Haussmann são realizadas no sistema viário parisiense. O núcleo medieval, desenhado em diversas direções, é recoberto por um sistema coerente de vias de comunicação entre os principais centros da vida urbana e as estações ferroviárias. Velhos bairros são arrasados, sobretudo os do leste, importantes focos de revoltas.

Diversos monumentos são preservados, mas reposicionados, a fim de valorizar as novas perspectivas criadas com as largas avenidas.

Novos edifícios públicos são construídos e diversos arquitetos participam na elaboração dos projetos. A cultura estilística eclética exerce forte influência; Laboustre e Vaudreme, dois importantes arquitetos contratados pela prefeitura, utilizam o repertório eclético em praticamente todas as obras.

No mesmo momento, novas legislações referentes à construção na cidade são criadas, sobretudo com o intuito de fixar novas relações entre a altura dos novos edifícios e a largura da ruas.

Há pouco dissemos que Haussmann declarara em suas memórias ser o imperador o verdadeiro autor das grandes obras de Paris. Ao creditar a autoria das obras visíveis ao imperador, Haussmann assu-

O Mundo em que Viveu Allan Kardec | 133

me toda a autoria dos trabalhos administrativos, sem os quais, nada seria realizado.

Desde o início dos trabalhos, Haussmann elabora um programa minucioso e complexo, por meio do qual consegue levantar os recursos necessários para o financiamento das obras e, sobretudo, adaptar o projeto de acordo com experiências já realizadas e com as diferentes características locais. É neste aspecto que reside a modernidade da experiência haussmanianna, conceber planos não preestabelecidos, mas flexíveis na sua elaboração e aplicação.

Haussmann soube institivamente compreender e traduzir em projeto a realidade de sua época, conseguindo promover as modificações com sucesso. A sociedade do Segundo Império identifica-se perfeitamente com o novo espaço urbano e sua paisagem. Ainda hoje, as ruas do centro de Paris exercem grande fascínio, como o testemunho do bom acordo entre os projetos e a realidade.

O método de Haussmann definia como base do desenvolvimento urbano, uma rede combinada de vias públicas hierarquizadas, de praças, jardins e equipamentos que cria múltiplos centros dentro da aglomeração. Este método constitui um dos princípios essenciais que permitem o estabelecimento de projetos em territórios cada vez mais vastos e integrar ao centro da cidade lugares esquecidos ou que tenham perdido sua função no espaço urbano. Neste método, o espaço público está sempre em primeiro plano.

O conjunto de elementos do projeto declina sempre a partir do espaço da via pública. O parcelamento do território se efetua de acordo com este espaço, os edifícios são construídos obedecendo o alinhamento da rua e seus gabaritos serão igualmente condicionados pela necessidade de valorizar a sua paisagem.

Do espaço público de Haussmann também faz parte o jardim. Até então, os jardins em Paris eram essencialmente privados. O jardim francês ainda guardava a herança de seu apogeu do século XVII.

A Revolução transforma diversos destes jardins em domínio público, entretanto, boa parte é loteada e vendida. Na época, Paris contava com o *Jardin des Tuilleries, les Champs Elysées, Champ de Mars* e *Le Luxebourg*.

Durante seu exílio em Londres, NapoleãoIII adquire verdadeira paixão pelos jardins públicos londrinos e decide oferecer aos pari-

## 134 | EM TORNO DE RIVAIL

sienses, ricos e pobres, um espaço de lazer que os ponha em contato com a natureza em plena capital.

De fato, Paris, em plena Revolução Industrial, via desaparecer seus campos de cultivo e suas vinhas para a construção de loteamentos, habitações e ateliês. A natureza cedia cada vez mais espaço à urbanização.

Nestas condições, não seria suficiente apenas criar espaços verdes, mas criar um estilo paisagístico de jardim adequado às necessidades específicas da época. Assim, são criados os novos parques públicos em toda a cidade. Haussmann urbaniza a floresta de Boulogne, transformando-a num imenso parque público que, rapidamente se torna um dos locais mais elegantes para a vida parisiense, devido à sua proximidade aos Champs Elysées.

A leste, cria o *Bois de Vincennes,* franca demonstração da preferência do imperador pelas classes populares. No sul e no norte, outros jardins são criados.

Embora seja reconhecida a intenção de melhoria da qualidade de vida para as classes populares no programa de Napoleão III, dois importantes aspectos são revelados como contraditórios após as obras: a consolidação das desigualdades sociais e a transferência dos trabalhadores para a periferia parisiense. Até a metade do século XIX, ricos e pobres viviam sob o mesmo teto. Uma gravura do *Tableau de Paris,* de Edmond Texier, mostra em 1853, um corte num imóvel típico da reconstrução do primeiro ao sexto andar: o rico burguês, o alto funcionário público, o empregado médio, o estudante. A fortuna é medida de acordo com o número de andares a não subir! Na verdade, trata-se de *une maison des grands boulevards*, portanto, sem operários.

A renovação do centro provoca um aumento consequente dos aluguéis, ocasionando uma grande migração da população em direção à periferia.

> A Velha Paris não é nada mais que uma eterna rua que avança, elegante e reta, como se disséssemos Rivoli, Rivoli, Rivoli. (Victor Hugo)[1]

Nos planos de Haussmann, a diferença entre o urbanismo e a arquitetura foram além da escala, eles desempenharam papéis em níveis diferentes. Haussmann serviu-se da arquitetura como monumento para fortalecer as novas perspecivas criadas por suas grandes avenidas. Nestas avenidas implantou grandes linhas de edifícios com mesmo gabarito e estilo recobrindo suas fachadas a fim de criar o elemento vertical para enquadrar os espaços abertos e dissimular as irregularidades planimétricas.

Esta trama arquitetural uniforme ao longo das avenidas, como o *Boulevard de Strasbourg*, com cerca de 2,5 km, torna os edifícios praticamente invisíveis em seu trecho mais distante. A ideia é uniformizar a arquitetura para torná-la discreta e agradável aos olhos do público e deixar as ruas e praças fundirem-se perdendo sua individualidade. O verdadeiro caráter do espaço urbano e de sua paisagem é determinado pelo movimento da multidão e dos veículos.

Esta imagem é presente tanto na arte com os quadros impressionistas dos *boulevards* repletos e animados como na literatura, nos romances de Balzac e poemas de Charles Baudelaire. Através desta imagem surge o conceito moderno de espaço urbano aberto e contínuo, o mesmo que quase um século depois irá determinar o cardápio fundamental do movimento moderno, inscrito na Carta de Atenas.

Outro importante elemento que contribuiu para a nova percepção do espaço das grandes artérias foi a instalação do mobiliário urbano, verdadeiro mediador entre a escala humana e arquitetural na cena urbana.*

Se o novo sistema viário desenhou uma nova paisagem, a velha Paris não desapa-

*Haussman busca uma unificação entre o novo e o antigo sistema viário parisiense através da implantação sistemática de calçadas laterais, a plantação de alinhamentos de árvores em todas as vias com mais de 20m de largura, e ainda, a instalação de iluminação pública e de mobiliário urbano (grelhas de árvores, bancos, candelabros e quiosques).

## 136 | Em Torno de Rivail

rece totalmente. Ela se situa imediatamente atrás das novas fachadas. Para construir esta nova imagem, chega-se ao ponto de construir falsas fachadas, a fim de mascarar antigos edifícios habitacionais do século XVIII.

Durante as obras de Haussmann, os arquitetos desempenham um papel secundário, limitando-se a elaborar corretamente os projetos encomendados pelo prefeito. Entretanto, as novidades surgidas no plano técnico e estilístico deflagram a crise na cultura acadêmica.

A polêmica entre a afirmação dos estilos neoclássico e neogótico estende-se entre os arquitetos quando estes adotam uma atitude chamada eclética, na escolha dos estilos a serem combinados na concepção volumétrica e sobretudo de composição das fachadas. Além do gótico e clássico, podiam-se também empregar o romântico, romano, egípcio, renascentista e outros.

Defendido como a alternativa para a disputa entre estilos, ou uma síntese bem elaborada do conhecimento da história da arquitetura, o ecletismo revelou grandes contradições. Boa parte dos arquitetos ecléticos criticavam a reprodução de estilos antigos, defendendo a livre criação e interpretação dos mesmos. Entretanto, para garantir a originalidade, aprofundavam-se cada vez mais na pesquisa histórica, em busca de novos elementos ainda inéditos na sua aplicação contemporânea.

Haussmann mantém estreita relação com os arquitetos, mas critica sistematicamente a falta de praticidade nos projetos.

Muitas vezes substituía um arquiteto, se este não atendia exatamente às suas expectitativas, ou mudava completamente um projeto.

Baltard, um dos principais arquitetos colaboradores de Haussmann, elabora para o prefeito o projeto da construção de uma grande galeria, e utiliza como pricipal material, a pedra. Haussmann visita a obra e julga inapropriado o projeto, ordenando sua demolição e que Baltard faça um novo projeto todo em ferro. Este ótimo arquiteto ainda faria muitas outras obras, empregando o ferro como estrutura, mas revestindo-as de ornamentos e fachadas ecléticas. Realizar uma rica pesquisa de novos materiais e permanecer com um discurso arquitetônico banal no emprego de padrões estilísticos para satisfazer o gosto da época: esta atitude ambígua de Baltard testemunha bem a desorientação da cultura da época.

Um outro paradoxo entre os arquitetos ecléticos fica por conta dos chamados 'racionalistas', arquitetos descontentes com o ecletis-

O Mundo em que Viveu Allan Kardec | 137

mo convencional, que elaboram um discurso no qual a escolha dos elementos e estilos a serem empregados nas construção deve ser baseada em razões objetivas e racionais. Entretanto, no momento de elaborar o projeto, não conseguiam se liberar das referências do passado, do ecletismo.

Todo o debate em torno da definição de uma identidade arquitetônica entre os progressistas atinge seu ápice na revolução de 1848, porém o advento da II República provoca uma verdadeira dispersão dos atores deste debate.

Um deles, chamado Eugène Violet Le-Duc, forte defensor da corrente racionalista, utiliza de sua amizade pessoal com a imperatriz para aproximar-se e mesmo influenciar Napoleão contra o ecletismo. Fundamenta suas críticas na ideia de que a arquietura deve se fundar sobre as funções que irá desempenhar e sobre a escolha apropriada de materiais.

Como alternativa ao ecletismo, Viollet Le-Duc defende o neogótico. Segundo seus argumentos, o gótico não é nada confuso nem misterioso, mas um estilo com um sistema construtivo simples e econômico em suas soluções, assim como permite a utilização de materiais de acordo com suas características próprias, inclusive o ferro. Outro importante aspecto no argumento de Le-Duc é o de associar o neogótico ao racionalismo.*

**A arquitetura e as exposições universais**

Ao se aliar à engenharia, a arquitetura liberta-se das contradições estilísticas e alcança enorme progresso a partir da segunda metade do século XIX, quando se torna uma das atrações das exposições universais.

> *Viollet Le-Duc em seu argumento pretende que o néo-gótico seja um reexame das influencias artísticas do passado ao mesmo tempo que estimule sem quaisquer preconceitos, os novos métodos de construção.

As exposições Industriais já eram, depois do início do século, o espaço de troca entre os produtores, comeciantes e consumidores. Até 1850, elas se restringem ao plano nacional, a fim de preservar as indústrias locais.

Os ingleses são os primeiros a investir e realizar uma exposição universal. Em 1851, lançam um concurso internacional para a instalação de um pavilhão no *Hide Park*. O primeiro prêmio é dado ao projeto do francês Horeau, um edifício em ferro e vidro. Um aspecto

## 138 | EM TORNO DE RIVAIL

interpela os organizadores, nenhum dos projetos previa uma estrutura reaproveitável. Em busca de alternativas, uma nova concorrência é lançada e desta vez um grupo inglês, composto por Joseph Paxton, especialista em estruturas de ferro, e os empreendedores Foxe e Henderson apresentam uma nova proposta como sendo uma variante do projeto escolhido pelo comitê organizador.

Para garantir o custo estimado da construção do pavilhão, Foxe e Henderson elaboram um sistema de montagem e desmontagem rápida no qual os materiais desempenham funções simultâneas: pilares externos da estrutura servem como calhas para drenar a água até o solo. O pavilhão, ou Palácio de Cristal, torna-se um grande sucesso em toda a Inglaterra. Após a exposição, é totalmente desmontado e transferido para um outro local onde permanecerá erguido até ser destruído por um incêndio em 1937.

Além das muitas descobertas no plano técnico, a criação do Palácio de Cristal estabelece uma nova relação entre a técnica e a expressão e representação da arquiteura.

Sobre esta nova percepção do espaço do edifício, Benevolo nos relata o depoimento de Bucher:[2]

> Nós vemos uma trama de linhas discretas sem qualquer indício que permita alcançar suas verdadeiras dimensões, nem a distância que ela se encontra. As paredes laterais são afastadas de tal forma que nos impedem de abraçar o espaço num só olhar. Em vez de encontrar a parede oposta, nosso olhar se desliza ao longo de uma perspectiva infinita que se perde na bruma. Nós não sabemos se esta armadura flutua a cem ou mil pés sobre nossas cabeças, se a cobertura é uma superfície plana ou uma multitude de tetos, pois nenhum ponto de referência nos permite avaliar as impressões óticas.

No Palácio de Cristal, a impressão é de uma perspectiva infinita, de um espaço indefinido e qualificado de acordo com os objetos expostos e os visitantes que o observam.

Se retornarmos a um dos *boulevards* ou praças propostos por Haussmann, a noção de perspectiva é a mesma, como dissemos há pouco, e neste caso o espaço é determinado pelo tráfego dos veículos e da multidão.

Outro aspecto que nos interpela é o fato de Foxe e Haussmann não serem arquitetos. No caso do Palácio de Cristal, Foxe, sendo um engenheiro, não estava comprometido por conceitos estilísticos que provavelmente haveriam de impor um recobrimento, mascarando sua estrutura metálica, e orientou sempre seu projeto dentro dos limites da viabilidade econômica.

Em 1855, a França conhecerá seu primeiro Palácio de Cristal, construído no *Champs Elisées*, para a primeira exposição universal realizada em solo francês. O projeto de Cendrier e Barrault para o pavilhão não é totalmente em ferro, pois a indústria francesa ainda não tinha capacidade de fornecer a quantidade necessária. Todas as paredes externas do pavilhão são convencionais e somente a estrutura da cobertura será em ferro.

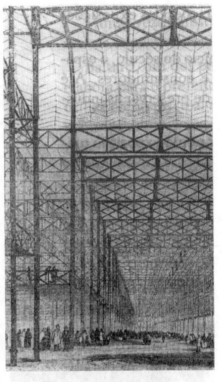

Para Napoleão III, a exposição universal de 1855 é a oportunidade de reafirmar o prestígio do Império e demonstrar os progressos da indústria francesa. As principais atrações são os novos equipamentos para a execução das obras de infra-estrutura na capital.

Uma segunda exposição universal em Paris é realizada em 1867. Para esta, um novo Palácio é construído no *Champ de Mars*. Com uma forma oval, o pavilhão é composto de sete galerias concêntricas pelas quais são distribuídos os temas e países expositores. A pricipal e maior delas é a galeria das máquinas.

A realização deste pavilhão marca o início de carreira de um jovem engenheiro de nome Gustave Eiffel. Eiffel acabara de abrir uma usina e, além de fornecer as armações metálicas, responsabiliza-se pelos cálculos e experimentos das estruturas propostas.

Paris só acolherá uma nova exposição universal em 1878, após o fim daComuna. Dois grandes pavilhões são construídos em cada lado do Sena, um provisório diante do *Champ de Mars* e outro sobre a colina de Chaillot chamado Palácio *Trocadéro*.

Novamente Eiffel será o responsável pela execução das galerias das máquinas, construídas no lado do *Champ de Mars*.

Erguido em caráter permanente, o palácio Trocadéro só contará com estruturas metálicas em sua cobertura e todo seu corpo será recoberto por uma decoração eclética. Anos depois ele será demolido para a construção do Palácio de Chaillot.

A evolução das exposições universais em Paris alcança seu momento mais importante em 1889. Para comemorar o centenário da queda da Bastilha, mais uma Exposição Universal é organizada, esta a mais importante do século XIX. Mais uma vez o *Champ de Mars* é escolhido como local para a instalação de um complexo de edifícios articulados: um grande palácio, uma galeria de máquinas e uma torre metálica com 300m de altura, a ser erguida no eixo da ponte que atravessa o Sena em direção ao Trocadéro. Como responsável pela construção da torre, Eiffel.

Projetada por Dutert com a colaboração de engenheiros, a galeria das má-

máquinas alcança dimensões ainda não experimentadas, 115 x 420 metros, e provoca inúmeras reações na capital.

Com tamanha extensão, duas passarelas móveis são construídas acima das máquinas expostas, de maneira a permitir o deslocamento dos visitantes por todo o espaço. Como no primeiro pavilhão inglês de Foxe, Dutert propõe a mediação entre o grande espaço e a escala do homem por meio da presença dos objetos imóveis e dos visitantes movendo-se. A experiência de apreensão do observador, neste grande espaço repleto de máquinas, é semelhante à vivida por um passante numa das avenidas de Haussmann.

## A torre

Os trabalhos de elaboração do projeto para a construção da torre começam em 1884. Eiffel mais dois engenheiros de sua equipe, todos com larga experiência na construção de pontes e viadutos em diversos países europeus, são os responsáveis.

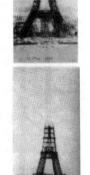

O primeiro grande desafio nos cálculos é a ação dos ventos, seguido de outro igualmente difícil, encontrar uma forma agradável para a torre.

O início da construção, em 1887, provoca uma onda de reações enérgicas contra o seu erguimento. De técnicos a escritores, a opinião unânime era a de que a torre não ficaria em pé. Tamanha desconfiança provocou inúmeros pedidos de indenização por parte dos proprietários de imóveis próximos à obra, alegando perda de inquilinos.

Após sua conclusão, as opiniões contrárias desaparecem, na medida em que a torre confere uma nova paisagem à capital.

De quase todos os bairros de Paris é possível ver a torre Eiffel.

A torre torna-se um monumento que não é somente ponto de fuga para a perspectiva de uma grande avenida, mas elemento de localização e permanência para toda a cidade. Após a memorável exposição de 1889, o ferro consagra-se definitivamente na arquitetura. A maior parte dos edifícios foram dotados de uma estrutura metálica aparente e a galeria das máquinas e a torre Eiffel, vedetes da exposição, simbolizam

# 142 | EM TORNO DE RIVAIL

o extremo da audácia no desenvolvimento tecnológico e no racionalismo na construção.*

*"...justamente por não ter outra função além de visualizar sua própria funcionalidade técnica, vê-se claramente como pesquisa estruturalista, no campo da arquitetura, era o equivalente da pesquisa impressionista no campo da pintura. Uma estrutura linear que não interrompe a continuidade do espaço e desenvolve seu entralaçamento 'às claras' na luz e no ar é, incontestávelmente, um caso típico de pein-air arquitetônico. Não tem massa nem volume está inscrita no céu como um desenho de contorno numa folha de papel, com traços mais grossos e mais finos, que permitem diferenciar a qualidade cromática do fundo,como os desenhos dos impressionistas. Entre a concepção gráfica e a forma cromática não há um processo, um iter: a técnica cosntrutiva do ferro é rápida e direta, como a técnica instaurada pelos impressionistas." [3]

## Conclusão

A História de Paris não é a história do encontro entre uma cidade e seu salvador, encarnado por Eugène Haussmann. Um grande erro seria olhar a história de Paris em dois atos, *a nova Paris* e *a velha Paris*, antes e depois de Haussmann. Mas após *une balade* pela capital, devemos admitir que a Paris que nós conhecemos, vivemos é, dando ao adjetivo todo seu senso, 'haussmanniana'.

Isto significa que Paris é uma cidade do século XIX. Paris guarda a permanência da paisagem urbana construída por Haussmann.

Ainda que muitos franceses recusem esta imagem, Paris não é nem uma cidade medieval, nem barroca e nem néo-clássica. Évora, Torino e São Petersburgo são mais indicadas, respectivamente.

Paris é de fato uma cidade do século XIX. Se as cidades são constituídas de camadas sucessivas, parece-nos que o grande momento da estratificação de Paris tenha ocorrido na segunda metade do século XIX sob as ações de Haussmann e que o desenho do barão é indissolúvel. Hoje, Paris é uma cidade indivisível.

O parisiense pós-Haussmann, respira, no sentido real e figurado, um ar purificador, passeia por entre as calçadas e parques.

Em sua obra *História da arquitetura moderna*, Leonardo Benevolo, tece comentários sobre a obra de Haussmann, acentuando um aspecto que pode ser considerado como um ponto fraco. Segundo Benevolo, Haussamnn não considerou os aspectos dinâmicos da cidade industrial, isto é, as mutações pelas quais um centro urbano já estava sujeito na época, apenas os aspectos estáticos. Para Haussmann, Paris podia ser urbanizada definitivamente, sobretudo considerando a complexidade de critérios que foram estabelecidos, os quais não previam quaisquer variações. No século XIX, Paris é a cidade mais moderna; no século XX, uma das mais congestionadas e difíceis de projetar.[4]

Napoleão III ou Haussmann?

É evidente que o prefeito nada poderia ter realizado sem o apoio do imperador, que por sua vez encontrou em seu funcionário um verdadeiro 'vice', aquele capaz de compreender, de interpretar e sobretudo de empreender seus grandes pensamentos e desejos.

Uma cidade sobre uma cidade, esta a meta atingida por Eugène Haussmann em Paris, a imagem de uma cidade do século XIX, assentada sobre o velho, sem fazê-lo desaparecer.[5]

Napoleão III e Haussmann agiram com muita energia, mas sem aventuras. Uma malha urbanística não se instala para brutalizar o corpo vivo da cidade antiga. As linhas retas das novas avenidas que são abertas buscam sempre referências do existente. O melhor das obras transformadoras do Segundo Império possivelmente não esteja na criação, mas na reestruturação de um tecido urbano medieval resistente. A abertura haussmanniana atravessa-o, negociando para que as descontinuidades sejam suportáveis.

A arquitetura, que durante anos permanece minimizada como pano de fundo para as novas avenidas haussmannianas e, no plano estilístico, imobilizada por disputas e contradições, encontra uma saída para tantos impasses graças à preferência do prefeito pelos engenheiros, ou, digamos, pelo impulso criador e racionalista provocado por Haussmann, que instala ambiente mais que propício para a descoberta de novas técnicas e novos materiais. A arquitetura feita com os procedimentos da engenharia.

O ferro surge como o elemento fundador de novos desafios e confere aos engenheiros, como Eiffel, o mérito de relançar a arquitetura, ainda no século XIX, como disciplina capaz de interferir na paisagem urbana decisivamente, tal como o urbanismo o fizera até então.

144 | Em Torno de Rivail

Desta reconquista da arquitetura, a torre Eiffel é, sem dúvida, o grande símbolo e testemunha do brilho da modernidade do século XIX, que ainda encanta tantas multidões em Paris.[6]

# II

## Ideias, Política e Sociedade

# HISTÓRIA ENTRE IMPÉRIOS E REVOLUÇÕES

### RODRIGO BENTES MONTEIRO

Este capítulo visa esclarecer acerca do processo político francês entre o império napoleônico em 1804 e a instauração da Comuna de Paris após a derrota na guerra para a Prússia, em 1870-1871. Tendo apresentado diferentes fases – o primeiro império, a restauração monárquica, o reinado de Luís Filipe, a república após 1848, a ascensão de Luís Napoleão e o segundo império, além da própria comuna – este tempo pode ser considerado como um período de aprendizado político, imediatamente posterior à Revolução iniciada em 1789. As experiências diversas desse modo indicam permanências e novidades em relação ao passado do Antigo Regime, experiências políticas muitas vezes contraditórias entre si. Este tempo ao mesmo tempo inovador e restaurador de impérios autoritários e movimentos libertadores pode ser caracterizando como uma grande "re-evolução", de acordo com o sentido original da palavra, utilizada inicialmente para designar o movimento dos planetas ao redor dos astros. Na terceira república surgida da derrota da comuna, renasciam os princípios do movimento começado em 1789, após os tumultuados anos que caracterizaram a vida política e social francesa, com grandes influências no continente europeu e no mundo.

Notre Dame de Paris, 2 de dezembro de 1804. Aniversário da batalha de Austerlitz. Na catedral que fora cenário de tantos eventos significativos na história da França, Napoleão Bonaparte era sagrado

Napoleão sobre o trono imperial. Pintura de Dominique Ingres

148 | EM TORNO DE RIVAIL

imperador, em solene cerimônia com a presença do papa Pio VII, celebrizada no quadro neoclássico de David. Como bem sabemos, durante o evento, Napoleão I retirou a coroa das mãos do pontífice para coroar a si próprio, fazendo o mesmo em seguida com a imperatriz Josefina. Tais atos eram expressivos símbolos da não-submissão do Estado francês à Igreja de Roma, ao mesmo tempo que conferiam poder e sacralidade ao império recém-instituído, após quatro anos de consulado. O Grande Império consolidava assim seu prestígio perante os franceses e internacionalmente, no continente europeu, palco de suas maiores conquistas.[1]

Paris, 26 de maio de 1871. A cidade ardia em chamas, após a entrada dos soldados versalheses, o combate contra os *communards*, e o fim da Comuna de Paris. Alguns meses antes, os parisienses, que não aceitaram a derrota na guerra franco-prussiana em 1870, tinham criado um governo socialista, contrário ao poder 'vencido', sediado em Versalhes. Diante da iminente derrota, atearam fogo em alguns monumentos significativos da capital. O palácio das Tulherias – desde o século XVI residência de soberanos franceses – e o *Hôtel de Ville* – centro político da comuna – estavam destruídos. No dia seguinte, alguns soldados dispersos ainda lutavam contra as tropas entre os túmulos do *Père Lachaise*. Começaram então os fuzilamentos sumários dos federados. O centro da cidade estava envolvido por uma fumaça que não cedia. Jornalistas estrangeiros descreviam o odor pestilento e um veio vermelho que se arrastava e fazia desenhos sinuosos no Sena. Paris quase ficava sem sapateiros, ferreiros, alfaiates, marceneiros e pedreiros.[2]

Entre a instauração do império napoleônico em 1804, após o fervilhante período revolucionário, e a dupla derrota vivida pela França e por Paris em 1870 e 1871, muita coisa aconteceu, e muitas ideias circularam no mundo político francês. Em princípio, ideias que falavam de liberdade, surgidas na esteira da Revolução; mas também ideias que falavam de ordem e autoridade, e ainda outras, que apareceram em meio ao processo, abordando os temas da democracia efetiva e da justiça social. O Estado da França, também neste mesmo período, viveu o dilema entre a expansão territorial para além das fronteiras nacionais, e o isolamento em si mesmo na solução dos próprios problemas. As formas de governo adotadas expressavam bem o intenso debate vivido no país: várias monarquias e repúblicas, com perfis diferenciados. Um tempo entre dois impérios – o de Napoleão I e o de seu sobrinho –, mas também de restauração monárquica, de soluções conciliatórias e de revoluções republicanas, vitoriosas ou esmagadas. Se quisermos, podemos concebê-lo como o tempo de uma grande 're-evolução', de acordo com o sentido original da palavra.³

Será este processo político, pleno de ricas discussões e embates, com atenção especial aos diversos poderes instituídos e facções, o objeto preferencial deste estudo, dividido em cinco partes, referentes (nesta ordem) ao primeiro império napoleônico, à restauração da monarquia Bourbon, ao reinado de Luís Filipe, à revolução de 1848 e, por fim, ao império de Napoleão III, até a Comuna.

## Um Grande Império

Com efeito, a instalação do império napoleônico representava de maneira ambígua uma série de continuidades, mas também novidades em relação ao passado do *Ancien Régime*.⁴ Por um lado, a simbologia régia era reeditada, após o fracasso das festas instituídas no período revolucionário.⁵ O poder também voltava a ser centralizado, desta vez nas mãos de um herói militar da Revolução, decisão ratificada em plebiscito após o conturbado diretório e o golpe do 18 brumário de 1799, inaugurando o consulado com Napoleão (1769-1821) no poder.

Retrato de Napoleão, por David

Passados alguns anos, a população francesa mostrava-se favorável ao retorno de uma dinastia hereditária. A alta burguesia em especial estava satisfeita com o governo napoleônico, que havia barrado o perigo externo, vencendo os inimigos estrangeiros e expandindo cada vez mais o território. Bonaparte também modernizou o sistema financeiro, com a criação do Banco da França e do franco, e organizou uma eficiente coleta de impostos, inclusive sobre os territórios dominados. Além disso, os funcionários eram bem pagos e preparados, e o setor industrial passou a ser incentivado na competição com a Inglaterra – a grande rival. O novo soberano criou ainda várias escolas públicas e militares, que difundiam os valores patrióticos e formavam soldados para o império. Ainda com relação à Igreja, Napoleão havia estabelecido, em 1801, uma concordata, pela qual o papa renunciava às terras eclesiásticas e perdia o monopólio da educação, recebendo em contrapartida o livre exercício do culto cristão na França.

Tais medidas possuíram o mérito de contentar vários grupos sociais, dos camponeses até alguns intelectuais. O código civil lançado em 1804 estabelecia a igualdade civil e jurídica, a livre concorrência e o direito à propriedade privada. No entanto, proibia o direito de greve e a associação de trabalhadores, consolidando indubitavelmente a ordem burguesa, que gravitava agora em torno da corte imperial. A corte napoleônica, ilegítima aos olhos dos outros monarcas europeus, esforçava-se para recuperar a etiqueta e a pompa do *Ancien Régime*. Nas festas das Tulherias e de Fontainebleau, a riqueza era sinal de distinção, ainda que o imperador procurasse atrair a antiga nobreza. As principais personagens da corte eram os Bonaparte e os Beauhar-

*A coroação de Napoleão*, célebre pintura de Jacques-Louis David

O Mundo em que Viveu Allan Kardec | 151

nais, até o divórcio de Napoleão e Josefina em 1809. Ao redor da família imperial, a corte organizava-se em forma hierárquica: grandes dignitários, oficiais do império. Em 1806, o direito de primogenitura era restabelecido para as famílias dos dignitários que receberam títulos na "campanha da Itália". Formava-se assim uma nobreza imperial.

Por todos os meios, Napoleão procurava dirigir a opinião pública. A polícia estava presente em toda parte, auxiliada pela administração. O "gabinete negro" dos correios abria a correspondência privada. A imprensa, as editoras e o teatro eram submetidos à censura. O periódico mais lido, *Journal des Débats*, foi confiscado e transformado no *Journal de l'Empire*. Jornalistas, atores e escritores eram vigiados, até mesmo presos. Apaixonado pela Roma antiga, Napoleão queria embelezar a capital francesa com colunas, templos e arcos do triunfo. O imperador achava tempo para fazer longos passeios a pé por Paris em companhia de David para melhor visualizar as transformações a serem empreendidas. Pela vida cortesã, censura, controle social ou pelas grandes obras, reeditava--se a mística monárquica, adaptada então às conquistas burguesas.

No plano externo, não há necessidade de rememorarmos as retumbantes vitórias militares de Napoleão. Como disse o próprio no seu memorial de Santa Helena, "Arcole, Rivoli, as Pirâmides, Marengo, Austerlitz, Iena, Friedland são de granito; o dente da inveja nada pode contra elas."[6] A França possuía o maior exército permanente da Europa, formado por jovens que tivessem entre vinte e vinte e cinco anos de idade. Até 1809, chamava-se por sorteio somente uma parte desse contingente, sempre renovada. Em 1813, Napoleão chegou a recrutar dois milhões e seiscentos mil homens. Aos soldados franceses, juntavam-se os contigentes fornecidos pelos Estados vassalos ou aliados, que aumentavam a força numérica do exército imperial, mas comprometiam sua unidade.

Contudo, não somente as vitórias tornaram-se famosas, mas também os insucessos. Após os fracassos da batalha de Trafalgar contra a Inglaterra, em 1805, e do bloqueio continental decretado em 1806 (cujos desdobramentos causariam a vinda da família real portuguesa para o Rio de Janeiro), José Bonaparte – irmão do imperador e rei da Espanha – enfrentava contínuas revoltas contra o domínio francês naquele país. A campanha da Rússia, em 1812, e o frio inverno vivido naquelas terras também significaram um prejuízo irreparável ao grande exército. Com o declínio da hegemonia francesa a partir de então, aumentava bastante

## 152 | Em Torno de Rivail

o número de desertores e refratários. Em 1814, a notícia da entrada das forças aliadas em Paris era recebida em Fontainebleau por Napoleão, que assim abdicava. A monarquia era restaurada com o conde de Provence, irmão de Luís XVI, que tomava o título de Luís XVIII. Exilado em Elba, no Mediterrâneo, Napoleão ainda empreenderia uma fuga espetacular, retornando ao poder em março de 1815, e governando por mais cem dias, até sua derrota definitiva em Waterloo, diante do duque de Wellington. Iniciava-se assim, na França, o tempo da Restauração.

### A Liberdade Guia o Povo

Segundo as principais determinações estabelecidas no Congresso de Viena entre 1814 e 1815, a França retornava às fronteiras de 1789, reduzida ao 'hexágono' e com algumas velhas colônias. As antigas dinastias reinantes europeias também voltavam a governar em seus respectivos países, como antes da Revolução e de Napoleão I. A França era novamente dos Bourbon. Na 'nova' Europa, não se falava mais em República; o princípio da legitimidade monárquica triunfava soberano.* Mas a Restauração não conseguiu restabelecer por completo a situação de 1789.[8] O caso da França era particularmente exemplar, já que Luís XVIII (1755-1824) não via possibilidades de voltar ao Antigo Regime, outorgando assim aos súditos a Carta Constitucional, fazendo importantes concessões à experiência e às aspirações dos franceses. A existência da Carta já era por si mesma uma concessão importante, pois ela representava um texto, uma regra à qual se podia fazer referência, uma 'constituição disfarçada'. Apesar do preâmbulo, que insistia na concessão unilateral feita pelo rei, tratava-se de uma espécie de contrato entre o soberano restaurado e a nação.

*Não há como reproduzir muitas informações sobre a sociedade francesa na época da Restauração, descrita nos romances de Balzac e Stendhal. Em linhas gerais, pode-se afirmar que a vida econômica sofreu uma transformação que se refletia no crescimento agrícola em detrimento da indústria. 75% dos franceses viviam no campo, gerando uma auto-suficiência surpreendente: o país vivia de quase tudo produzido em seu solo. Banqueiros e burgueses adquiriam terras, cultivando-as de maneira moderna e racional. A bolsa e o movimento financeiro viviam em calmaria. Com a marinha arrasada desde Trafalgar e os anos de bloqueio continental, tudo contribuía para que a França permanecesse fechada em si.[7]

A análise do conteúdo da Carta pode desfazer as dúvidas. Ela previa instituições representativas, uma Câmara eletiva associada ao poder legislativo, que votava o orçamento. Tratava-se, de algum modo,

O Mundo em que Viveu Allan Kardec | 153

da legitimação das pretensões dos estados gerais, vinte e cinco anos depois. Portanto, a Carta reconhecia explicitamente várias liberdades que a primeira Revolução tinha proclamado: liberdade de opinião, liberdade de culto, liberdade de imprensa.

Em relação ao passado napoleônico, permanecia a organização administrativa, pois nenhum soberano iria arriscar-se a perder os benefícios da eficiência segura de uma administração uniforme, hierarquizada e racional. A evidência de que a Restauração estava longe de ser integral era ainda mais forte no referente às transformações sociais. Por onde a Revolução passou, abalou as estruturas, e por toda parte conservaria o essencial de suas concepções e de suas transformações, mormente na França. Nas palavras de René Remond:

> Assim, sob a aparência de Restauração, prevaleceu uma solução de compromisso. A Restauração dissimula uma aceitação, não confessada, de uma parte da obra da Revolução. Como toda solução transacional, ela é instável e precária, porque exposta a investidas no sentido contrário, aos ataques de duas facções extremas.[9]

Se presenciássemos o debate político francês entre 1815 e 1830, veríamos os 'ultras', aqueles que desejavam voltar atrás, os que sonhavam com uma restauração integral e que não se resignavam a confirmar os movimentos revolucionários. Os ultras se recusavam a transigir, pois não podiam compactuar com algo que consideravam satânico. Para eles, era necessário extirpar tudo o que sobrevivia da Revolução. Esta era a sua posição intelectual, exemplificada no programa da Câmara *introuvable*, eleita em 1815, plena de espírito de vingança contra ex-oficiais e funcionários napoleônicos, ou no 'terror branco', que ensanguentou o oeste e o *Midi*.* Matavam-se republicanos em Marselhae protestantes em Nîmes. Os ultra-realistas, mais realistas que o próprio rei, seguiam os valores da antiga nobreza e do clero. Eles queriam que os bens nacionais fossem devolvidos aos seus

*Alusão à bandeira branca dos Bourbon, que substituía a *bleu blanc rouge* revolucionária. A questão das bandeiras marcaria de forma especial a história política da França no século XIX.

antigos proprietários e que a Igreja recuperasse sua situação de antes da Revolução. Seu chefe, o conde de Artois, irmão do rei e herdeiro do trono; se jactava de não ter "nada aprendido e nada esquecido" desde 1789.

Por outro lado, existiam aqueles que não aceitavam os tratados de 1815 e que pretendiam ir até as últimas consequências, pois para eles as ideias da Revolução não estavam mortas; a dupla herança de transformação das instituições e de emancipação nacional continuava viva. Liberdade era a sua palavra de ordem: liberdade política no interior, liberdade nacional. Deste modo os liberais contrapunham, à Santa Aliança dos reis, a aliança de todos os povos. Uma solidariedade internacional começava a se esboçar para além das fronteiras, unindo 'jacobinos' ou liberais de todos os países contra a solidariedade dos soberanos restaurados. Os liberais possuíam seus líderes entre os burgueses que adquiriram os bens nacionais, permanecendo hostis à influência do clero. Nem os ultras, nem os liberais aceitavam a Carta. Para os primeiros, ela limitava excessivamente a autoridade régia; para os segundos, feria a soberania da nação.

Luís XVIII, em retrato de Paulin-Guérin, 1817

Convém então comentar a figura do rei e de seu ministério. Desde o seu retorno a Paris, em julho de 1815, Luís XVIII temia permanecer refém dos ultras.[10] Por isso tentou compor um ministério de moderados ou constitucionais, sob o comando do duque de Richelieu, que conseguiu assinar um segundo tratado de Paris com os aliados, reduzindo o montante das reparações de guerra e a permanência dos exércitos estrangeiros em solo francês. Em 1818, a França já era reconhecida internacionalmente como potência. No entanto, o conflito com os ultras era inevitável. Não obstante a realização de algumas concessões, como a supressão do divórcio, o rei tomou a iniciativa de dissolver a Câmara *introuvable*. Isto resultava, após novas eleições que deram maioria aos realistas moderados, numa política ainda mais favorável aos liberais. Richelieu foi substituído por Densoles (negócios

O Mundo em que Viveu Allan Kardec | 155

estrangeiros) e Decazes (interior-polícia), que efetivaram leis relativas à liberdade de imprensa. Mas o assassinato do duque de Berry, em 1820 (segundo filho do conde de Artois, irmão do rei), foi aproveitado pelos ultras para atingir o poder. Desta forma, estava rompido o equilíbrio precário que Luís XVIII tinha conseguido preservar até então.

Com a morte do duque de Berry, a sucessão masculina do trono ficava abalada, no entender dos ultras. O duque de Decazes, inimigo desta facção radical por ter servido outrora a Napoleão, era envolvido na intriga. Seus pés tinham "escorregado no sangue", nas palavras de Chateaubriand. Luís XVIII foi então forçado a afastar seu favorito do poder, chamando de volta Richelieu que, em sua moderação, não pôde evitar o retorno da censura e de outras leis de cunho autoritário. Em junho de 1821, Paris passava por turbulências políticas, quando se organizava a *Charbonnerie*, sociedade secreta de inspiração republicana que planejava várias conspirações. Richelieu era novamente afastado do cargo, substituído pelo conde de Villèle, que oscilava entre a oposição liberal e a direita do partido ultra. Contudo, era evidente que durante os últimos anos de seu reinado, Luís XVIII cedia mais ao jogo dos ultras. A intervenção francesa na Espanha em favor de Fernando VII contra os liberais, em nome da Santa Aliança, exemplificava bem esta tendência, combatendo ali a onda de revoluções liberais que havia varrido a Europa em 1820. Em setembro de 1824, sem herdeiros diretos, o rei morria de gangrena infecciosa, deixando a coroa para seu irmão, o conde de Artois. Sobre a personalidade pública de Luís XVIII, Chateaubriand escreveu um julgamento bastante conhecido:

> Egoísta e sem preconceitos, Luís XVIII desejava sua tranquilidade a qualquer preço: ele apoiava seus ministros contanto que eles tivessem a maioria; ele os afastava assim que esta maioria fosse ameaçada e que seu repouso fosse perturbado (...). Sua grandeza era a paciência, ele não ia ao encontro dos acontecimentos, os acontecimentos vinham a ele.[11]

A ascensão de Carlos X (1756-1836) ao trono significava, obviamente, mais poder à facção ultra-realista. Tendo vivido no exílio durante a Revolução, o conde tinha se transformado durante o reinado de Luís XVIII no líder do partido ultra ou *pointu*, recebendo

156 | EM TORNO DE RIVAIL

com frequência uma corte de realistas intransigentes. Desta forma, o ministério de Villèle permanecia conduzido pelos extremistas, que, após terem conseguido uma indenização para os antigos proprietários dos bens nacionais, queriam restabelecer o direito de primogenitura, além de reforçar a censura à imprensa e punir com a morte os profanadores da religião católica.

Para impressionar as massas e marcar espetacularmente sua entronização, o novo rei efetuou com grande pompa sua coroação na catedral de Reims, em maio de 1825, seguindo a tradição dos reis franceses desde os tempos medievais. A sagração de Carlos X era a primeira depois da Revolução – já que Luís XVIII a evitou –, e foi considerada anacrônica, causando a impopularidade do rei, confundido a partir de então pela população – já desacostumada com essas cerimônias – com um bispo, pelo fato de ter tocado os doentes de escrófulas, como seus predecessores, ou por ter usado no ano seguinte, durante uma procissão, um manto violeta – cor de luto dos reis. Desta forma o evento ficou conhecido como *le sacre de Charles le Simple*, e o soberano como *le roi évêque*, o bispo-rei que proferia a missa, absurdo que expressava bem a rejeição pelos padres. Não obstante, Carlos X caracterizava-se pela afabilidade e pela simpatia, inspirando uma sinceridade quase ingênua em seus princípios, muito diferente do irmão, seu antecessor.*

Nas eleições de 1827, Villèle perdia a maioria da Câmara, deixando a presidência do conselho de ministros no início de 1828. Em 1829, Carlos X confiava o poder a um amigo dos tempos de exílio na Inglaterra, o príncipe de Polignac,

*Dois anos mais moço que Luís XVIII, Carlos X era no entender de Jardin & Tudesq incontestavelmente mais medíocre. Os nostálgicos da velha França se exaltaram com este esbelto cavaleiro com cabelos brancos, este *gentilhomme* afável, generoso. Desde quando era conde de Artois, despertou o entusiasmo de muitos realistas intransigentes. De fato, o príncipe oscilava entre a indignação que lhe causavam as medidas muito liberais e um respeito inquestionável ao seu irmão mais velho. Em suma, um homem honesto, mas pouco preparado para reinar.[13]

tido como ultra intransigente. Polignac nomeou um ministério extremamente impopular, logo entrando em conflito com a Câmara dos Deputados, que lhe recusava confiança. A agitação se desenvolvia em quase todo o país, onde panfletos hostis ao regime circulavam livremente. A Carta não obrigava o rei a nomear ministros de acordo com a maioria dos deputados. Carlos X resolveu recorrer à dissolução da Câmara, mas os eleitores novamente ele-

# O MUNDO EM QUE VIVEU ALLAN KARDEC | 157

giam uma Câmara hostil. O rei então, pelas "quatro ordenanças", em julho de 1830, pronunciava também a dissolução da nova Câmara, modificando com sua própria autoridade o regime eleitoral e o regime de imprensa. Era um verdadeiro golpe de Estado, pois a Carta não concedia ao rei o poder de fazer sozinho as leis. A primeira ordenança do rei emudecia a imprensa, a segunda dissolvia a Câmara. A lei eleitoral era modificada pela terceira: doravante, somente os proprietários teriam o direito de voto, e os comerciantes estavam fora do direito do censo. A quarta ordenança fixava para setembro a data das próximas eleições.*

Os jornalistas tomaram a frente da oposição. "O governo violou a legalidade, nós estamos dispensados de obedecer", dizia a petição do *National*. Era anunciar a insurreição. Trabalhadores da imprensa, estudantes e jornalistas, saíram às ruas gritando *vive la Charte!*

> *Uma testemunha relatou o momento de sua assinatura: "Antes de assinar (...) o rei parecia absorvido por uma profunda reflexão; ele se deteve por vários minutos com a cabeça apoiada sobre a mão, e a pena a duas polegadas do papel; em seguida disse: 'Quanto mais penso, mais fico convencido de que é impossível fazer de outra maneira."[14]

Durante a noite de 27 para 28 de julho, barricadas surgiram nas ruas de Paris. No dia 28, todo o leste da capital estava sob o comando da Revolução. Sob as torres de Notre Dame, tremulava já a bandeira tricolor. Dos 8.000 soldados do exército real, 2.500 foram mortos. No dia 29, os revolucionários ocupavam o Louvre e as Tulherias; bandos de crianças cheias de alegria percorriam as ruas. No *quartier* da Bastilha, matava-se nas barricadas. Quando o povo de Paris tornou-se enfim senhor da rua, houve um momento de hesitação: não havia líderes efetivos no movimento popular, que foi feito espontaneamente. Nada mais emblemático para recordar as "três gloriosas" do que o célebre quadro de Delacroix, obra-prima do Romantismo nascente, *La liberté guidant le peuple*. Contudo, o seu conteúdo revolucionário e republicano era, para alguns, assustador. Sonhava-se em proclamar a República no dia seguinte, oferecendo a presidência ao general La Fayette; nos *boulevards*, cantava-se *Ça ira*.

Na casa do banqueiro Laffitte, os 'liberais' estavam reunidos. Eles deveriam tomar as rédeas de uma insurreição que se tornara vitoriosa cedo demais. Uma comissão municipal de cinco membros era rapidamente constituída. Em 30 de julho, uma proclamação redigida por Thiers e alguns outros era espalhada por Paris:

*A liberdade guiando o povo*, Delacroix. A mulher desnuda que segura a bandeira tricolor significa a Liberdade, mas também a República. Talvez por isso, temeroso por seu conteúdo republicano, o rei Luís Filipe tenha logo adquirido a obra, encerrando-a num dos seus salões

Carlos X não pode mais reentrar em Paris, ele fez correr o sangue do povo. A República nos exporia a horrorosas divisões: ela nos colocaria em choque com a Europa. O duque de Orléans é um príncipe devotado à causa da revolução. O duque de Orléans é um rei cidadão.[15]

A proposição foi bem acolhida pelos deputados da oposição. Thiers foi enviado a Neuilly para oferecer ao duque o cargo de tenente-geral do reino. Em 31 de julho, Luís Filipe de Orléans dirigia aos habitantes de Paris uma proclamação: ele aceitava a função de tenente-geral do reino, e declarava: "A Carta será doravante uma verdade." No mesmo dia, o duque ia ao *Hôtel de Ville*, onde La Fayette e a comissão municipal o aguardavam. No balcão, a apresentação simbólica do duque parecia um coroamento popular. O duque nomeava uma comissão governamental; em 3 de agosto, decidia-se por uma revisão da Carta. A busca de uma solução definitiva era urgente, pois movimentos revolucionários se espalhavam por diferentes cidades francesas e, em Paris, alguns elementos já se manifestavam descontentes. Na Câmara dos Deputados, a maioria dos representantes presentes votou pela revisão da Carta; na Câmara dos Pares, também. Após declararem o trono vacante em 7 de agosto, os deputados foram ao *Palais-Royal* anunciar oficialmente ao duque de Orléans sua eleição como rei dos franceses. A cerimônia oficial de entronização ocorreu no *Palais-Bourbon*, quando Luís Filipe I jurava observar a Carta revisada, as flores de lis eram oficialmente substituídas pelas bandeiras tricolores, enquanto Carlos X se exilava na Inglaterra.[16]

### O [In]Justo Meio

O novo soberano devia a reputação de liberal à lembrança de seu pai Filipe *Égalité*, jacobino até morrer na guilhotina. Após a eliminação dos girondinos em 1793, Luís Filipe se exilara na Suíça, depois nos EUA, por fim em Nápoles. Casara-se em 1809, com a princesa Maria Amélia, filha do rei das Duas Sicílias, com quem teria oito filhos. Embora a Restauração tenha lhe proporcionado imensa fortuna, o duque mantinha-se afastado da política contra-revolucionária. Seus hábitos simples, a vida familiar, a educação de seus filhos em colégios reais e a admiração por Voltaire faziam de Luís Filipe o modelo do "rei cidadão", segundo a burguesia parisiense. No entanto, no decorrer do reinado esta ideia evoluiria para outra um tanto diferente, a de uma "monarquia burguesa".

Luís Filipe sobre a barricada, 1830
Anônimo

No dia seguinte às jornadas de julho, a popularidade de Luís Filipe era ainda forte. O novo soberano era "o rei das barricadas" aos olhos dos outros monarcas europeus. O medo da França revolucionária era novamente despertado na Europa inquieta diante da propagação de agitações democráticas entre os belgas, na Alemanha, na Itália. No entanto, também para os soberanos estrangeiros, Luís Filipe surgia como o meio de se evitar uma república francesa, razão pela qual a Inglaterra logo reconheceu o governo, seguida dos outros países.[17]

Mas, afinal, em que consistia o liberalismo da chamada "monarquia de julho"? A este respeito, René Remond tece algumas considerações gerais e importantes, ao distinguir primeiramente duas abordagens para o fenômeno, uma ideológica e outra sociológica. Segundo o primeiro enfoque, seria preciso considerar o liberalismo como uma filosofia global inteiramente voltada para a ideia de liberdade, mas também de cunho individualista, na medida em que colocava o indivíduo à frente da razão de Estado e dos interesses de grupo.*

*"O liberalismo desconfia profundamente do Estado e do poder, e todo liberal subscreve de que o poder é mau em si, de que seu uso é pernicioso e de que, se for preciso acomodar-se a ele, também será preciso reduzi-lo tanto quanto possível. O liberalismo, portanto, rejeita sem reserva todo poder absoluto e, no início do século XIX, (...) é contra essa monarquia que ele combate."[18]

# 160 | Em Torno de Rivail

A visão sociológica acerca do liberalismo seria posterior a esses acontecimentos. Enfatizando os condicionamentos socioeconômicos, as decisões interesseiras, sugere que o liberalismo seria a expressão de um grupo social.* Portanto, o liberalismo tomava cuidado para não entregar ao povo o poder de que o povo privou o monarca, pois a soberania nacional tão alardeada pelos liberais não era a soberania popular, e o liberalismo, distinto da democracia. Enquanto o liberalismo era a oposição que lutava contra o Antigo Regime, enfatizava-se seu aspecto subversivo e combativo. Uma vez no poder, o lado conservador assumia a dianteira. A história da França, mais uma vez, é exemplar: o liberalismo da monarquia de julho era uma doutrina ambígua, que combatia alternativamente dois inimigos, o absolutismo e a democracia. Em outras palavras, "o justo meio", de acordo com o apelido que recebeu na época.

> *"Quem, então, tira maior partido na França ou na Grã-Bretanha, do livre jogo da iniciativa política ou econômica, senão a classe social mais instruída e mais rica? A burguesia fez a Revolução e a Revolução entregou-lhe o poder; ela pretende conserva-lo contra a volta de uma aristocracia e contra a ascensão das camadas populares. A burguesia reserva para si o poder político pelo censo eleitoral. Ela controla o acesso a todos os cargos públicos e administrativos. Desse modo, a aplicação do liberalismo tende a manter a desigualdade social."[19]

Para Remond, o liberalismo não se confundia com uma classe, sendo exagero reduzi-lo à expressão de interesses de uma burguesia endinheirada; se a burguesia adotou o liberalismo como bandeira, ela também pode tê-lo feito por convicção e até por generosidade, pois as ideologias não seriam simples camuflagem de posições sociais.

> Se de fato o liberalismo se reduzia à defesa de interesses materiais, como explicar que tantas pessoas tenham concordado em perder a vida por ele? (...) A interpretação sociológica não presta conta desses mártires da liberdade.[20]

Voltemos, então, ao processo histórico concreto. De fato, parte da burguesia acompanhava Luís Filipe no poder. Entre trinta milhões de franceses em 1830, somente cem mil tinham o direito de votar, devido ao censo eleitoral. As chamadas pequena e média burguesia se encontravam fora das urnas. O novo regime alargaria de forma insuficiente o pequeno círculo de eleitores e de eleitos; a lei eleitoral de 1831 estipulava que seria preciso pagar duzentos francos de imposto para ser eleitor, e

O Mundo em que Viveu Allan Kardec | 161

quinhentos francos para ser elegível. Desta forma o corpo eleitoral nem chegava a dobrar, atingindo apenas 168 mil eleitores. A nova lei fazia a média burguesia urbana participar do Estado, excluindo os demais.[21]

Para proteger suas conquistas políticas, a alta burguesia utilizava a guarda nacional com o objetivo de defesa social. Os guardas podiam eleger seus oficiais, que deviam mostrar-se fiéis ao rei. Deste modo, nos desfiles de domingo os pequenos burgueses sonhavam em entrar para a guarda de um regime que não lhes concedia o direito do voto. A liberdade religiosa, de acordo com as ideias de Voltaire, foi permitida. Guizot, principal ministro de Luís Filipe, era calvinista. A nova constituição também delegava a iniciativa das leis às duas câmaras. Na Câmara dos Pares, seus membros eram vitalícios, escolhidos pelo rei. Para a Câmara dos Deputados, prevalecia o censo eleitoral. Assim era possível conter melhor as mudanças de humor ou a turbulência das paixões populares. A burguesia possuía enfim um regime conveniente, permitindo-se até suprimir a censura à imprensa, pois os jornalistas pertenciam aos seus quadros.

Por seu comportamento, o rei parecia ser símbolo do novo regime: portava chapéu e guarda-chuva, e admirava fortemente – como Guizot – o regime parlamentar inglês, comportando-se como monarca constitucional. Nomeava para cargos de confiança homens de fortuna e com experiência, capazes de gerenciar a França e de conduzir à razão os revoltosos, os angustiados e os sonhadores. Toda a ideologia do regime era inspirada na Inglaterra, notadamente sua consciência social. Guizot e Thiers eram pela ordem e pelo progresso, e apresentavam uma única solução para o problema social: o enriquecimento progressivo que faria de todos os franceses cidadãos integrais.*

Com efeito, no século XIX as sociedades liberais francesa, inglesa e belga ofereciam vários exemplos de indivíduos que rapidamente ascendiam na hierarquia social, construindo fortunas graças à inteligência e ao dinheiro. Laffitte era um banqueiro

*"Desse modo explica-se o dito – hoje escandaloso – de Guizot: 'Enriquecei-vos!' Aos que lhe objetavam que apenas uma minoria de franceses participava da vida política e reclamavam imediatamente a universalidade do sufrágio, Guizot respondia que existia um meio para que todos se tornassem eleitores: preencher as condições de fortuna, enriquecer-se. Não se trata de uma recusa, mas de um adiamento. Imaginava-se então que era bastante trabalhar regularmente e economizar para se enriquecer e ter acesso ao voto. Parecia, portanto, legítimo reservar o exercício do voto aqueles que tinham trabalhado e economizado, ao invés de concede-lo a quem quer que fosse. A política liberal inscreve-se desse modo na perspectiva de uma moral burguesa pré-capitalista, ignorante da concentração e da dificuldade de que um indivíduo tem para sair de sua classe e realizar sua promoção social.[22]

François Guizot, retrato de Jules Vibert

de condições modestas e tornou-se um dos homens mais ricos da França. Também Thiers era um simples jornalista que chegou a presidente do Conselho, autêntico símbolo da burguesia liberal. Cria-se que a instrução abriria caminho para todas as carreiras. Guizot, o grande ministro de Luís Filipe, era historiador. Para ele, autor de programas de educação que exaltavam a civilização francesa, história e vida pública não se separavam. O dinheiro e a instrução, sem qualquer hipocrisia e com uma espécie de veneração 'puritana', eram os principais motores da sociedade humana. Era o tempo dos 'notáveis', termo da época que definia esta categoria dirigente, formada por aristocratas, pseudonobres, e pela alta burguesia.[23]

Para Thiers e Guizot, a monarquia de julho era a Revolução de 1789 sobre um trono. A burguesia orleanista enfrentava uma dupla oposição: primeiramente, a exercida pela sociedade legitimista, defensora dos Bourbon, descartada do poder e desejosa de uma revanche. Os outros adversários do regime, mais ativos e inquietantes, eram os republicanos. A ideia de república inspirava medo, pois era sinônimo de desordem e guerra social; contudo, ela possuía adeptos entre os jornalistas, os técnicos e alguns militares. Sociedades secretas se formavam; os jornais *Amis du Peuple* e *Droits de l'Homme* esmeravam-se em atrair os operários, fazendo campanha pelo sufrágio universal e pela alfabetização irrestrita.

Diante dessas oposições, o regime hesitava entre duas políticas: uma liberal, propondo-se a aplicar a Carta num sentido progressivo, de alargar o mais rápido possível os quadros do país legal, associando o máximo de franceses aos negócios públicos. Esta tendência, liderada pelo banqueiro Laffitte, não durou muito tempo. A segunda tendência, que logo tomou o poder, era pela intransigência liberal. A Carta tinha fixado definitivamente o *status* da sociedade. O dever do regime era manter firmemente a ordem, pois somente ela poderia garantir o exercício da liberdade. Casimir Périer, esteio desta linha,

O Mundo em que Viveu Allan Kardec | 163

dizia: "É preciso que os trabalhadores saibam bem (...) que não têm outro remédio para seus males que a paciência e a resignação."[24] As insurreições operárias eram reprimidas. A imprensa não falava delas, nem de sua repressão, nem da polícia onipresente, nem do cinismo dos ministros. Os jornalistas eram silenciados por meios escusos, sofriam penas pesadas caso ficasse provado que agiam contra o rei. Vigorava assim a auto-censura nos jornais, quase morte da imprensa republicana. É certo que o regime tinha em mãos um país legal, organizando periodicamente as eleições. Os prefeitos não hesitavam em utilizar todos os meios de que dispunham para eleger os 'bons súditos' do rei-cidadão. O rei e seus ministros sabiam bem que era preciso cercar o regime de um certo prestígio, pois não era suficiente ostentar bandeiras tricolores sobre os prédios oficiais. Por isso Luís Filipe tentava atrair para si as velhas glórias do império; vários ministros do rei eram antigos oficiais e funcionários de Napoleão, o mesmo acontecendo com os prefeitos. Uma estátua de Napoleão foi colocada sobre a coluna Vendôme. Em 1840, o príncipe de Joinville ia a Santa Helena recuperar as cinzas do imperador, que proporcionaram uma grandiosa cerimônia em Paris.

No estrangeiro, embora proclamasse a paz, o governo de Luís Filipe conquistou e empreendeu a colonização da Argélia. Sem dúvida, a 'ordem' possibilitava um considerável progresso industrial durante o reinado, embora não de modo espetacular como o processo de mecanização ocorrido na Inglaterra. Em decorrência da força do trabalho manual, o número de operários permanecia bastante numeroso na França: seis milhões em 1847, dos quais um milhão e trezentos mil trabalhavam em fábricas. Sem dúvida, era uma concentração humana por demais inquietante, sujeita a péssimas condições de trabalho, alimentação e vida, cada vez mais insatisfeita. Desde a década de trinta, esta dura realidade era revelada à opinião pública; ao final dos anos quarenta, ela havia se tornado insuportável.

**A Tempestade**

Em 1831, Victor Hugo escrevia que já escutava o "ronco sonoro da revolução, ainda profundamente encravado nas entranhas da terra, estendendo por baixo de cada reino da Europa suas galerias subterrâneas a partir do eixo central da mina, que é Paris."[25] No início de 1848, o pensador político Aléxis de Tocqueville tomava a tribuna na Câmara dos Deputados para expressar seus sentimentos: "Nós dormimos sobre um vulcão (...) Os senhores não percebem que a terra treme mais uma vez? Sopra o vento das revoluções, a tempestade está no horizonte."[26]

Aléxis de Torqueville, em retrato de Théodore Chassériau

As jornadas de fevereiro de 1848 derivaram da campanha dos banquetes. Os partidários da reforma eleitoral e parlamentar – adversários dinásticos e republicanos, ora aliados, ora em concorrência –, diante da impossibilidade de realizar reuniões, organizavam banquetes dos quais participavam muitas pessoas. Nos brindes, faziam-se discursos. No contexto de tensões políticas e sociais geradas pelo ministério Guizot, a campanha obtinha sucesso. O banquete final, em Paris, era muito esperado, mas foi proibido por Guizot. Os organizadores decidiram adiar o banquete e promover uma manifestação no dia 22 de fevereiro. O governo baixava então nova proibição, o comitê cancelando o evento.[27]

Mas era tarde demais, pois os operários e estudantes que vinham se mobilizando há vários dias não cederam. No dia 22, surgiram dos subúrbios do leste e do *Quartier Latin*, dirigindo-se à *Place de la Madeleine*. A manifestação era ampla, obtendo sucesso junto à população. No dia seguinte, o povo continuava nas ruas. A fim de restabelecer a ordem, o governo requisitou a Guarda Nacional, que já reprimira tantos tumultos. Mas os guardas recusavam-se a agir, confraternizando com a multidão aos gritos de "Viva a Reforma" e "Demissão de Guizot". Até então o rei não acreditava que o descontentamento fosse tão grande e Guizot, tão impopular. O ministro era assim demitido.

A vitória nessa campanha reformista era saudada por uma explosão de alegria. Na tarde do dia 23, os manifestantes saíam às ruas, exigindo que acendessem os lampiões como nos dias de comemorações. Isto acontecia debaixo das janelas do prédio do ministério. Julgando-se ameaçado, o posto da guarda atuou. Vários manifestantes morreram e a luta radicalizou-se. Os mortos eram carregados em carroças pelas ruas de Paris, era "o passeio dos cadáveres", espécie de chamamento às armas. Nas barricadas erguidas de 23 para 24 de fevereiro, decidia-se pela revolução. No dia 24, o rei já não dispunha de governo e tomava atitudes contraditórias pela reforma e pela repressão. O palácio das Tulherias era atacado e Luís Filipe abdicava em favor do neto de nove anos.

Burgueses, operários e soldados em acirrada luta na praça do Palais-Royal, em 24 de fevereiro. Anônimo

Mas logo corria a notícia de que outro governo estava surgindo na prefeitura. Lamartine, Ledru-Rollin e seus colegas dirigiam-se ao local, onde seria preparada a lista do governo provisório. O novo governo pretendia ser republicano e democrático, com sufrágio universal. A escravidão nas colônias seria abolida. As resoluções foram bem acolhidas politicamente em toda França; não obstante, ocorreram alguns distúrbios de caráter econômico e social. O clima era efervescente. No além-mar, a Argélia era motivo de inquietação, pois lá encontrava-se um poderoso exército sob o comando do duque de Aumale, filho de Luís Filipe. Mas Aumale aceitara a lealdade do exército, e partira, como o pai, para a Inglaterra. O governo provisório nomeava então Cavaignac para seu sucessor.

O novo governo não era homogêneo: socialistas e republicanos liberais polarizavam os debates. No centro, tentando conciliar as posições, estavam Lamartine, o poeta "com o coração à esquerda", e Ledru-Rollin, que recebia o apelido de *le dru* (o vigoroso). Lamartine foi o responsável pela manutenção da bandeira tricolor, ao sustentar que ela não era apanágio de nenhum regime, mas de uma nação. Para que ficasse bem marcada a intenção popular do novo governo, bastava acrescentar uma roseta vermelha à haste. Em meio ao intenso debate político, algumas decisões eram tomadas: a criação das oficinas nacionais, espécies de clubes para operários desempregados que se

166 | EM TORNO DE RIVAIL

reuniam formando associações sem patrão; a anulação das medidas de repressão tomadas por Guizot no fim do reinado; e a liberdade de expressão. 'Árvores da liberdade' eram plantadas nas ruas em meio a desfiles e discursos, com a bênção de alguns padres.

Contudo, mais marcantes foram as eleições para a Assembleia Constituinte, que teria cerca de novecentos membros, como no tempo da Revolução. Outra marca do espírito revolucionário: os eleitos seriam os 'representantes do povo' – e não deputados. De fato, eleitos por toda a população masculina maior de vinte e um anos. Era preciso ir até o centro administrativo do cantão para votar; naquela época, os homens estavam acostumados a percorrer grandes distâncias a pé. Aléxis de Tocqueville recordava ter conduzido às urnas seus camponeses normandos, num sinal significativo do novo tempo. No dia 4 de maio, os representantes eleitos sentiam-se no dever de proclamar a república mais uma vez: nas escadas do Palais-Bourbon, diante do sol, o *Vive la République* era repetido em coro dezessete vezes seguidas.

No entanto, isto não significava o fim dos conflitos políticos e sociais. Ainda no dia seguinte à eleição, houve um primeiro derramamento de sangue em Rouen, cidade industrial devastada pela crise. A burguesia estava descontente com os novos impostos criados para as despesas com as oficinas nacionais, na verdade pouco produtivas. As eleições refletiam esta tendência, os líderes socialistas sendo derrotados. Quando os resultados se tornaram conhecidos, houve manifestação operária em frente à prefeitura, duramente reprimida pela Guarda Nacional. Os operários voltaram aos seus bairros, onde ergueram barricadas, que foram destruídas pelos canhões. Dezenas de revoltosos morreram.

Com efeito, a República instaurada mostrava-se crescentemente hostil ao socialismo, por exemplo na composição do ministério. Outro episódio definiria melhor a conjuntura: vários clubes de extrema-esquerda instavam as camadas populares parisienses a se manifestarem em favor da Polônia, acusando o poder de não ajudar os povos oprimidos. Um dos últimos atos diplomáticos de Lamartine foi interceder pela Polônia junto ao rei da Prússia. Em 15 de maio, um desfile por essa causa entrava na Assembleia; nas galerias, os líderes da manifestação começavam a lançar nomes, como se pretendessem aclamar um novo governo. Blanqui só falava da miséria operária e da necessidade de mitigá-la. O representante do povo, Louis Blanc, apesar de seus pro-

O Mundo em que Viveu Allan Kardec | 167

testos, chegou a ser carregado em triunfo pelos revoltosos. Interpretado como uma tentativa de golpe ou provocação, o episódio teria um só resultado: a extrema esquerda era decapitada do poder. Doravante, evidenciava-se cada vez mais a polarização política, os conciliadores se retirando do governo: Ledru-Rollin já não era mais ministro, George Sand retornava à província, Lacordaire saía da Assembleia.

As novas eleições parciais em 4 de junho traziam novas personagens à cena política. Entre os novos representantes se encontrava Luís Napoleão Bonaparte (1808-1871), que representava uma opinião pública inquieta, a busca de algo diferente. Era óbvio que Luís Napoleão queria o poder, tendo já feito duas tentativas para tomá-lo, antes de 1848. Além disso, tratava-se de um meio estrangeiro; na Assembleia, tentaram inutilmente anular sua eleição. Em seguida, o próprio enviava de Londres seu pedido de renúncia, por meio de uma carta. Outro eleito de destaque, e de difícil classificação na época quanto ao posicionamento político, era Victor Hugo, que havia então aderido ao governo republicano.

Desde o início de junho, os *boulevards* parisienses estavam em constante agitação, com reuniões de operários e curiosos; cantava-se, uns aclamavam a República social, outros "Poleón", escarnecendo das forças da ordem e do governo. Observadores atribuíam às oficinas o sucesso de Bonaparte. Agitadores circulavam entre os grupos de ociosos e desempregados, e por vezes ouviam-se gritos de "Viva Poleón! Teremos Poleón!", em meio às palavras socialistas. No dia 21, cedendo afinal à pressão da Assembleia, a comissão executiva promulgava um decreto que obrigava os operários menores de 25 anos a se alistarem no exército, alertando os demais com a possibilidade de serem mandados à província, perdendo assim o abono. Era o fim das oficinas nacionais.

Começava então a agitação operária. Na madrugada do dia 23, havia uma grande concentração na praça da Bastilha, em torno do obelisco de julho, liderada pelo militante Pujol, filho de operários e dirigente de sociedades secretas. Gritando "liberdade ou morte", Pujol conduzia a multidão às ruas para as barricadas. Os operários, desempregados devido à crise, estavam desesperados com a suspensão de seu abono. Durante três dias seguidos houve em Paris árduas lutas entre o proletariado, de um lado, e o exército e a burguesia, de outro. Certamente, cabia ao general Cavaignac, então ministro da guerra, o

## 168 | EM TORNO DE RIVAIL

papel mais destacado do episódio, organizando a guerra com calma e determinação.

Na manhã do dia 25 era iniciada a ofensiva do exército, com o apoio dos guardas nacionais. As barricadas eram atacadas em combates sangrentos, e multiplicavam-se as cenas dramáticas.* Até a manhã do dia 26 eram tomadas as últimas barricadas, com algumas execuções sumárias e prisões em massa. Quinze mil homens eram presos e amontoados em cárceres improvisados, onde aguardavam o momento da viagem para a Argélia.** Mas Cavaignac não era um "príncipe do sangue", como se dizia em Paris. Sendo republicano, o novo dirigente da França era um chefe do Executivo cioso das instituições, em especial da Constituinte. Na Assembleia, os representantes impunham restrições à democracia. Visando limitar a propaganda, votavam a primeira lei para regulamentar os clubes, e outra com empecilhos à imprensa popular. Lamennais, com ironia, resumia a atitude numa frase: "Que se calem os pobres!" Aqueles que eram socialistas foram acusados de participar das conspirações e revoltas. Albert, Blanqui e Raspail já estavam na prisão; embora Louis Blanc permanecesse representante do povo, preferiu partir para Londres.***

A constituição era enfim terminada,**** e chegava o momento das eleições presidenciais. Ninguém duvidava da candidatura de Cavaignac. Sabia-se também que Luís Napoleão Bonaparte se candidataria. Nas eleições parciais de setembro, Bonaparte recuperara seu posto

---

*"O general Bréa, chamado a uma barricada para negociar com os revoltosos, foi massacrado. O arcebispo de Paris, monsenhor Affre, foi morto na place de la Bastille, quando tentava intervir à entrada do faubourg Saint-Antoine para implorar a pacificação. Mas não foi morto pelos que defendiam a barricada (...). Seu assassino foi um morador do faubourg, fanático e excitado. Mesmo assim, foram atribuídas aos insurretos não só a morte do arcebispo mas também inúmeras outras atrocidades."[28]

**"A Argélia – cuja conquista fora o grande feito do reinado anterior – começou então a ter certo papel de reserva na política interna das repúblicas francesas. Tornou-se campo de treinamento, escola onde os militares da França aprendiam a ser violentos, lugar onde os rebeldes podiam ficar isolados. Convém lembrar que Cavaignac viera da Argélia."[29]

***Não obstante, Proudhon continuava a manter-se como esteio do socialismo, e a principal conquista revolucionária, a democracia expressa no sufrágio universal, era mantida. Novas eleições em julho e agosto renovavam os conselhos gerais, distritais e municipais: o ato de votar tornava-se prática comum, algo que se aprendia. Nascia então o interesse pela coisa pública. Isto possibilitava com que, na província, surgisse uma consciência popular favorável a novas formas políticas. Na mesma época, em Paris, o proletariado encontrava-se decepcionado. Mas a repressão de junho era sentida na província de modo diferente. Para os provincianos, para a maioria dos camponeses da França, Paris era algo à parte, isolado e longe.

de representante, fixando-se definitivamente em Paris. Estes eram os principais candidatos, seguidos de Ledru-Rollin, representando a esquerda, Lamartine e o general Changarnier pelos legitimistas. Em 10 de dezembro, a esmagadora vitória de Bonaparte causou surpresa, obtendo mais de cinco milhões e quatrocentos mil votos, contra um milhão e quatrocentos mil de Cavaignac. Ao que parece, o voto dos camponeses foi decisivo, pois é possível fazer alguma correlação entre os votos rurais e os votos dados a Bonaparte. Mas também tinha sido decisivo o apoio da direita – representada pelo comitê da *rue de Poitiers,* onde atuava Thiers – a Luís Napoleão. A 'classe política' francesa tinha sido derrotada por um movimento de opinião pública aparentemente irracional: não havia programa definido, o eleito sequer era conhecido; mas seu nome atraía toda uma legenda. Doravante, liberais e republicanos de todas as tendências conceberiam o bonapartismo como prova do analfabetismo político francês.

*****"A principal contribuição da tradição revolucionária francesa aos dispositivos políticos foi a unicameralidade. No sistema americano – bicameral –, o Senado se justificava pelo caráter confederado da União. Na França, como na Europa em geral, a função da Câmara Alta sempre fora a de fiscalizar e impor limites à Câmara Baixa eleita pelo voto popular. Dispensou-se pois a Câmara Alta e instituiu-se uma única Assembléia Legislativa, composta de 750 membros (como a do período 1791-1792)."[30]

Após o juramento do novo presidente – "o cidadão Bonaparte" – à constituição, Victor Hugo observava que os representantes não sabiam muito bem se testemunhavam uma conversão ou um perjúrio. Oito dias depois, durante um jantar no Élysée, o escritor percebia que os comensais tratavam o cidadão presidente por *Monseigneur* ou por "Vossa Alteza". Desta vez, nenhum republicano integrava o ministério; era a vitória completa da direita, da *rue de Poitiers.* Em maio de 1849 era eleita a nova Assembleia Legislativa, por um período de três anos. No entanto, entre os políticos, a unidade da bandeira tricolor e o regime impessoal encobriam muitos antagonismos. Nas palavras do historiador Maurice Agulhon:

> Foi nessa época que cada uma das três cores passou a ser um modo fácil de definir os partidos. Aqueles que não podiam conceber uma República desvinculada de preocupações com o bem-estar do povo – fossem 'comunistas', como Raspail, 'socialistas', como Pierre Leroux e Louis Blanc, ou vagamente humanitários, como Ledru-

> Rollin – eram vistos por todos os seus oponentes, com exagero, como revolucionários; eram chamados de 'vermelhos' (...) os vermelhos (...) declaravam-se também *montagnards* e ainda, oficialmente, partidários da 'República democrática e social'. A gíria da época reduziu a expressão para *'démoc-soc'* (...). Os vermelhos, também com exagero, tratavam por 'brancos' ou 'realistas' todos os conservadores. A rigor, porém, o termo 'branco' só se aplicaria aos antigos legitimistas. O partido legitimista, que muitas vezes se identificava com o partido clerical, sempre lutava sob a bandeira da ordem. (...) Um 'azul' seria aquele que aceitasse a filosofia política de 1789 (...), mas não chegasse ao ponto de levar a liberdade até o socialismo. Logo, a palavra poderia aplicar-se tanto a Luís Filipe quanto a Thiers ou Cavaignac.[31]

No mês seguinte, a participação de tropas francesas nos conflitos da península Itálica, a favor do papa e contra os patriotas, era alvo de protestos dos líderes vermelhos, pois o princípio da constituição que garantia a liberdade dos povos estrangeiros havia sido violado. As manifestações em Paris e Lyon eram reprimidas e vários foram presos e exilados, entre eles Ledru-Rollin. Destarte, Paris deixava de contar na decisão do processo político francês; seria assim até a Comuna em 1871.

Um arsenal de leis reacionárias ajudaria doravante o presidente e o governo. Era preciso evitar a eleição de deputados de esquerda: em maio de 1850, uma lei excluía do escrutínio os eleitores que não residissem nas comunas há menos de três anos. Os operários, que mudavam muitas vezes de trabalho e residência, perdiam assim o direito de voto. Em Paris, um terço do corpo eleitoral estava reduzido ao silêncio. A proporção era de 50% nas cidades do norte, 40% em Rouen. Era preciso também silenciar a imprensa de esquerda: uma lei restabelecia o selo oficial, aumentando a taxa e os obstáculos para publicação. Era necessário ser rico para usufruir o luxo de se publicar um jornal, e rico também para comprá-lo. A autorização do prefeito era necessária para afixar os jornais nas ruas, e os artigos deviam ser todos assinados. Os clubes, teatros e até mesmo as escolas eram atingidos pela legislação repressora. Os grupos representantes das várias facções políticas estavam inseguros e divididos diante da situação criada no governo do presidente.[32]

A atmosfera revolucionária ia se dissipando na vida cotidiana parisiense. As ruas voltavam a ser pavimentadas, as casas eram re-

O Mundo em que Viveu Allan Kardec | 171

construídas e as árvores da liberdade, cortadas. Recomeçava assim a vida mundana; havia recepções na alta sociedade, animação nos cafés e um pouco menos de animação nos círculos onde se reuniam os cavalheiros da alta aristocracia e da alta burguesia. Na primavera, o *tout-Paris* se reunia nas corridas de cavalos. Nas alamedas do bois de Boulogne, via-se todo dia o presidente cavalgar junto a *miss* Howard, uma bela dama inglesa, sua amante.*

Os burgueses que dirigiam o partido da ordem consideravam Bonaparte uma espécie de aventureiro. O berço principesco não os impressionava, pois estavam convencidos de que o filho da rainha Hortênsia era fruto de uma ligação adúltera. Para eles, que detestavam situações romanescas, de nada valia o príncipe ter estudado na Suíça, ter sido rebelde carbonário na península Itálica, conspirador e prisioneiro do Estado na França e condestável na Inglaterra. A ordem social vigente satisfazia os burgueses, que se questionavam a recusar a livre-empresa; quando se tratava de questionar os menos favorecidos, hesitavam entre a caridade, a filantropia e o estímulo à resignação. Já Bonaparte, por ter um sentido mais apurado do social, percebia melhor o povo e a nação. Contudo, queria o poder, e assim os burgueses, que não sabiam como lidar com os populares, cederam à aliança decisiva.**

O presidente aproveitou para escolher o dia 2 de dezembro de 1851 – aniversário de Austerlitz e da coroação do tio – para o golpe. Desta forma, o empreendimento estaria sob o signo do destino Bonaparte. Começou pela ocupação da

*"Luís Napoleão, solteiro de quarenta anos, tinha inclinação natural para os prazeres da vida. Deliberadamente, demonstrava um certo fausto, e tentava fazer do *Élysée* um centro de vida mundana, o que redundaria em benefício para sua política. Homem inteligente, embora não muito instruído no sentido clássico da palavra, Luís Napoleão era astuto, muito experiente, e conseguia envolver e atrair para o seu círculo, mediante conversas particulares, pessoas que ainda hesitavam. Aos que o observavam de mais longe, aos parisienses que apreciavam exibições de trajes e de luzes, procurava oferecer a imagem de um monarca – efêmero, quem sabe – digno da tradição. Evidentemente não se formara uma corte, mas a família voltara mais ou menos a se reunir. O primo Napoleão, representante do povo, era membro da Montagne; mas o tio Jerônimo não abria mão de seu prestígio de ex-rei e de único irmão sobrevivente do imperador."[33]

*No Élysée, o presidente recebia cada vez mais, dando especial atenção aos membros do exército: adulava os soldados nas casernas, passava as tropas em revista e distribuía vinho tinto e salame. Os soldados, contrariando as regras, gritavam vivas ao imperador. Nas viagens à província, Bonaparte ouvia as reclamações dos camponeses. Mas para tornar-se um dia imperador era preciso mudar a constituição, que proibia a reeleição. O presidente tentou primeiramente esse caminho. Na Assembléia, não tendo sido atingido o patamar constitucional de três quartos, a revisão não foi aprovada. Restavam assim duas alternativas para Bonaparte: o fim de seu mandato em um ano, como previsto, ou o golpe de Estado.[34]

172 | EM TORNO DE RIVAIL

Imprensa Nacional, de madrugada. Ao amanhecer, uma proclamação ao exército e outra à população foram afixadas nos muros de Paris. Esta última anunciava que a Assembleia fora dissolvida, que se preparava uma nova constituição e um plebiscito para ratificá-la. O texto defendia a eficiência do regime de consulado e anunciava o restabelecimento do sufrágio universal, revogando-se a lei de maio de 1850.

A resistência na capital e principalmente nas províncias do sul foi logo combatida, ocorrendo muitas prisões com penas variadas.* Em várias cidades foi decretado o estado de sítio. Parece que somente no exílio os republicanos dispunham de algum meio de expressão: muitos exilados – Victor Hugo, Victor Schoelcher, Marc Dufraisse e outros – começaram a escrever, denunciando o golpe de Estado e contando o que se passara em Paris.

O consulado de Luís Napoleão foi, na prática, um principado. Após o golpe, Luís Napoleão atendia pelo título de *prince-président*, termo ambíguo que bem mostrava o destino do país. A nova constituição era submetida ao voto popular.** O resultado já era esperado, num país em absoluta desordem, com um terço do território em estado de sítio, onde nenhum jornal de oposição circulava: sete milhões e meio de votos 'sim', seiscentos e quarenta mil votos 'não', trinta e seis mil nulos e cerca de um milhão e meio de abstenções. Confessando-se implicitamente culpado, Bonaparte dizia: "Mais de sete milhões de votos acabaram de me absolver." A constituição de 1852 organizava duas assembleias: o senado vitalício nomeado por Luís Napoleão e a assembleia legislativa, composta por deputados eleitos pelo sufrágio universal. Esta assembleia votava as leis sem participar do governo. Após um segundo plebiscito, o império era restabelecido

---

*Mais de 26.000 republicanos foram presos, divididos em oito categorias, segundo o perigo que representavam: 1. pessoas enviadas a conselho de guerra; os supostos chefes e os que haviam atirado nas tropas; 2. pessoas degredadas para Caiena (Guiana) sem qualquer outro processo; era o caso dos insurretos armados que já haviam sido condenados antes; 3. pessoas enviadas à Argélia para lá residirem compulsoriamente ou livremente; destino dos 'demagogos' segundo seu grau de periculosidade; 4. pessoas expulsas da França; 5. pessoas temporariamente afastadas de seus domicílios; estavam neste caso os republicanos cuja presença era "fator de desordem". As pessoas que simplesmente haviam seguido os líderes eram: 6. confinadas em determinadas cidades ou: 7. mantidas sob vigilância; 8. os insurretos acusado de delitos de direito comum: eram encaminhados à polícia correcional.[35]

---

**O sistema propunha um chefe nomeado por um período de dez anos, ministros que dependeriam apenas do poder executivo, um conselho de Estado que preparasse as leis, um corpo legislativo para vota-las, e uma outra assembléia que atuaria como poder moderador. [36]

O Mundo em que Viveu Allan Kardec | 173

apenas um ano após a instauração do consulado, mais uma vez na data de Austerlitz. O presidente tomava o nome de Napoleão III, como se o duque de Reichstadt, filho de Napoleão I, tivesse reinado.

## Da Festa Imperial à Comuna

Em termos gerais, o império de Napoleão III pode ser dividido em duas grandes fases:[38]

Uma primeira, marcada pelo autoritarismo, entre 1852 e 1859, quando a vida política era adormecida. Napoleão III gozava de imenso prestígio, mas enfrentava a oposição de monarquistas e republicanos. Os delegados e policiais vigiavam os opositores, os jornais podiam ser fechados sem julgamento. Nas eleições, os candidatos oficiais do governo eram quase sempre eleitos, pois os funcionários e os prefeitos das comunidades eram constrangidos a fazer campanha para eles. Desde 1857, apenas cinco republicanos compunham a oposição parlamentar. O único perigo para o regime era a possibilidade de um complô contra Napoleão III. O atentado do italiano Orsini, em 1858, contra a carruagem imperial nas imediações da Ópera de Paris assustou a corte e seus ministros. Uma lei de segurança geral permitia então ao governo prender arbitrariamente os oponentes republicanos. Suprimindo a liberdade política, Napoleão III procurava a glória dos sucessos militares na Guerra da Crimeia. Após o marasmo da Segunda República, o Segundo império voltava a corresponder a uma época de enriquecimento e de prosperidade, com a prática de uma política de grandes obras: construção de uma rede de estradas de ferro, de uma rede telegráfica, grandes usinas, grandes bancos e grandes lojas. Paris era transformada sob a administração do prefeito Haussmann. Pode-se afirmar que os franceses viviam melhor, mesmo no campo. Eles passaram a ter também menos filhos, pois a população permanecia estacionária, não obstante o acréscimo de 600 mil novos franceses, em 1860, com a anexação de Nice e da Saboia, nos episódios concernentes à unificação da Itália.

Um segundo momento, entre 1860 e 1870, seria caracterizado por um império mais liberal e pelo despertar da oposição. As intervenções na península Itálica descontentavam os católicos e o tratado de comércio assinado com a Inglaterra, em 1860, indispunha os industriais diante de uma inevitável concorrência. Esses descontentes queriam que o corpo legislativo controlasse as iniciativas imperiais. O país enriquecido mostrava-se, então, menos dócil. Nas eleições de 1863, Paris e as grandes cidades votaram contra o Império, que, no entanto, conservava a grande maioria graças ao voto do campo. Depois de 1866, os insucessos exteriores sucederam-se. A intervenção no México apoiou o governo fantoche de Maximiliano de Habsburgo, entre 1861 e 1867, e foi fracassada pela rebelião local liderada por Benito Juárez, culminando no fuzilamento do príncipe austríaco. Na Europa, o perigo da Prússia belicista, ao empreender a unificação alemã sob sua égide na fronteira com a França, obrigava o Império a reforçar os encargos militares. O país temia a guerra e responsabilizava Napoleão III. O imperador estava doente, enquanto seu prestígio declinava. Portanto, o Império fazia concessões liberais. Desde 1860, era permitido às assembleias discutirem a política imperial. Os ministros tentavam ganhar o apoio dos operários tornando a greve legal. Contudo, as eleições de 1869 mostravam que o governo só tinha sustentação nas províncias. Contra os republicanos, o imperador devia procurar o apoio dos liberais. O regime parlamentar era assim restabelecido. Para assegurar o futuro de sua dinastia, Napoleão III realizava, em maio de 1870, um plebiscito para aprovar as reformas liberais, obtendo sete e meio milhões de 'sim', um milhão e meio de 'não'

Recepção dos embaixadores do Sião por Napoleão III. Óleo de Jean Léon Gérôme, 1864

e um milhão e novecentas mil abstenções. O imperador estava radiante e os republicanos, consternados. A fim de reafirmar seu triunfo, Napoleão III aceitava então a guerra oferecida pela Prússia, em julho de 1870, que resultou em fracasso francês. A derrota e a invasão provocaram a queda do segundo Império em setembro de 1870.

O historiador Alain Plessis, em *De la fête impériale au mur des fédérés*, detalha mais este mesmo contexto. O governo era chamado pelos opositores como "o regime de 2 de dezembro", para sublinhar sua origem num golpe de Estado, marcado por um pecado original. Mas o filho de Hortênsia de Beauharnais e de Luís Bonaparte, rei da Holanda, atribuía ao segundo império uma origem mais distante e gloriosa, não obstante sua filiação equivocada. Pois ele se considerava herdeiro de Napoleão I, seu tio, reeditando assim a grande tradição napoleônica.*

Napoleão III entendia assim proceder a uma restauração imperial. É possível que ele tenha acentuado sua imagem de fiel herdeiro a fim de encarnar plenamente aos olhos dos franceses este mito napoleônico do qual ele tinha se beneficiado na eleição de 1848. Desde então, muitos contemporâneos, entre os quais Karl Marx, acusavam-no de ser um simples plagiário. Herdeiro da legenda napoleônica e mantendo a tradição familiar, o novo imperador não partilhava no entanto sua autoridade com os outros membros do clã, recusando-se a permitir a participação de seu tio Jerônimo, antigo rei da Vestfália, nos conselhos de ministros, e chamando somente para papéis efêmeros e secundários o filho deste último, o príncipe Napoleão, cujo temperamento não lhe inspirava confiança. Depois de seu casamento, em 1853, com Eugênia de Montijo – nobre espanhola –, a imperatriz só exerceria sobre seu esposo um pequena influência direta, com ex-

*Ele declarava, em 14 de janeiro de 1852: "Já que a França não caminha desde há cinquenta anos a não ser em virtude da organização administrativa, militar, judiciária, religiosa, financeira do Consulado e do Império, por que não adotarmos também as instituições políticas desta época? Criadas pelo mesmo pensamento, elas devem apresentar as mesmas características de nacionalidade e de utilidade prática."[38]

Napoleão III, retrato de Flandrin

# 176 | EM TORNO DE RIVAIL

ceção dos últimos anos. Quanto às numerosas amantes de Napoleão III, elas não desempenharam nenhum papel político determinante.

*Alain Plessis estabelece um paralelo entre o segundo Império e seu mestre, e outros regimes e seus chefes. Neste sentido Napoleão aparece como um déspota esclarecido ou como um homem do século XX, em particular um precursor do fascismo, havendo semelhanças entre seu papel e o de Mussolini. Todos os dois, após uma crise social que frustrou de maneira desordenada as esperanças do proletariado, assustou a burguesia e preparou as condições do poder pessoal, aproveitando-se da incapacidade das assembléias eleitas, adquiriram, com várias cumplicidades no exército, nas finanças e em certos meios aristocráticos, a aquiescência da maioria para um golpe de Estado, com aparência de retorno à ordem. Todos os dois, para afirmar uma autoridade usurpada, seguiram uma política de prestígio exterior e conheceram sucessos militares e diplomáticos; favoreceram a indústria e a agricultura, desenvolvendo também a riqueza privada; mostrando-se favoráveis à Igreja, obtendo seu apoio. Cercaram-se também de uma camarilha de aproveitadores do regime, alguns dos quais se revelaram excelentes ministros ou administradores. Todavia, conduzidos a avaliar mal suas forças diante de uma guerra mal preparada, afundaram nela toda a sua glória.[39]

No presente, os historiadores concordam em avaliar melhor a personagem de Napoleão III (outrora estereotipada) como um homem político original, uma personalidade complexa, superior em capacidade aos membros de sua *entourage* e aos adversários.* Este velho conspirador, que viveu muito tempo à margem dos poderes estabelecidos, era para muitos um homem mal-educado, ao menos "pouco cultivado", embora possuísse certa erudição em técnica militar, conhecimentos no meio científico, em línguas estrangeiras, em história. A formulação de seus projetos sempre foi vaga e confusa; ele nunca apresentou um programa sistemático e completo de seus objetivos. No entanto, as ideias do imperador apresentavam uma incontestável originalidade. Sem ter em mente um projeto de sociedade, Napoleão III percebia – pelas transformações do mundo no qual vivia – a necessidade de uma evolução no sentido do progresso, querendo dar uma resposta aos problemas de seu tempo. Seu objetivo era 'fechar' a era das revoluções satisfazendo as necessidades legítimas do povo. Era uma concepção anti-revolucionária, ambiciosa e paternalista, já que seria ele o homem predestinado, o único juiz da legitimidade das necessidades dos povos – e não somente do povo francês. O imperador possuía a convicção de que no povo residia seu apoio, e sua generosidade garantiria o bem-estar das massas. No âmbito internacional, Napoleão III queria levar aos movimentos revolucionários o tema das nacionalidades, em nome do direito dos povos de dispor de si mesmos. Em matéria econômica e social, seria vão tentar classificar o imperador. Ele aparecia, ora como influenciado pelos liberais ingleses, ora como socialista. Em suma, era um eclético que adotava qualquer doutrina suscetível de melhorar a sorte de 'seu povo'. Para concretizar suas ideias, a solução estava na aliança inédita entre democracia e autoridade pessoal, pela engenhosa combinação do sufrágio universal com um governo forte, ditatorial. O novo regime repousava numa base democrática, aplicação de um princípio de 1789, a soberania nacional. No entanto, o parlamentarismo era excluído da nova ordem política, pois era preciso um governo forte, de acordo com a tradição Bonaparte. O chefe detinha sua autoridade em virtude de uma delegação da nação soberana: a democracia encarnava assim no homem que a escolheu. Contudo, o funcionamento de tal regime corria o risco de esbarrar numa dificuldade: uma monarquia hereditária, na qual o monarca exercia plenamente a autoridade, era compatível com a manutenção integral da soberania nacional?

Com efeito, este regime era original em seu tempo. Ele não era inspirado em nenhum modelo estrangeiro monárquico, sendo também oposto à monarquia constitucional vigente em França de 1815 a 1848, apoiada num sufrágio extremamente restrito. No segundo Império, a censura à imprensa e o sufrágio universal escamoteado faziam com que a vontade nacional permanecesse no centro do sistema. Seria longo e cansativo expor detalhes acerca do funcionamento deste governo. Um esquema talvez possa elucidá-lo melhor.

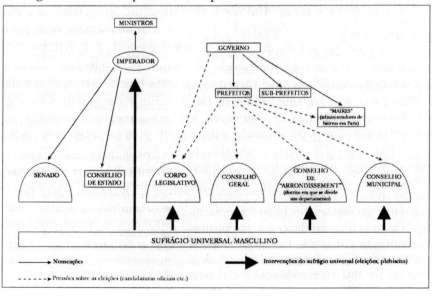

178 | Em Torno de Rivail

Manifestando de maneira surpreendente sua adesão à pessoa de Luís Napoleão Bonaparte, o povo francês estava na origem de um regime que pretendia conservar uma base democrática, tirando desta base popular sua legitimidade, e a estabilidade que fazia falta às monarquias anteriores. Mas o sufrágio universal devia ter a possibilidade de se exprimir, e a constituição imperial previa para esta situação duas vias. Uma, privilegiada, era a via imperial. Luís Napoleão permanecia responsável perante o povo francês, ao qual ele tinha o direito de fazer apelo, por meio de plebiscitos e referendos. Este poder pessoal pretendia expressar a democracia direta, encarnada num homem. Mas era também por meio do sufrágio universal que surgia o corpo legislativo: os deputados eram eleitos por todos os cidadãos maiores de vinte e um anos, constituindo a segunda via, popular.

De fato, a importância relativa dos dois modos de expressão do sufrágio universal achava-se invertida. O chefe de Estado só fazia apelo ao povo quando queria, pois nada o obrigava a recorrer frequentemente ao plebiscito. Seria um grande risco para ele colocar em jogo sua responsabilidade suprema como imperador hereditário. Desse modo toda eleição legislativa e local adquiria caráter de plebiscito, transformando-se no substituto de um voto de confiança em direção ao imperador. Mas o governo não podia correr o risco de deixar o sufrágio universal totalmente livre. Engajava-se assim abertamente na campanha eleitoral, usando até 1869 o sistema da 'candidatura oficial' que, sem estar inscrito nos textos constitucionais, transformava-se numa instituição inerente ao regime. A administração indicava o candidato que se comprometia a sustentar o governo, ajudando-o por todos os meios e multiplicando obstáculos para seus concorrentes. O 'bom' candidato apresentava os cartazes brancos, mesma cor das comunicações oficiais. Todos os funcionários eram mobilizados para fazer a campanha do candidato oficial, orquestrada pelo prefeito.

Sobre a rotina do governo central, Émile Zola reconstituiu a atmosfera de uma das sessões nas Tulherias, sob a presidência do imperador, num salão vizinho ao seu gabinete. Cada ponto da ordem do dia, fixada pelo soberano, era objeto de um debate. O imperador perguntava então a cada um: "Que pensam do projeto, senhores?"; e, quando uma discussão se estabelecia, ele escutava, informava-se. E concluía cada questão com "Nós veremos", ou "Veremos mais tarde". Efetivamen-

O Mundo em que Viveu Allan Kardec | 179

te, até mesmo para os menores assuntos, era mais tarde, sozinho, ou *tête-à-tête* com o ministro competente, que Napoleão III tomava as decisões que os outros só conheceriam pela leitura do *Moniteur.* Os funcionários do Estado eram muito bem pagos. O imperador também ofertava aos seus servidores suntuosos presentes, como mansões, propriedades, insígnias ornadas de diamantes. Napoleão III recrutou-os nos quadros dos regimes precedentes, especialmente da Monarquia de Julho. Bem remunerados, os ministros proclamavam que Napoleão III não tinha súditos mais fiéis e devotados. Devido aos limites de suas funções ministeriais, seria preciso que o imperador tudo decidisse e controlasse. Reconhece-se a capacidade de trabalho extraordinária de Napoleão III, comparável à de seu tio. Quanto à vida privada dos ministros, é conveniente distinguir entre os 'mundanos', que participavam das brilhantes recepções da 'festa imperial' sem ser como a maioria dos 'devassos', e aqueles mais ligados à vida familiar, burguesa e tradicional. A morte de um ministro criava um vazio: essa ausência de renovação do pessoal dirigente era uma das fraquezas essenciais do regime, à medida que o ministério envelhecia: sua idade média era de quarenta e oito anos em 1852, e de cinquenta e nove anos em 1867.

Quanto aos conselheiros de Estado, o 'orleanismo' caracterizava o espírito da maioria, não por causa da fidelidade à família de Orléans de Luís Filipe, mas pela identidade com certas ideias liberais em matéria política e conservadoras nos campos econômico e social. Já os deputados eram caracterizados pelo devotamento à pessoa do imperador, procedendo daquele 'partido da ordem', constituído após 1848. A estrutura da administração local era uma réplica da organização dos poderes centrais: mais ainda que no Primeiro Império, o prefeito era um imperador em pequena escala. Ele era encarregado da ordem e da execução das leis, dirigindo a polícia, autorizando a abertura ou fechamento de cafés e cabarés. O barão Haussmann foi prefeito do departamento do Sena de 1853 a 1870. Esses prefeitos saíam da aristocracia ou de uma sólida burguesia. Os mais modestos provinham de famílias da média burguesia. Em maioria, eles eram filhos de funcionários civis ou militares, destinados por tradição familiar ao serviço do Estado.

Portanto, o Segundo império apresentava a fragilidade de todo regime pessoal: se o imperador desaparecesse, o império corria o risco de

180 | Em Torno de Rivail

desmoronar. Como vimos, Napoleão III esposara Eugênia de Montijo menos de dois anos após tornar-se imperador. Em 1856, nascia o príncipe imperial. Mas ele permaneceria uma criança durante todo o regime, gerando a perspectiva desconfortável de uma regência. Além disso, não existia ao redor do trono uma equipe bonapartista compartilhando ideais do soberano em torno de uma doutrina coerente. Os oportunistas ligados ao imperador eram pouco dispostos a ver nele um homem carismático ou infalível, resistindo a abandonar suas próprias concepções políticas. Mesmo no topo do Estado, Napoleão III não realizou a fusão de partidos que Napoleão I soube fazer. Na França, em meados do século XIX, o bonapartismo não existia enquanto força política organizada. O nome Napoleão tornou-se bastante popular, principalmente entre os camponeses, porque a legenda napoleônica glorificou o primeiro imperador como "pai do povo e do soldado". Mas os altos funcionários, os dirigentes de finanças ou da indústria, em geral eram afeitos a outros ideais monárquicos, em particular ao orleanismo, ou permaneciam indiferentes à forma do regime, aliando-se a Luís Napoleão, com medo da desordem. Desse modo, a adesão dos grupos de elite ao Império era condicional, desde que o regime assegurasse a ordem, a prosperidade, o respeito às situações adquiridas.

Para Alain Plessis, é espantoso que o Segundo Império tenha durado mais tempo que qualquer outro regime desde 1789, sendo derrubado somente por ocasião de um desastre militar. Napoleão III, assim, foi bem-sucedido em conduzir uma política original, sabendo provar por muito tempo suas qualidades de adaptação às circunstâncias e uma inegável habilidade manipuladora, certamente favorecido pelo novo *élan* ocorrido na economia.

Com efeito, o imperador queria assegurar a prosperidade por meio de um plano de desenvolvimento, pensando como os saint-simonianos que o progresso econômico promoveria uma melhoria dos destinos de todos os grupos. Mas a prosperidade pressupunha a modernização do equipamento nacional. Havia portanto o sentimento de que a glória e a grandeza nacional dependiam, além da sorte das armas, do sucesso de uma revolução industrial que conduziria a França ao nível já atingido pela Inglaterra: somente assim haveria pleno emprego, baixa de preços e ampliação do consumo. O progresso e as transformações econômicas no tempo do segundo império podem ser definidos, grosso modo,

O Mundo em que Viveu Allan Kardec | 181

pela expansão imperialista francesa no mundo (Suez, Conchinchina, Sião, Sudão, Senegal, Melanésia), pela valorização do dinheiro e pelo incremento da bolsa, pelo financiamento de empresas, pela revolução bancária, pela concentração capitalista e exportação de capitais (o *Crédit Lyonnais*), pela revolução das ferrovias, pelo crescimento industrial e até pelo crescimento de setores tradicionais, como a agricultura. Todavia, as transformações econômicas também possuíam seus limites e contradições, tipificados na persistência da pobreza que invadia as grandes cidades e no arcaísmo ainda existente no campo. Victor Hugo escreveu *Os miseráveis* durante o segundo império, enquanto vários outros literatos denunciavam as desigualdades sociais.[41]

No entanto, indubitavelmente o império favorecia a civilização burguesa.[42] Este mundo da elite era bastante diversificado. Enquanto uma parte da aristocracia, conservando seu prestígio social, mantinha-se à parte com suas tradições (o inverno no *faubourg Saint-Germain*, o verão em suas terras), a vida mundana tinha péssima reputação, descrita como triunfo da imoralidade, união do jogo com a devassidão. De um lado, o dinheiro rapidamente ganho, nos jogos da bolsa e nas especulações imobiliárias; de outro, o dinheiro rapidamente gasto por uma sociedade frívola e com grande apetite por novidades. Paris transformava-se numa nova Babilônia, um imenso lugar de devassidão, célebre por suas 'meio mundanas' (a expressão *demi-monde* foi lançada numa peça escrita por Alexandre Dumas Filho, em 1855), por suas 'leoas' recrutadas entre as atrizes. Se a sociedade era cosmopolita, os 'horrores da festa imperial' denunciados pelos moralistas exprimiam apenas o ponto de vista de uma pequena minoria. Ao lado dos aproveitadores do regime e dos *nouveaux riches*, as velhas dinastias reforçavam também sua fortuna.

A própria burguesia não era um grupo homogêneo: os elementos mais numerosos pertenciam à 'boa burguesia' (negociantes, membros de profissões liberais, funcionários públicos), ao mundo dos lojistas ou mesmo a uma pequena burguesia mais necessitada. Estes burgueses conservavam suas qualidades tradicionais de probidade e seriedade nos negócios, apego ao trabalho e à prudência. Os burgueses, dos mais ricos aos modestos, distinguiam-se do 'povo' pela posse do dinheiro, por meio do tipo de habitação. Os mais ricos instalavam-se em *hôtels* particulares com fachadas luxuosamente decoradas, os outros em prédios edificados nos quarteirões 'haussmannianos', todos parecidos

182 | EM TORNO DE RIVAIL

para mostrar a coesão da classe. O apartamento burguês compreendia sempre uma sala de jantar e ao menos um salão, geralmente expostos à rua para despertar a atenção. O salão abrigava móveis no estilo Luís XIV, um piano, um divã e consoles ornados de vasos. Para fazer rica a sala de jantar, mobiliada no estilo Henrique II, utilizava-se luxuosa prataria. A mesa era sempre farta, mesmo para as simples refeições. Os jantares de cerimônia compreendiam quatro ou cinco pratos de carne ou peixe, muitos legumes e toda espécie de vinhos e sobremesas. Para assegurar este modo de vida, a família não podia passar sem empregados domésticos. A vestimenta também constituía outro expressivo sinal de riqueza, os mais afortunados frequentando grandes costureiros. O lazer era composto de toda espécie de programas. Nas províncias, as famílias faziam passeios aos domingos. Em Paris, frequentam-se os cafés dos *boulevards*, os teatros, os bosques de Vincennes ou de Boulogne.

Na corte, Napoleão III convidava os grandes burgueses às festas magníficas das Tulherias. Conscientes da importância da instrução, as famílias burguesas pagavam para seus filhos caros estudos secundários, dando-lhes uma 'cultura profissional de notáveis'. Enfim, esses burgueses procuram apresentar uma conduta respeitável sob qualquer ponto de vista, obedecendo a um conjunto rígido de regras de comportamento e vestuário. Embora os pequenos burgueses tenham permanecido anticlericais, muitos voltaram, após 1848, a frequentar a missa aos domingos, as mulheres praticando ações de caridade.

Ainda glorioso no início dos anos 60, o regime imperial conhecia em seguida dificuldades crescentes. Contudo, seu declínio não era contínuo, e a festa imperial brilharia ainda na exposição universal de 1867. O imperador estava precocemente envelhecido. Os homens começavam a esquecer o passado, quando tiveram medo da desordem. As novas correntes de pensamento desenvolviam-se à margem do poder, muitas vezes contra o Império e contra a Igreja, que ele era acusado de favorecer. Ao mesmo tempo, a conjuntura internacional e o clima econômico deterioravam-se. Os fracassos no exterior eram denunciados pela oposição, provocando uma opinião desfavorável ao Império. A situação no México, a Guerra de Secessão dos EUA, as turbulências europeias sucessivas (conflitos italianos, sublevações dos poloneses, guerra austro-prussiana em 1866), eventos nos quais Napoleão III manifestava desejo de interferir, favoreciam o clima hostil. A prosperidade

O Mundo em que Viveu Allan Kardec | 183

econômica também conhecia seus eclipses e a agitação operária crescia. O Império tinha dificuldade em assegurar a ordem social. Recusando-se a fazer novas concessões, o imperador descontentava os opositores que tinham como programa as cinco liberdades reivindicadas por Thiers num discurso em 1864: liberdades individuais e de imprensa, eleições livres, direito de interpelação e responsabilidade dos ministros. Os operários passavam a se preocupar com seu futuro profissional, mais do que com uma nova sociedade, influenciados pelas ideias de Proudhon.*

As greves sucessivas em 1864, 1865 e 1867, apresentavam o problema do direito de associação e de reunião, impondo novas concessões ao governo. Segundo Alain Plessis, o fracasso desta política social aberta era devido ao seu aspecto por demais paternalista, às duras condições de vida do povo, e à persistência de lembranças e tradições revolucionárias, sobretudo em Paris. As reuniões multiplicavam-se, e tornam-se frequentemente violentas, lembrando os clubes da Segunda República.

*Proudhon (1809-1865) era tipógrafo, depois empregado do comércio, e procurava uma forma que assegurasse a independência do trabalhador contra a autoridade do Estado e da Igreja, bem como contra os capitalistas. Discípulo de Fourier, ele defendia a oficina familiar e a comuna, como federação de oficinas.[43]

Veio a guerra franco-prussinana em 1870 – surgida formalmente por meio de um incidente diplomático –, cujos fatos não vamos detalhar. O Segundo Império francês, em seu modelo de civilização burguesa e ordeira, foi atropelado pela política expansionista e guerreira da Prússia de Guilherme I, Bismarck e Von Moltke, favorecida por um desenvolvimento econômico avassalador. Segunda potência industrial europeia, a Prússia promovia assim, por meio de um conflito externo, a unificação da Alemanha. Como vimos, a humilhante derrota na guerra foi sucedida pela proclamação da Comuna de Paris, logo também vencida. A perda da Alsácia Lorena para a Alemanha geraria o 'revanchismo' francês, expressão da rivalidade franco-alemã, uma das causas da primeira guerra mundial. Mas essa já é outra história.

No entender de Marx, a antítese do Império era a Comuna. Em meio ao efêmero governo socialista, a coluna de Vendôme com a estátua de Napoleão I, que como vimos fora erguida no reinado de Luís Filipe, era derrubada pelos *communards*, expressivo símbolo das tantas reviravoltas políticas vividas pela sociedade francesa naquele tempo.

Aurora ou crepúsculo, modernidade ou tradição. Essas questões surgem para todo aquele que tenta compreender a Comuna e também a França do segundo Império, seu significado político, economia e sociedade, homens e civilização. Por toda parte, os arcaísmos e as novidades misturavam-se, surpreendente dualismo da época, na qual passado e futuro apareciam combinados. Mas não somente no Império e na Comuna. É preciso recuperar aquela ideia, apenas sugerida no início do texto, sobre a ideia de 'revolução' em seu sentido original e cíclico, e a França no período estudado. Para tal, observemos a seguinte situação.

Cadéveres dos *comunards* executados. Foto de Disdéri

Em 1838, na capital parisiense, o historiador romântico e liberal Jules Michelet caminhava para suas aulas no Collége de France, atravessando a praça do *Panthéon* por volta das seis e meia da manhã. Depois, o jovem mestre dirigia-se às Tulherias, pois era professor de história da princesa Luísa, filha da duquesa de Berry. Esses eram "lugares de memória", segundo a antropologia reflexiva de Pierre Nora, locais de tantos episódios relativos à história da França e de Paris, símbolos da cultura política de seus habitantes.[44] Em 1855, Michelet publicava sua maior obra, uma história da França em vários tomos. Entre os vários volumes, um deles era dedicado à Renascença. O título em questão não era banal: o historiador francês havia criado o conceito de Renascimento, associando-o pela primeira vez a uma época histórica, os séculos XV e XVI, em oposição à "Idade Média", e considerando-o a fonte inspiradora da Antiguidade clássica para os humanistas, artistas e estudiosos de então. Isso representava uma inovação muito significativa nos estudos históricos, que seria desenvolvida posteriormente por outros historiadores.[45]

Entretanto, é interessante observar também o sentido pessoal desta criação. Segundo o historiador Lucien Febvre, para quem "a história é sempre filha de seu tempo", Michelet gostava de percorrer os túmulos do Père Lachaise, proclamando sua fé na imortalidade da alma. Uma suposta aparição de Lázaro, o ressuscitado, lhe faria dar ao filho o nome de Yves-Jean-Lazare.[46] Desse modo a história particular e 'mística' de Michelet unia-se aos seus escritos, pois 'renascer'

O Mundo em que Viveu Allan Kardec | 185

podia significar também renovar-se, ressuscitar, despertar para um novo tempo, vencendo o passado imediatamente anterior.

Mas a história renascentista escrita por Michelet ainda poderia ser relacionada à história da França de seu tempo, marcada por tantas revoluções, restaurações e governos, republicanos ou monárquicos, de vários matizes. Desde a Revolução de 1789, os franceses viam-se às voltas com os desafios de fundar o novo, ressurgir para uma nova era, opondo-se ao passado do Antigo Regime, mas por vezes identificando-se com ele. Não por acaso, a "época do Renascimento", como periodização histórica, era então inventada. Como os homens renascentistas que desprezavam os tempos medievais e amavam a Antiguidade, os intelectuais liberais franceses do século XIX queriam superar o passado absolutista ou restaurador monárquico, tentando fazer renascer, reviver o espírito revolucionário, em meio ao complicado processo político aqui exposto.

Em conclusivo, dessa forma podemos entender de maneira mais ampla e profunda a Terceira República, instaurada após a derrota da Comuna. Ela teria sido o resultado de uma grande 're-evolução', que abrangeu várias fases. Em suma, o período do Primeiro Império napoleônico, como fechamento do processo iniciado em 1789, primava pela glória militar e pela centralização administrativa. Já a restauração da monarquia Bourbon, de 1815 a 1830, apresentava o perigo da volta ao absolutismo. Por sua vez, a Monarquia de Julho de Luís Filipe propunha um modelo de sociedade liberal e ao mesmo tempo conservadora, vencida pela insurreição popular intempestiva de 1848. Enfim, o governo de Luís Napoleão era paradoxal em sua miscelânea de autoritarismo e democracia, e a Comuna de Paris tentava a utopia, diante do fracasso na guerra. Este foi o tempo de um aprendizado político e participativo, repleto de atavismos e inovações bastante característicos da época; tempo no qual homens e mulheres refletiram sobre si mesmos, seus destinos e aspirações, e, assim, criaram e derrubaram governos, entre impérios e revoluções. Duas faces antitéticas de um mesmo contexto.

# A 'QUESTÃO SOCIAL' E SUAS ALTERNATIVAS

## PEDRO SIMÕES E RENATA FEITAL

A 'questão social' teve seu início nos processos de industrialização, formação das cidades e no crescente processo de individualização das relações sociais ocorridas nos séculos XVIII e XIX. A França, embora não tenha sido berço destas transformações, não deixou de ter importante colaboração na reestruturação e organização da vida social à época. Aqueles que presenciaram essas modificações puderam constatar um mundo em mudança, onde coexistiam formas arcaicas de organização societária, baseadas em fortes vínculos comunitários, trabalhos artesanais, além do forte sentido de hierarquia e de valores como a honra, convivendo com a constituição das cidades, o individualismo, o anseio por liberdade e igualdade, além da introdução de formas crescentemente capitalistas de produção. Este capítulo busca elucidar como a França foi atingida pelas repercussões da 'questão social' e as peculiaridades do processo de industrialização francês. Em seguida, analisa as formas iniciais gestadas para remediar as situações de crescente pobreza, degradação e esgarçamento dos laços sociais. Através de iniciativas da própria sociedade, as organizações filantrópicas e religiosas dão início a estruturação de trabalhos de socorro e ajuda social aos vitimados das novas formas de organização do trabalho; e alternativas são pensadas pelos socialistas utópicos, como Saint-Simon e Charles Fourier.

## Introdução

A história do século XIX, particularmente, vivido na França e Inglaterra, legou, para toda a civilização ocidental, as principais carac-

A mulher pobre

188 | EM TORNO DE RIVAIL

terísticas da formação sociocultural que hoje conhecemos. No plano social, constata-se um mundo urbanizado, com a sociedade dividida em classes sociais, sendo oriundas do modo capitalista de produção, que veio em substituição ao modo feudal com seus estamentos – nobreza, clero, povo e escravos. Com isso, a vida passa a ser mercantilizada, assim como a própria força de trabalho, criando um mercado que, paulatinamente, amplia seu âmbito, passando todos os bens a só serem obtidos por meio da compra e venda. A constituição de um processo produtivo industrial cria a produção em massa, tendo o lucro como objetivo básico e primordial, em substituição à produção apenas para a subsistência. No plano político, a unificação dos Estados Nacionais – em contraposição aos Estados Feudais –, a instauração da democracia e de Estados de Direito, tudo isso que hoje conhecemos e achamos como sendo a forma 'natural' da vida, foi o resultado de transformações sociais de largo prazo que tiveram seus pontos culminantes no final do século XVIII e durante o século XIX.

Estas modificações levaram a uma mudança muito expressiva na forma como as pessoas viviam, em seus hábitos, costumes e tradições. Um autor que trata deste processo chega a dizer que estes eventos formaram um "moinho satânico",[1] uma vez que para a grande parte da população esta passagem acarretou a destituição de laços de proteção social que só depois de um longuíssimo período foram substituídos.* Entender a questão social na França do século XIX é percebê-la como parte de um movimento da história mundial de grande transformação.

*A proteção social anterior à modernidade dava-se através das redes de solidariedade primária: família, vizinhança e comunidade; os sistemas previdenciários são redes de solidariedade secundária, substituindo as formas modernas de solidariedade primária.[2]

Hoje, no início do século XXI, o que consideramos como inovador, tal como a globalização e a crescente tecnificação da vida social, é a própria forma de ser da sociedade burguesa, surgida no final do século XVIII e início do XIX. Três foram as revoluções que contribuíram decisivamente para o surgimento desta nova forma de organização social:[3] a Revolução Industrial (século XIX), reordenando de acima a baixo, toda a forma de produção, ou seja, a relação do homem com a natureza; a Revolução Francesa (1789), trazendo o conceito inovador de 'cidadão', assim como os novos princípios e ideias que se tornaram a base valo-

## O Mundo em que Viveu Allan Kardec | 189

rativa do mundo moderno – as ideias de igualdade social, fraternidade e liberdade; e o Iluminismo (séc. XVIII), que criou um conhecimento laico, despido de toda e qualquer influência dos dogmas religiosos. Enquanto a vida social do mundo feudal foi baseada no obscurecimento da razão pelos valores religiosos, na tradição, nos costumes e na vida comunitária, na sociedade de mercantilização avançada, todas as relações sociais ficam reduzidas à troca mercantil, ao assalariamento e às formas contratuais.[4] O indivíduo e o individualismo passam, então, a ser uma das novidades deste 'novo mundo' que surge e que gera fortes reações por parte dos autores conservadores (intelectuais da aristocracia decadente).[5]

A nova sociedade que se formava, com a ultrapassagem do Antigo Regime, possibilita o rompimento com a estrutura hierarquizada e funda sociedade de classes, possibilitando, segundo o pensamento liberal,[6] a mobilidade social, na medida em que todos são cidadãos e, por isso, têm os direitos de cidadania.7 Na época da declaração dos direitos do homem proclamada nos Estados Unidos em 1776, e da Revolução Francesa (1789), a ideias de 'direitos' ainda estava baseada na doutrina dos direitos naturais – jusnaturalismo.*

O que marca, segundo Marx, esta passagem do mundo feudal para a sociedade capitalista é que, primeiro, a produção deixa de ser pensada exclusivamente para a auto-subsistência de seus produtores, passando a ser pensada como forma de enriquecimento e de troca no mercado. Esta passagem teve suas determinações históricas próprias[10] em países como a Inglaterra, Alemanha, França e Estados Unidos, embora um ponto básico a todas tenha sido a transformação da agricultura em uma atividade comercial. Como o local do comércio é a cidade, assistiu-se a uma passagem da vida do mundo rural para o urbano. As cidades cresceram e ganharam força, porque parte dos trabalhadores rurais foi, paulatinamente, expulsa do campo.

*Doutrina segundo a qual o homem têm por natureza e, portanto, independentemente de sua própria vontade, e menos ainda da vontade de alguns poucos (comunidade política) ou de apenas um (déspota), certos direitos fundamentais, como o direito à vida, à liberdade, à segurança, à felicidade – direitos esses que o Estado deve respeitar, e portanto não invadir, e, ao mesmo tempo, proteger contra toda possível invasão por parte dos outros.[8] Marx faz uma crítica a este entendimento de direitos naturais e universais.[9]

O 'mundo do trabalho' passa também por inúmeras alterações. A principal está em que há o despojamento do trabalhador de seus instrumentos de trabalho. Acresce-se a isto, o fato de o trabalho ir

O vendedor de vinho

*Esse é um processo simples de se entender: no comércio ou na indústria os trabalhadores ganham salários, enquanto o comerciante ou o dono da indústria (seja ela uma sociedade anônima ou não) apropria-se da diferença entre os custos da produção (em que os salários dos trabalhadores são também computados, portanto, o trabalhador é apenas mais uma variável no custo de produção) e o valor total vendido, é a isso que se chama de lucro. Parte deste montante é invertido, ou seja, reinvestido na modernização das máquinas, na compra de mais matéria prima, etc. e o restante é apropriado privadamente pelos "capitalistas". Este processo faz com que, enquanto os trabalhadores tenham melhoras muito pequenas nas suas condições de vida e de bem-estar material, pois o valor dos seus salários são pensados exclusivamente para a sua reprodução material, os "capitalistas" se enriquecem a partir do trabalho coletivo dos operários ou funcionários de seu estabelecimento.

tornando-se cada vez mais dividido, aumentando as especializações. É neste período que há a passagem da produção artesanal em que o artesão detinha seus instrumentos de trabalho, controlava sua produção, a qualidade do material produzido, o ritmo de produção etc. para o industrial, no qual ele é apenas mais um meio de produção (uma mercadoria). No primeiro caso, ele negociava diretamente com fornecedores e compradores, detendo a possibilidade de saber o quanto iria poder ter de rendimentos, conforme a sua produção, passando, no segundo caso, a receber apenas um salário. O resultado de todo este processo é que os homens passam a ser subsumidos ao trabalho,[11] ou seja, passam a viver para trabalhar e não mais trabalham para viver.[12]

Ora, quando isso ocorre, há uma apropriação privada do trabalho coletivo, que é a fonte do lucro na sociedade baseada no capital.* É daí também que temos a formação da moderna desigualdade social, da concentração de renda e da formação das classes, tal como hoje conhecemos. Este é um processo que decorre da modernização das sociedades ocorrida no século XIX.

Como Marx já vislumbrava, a sobrevivência da sociedade capitalista dependia (e ainda depende), sobretudo, do aperfeiçoamento dos meios de produção (das máquinas e equipamentos). Ele assinalava, ainda, que "o aperfeiçoamento constante e cada vez mais rápido das máquinas torna a condição de vida do operário cada vez mais precária",[13] embora, tragam, pelo mesmo processo, o afastamento das barreiras naturais e a possibilidade de maior conforto e bem-estar.

A desigualdade da distribuição dos bens e serviços, assim como do bem-estar social, é uma das principais críticas feitas ao capitalismo por autores de esquerda e, de modo mais moderado, pelos liberais que consideram a desigualdade como inevitável.* O que o pensamento marxista vai enfatizar é que a produção desta desigualdade não depende de um melhor ou pior gerenciamento das contas públicas ou do mercado (que pode operar com maior ou menor liberdade), nem, tampouco, da benevolência daqueles que desejam 'ajudar' os pobres e miseráveis, mas ela é inerente ao capitalismo, ou seja, enquanto estivermos sob esta forma de produção de riquezas, uns serão ricos e outros pobres.

*Para os liberais, de modo muito genérico, a pobreza é necessária, embora a miséria deva ser combatida.

A precarização da força de trabalho no período em que estamos tratando decorre, por exemplo, da extinção de inúmeras profissões,[14] que antes eram feitas manualmente e que passam a ser feitas pelas máquinas. Este fenômeno ocorreu durante o processo inicial de industrialização e continua (e continuará) ocorrendo enquanto estivermos neste tipo de sociedade. Os teares manuais foram substituídos pelos industriais, a agricultura que dependia do arado manual, de trabalhadores para a colheita, por exemplo, foi, em grande parte, substituída por máquinas e poderíamos alongar os exemplos, infinitamente.

A 'questão social' deve, então, ser entendida a partir destas novas determinações. Não só o mundo social estava sendo transformado 'de ponta a cabeça', mas também segmentos expressivos, principalmente dos setores campesinos, não conseguiram ingressar nos novos padrões produtivos ou não conseguiram readaptar seu *modus vivendi* ao que se tornava hegemônico.

Todos estes processos, embora gerais e aplicáveis a todos os países que se modernizaram, não ocorreram da mesma forma e com a mesma intensidade em todos os lugares, tendo, portanto, peculiaridades nacionais que não podem ser negligenciadas. Este artigo tenta colocar em evidência alguns aspectos que singularizam a experiência francesa e está dividido em três partes: na primeira, serão tratadas algumas características da industrialização francesa e da condição de

192 | Em Torno de Rivail

vida, principalmente, da classe trabalhadora; em seguida, serão trata-das as necessidades de reforma social pensadas de duas formas: pri-meiro, como uma expressão das instituições da sociedade civil, que diante do aumento do pauperismo e das condições extremamente precárias de vida se mobilizam tentando remediar os males sociais;* segundo, como expressão de uma *intelligentsia* de classe média que se expressou na forma do pensamento socialista utópico originário nesta época.

*Nessa época, o Estado ainda não tinha uma ação sobre estas questões na forma de políticas sociais.

## O Problema Operário e a Situação das Classes Sociais na França

Quando se trata da modernização das sociedades e da passagem dos sistemas pré-capitalistas para o capitalismo, o caso inglês é tido como típico e paradigmático.[15] A Inglaterra foi não apenas o país onde este processo primeiro ocorreu, como também foi neste país (depois supera-do pelos Estados Unidos) em que o *ethos* burguês melhor se expressou. Desta forma, a industrialização inglesa serviu como medida para se ava-liar o quanto outros países já tinham, ou não, se tornado 'modernos'.

O processo de industrialização na França foi relativamente lento, se comparado ao inglês. Por muito tempo, a produção dos bens e produ-tos franceses continuou sendo artesanal e houve um lento crescimento dos produtos industriais. A produção industrial francesa começou seu movimento ascendente no início dos anos 50 (1750), antes portan-to da Revolução Industrial inglesa. Sua expansão teve lugar tanto na indústria rural, especialmente com as culturas de algodão, linho e lã, quanto na indústria urbana, em que produtos de luxo eram muito pro-eminentes. A crescida produtividade que resultou da mecanização e da aplicação da energia a vapor não tinha, no entanto, origem no mo-derno crescimento industrial propriamente dito, mas nos recursos que foram adicionados para uma já expandida base de produção artesanal.

Muito do crescimento industrial do século XIX continuou a ser artesanal e, embora a Inglaterra capturasse a maior parte do merca-do mundial de ferro, algodão e lã, a França continuou dominando o mercado de certos bens de luxo. Os produtos de Lyon, as fitas e enfeites de Saint-Etiene, as porcelanas de Limoges e os inumeráveis bens de luxo de Paris estavam entre as mais importantes e mais rapi-damente crescentes indústrias do século XIX na França. Competindo diretamente com os produtos manufaturados britânicos, a França continuava a explorar sua comparativa vantagem em produtos de alta qualidade que requeriam mão-de-obra qualificada. De fato, mesmo as fábricas industriais francesas, que eram mais bem-sucedidas no mercado internacional – o algodão de Mulhouse e as lãs de Roubaix –, eram especializadas no uso dos melhores tecidos. Como em todos os outros países, durante a primeira metade do século XIX, a indústria fabril estava limitada em escopo e era dirigida para produtos para casa, roupas, alimentos e a maior parte dos outros bens de consumo continuavam a ser produzidos à mão.

As inovações clássicas da Revolução Industrial inglesa eram adaptadas tardiamente e em menor escala na França. No caso dos bens têxteis, a Inglaterra tinha vantagens em todos os aspectos, mas a maior qualidade dos bens era tão pronunciada na França que muitos dos mercados franceses eram limitados a produzir principalmente para o mercado interno. Os produtos fabris cresceram rapidamente em várias cidades francesas, mas, comparados com os ingleses, eram ainda considerados de segunda linha.

Operários numa fábrica de instrumentos musicais

Mineração e metalurgia na França eram restritas, relativamente, pelos pobres recursos de carvão (os ricos depósitos de Pas-de-Calais eram desconhecidos até o final do século XIX) e pela distância dos depósitos de minério. Mineração e metalurgia eram importantes 'nós' do crescimento industrial francês e eram dificilmente comparáveis com a contrapartida britânica e, mais tarde, germânica.

Segundo Sewell Jr.,[16] um dos fatores que tornou diferente o processo de industrialização francesa foi a presença de uma baixa taxa de crescimento populacional. As taxas de nascimento francesas já tinham começado a cair no final do século XVIII e, durante a entrada do século XIX, a população francesa cresceu menos que cinquenta por cento. A população britânica, por outro lado, cresceu trezentos e cinquenta por cento no século XIX e poderia ter crescido mais não fosse a massiva emigração. Com a população se expandindo apenas moderadamente, foi possível sustentar expressivas taxas de crescimento na renda *per capita* na França sem um extraordinário crescimento na indústria fabril, como havia ocorrido na Inglaterra.

Operário insatisfeito

O rápido crescimento populacional britânico contribuiu para uma massiva urbanização e para a formação de um mercado tanto de trabalho como de bens e serviços. Na França, a maior proporção da população era composta de camponeses os quais estavam somente parcialmente engajados no nexo do assalariamento. O território nacional continuou dividido internamente, havendo somente parcialmente mercados regionais integrados – ambos por mercadorias e por trabalho. Estas circunstâncias trouxeram limitações nas possibilidades de produção fabril na França e fizeram com que os investimentos em agricultura e na indústria artesanal continuassem a ser economicamente racionais para uma grande parte do capital nacional. Esta foi uma alternativa de industrialização do modelo francês que levou a um crescimento de renda *per capita* e, eventualmente, a uma maior massa de consumidores tão inelutavelmente quanto na Revolução Industrial no estilo inglês.

Segundo Perrot,[17] a morosidade do crescimento industrial francês se deu devido a uma mão-de-obra abundante e barata, o que desestimulava a introdução de máquinas no processo produtivo. O que serviu como impulso para tal foi a diminuição de mão-de-obra devido à Revolução de 1789, principalmente no setor têxtil.

Mas outros fatores também contribuem para essa morosidade: um deles foi a reivindicação por melhores salários por parte dos operários urbanos, situados, sobretudo, em Paris. Com isso, em 1815-1820 há uma transposição das principais indústrias francesas para a periferia e para o interior do país. Essa migração é acompanhada por um maior recurso à mão-de-obra pouco qualificada e infantil e pelo início de uma mecanização que permitia sua utilização.

O Mundo em que Viveu Allan Kardec | 195

A tensão entre artesãos especializados e a introdução de máquinas no processo produtivo francês ficam explícitas no caso dos aparadores de lã de Sedan. Como este era um ofício especializado e difícil, os trabalhadores sabiam que eram insubstituíveis naquelas funções e que podiam controlar seus salários, os ritmos de produção – que mantinham a um grau moderado, tornando possível o lazer – e o aprendizado que reservam a seus filhos, seus continuadores. Com isso, os industriais ficavam à mercê dos trabalhadores. Mas na Inglaterra, ao contrário, as "tosadeiras Douglas" tornaram o trabalho mais econômico, pondo fim ao poder dos trabalhadores.

A introdução das máquinas levou a que vários setores operários se revoltassem contra elas, como foi o caso dos tecelões de Viena, em 1819. Mas esta oposição foi em vão, assim como todas aquelas que tinham como objetivo estagnar o progresso industrial, que ora se realizava. No entanto, o discurso empresarial não via, nas reivindicações dos trabalhadores por direito a melhores salários, menor ritmo de trabalho, tempo suficiente para o descanso, e mesmo, não viam, nas diversões dos operários, uma forma de se adaptar a todo o conjunto de transformações de que eram objetos. Eles viam truculência, preguiça, má vontade, além de considerar que a vida boêmia interferia negativamente e diretamente na produção. Então era preciso disciplinar o trabalhador e dar a eles 'bons modos'. O disciplinamento para o trabalho foi conseguido por meio de um longo processo, pois, de forma alguma, podemos considerá-lo como natural. A introdução da máquina forçou que este disciplinamento fosse realizado e libertou o capital das oscilações e da opressão dos trabalhadores, uma vez que os ritmos de produção eram agora comandados pelas máquinas. A mecanização do processo produtivo, portanto, tornou-se um instrumento dos empregadores contra os empregados.

Uma das derivações entre a tensão de trabalhadores e patrões pela introdução das máquinas foi a existência de movimentos como o *luddismo*. De origem inglesa, este movimento também teve expressão na França. Seu principal líder foi King Ludd, que pregava a destruição das máquinas introduzidas na indústria têxtil. Esta prática foi duramente reprimida com pena de morte e deportação, segundo a lei de 1812. As lutas principais contra a introdução das máquinas vieram, principalmente, nos momentos de recessão econômica e desemprego.

A presença dos trabalhadores urbanos das indústrias, destituídos de seus instrumentos de trabalho e, principalmente, tendo alienados os frutos do mesmo, levará ao início de uma longa história de lutas para que as explorações da mão-de-obra fossem mantidas em termos 'razoáveis' e para que toda a estrutura dos direitos civis, políticos e principalmente sociais, tal como hoje conhecemos, fosse *conquistada*.[18]

O burguês

A alternativa da revolução e da luta aberta contra a dominação burguesa era apenas uma forma de enfrentamento da questão social. Hobsbawn assinala que havia três alternativas aos pobres que se encontravam à margem da sociedade burguesa: lutar para se tornarem burgueses, permitir que fossem oprimidos ou se rebelar. A primeira alternativa era extremamente difícil para quem carecia de um mínimo de bens ou de instrução. Para os homens que viveram e cresceram em sociedades tradicionais, o lema de "cada um por si e Deus por todos" era extremamente perverso, pois quebrava os laços de solidariedade existentes até então e faziam emergir um enorme individualismo e um crescente utilitarismo. Estes homens tinham, então, uma grande resistência às propostas mais racionais da sociedade burguesa. Nesta época, comenta Hobsbawn, a caridade cristã, como meio de minorar a pobreza, era tão má como inútil.[19]

A resistência à implantação de máquinas em lugar de trabalhadores ocorreu não só por parte de trabalhadores, mas também pelos negociantes e fazendeiros de menor porte que simpatizavam com eles porque também consideravam os inovadores como destruidores da existência dos homens. Logicamente, havia trabalhadores que davam o melhor de si para se unir às classes médias ou ao menos para seguir os preceitos de poupança, de auto-ajuda e auto-melhoria. O caso mais exemplar deste tipo de opção ocorreu não exatamente na França (embora também nela), mas no mundo anglo-saxão, pois lá houve a forte influência moral e religiosa de cunho protestante, como bem nos mostra Weber.[20]

Por outro lado, havia, em número muito superior, pobres que, diante da catástrofe social, não conseguiam compreender o sentido da transformação por eles vivenciada: empobrecidos, explorados, jogados em cortiços onde se misturavam o frio e a imundície ou nos extensos complexos de aldeias industriais, mergulhados na total desmoralização. Destituídos das tradicionais instituições e dos padrões de comportamento, como poderiam muitos deles deixar de cair no abismo dos recursos de sobrevivência, em que as famílias penhoravam a cada semana seus cobertores até o dia do pagamento, e em que o álcool era a maneira mais simples de esquecer os problemas?

Os trabalhadores que não tentaram ascender socialmente por meio do trabalho disciplinado e que também não se deixaram levar pela desmoralização de suas vidas, optaram pela rebelião. Esta alternativa não só era possível como virtualmente compulsória, frente às condições miseráveis de vida dos trabalhadores industriais. Desta forma, nada foi tão inevitável como o aparecimento dos movimentos trabalhistas e socialistas, assim como a intranquilidade revolucionária das massas. A revolução de 1848 foi sua consequência direta, embora tivesse um caráter mais político que social.

O banqueiro

Quem fizesse uma observação com alguma isenção veria que o trabalhador era explorado pelo rico, que cada vez mais enriquecia, ao passo que os pobres ficavam ainda mais pobres; e que os pobres sofriam porque os ricos se beneficiavam. O mecanismo social da sociedade burguesa era profundamente cruel, injusto e desumano, embora, cada vez mais a exploração do trabalho tenha se tornado um processo impessoal.

Manifestação, 1848

O movimento operário deu voz ao povo pobre. O que era novo no movimento operário do século XIX era a consciência de classe e a ambição de classe. Não eram mais apenas os pobres que se defrontavam com os ricos, mas uma classe organizada, a classe operária, que enfrentava a dos capitalistas. A Revolução Francesa deu confiança a esta nova classe e a Revolução Industrial provocou nela uma necessidade de mobilização permanente. O tensionamento existente entre as classes fazia com que a classe operária não buscasse apenas a responder as questões novas que, incessantemente, eram colocadas na cena política, mas pensar em termos de uma sociedade totalmente diversa, baseada na sua experiência e em suas ideias em oposição às de seus opressores. Seria cooperativa e não competitiva, coletivista e não individualista. Seria 'socialista' e representaria não o eterno sonho da sociedade livre, mas uma alternativa praticável e permanente para o sistema em vigor.

O Mundo em que Viveu Allan Kardec | 199

Na França, durante a Revolução Francesa, a consciência de classe não existia, mas passou a existir após 1830 e esteve presente nas lutas das comunas de Paris de 1848. A consciência jacobina advinda da Revolução Francesa tinha imbuído os pobres, que pensavam e confiavam em si mesmos. O movimento trabalhista queria respeito, reconhecimento e igualdade. Ele já detinha as melhores armas para a luta coletiva, a solidariedade e a greve. No período de 1830 a 1848 várias foram as formas de organização da classe trabalhadora para expressar sua insatisfação frente ao trabalho industrial. Estas foram desde o motim, passando à quebra de máquinas e a outros tipos de insurreição que, em poucos casos, conseguiram vitórias significativas. O movimento desta época foi, essencialmente, uma frente comum de todas as forças e tendências que representavam o trabalhador pobre e, principalmente, urbano. A liderança deste movimento na França estava na classe média liberal e radical. A crescente proletarização deste movimento dá-se a partir de 1815. Para os trabalhadores mais pobres, o movimento trabalhista foi mais que um instrumento de luta: era também um modo de vida.

O que mantinha este movimento unido era a fome, a miséria, o ódio e a esperança, e o que o derrotou foi que os pobres – famintos, bastante numerosos e suficientemente desesperados para se insurgirem – careciam da organização e maturidade capazes de fazer de sua rebelião mais do que um perigo momentâneo para a ordem social.

As dificuldades sociais oriundas do pauperismo, como aqui foi mostrado, fizeram com que a sociedade se organizasse para buscar remediá-las. É o que veremos no item a seguir.

**A Necessidade de Reforma Social: Pauperismo, Caridade e Filantropia**

Como visto no item anterior, com a passagem do feudalismo para o capitalismo, desembocando mais tarde num processo de industrialização e urbanização intenso, as sociedades modernas sofreram muitas transformações, incluindo uma grande preocupação com a população pobre, principalmente depois que ela deixou o anonimato nos campos e tornou-se visível nas grandes cidades. Em busca de trabalho que assegurasse sua sobrevivência, famílias inteiras se deslocaram e fundaram novos núcleos urbanos. O resultado disso foi um grande crescimento populacional nos centros urbanos que, na maioria das vezes, não conseguiu ser absorvido pelo mercado que se

## 200 | Em Torno de Rivail

formava. Milhares de pessoas ficaram, então, sem ter para onde ir e muito menos como garantir a sobrevivência de seus filhos.

Para além das teses pessimistas malthusianas, a vida dos trabalhadores rurais, especialmente os que não tinham propriedade e os que viviam em terras inférteis, foi assombrada pela fome em épocas de escassa colheita, o que ocorreu na Europa em 1846-48. A época de escassez alimentar foi tão árdua que, acostumados a uma alimentação que se limitava a batatas e café ralo, os componentes dos serviços de socorro tinham que ensinar ao povo, já acostumado a tal alimentação, a comer feijão e mingau. Somado a isso, os serviços sociais não conseguiam acompanhar o ritmo da impetuosa e inesperada expansão da deterioração da vida na Europa, assim como houve uma diminuição dos salários a partir de 1815.

O que era tão ou mais aterrador neste período dizia respeito ao ritmo e às condições de trabalho a que a classe trabalhadora estava submetida. Ela se encontrava sob o controle e a disciplina rígida impostos pelo patrão ou por seus superiores, contra quem realmente não tinha quaisquer recursos legais e só alguns rudimentos de proteção pública. Eles tinham que trabalhar por horas e turnos, aceitar os castigos e multas com os quais os patrões impunham suas ordens ou aumentavam seus lucros. Em áreas isoladas ou nas indústrias, tinham que fazer compras na loja do patrão, frequentemente recebendo seus pagamentos em mercadorias miúdas, ou eram obrigados a morar em casas fornecidas pelos patrões. Para o homem livre, que tinha uma cultura tradicionalista, entrar em uma fábrica na qualidade de uma simples 'mão', uma mera força de trabalho, era algo um pouco melhor que a escravidão, e todos, exceto os mais famintos, tratavam de evitá-lo, e quando não tinham mais remédio, tendiam a resistir contra a disciplina cruel de uma maneira muito mais consistente do que as mulheres e crianças a quem os proprietários de fábricas davam preferência.

As grandes cidades do século XIX foram retratadas por historiadores e pesquisadores como o local mais flagrante da desordem, um espaço reservado para todos os tipos de crimes e de imoralidade. Paris e Londres eram vistas como verdadeiros 'infernos sociais' onde reinavam doenças de todas as espécies: febre amarela, peste, cólera, varíola e a tuberculose,[21] além de várias doenças infantis de que nem se conheciam as causas. Mesmo para as famílias de maiores recursos econômicos havia escassez de médicos e sua formação era limitada. Viver na cidade significava com-

O Mundo em que Viveu Allan Kardec | 201

partilhar de todas as mazelas que a vida urbana podia oferecer; era estar diante do vício, ao contrário da paz e da tranquilidade da vida rural.

O crescimento desordenado das cidades, onde os serviços de infraestrutura mais básicos não funcionavam adequadamente, como a limpeza das ruas, o fornecimento de água, os serviços sanitários, além da própria condição de moradia da classe trabalhadora, levava a doenças contagiosas frequentes, como, por exemplo, a epidemia de cólera, que reconquistou a Europa a partir de 1831 e varreu o continente de Marselha a São Petesburgo em 1832. Esse processo ocasionou a segregação social e espacial da classe trabalhadora, para as zonas mais afastadas dos centros comerciais e, principalmente, das zonas residenciais da burguesia. Só foram tomadas providências em relação a estas questões quando as epidemias começaram a matar também os burgueses e, quando a classe trabalhadora assustou as 'classes poderosas', com a revolução de 1848.

A propagação dessas doenças estava diretamente ligada às péssimas condições de vida da população mais pobre. "Vivendo em habitações coletivas precárias – estalagens, casas de cômodos e sobretudo em cortiços – era diário o convívio com sérias falhas no abastecimento d'água e com péssimas condições de saneamento básicos".[22]

O caos urbano e habitacional em que vivia a classe trabalhadora, o infanticídio, a prostituição, o suicídio e a demência têm sido relacionados com este cataclismo econômico e social. Associado ao problema do álcool e ao aumento de criminalidade e da violência, tudo levava à desmoralização da classe trabalhadora. É exatamente neste período da história, quando as vidas humanas são abaladas por 'terremotos' sociais, que há a difusão de seitas e cultos de caráter místico e apocalíptico.*

*A mercantilização crescente da vida e suas consequências foi amplamente discutida por Marx em vários de seus textos. Em um deles, encontramos na discussão sobre o fetichismo da mercadoria, uma menção à dança das mesas que derivou no Espiritismo. A passagem diz o seguinte: "Além de se pôr com os pés no chão, ela [a mesa] se põe sobre a cabeça perante todas as outras mercadorias e desenvolve de sua cabeça de maneira cismas muito mais estranhas do que se ela começasse a dançar por sua própria iniciativa" (Karl Marx, op. cit., 1983, pp. 70). Em nota de rodapé (da edição alemã), ainda segue o seguinte comentário: "Para encorajar os outros. – Depois da derrota das revoluções de 1848/49 começou na Europa um período das mais obscura política reacionária. Enquanto, neste tempo, as rodas aristocráticas e também as burguesas se entusiasmaram pelo espiritismo, especialmente por fazer a mesa andar, desenvolveu-se na China um poderoso movimento de libertação antifeudal, particularmente entre os camponeses, que entrou para a História como a revolução de Taiping".[24] Nota-se que Marx, ao tratar das práticas espiritistas do século XIX, as qualifica como uma forma de "obscuranteismo". Ele assim o faz, pois compara esta nova "moda" burguesa e aristocrática, com o movimento Taiping na China.

## 202 | EM TORNO DE RIVAIL

Este estado calamitoso em que a população se encontrava fez com que a própria sociedade buscasse mecanismos para a remediação dos males sociais vividos à época, ou seja, a reforma social. A seguir serão mapeados os antecedentes de uma 'política social' voltada para os segmentos mais empobrecidos, baseando-se em modelos de assistência, tais como: o da *caridade*, da *filantropia* e da *assistência pública*.

### Caridade, Filantropia e Assistência Pública

Em Londres, Booth e Mayhew foram dois pesquisadores (um estatístico e um jornalista) que relataram com precisão a péssima situação dos pobres na cidade. Mayhew é conhecido no círculo acadêmico como o "estatístico dos pobres", contribuindo muito para o conhecimento científico sobre a pobreza. Ele cuidou de registrar a situação da população nas ruas, ou seja, dos vendedores, ambulantes pobres, mendigos, prostitutas e vadios. Não há, contudo, uma preocupação maior em separar todo esse grupo de pessoas entendidas como 'perigosas', dos outros trabalhadores que possuíam rendimentos, porém não suficientes para um padrão de vida decente.

Deste modo, já podemos sinalizar algumas características que ficaram visíveis ao se pensar a pobreza, bem como a própria assistência nos países da Europa. A primeira delas diz respeito "à questão da saúde e da higienização da cidade". Como podemos observar no discurso médico-higienista do séc. XIX, já que não se pode impedir a miséria é preciso 'medicalizá-la'; outra característica também importante foi a questão da "manutenção da ordem social e do controle social da classe trabalhadora", observada no discurso jurídico da época e, finalmente, a questão do trabalho como o único meio de garantia de vida do indivíduo, uma vez que a sociedade se ordenava para este fim.[26]

Mas quem eram essas pessoas que tanto se temiam?

Ao voltarmos um pouco no tempo, desde o século XVII, quando a preocupação com a pobreza se tornou mais evidente na Europa, fala-se dos mendigos, vagabundos, errantes, ladrões, bruxos etc. Todos esses termos serviam para designar aqueles que não tinham casa, moravam na rua e, consequentemente, contribuíam para aumentar a desordem e o caos. Pobreza, neste contexto, era a mesma coisa que mendicância. Além disso, temos o camponês, obrigado a abandonar seus ofícios e a se fixar nas cidades. O modelo de assistência consistia

O Mundo em que Viveu Allan Kardec | 203

basicamente na *caridade*, ligada a uma virtude religiosa. Tratava-se de uma assistência de iniciativa local, sendo que a Igreja tinha um papel preponderante nessa atuação. Neste período, ocorre o surgimento de uma consciência moral para se pensar a exclusão social.

Num segundo momento, quando a sociedade já se encontra diante de uma economia de mercado, impulsionada pela indústria, a noção e o vocabulário ligados à pobreza modificam-se. Os pobres do século XVIII e XIX são transformados em classes perigosas, capazes de promover revoluções e desordens sociais. Pobres são, agora, aquelas pessoas capacitadas para o trabalho, mas que se recusam a fazê-lo, preferindo uma vida vadia. Trata-se da pobreza viciosa (bebendo, roubando, fornicando), da pobreza criminosa, da pobreza revoltada. A assistência também vai se modificar, pois o modelo da caridade não conseguia manter-se, surgindo, então, a *filantropia*. Já temos uma definição dos pobres que merecem ser assistidos e daqueles considerados não merecedores (*deserving / undeserving poors*). Nesta etapa, somente o trabalho teria o poder de redimir o pobre. Com a filantropia, a assistência aos mais carentes ganha o *status* de ciência.*

*Temos então a "pauperologia", a ciência dos pobres, passou a ser instituído que para reverter ou ainda controlar esses pobres era preciso desenvolver um conhecimento em torno deste público.

Na filantropia, os atores sociais encontram-se representados pelos médicos higienistas, os juízes, os advogados. Além disso, os pobres passam a ser classificados, logo há uma produção de conhecimento específico. Nesta passagem da caridade para filantropia, observamos no caso inglês a criação das *workhouses*, ou seja, dos asilos que ficaram encarregados de receber os pobres merecedores e dar-lhes assistência. Mais tarde esse modelo será transplantado para outras sociedades, inclusive a francesa. A estratégia da filantropia consistia em regenerar os pobres moralmente abandonados ou ainda disciplinar as classes perigosas.

Sem se distanciar totalmente da assistência caritativa, as instituições ligadas à filantropia ficaram responsáveis pelo auxílio aos mais necessitados. Formada basicamente da assistência privada com algumas associações beneficentes da caridade, a filantropia cobra do Estado uma participação mais efetiva. O pobre passa a ter uma política oficial de assistência, sendo objeto de leis e decretos, com direitos, porém muito mais deveres e principalmente uma vigilância maior so-

## 204 | EM TORNO DE RIVAIL

bre sua vida e comportamentos. Observamos, então, o modelo da *assistência pública*, na qual a questão da pobreza torna-se uma responsabilidade do Estado, que deveria criar instituições para atender aos trabalhadores que não conseguiam gerar o sustento de suas famílias. Uma das mudanças mais significativas foi a própria separação da pobreza e da indigência, como o observado na França, por Chamborant.

> O indigente é o pobre reduzido a quase nada, é aquele isento de qualquer pudor ou decência; é aquele que importuna as pessoas com seus inúmeros pedidos e principalmente que não tem trabalho.[26]

Ainda, segundo ele, à medida que a miséria cresce e a indigência aumenta, a sociedade se enfraquece, principalmente a falsa indigência provocada por pessoas que não querem modificar seus comportamentos viciosos.[27] A definição feita pelo autor é de cunho moralista e apenas isto. Apesar de frágil e moralista, esta tentativa de se criar uma nova tipologia para a pobreza constituiu um primeiro passo para se pensar a questão da separação do pobre e do trabalhador na França. É baseada nela que a assistência estará voltada. Além das iniciativas dirigidas diretamente ao indivíduo necessitado e merecedor, começavam a surgir também os sistemas de ajuda mútua, tais como: poupança, bancos de emprego, caixas de fundos para os trabalhadores e assistências preventivas, auxílio às viúvas, serviços de pensões etc.

No Antigo Regime, para ser merecedor da assistência, era preciso provar a sua situação de pobre, ter um "atestado de pobreza". Entre essas associações que prestavam auxílio, destacamos as seguintes:

A Sociedade Filantrópica (1780). A primeira é a *Maison Philanthropique* (Casa Filantrópica), cujo objetivo é "a reunião de várias pessoas que, sustentadas pelo gosto da benevolência, ocupavam-se em socorrer, pelo concurso de suas fortunas e de suas luzes, a vida dos indigentes e dos que sofrem".[28] Ela dava apoio aos pobres merecedores seguindo uma proposta moral iluminista e demarcando nitidamente o nascimento da beneficência.

A segunda é a *Société de la Charité Maternelle* (Sociedade da Caridade Maternal – 1788), que dava apoio às crianças órfãs e abandonadas e às mães com uma prole numerosa sem condições para o sustento da família. A condição essencial para que essas mulheres recebessem o auxílio passava pelo crivo moralista, ou seja, elas precisavam ter uma excelente conduta moral, principalmente ter bons costumes.

Finalmente, a *Association de Bienfaisance Judiciaire* (Sociedade de Apoio Judiciário – 1787), já mostrando a fusão da moral com o direito. O objetivo desta entidade era ajudar os pobres que não podiam se defender nos tribunais.[29] Vale lembrar que essas sociedades eram formadas basicamente por homens, até mesmo a da caridade maternal. A participação das mulheres era bastante restrita, limitando-se apenas à participação da rainha.

De um modo geral, essas associações reportavam-se às classes indigentes, subsidiando a velhice trabalhadora, assistindo à maternidade, prevenindo os abandonos das crianças e defendendo na Justiça os direitos dos acusados necessitados. Para receber o auxílio era preciso ser trabalhador sem qualificação ou estar num estado de pobreza absoluta ("indigência constatada").[30]

Com as Associações de Beneficência têm-se agora uma estrutura mais organizada em termos de associação, bem como uma regularidade maior em relação às atividades. Mesmo com a filantropia, ainda há um interesse em se propagar uma "pobreza

Escritório de Beneficência

## 206 | Em Torno de Rivail

virtuosa".* Experimentar novas modalidades de assistência era a preocupação fundamental das associações de benevolência do século XVIII. As associações filantrópicas não se encontravam somente dirigidas aos pobres, numa ação direta aos pobres, mas também consistiam numa reunião entre os chamados 'benfeitores', como uma espécie de sociabilidade 'maçônica', cujo prazer baseava-se no interesse público de ajudar os que sofrem. O que impera é um sentimento de compaixão e de virtude, virtude por auxiliar o próximo.

*A Sociedade da Caridade Maternal, por exemplo, visava não somente auxiliar materialmente às mães e às crianças pobres, mas também restaurar a vida moral daquela mãe que tenha agido "errado". Ainda havia a intenção de um controle social das famílias.

No século XIX, com a emergência do proletariado urbano, a pobreza e o pobre ganharam outros contornos. Os indivíduos pobres são brutalmente constrangidos a se adaptarem à lei de mercado, obrigando-os a comercializarem suas produções. Por parte do setor industrial, os problemas também começaram a aparecer. Os investimentos diminuíram, a produção permaneceu estagnada, reduzindo a admissão dos trabalhadores.[40] Esta situação não acontece somente na França, mas é visível na maioria dos grandes centros urbanos. As grandes cidades ficam completamente superpovoadas com uma mão--de-obra não aproveitada pelo mercado de trabalho.

Para tentar estabelecer uma ordem nesse caos observado com as mudanças conjunturais, há um consenso de que o Estado deve se preocupar com essas questões por meio da criação de uma 'previdência', que poderia ser livre ou obrigatória. Na época, ela se apresentava como a solução na França.

No entanto, o que é importante frisar é o fato de que a política assistencial já começa sendo pensada e elaborada como uma 'questão social'. Ela passa a ser um compromisso social. Temos aí, o primeiro passo para se pensar a questão da pobreza como uma "estratégia de governo".[41] Mas quem são esses pobres merecedores da assistência pública?

Antes, a separação envolvia os pobres e os indigentes, agora, fala--se na pobreza do trabalho e a do não-trabalho. O pauperismo passa a ser visto como uma causa econômica. O que impera é um sentimento de regulação, de direitos, mas também de deveres.

A clivagem entre os pobres aptos e inaptos para o trabalho resulta num tratamento diferencial que pode ser sintetizado pela fór-

O Mundo em que Viveu Allan Kardec | 207

mula: "trabalho para os que 'querem' trabalhar, castigo para os que não querem e pão para os que não podem".[42] Toda essa discussão é importante para que possamos entender o deslocamento da questão da pobreza natural para a pobreza decorrente do mundo do trabalho. Foi em torno dessas três questões – a definição dos pobres meritórios, as consequências de uma ajuda pública para os pobres e a identificação das causas da pobreza – que se resumiram os debates durante o período da Reforma das *Poor Laws* na Inglaterra,[43] e importados para a França do século XIX. A famosa emenda à Lei dos Pobres de 1834 estabelecia as bases para a criação de um mercado de trabalho regular, ponto de partida para o capitalismo moderno.[44]

Para o pobre que vivia de um salário baixo – tudo, para o indigente – nada, ou melhor, a aplicação do "princípio do menos aceitável". Isto significava a perda completa da liberdade e o seu confinamento nas *workhouses*, aumentando ainda mais o estigma do pobre como perigoso.[45]

Antes, para que o pobre fugisse do estigma de vicioso ou mesmo perigoso, como ficou conhecido neste período, ele deveria cultivar diariamente as seguintes virtudes: "respeitabilidade, responsabilidade, decência e prudência".[48] Embora a pobreza estivesse ligada ainda a essas e outras questões moralistas, passava a ser enfocada como um problema social. O pobre, que agora emerge como questão social, era merecedor da assistência, não pelo fato de obrigatoriamente ser modelo de virtude, mas porque instigava o interesse da sociedade e das instituições. Eles eram merecedores por conta de suas dificuldades (desemprego, doenças, idade avançada).

## O Socialismo Utópico[47]

O pensamento socialista utópico foi um dos produtos ideais derivados da emergência da 'questão social'. A palavra *socialismo* surge pela primeira vez, em novembro de 1831, no jornal *Le Semeur*, e depois, em fevereiro de 1832, em *Le Globe*, em ambos os casos, opondo-se à ideia do *individualismo*. Na França, segundo Petitfils, a expressão 'socialismo utópico' apareceu na época da Restauração, antes mesmo que esta palavra tivesse sido criada ou o conceito tivesse sido bem delimitado.

Seus principais expoentes no caso francês, Saint-Simon e Charles Fourier, não eram representantes dos trabalhadores e nem deles

## 208 | EM TORNO DE RIVAIL

originários, assim como não tinham um vínculo orgânico com a luta dos mais miseráveis. Eles fazem parte de uma 'facção' das camadas mais abastadas da sociedade (aristocracia decadente e burguesia comercial), que formulam um tipo de crítica à sociedade burguesa emergente. O que, no entanto, lhes peculiariza é que, associado a esta crítica, eles formularam um conjunto de ideias, 'utópicas', para a constituição de uma sociedade alternativa àquela que estava acabando de se formar, ou seja, suas preocupações principais estavam em uma sociedade do futuro e não do passado.

Desta forma, diferem dos restauradores ou reacionários, formados também pela aristocracia e pelos pequenos burgueses e pequenos camponeses da Idade Média. As principais características negativas do capitalismo foram claramente delineadas por estes críticos, mas com vistas a impedir os avanços que vinham ocorrendo com a instauração do capitalismo e, principalmente, com a perda de poder a que estavam submetidos. Impedida, no entanto, de entrar na luta política e econômica diretamente contra a burguesia, a aristocracia, derrotada na Revolução de 1789, buscou criticar a burguesia, aparentando defender apenas os interesses da classe operária explorada, embora participasse ativamente de todas as medidas de repressão contra a classe trabalhadora, além de usufruir dos frutos de seu trabalho. Já a pequena burguesia, oscilando sempre entre a possibilidade de ascensão ou de queda para as camadas proletárias, buscava também restabelecer os antigos meios de produção.

De outro lado, diferem também dos conservadores formados pela fração da burguesia que procura remediar os males sociais com o fim de consolidar a sociedade burguesa. "Nessa categoria enfileiram-se os economistas, os filantropos, os humanitários, os que se ocupam em melhorar a sorte da classe operária, os organizadores de beneficências, os protetores dos animais, os fundadores das sociedades de temperança, enfim os reformadores de gabinete de toda categoria".[48] Os conservadores querem as condições de vida da sociedade moderna sem as lutas e perigos que dela decorrem fatalmente. Buscam convencer os trabalhadores que apenas algumas reformas administrativas e gerenciais serão suficientes para a integração de todos no *bem-estar* Social. "Ele se resume nesta frase: os burgueses são burgueses no interesse da classe operária".[49] Os socialistas utópicos, em determinado período, irão tornar-se mais pragmáticos, principalmente após as lutas de 1848, aproximando-se, assim, de ideais reformistas e abandonando o caráter utópico de suas formulações.

Por último, distinguem-se dos trabalhadores, principais protagonistas e vítimas do capitalismo. No seu nascimento, diversos intelectuais buscaram se associar com vistas a criticar o capitalismo, mas não olhando o passado e, sim, buscando superá-lo. Dentro deste conjunto estavam os socialistas utópicos e os comunistas.

Além de manter um relativo distanciamento das principais correntes de pensamento à época, os utópicos, como Saint-Simon, Fourier e Owen* formularam suas teorias em um momento em que as condições revolucionárias ainda não estavam dadas, principalmente porque o capitalismo apenas emergia.

*Principal representante do socialismo utópico inglês.

Um dos traços marcantes do pensamento socialista utópico é que ele se situa entre os filósofos do século XVIII e os cientistas sociais do século XX. Dos primeiros, recuperam o caráter idealista, elitista, abstrato e moralista, enquanto, dos segundos, recuperam a busca de realizar um pensamento, não apenas articulado, mas também com forte base empírica. Esta junção termina por produzir um tipo de pensamento que, se não pode ser tratado como especificamente filosófico, também não pode sê-lo como 'científico'. Além disso, o caráter utópico deste pensamento significa que, na maior parte dos seus escritos, não há uma preocupação com a forma como as transformações sociais por eles pensadas iam se concretizar de fato. Foram formuladas grandes construções abstratas, em que os princípios, principalmente, de justiça social eram afirmados, embora tudo fosse elaborado de forma vaga e sem considerar as instituições que pudessem dar suporte a estas transformações.

A França do tempo dos socialistas utópicos passa por um período de vazio ideológico. A filosofia racionalista do século XVIII, na qual se baseara a Revolução Francesa, ainda era o pano de fundo da formação intelectual da maioria das pessoas; porém, essa filosofia, da qual se esperara a solução para todos os problemas, não conseguira salvar a sociedade nem do despotismo, nem da miséria. A autoridade da Igreja e a coerência do velho sistema social haviam sido perdidas e não havia mais um corpo de ideias aceito como algo mais ou menos oficial, tal como o fora a obra dos enciclopedistas. As invenções mecânicas das quais se esperara uma grande melhoria das condições de vida da humanidade estavam visivelmente causando a infelicidade de muitos; porém, a tirania do comércio e da indústria ainda não era tão completa a ponto de a filantropia e a filosofia serem consideradas anacronismos que só refletiam os caprichos de pessoas incapazes. Assim, os franceses, privados dos sistemas do passado e ainda incapazes de antever a sociedade do futuro, podiam propor os sistemas que bem entendessem, prever qualquer futuro concebível.

Vejamos, então, brevemente, algumas das principais formulações dos dois principais autores franceses do socialismo utópico.

**Saint-Simon**

Claude-Henri de Rouvroy, conde de Saint-Simon, nasceu em outubro de 1760, filho de uma família de alta e prestigiosa linhagem, à qual se ligava o duque de Saint-Simon, célebre memorialista. Ao lado de uma educação tradicional de um jovem nobre, foi também influenciado pelos ideais liberais.

Em janeiro de 1777, ele era subtenente e dois anos depois parte para a América com o posto de capitão no exército do capitão Lafayette. O Novo Mundo lhe revela uma sociedade rica, ativa, comerciante, ignorando os preconceitos de casta. Nesta época, ele já acredita que uma grande modificação se prepara para a Europa e que a sociedade moderna, que contempla no outro lado do Atlântico, está destinada a substituir o sistema 'feudal e teológico' do Velho Mundo.

Em 1790, pede a abolição das distinções de nascimento e, para dar o exemplo, passa a adotar o nome de Claude-Henri Bonhomme. Até 1793, quando retorna à França, ele adere às ideias revolucionárias. Entre 1793 e 1798, trabalha com corretagem e na especulação financeira. Em 1793, é preso e meses mais tarde é libertado pelos termidorianos. Sua vida entre 1794 e 1798 é faustosa, brilhante e fácil. Mas o próspero

Saint-Simon

O Mundo em que Viveu Allan Kardec | 211

negociante logo se cansa dessa existência. Lança-se, então, à pesquisa científica, iniciando-se na matemática, na biologia, na anatomia.

Em 1802, publica *Lettre d'un habitant de Genève à ses contemporains*, na qual desenvolve a ideia utópica de um governo mundial dos sábios e artistas, celebrando um culto ao mausoléu de Newton. Em seguida, publica *Lettre aux européens, Essai sur l'organization sociale* e *Introdution aux travaux scientifiques du XIX sciècle*, nos anos 1807-8. Em 1810, publica *Esquisse d'une nouvelle encyclopédie* e *Histoire de l'homme*. Nestas obras, procura principalmente separar a filosofia das ciências e ressaltar a necessidade de uma ciência global do homem.

Em 1806, seus negócios vão à ruína total e passa a ocupar um modesto emprego de copista no Montepio. Chega a conhecer a miséria e, após grave enfermidade, sua família e alguns amigos fiéis concordam em ajudá-lo. Em 1814, pode contratar um jovem secretário, Augustin Thierry, que redige com ele um tratado intitulado *De la réorganisation de la société européene*. Nesta obra, os dois autores preconizam a união das nações europeias em torno de um sistema parlamentar confederado.

Na maturidade, ele acreditava que o progresso das ciências e das técnicas prepararia o advento de um novo tipo de sociedade, a "sociedade industrial", cujos mecanismos já podem ser conhecidos graças à "ciência das sociedades" (sociologia). A partir de então, não é tanto aos sábios ou aos artistas que Saint-Simon pretende entregar o poder, mas aos *industriais* (palavra qual foi criador).

A partir de 1817, constata-se uma nova orientação em seu pensamento, agora em direção ao que talvez já pudéssemos chamar de *socialismo*. Rompe com o liberalismo e passa a ter um outro assistente: um estudante de dezenove anos, que mais tarde se tornaria célebre: Augusto Comte. É também a época em que Saint-Simon sofre a influência dos trabalhos de pensadores conservadores como Maistre e Bonald, inimigos ferrenhos do individualismo liberal. Suas ideias, demasiado subversivas para encontrar eco no seio da burguesia comerciante, não despertam qualquer entusiasmo nos meios populares, indiferentes aos conceitos econômicos.

Em março de 1823, de volta à miséria, tenta suicidar-se. De novo, seus amigos se reúnem para ajudá-lo. As obras que publica nessa época, *Du système industriel* (1821-2) e o *Catéchisme des industriels* (1823-4), traduzem a evolução de seu pensamento no sentido de uma organi-

## 212 | EM TORNO DE RIVAIL

zação social cada vez mais distante do liberalismo das primeiras obras. Embora não tenha meios para se lançar na política, conclama com todas as suas forças um partido dos industriais, que teria por missão lutar pelo advento da sociedade dos produtores. Nos últimos meses de sua vida, ele se orienta para a busca de uma nova moral, ao mesmo tempo que insiste ainda mais no aspecto social e popular das transformações econômicas a serem feitas. Esse é, em parte, o objetivo de sua última obra, *Le nouveau christianisme*, que só é publicada algumas semanas após sua morte, ocorrida a 19 de maio de 1825.

Saint-Simon afirma, repetidamente, a necessidade de uma verdadeira ciência do homem, fundamentada numa observação positiva das realidades políticas e sociais. Esse conhecimento positivo e prático, que nem a religião durante o período medieval, nem a filosofia do século XVIII foram capazes de elaborar, deve permitir aos produtores (trabalhadores em sentido amplo) libertar-se da tutela intelectual do clero e das castas feudais, e adquirir consciência do papel que lhes cabe.

É esse o ponto de partida do raciocínio de Saint-Simon. A classe dos industriais é uma. Mas ele não se detém aí, e reconhece pouco a pouco que o proletariado constitui um grupo social com características próprias. A partir de 1817, num rascunho inacabado, intitulado *La classe des prolétaires*, ele se dá conta de que, a partir da Revolução Francesa, a homogeneidade da classe industrial não é tão grande quanto antes. Percebe as tensões crescentes entre patrões e empregados, mas considera-as como conflitos secundários. Em *Du Système industriel* (1820-22), dá mais um passo na direção do proletariado, admitindo que a harmonia não nascerá espontaneamente da sociedade industrial. Em 1821, se dirige à classe operária por meio de uma brochura intitulada "*Henri de Saint-Simon à Messieurs les Ouvriers*", afirmando que o principal objetivo a que se propunha em seus trabalho era o de melhorar tanto quanto possível a situação dos operários. Em *Le nouveau christianisme* (1825), ao fim dessa evolução, ele terminará confiando ao proletariado o futuro industrial.

### Principais Ideias

Para o autor, além da liberdade individual e das leis naturais (invariáveis), havia também as leis sociais; havia uma ciência do desenvolvimento social; e, por meio do estudo da história da humanidade, deveríamos poder dominar este saber. Para ele, a história passava por períodos de

O Mundo em que Viveu Allan Kardec | 213

equilíbrio e de colapso. A Idade Média tinha sido um momento de equilíbrio e a Reforma e a Revolução constituíram períodos de colapso. Agora, a sociedade estava pronta para a consolidação de um novo período de equilíbrio. Todo o mundo deveria ser organizado cientificamente; e esse problema era evidentemente de natureza industrial, e não metafísico. Os liberais estavam redondamente enganados ao bater na tecla da liberdade individual; na sociedade, as partes deviam subordinar-se ao todo.

Então, a solução era livrar-se dos velhos liberais; livrar-se dos soldados na política e colocar o mundo nas mãos dos cientistas, dos capitães e dos artistas. A nova sociedade seria organizada, não pela igualdade, mas pelo mérito. A ação industrial é, com efeito e por natureza, diferente da ação guerreira. Enquanto as sociedades militares de antigamente eram baseadas na coerção e na violência, as sociedades industriais, que não visam aos mesmos fins, têm por princípio motor a participação e a cooperação pacíficas. Para Saint-Simon, a tomada do poder pela classe dos industriais seria pacífica, em consequência da tomada de consciência, por parte destes, de seu papel e de sua missão.

A grande transformação social desejada por Saint-Simon não se reduzia, como no passado, à simples substituição de uma classe por outra na direção dos negócios, mas seria o desaparecimento do próprio poder. O advento da sociedade industrial marcaria o fim das lutas de classes e o início de uma era de concórdia universal, sem antagonismos e conflitos. Nessa visão milenarista da história, a política se torna a ciência da produção, isto é, a que tem por objetivo a ordem das coisas mais favorável a todos os gêneros de produção.

O Estado teria seu papel reduzido ao mínimo e acabaria mesmo por se dissolver na totalidade do corpo social. Segundo a fórmula célebre, a administração das coisas substituiria o governo dos homens. É o tema do desaparecimento do Estado, já exposto por Fiche, e que será retomado mais tarde por Marx e Lênin.

O sistema saint-simonista nada tem de democrático. Em lugar da velha aristocracia ociosa, está prevista a instalação de uma elite de industriais, sábios, banqueiros, que serão recrutados pelo seu talento. Muito embora Saint-Simon tivesse, ainda que tardiamente, tomado consciência da premência que havia em tirar as classes pobres da miséria, embora tivesse considerado necessário transformar o Estado numa "companhia de trabalhadores", seu sistema continuou hierarquizado e elitista.

## 214 | EM TORNO DE RIVAIL

Na etapa final da humanidade, a ciência do homem substituiria a velha teologia e as metafísicas do irreal. Mesmo assim, no final de sua vida, Saint-Simon não pensa mais que a ciência seria suficiente, por si mesma, para dar o impulso de fraternidade necessário à realização de uma grande obra coletiva. Como todos os criadores de utopia, ele sente a necessidade de dotar a sociedade futura de uma mística que corresponda à sua ética. É essa a ambição do "novo cristianismo", religião de amor que tem por finalidade reunir os homens numa mesma motivação de fé criadora. Religião panteísta, adaptada à moral positiva e industrial, ligada diretamente ao culto prometeico da exploração racional das riquezas terrestres. Os sábios administrariam o poder espiritual, tomando o lugar dos sacerdotes, enquanto os industriais dominariam a plenitude do poder temporal: o neocristianismo do autor exprime a nostalgia da teocracia unitária da Idade Média, uma teocracia transposta para a era industrial.

Saint-Simon dividia a humanidade em três classes: os *savants*, os proprietários e os não-proprietários. Os *savants* exerceriam o "poder espiritual" e ocupariam os cargos do órgão supremo, que seria denominado de Conselho de Newton – pois fora revelado a ele numa visão de que era Newton, e não o papa, que fora eleito por Deus para sentar-se a seu lado e transmitir à humanidade seus desígnios. Esse conselho, segundo um dos programas deste socialista, seria composto de três matemáticos, três físicos, três fisiólogos, três *littérateurs*, três pintores e três músicos; seu trabalho seria criar invenções e obras de arte para o melhoramento geral da humanidade e, em particular, descobrir uma nova lei da gravidade que se aplicasse ao comportamento dos corpos sociais e que mantivesse as pessoas em equilíbrio umas em relação às outras.

Porém quem realmente governaria seriam os membros da comunidade cuja renda fosse suficiente para garantir-lhes a subsistência, permitindo-lhes trabalhar de graça para o Estado. As classes desprovidas de posses se submeteriam a isso porque era de seu interesse fazê-lo. As classes dotadas de posses deveriam governar, pois detinham "mais luzes". Porém, o objetivo de todas as instituições sociais era melhorar, intelectual, moral e fisicamente, as condições de vida da classe mais pobre e mais numerosa.

Era preciso fazer com que as classes prósperas compreendessem que a melhoria das condições de vida dos pobres implicaria também a melhoria das condições de vida delas. É preciso convencer aos *savants* que seus interesses são idênticos aos da massa. Segundo o autor, era preciso tentar convencê-los antes de falar diretamente ao povo, evitando, assim, qualquer apelo à violência.

**Charles Fourier**

C. Fourier nasceu na província do Franco-Condado, na cidade de Besançon, a 7 de abril de 1772. Filho de um negociante de tecidos e gêneros, que também exercia as funções de juiz consular. Foi orientado para a carreira comercial, embora esta não fosse sua vocação. Apesar de seu ódio pela profissão, Fourier teve que desempenhá-la por toda a sua vida. Torna-se caixeiro-viajante, percorre a França e a Europa para, por fim, fixar-se em Lyon, onde, graças à herança paterna, especula com gêneros exóticos, o arroz, o algodão e o açúcar. A vida em Lyon 'fez Fourier': a miséria dos artesãos da tecelagem, bem como a tradição do Iluminismo despertaram a imaginação do comerciante a contragosto, e tiveram importante papel em sua formação intelectual. Como Saint-Simon, havia perdido a fé na política liberal da época e ambos tinham uma posição marginal em relação à cultura convencional da época.

Era uma pessoa extraordinariamente direta, de um desprendimento excepcional, de uma persistência infatigável. Tinha uma combinação peculiar de humanitarismo profundo com paixão pela exatidão sistemática. Conhecia em primeira mão os piores aspectos daquele sistema comercial e industrial que, em ritmo cada vez mais acelerado, estava dominando a sociedade ocidental. Chegou a perder seu patrimônio e escapou da guilhotina na época do cerco de Lyon, realizado pelas tropas revolucionárias da Convenção; vira a população desta cidade ser reduzida à mais abjeta degradação com o desenvolvimento da indústria têxtil. O impulso avassalador que tinha, de tornar menos dolorosa a

Charles Fourier

216 | EM TORNO DE RIVAIL

vida humana, lhe inspirava uma certeza otimista, impelindo-o a empreender trabalhos que não lhe proporcionavam nenhuma recompensa, e que eram, eles próprios, quase uma forma de loucura. Formulava suas propostas com base na doutrina de Rousseau que impregnava de tal forma a atmosfera da época que não era necessário ler para assimilá-la: a doutrina segundo a qual a humanidade é naturalmente boa e que foram as instituições que a perverteram.

Em 1793, sob o Terror, foi preso, encarcerado e, em seguida, recrutado para o corpo da infantaria. A brutalidade do acontecimento fará nascer no jovem doce e resignado um ódio tenaz contra a Revolução Francesa e a violência em geral. Fourier critica tanto Saint-Simon quanto Owen, pelo caráter utópico e irrealizável de suas proposições. Se há, no entanto, um sistema impraticável que merece o qualificativo de utópico é exatamente o dele. Marx e Engels também consideraram Fourier com simpatia, pois, ele mostrou sem piedade a miséria material e moral do mundo burguês. Vários pontos do *Manifesto comunista* (1848) teriam sido inspirados diretamente em sua obra.

Seu estilo parece confuso, maçante, desanimador, com sua retórica pesada e a avalanche de neologismos que utiliza deliberadamente, em classificações de maníaco. Com exceção de umas poucas páginas vivas e agradáveis, suas obras são lidas com dificuldade e suportam tranquilamente a podadura dos antologistas.

Depois de alguns artigos sem interesse, em 1808 ele publica, sob o pseudônimo de M. Charles, a *Théorie des quatre mouvements et des destinées générales*. A obra não despertou o entusiasmo esperado por seu autor. Absorvido pelos trabalhos de empregado de comércio e mais tarde de caixa de banco, Fourier passou quatorze anos antes de publicar, desta vez com seu próprio nome, o *Traité de l'association domestique agricole* (1822). Sete anos depois, em 1829, publica sua obra de leitura mais fácil, *Le nouveau monde industriel et sociétaire*; de 1835 a 1836, lança *La fausse industrie, morcelée, mensogère et l'antidote, l'industrie naturelle, combinée, attarayante, véridique, donnant quadruple production*. Após, vários artigos são publicados em *Le Phalanstère* e *La Phalange*, e estudos não publicados em vida, notadamente o famoso livro do *Nouveau monde amoreux*, só conhecido em 1967.

Afirmava que a natureza humana podia ser desmontada, como o conteúdo de uma caixa de ferramentas, e separada em um número

O Mundo em que Viveu Allan Kardec | 217

limitado de 'paixões' humanas – ou seja, instintos e interesses – que haviam sido conhecidos por Deus para diferentes objetivos. Todas eram necessárias, e o problema da sociedade moderna era simplesmente o fato de que essas 'paixões' estavam sendo usadas erradamente. Bastava que as paixões apropriadas fossem utilizadas para os objetivos corretos para que se instaurasse o reino da harmonia.

A utopia fourierista situa-se numa concepção evolucionista da história. Até a sua época a história tinha apresentado cinco estágios: *éden, selvageria, patriarcado, barbárie* e *civilização*. O autor recupera o mito do "bom selvagem" e o quinto estágio é o último de degradação, que corresponde ao advento do grande capitalismo, em que ainda há uma desordem generalizada. Indústria, agricultura, comércio, casamento, tudo ali são mentiras, erros, fontes de ilusão ou falsidade. Em geral, as críticas realizadas pelo autor não são novas ou originais, uma vez que outros autores, como Saint-Simon, já haviam condenado o liberalismo econômico.

Fourier sempre rejeitou o caminho violento para a transformação social. Para ele, podiam-se incitar os homens a se entregarem ao jogo combinado das paixões, mas jamais forçá-los a isso. Acreditou que os homens poderiam passar rapidamente da *civilização* para a *harmonia* (estágio final de seu esquema); no final de sua vida, verificando a dificuldade de realização dos seus ideais, pensou vários estágios intermediários que levariam, cada um deles, vários decênios. Assim é que, após o quinto período (*civilização*), a humanidade deveria conhecer um sexto, o *garantismo* (ou *semifelicidade*), em seguida um sétimo, o *sociantismo*, em que se manifestariam as primícias do regime societário. O último seria o do 'salto' para a *harmonia*.

Fourier foi antidemocrático e adversário decidido das ideias revolucionárias; conserva em projeto de falanstério* a propriedade privada, o respeito à herança, continua a remunerar o capital e mantém as desigualdades de fortuna. Por outro lado, o autor era inimigo do capitalismo liberal, adversário implacável do comércio mentiroso, teórico de um sistema comunitário oposto ao individualismo liberal. Duas das principais ideias socialistas estavam contempladas em seu pensamento: a ideia de progresso, portanto, o autor não é um "profeta do passado"; e a de uma perfeita integração entre o indivíduo e a sociedade, buscando a supressão de todas as contradições entre os interesses privados e o interesse geral. O que Marx queria realizar pelo processo revolucionário, Fourier pretende fazer pelo desencade-amento pacífico e benéfico das paixões.

A fim de demonstrar que o interesse de cada indivíduo era com-patível com o interesse de todos, propôs a criação de sociedades limi-tadas e independentes no interior da sociedade maior. As comunida-des dependeriam do capital privado, e nelas não se buscaria atingir a igualdade absoluta. Haveria sufrágio universal, e os filhos dos ricos e dos pobres receberiam a mesma educação; além disso, percebia que não seria desejável que, na mesma comunidade, convivessem indiví-duos de níveis de renda muito diferentes. Porém, haveria diferenças de renda e uma hierarquia: os capitalistas não ocupariam as posições mais elevadas. Na distribuição de renda por dividendos, os capitalis-tas receberiam apenas 4/12, enquanto os trabalhadores receberiam 5/12 e as pessoas de talento, 3/12. Os trabalhos desagradáveis seriam mais bem pagos do que os outros; e os trabalhos necessários valeriam mais que os trabalhos apenas úteis, os quais, por sua vez, teriam prio-ridade em relação aos que só produzissem bens e serviços de luxo.

A questão era organizar as pessoas em relação ao trabalho de modo que todas as 'paixões' humanas servissem a objetivos benéficos. Todo mundo gostaria de fazer alguma coisa; assim, certamente, tudo poderia ser feito. Todo impulso humano poderia ser utilizado para fins positi-vos; desse modo, não haveria por que não satisfazer a todos. A eficiên-cia industrial seria estimulada pela rivalidade entre diferentes grupos.

**Considerações Finais**

Como foi dito no início deste texto, todos os processos aqui ana-lisados permanecem como parte da forma específica de ser do mun-do moderno. As continuidades, porém, não são lineares. O mundo complexificou-se e todas as contradições próprias da modernidade aumentaram não apenas quantitativamente, mas também qualitati-vamente. Afinal, mais de um século nos separa do momento de tran-sição entre as formas de organização social pré-capitalistas e as hoje identificadas como pós-modernas e pós-industriais. Não há como tentar fazer, neste espaço, um levantamento, ainda que sumário, dos desdobramentos que ocorreram na França (e no mundo), uma vez implementada uma forma impessoal de geração da pobreza, nem das alternativas de remediação dos males daí decorrentes.

O importante a ressaltar é que a França do século XIX foi um dos locais privilegiados onde se podia estar para se assistir à transição por que o mundo passou com o fim dos antigos regimes e o surgimento das formas capitalistas de produção da vida social, e refletir sobre essa transformação. Se é verdade que naquele momento estava-se, apenas, no início de um grande processo, aquele foi também um período de turbulência em que as 'vantagens' da vida urbano-industrial se anunciavam, mas também mostravam sua face mais dramática.

Foi neste período de efervecência social, neste mundo de contraste, em que fervilhavam novas ideias e os ideais de um mundo em transformação, que surgiram os principais pensadores e artistas do mundo moderno. Foi ali, naquele espaço que vai desde a Inglaterra até a Alemanha, que se gestou o que houve de novo no mundo cultural, nas ciências, nas artes, na política, na economia... Ali estavam os pensadores que hoje nos ajudam a pensar o mundo, foi dali que surgiram as maiores expressões da música, da literatura, das artes e da ciência a que temos acesso e de que temos conhecimento.

O que de mais marcante pode-se perceber dessa época é que ela nos legou um mundo de contrastes e contradições. Por isso, temos, conjuntamente, partilhado espaços por vezes muito próximos, a vitória e a derrota; o luxo, a riqueza, de um lado, e a pobreza e a miséria de outro; ilhas de conhecimento e excelência, contrastando com a ignorância e o analfabetismo.

A França e os franceses foram protagonistas desse drama. Ninguém que viveu naquele espaço do mundo, naquela época, passou incólume a tantas modificações, a mudanças tão radicais nos costumes, nos hábitos e, mesmo, na forma de se pensar e agir no mundo. Foi ali, principalmente, que se gestaram as principais alternativas para se remediarem e solucionarem os males que ainda estavam por vir.

# Materialismo e Espiritualismo na Filosofia: Culminâncias e Sínteses

### NADJA DO COUTO VALLE
Registramos nosso apreço, respeito e carinho
à professora Sarah Santoro, que teria elaborado
conosco este artigo, e não está mais entre nós.

Através dos tempos a especulação filosófica deslocou seu eixo: o pensamento grego voltou-se, até Sócrates, para a natureza, o medieval para Deus, e a filosofia moderna e contemporânea para o homem. Isto é particularmente percebido no século XIX, quando o homem privilegiou a matéria em detrimento do espírito, a si próprio em detrimento de Deus e a ciência em detrimento da metafísica. Essa postura redundou em um quadro em que o materialismo e o positivismo tiveram preponderância sobre um sempre presente espiritualismo que ao final do século mostrou grande pujança como movimento de reação antimaterialista e antipositivista.

O panorama do século XIX é produto de praticamente todos os movimentos de ideias que se desenvolveram no campo da filosofia, algumas atingindo culminâncias *de per si*, outras harmonizando-se entre si em sínteses de diferentes níveis de gradação. Em uma abordagem a período tão rico em extensão e profundidade, enfrenta-se o desafio de balizamento do conteúdo,* tanto maior porque é

*Por questão de espaço, limitamos o comentário sobre o pensamento de filósofos e escolas às suas idéias básicas, como também restringimos a citação de obras ao mínimo indispensável.

Jean-Jacques Rousseau, em retrato de Escot, a partir de Quentin de La Tour

também imperativo traçar desde o século XVII a ancestralidade das principais ideias do século XIX, contextualizando alguns filósofos e sistemas em sua dimensão histórica, com referências, ainda que leves, a instâncias políticas, sociais, econômicas, religiosas, culturais, psicológicas, dentre outras, porque nada é estranho à filosofia.

A filosofia não se restringe ao imediato e ao particular, tampouco é uma pesquisa abstrata e descomprometida com problemas concretos vitais e interessantes. Seu método contempla a experiência, como todo saber humano, mas transcende as outras ciências que se restringem às causas segundas, no âmbito da experiência, porque vai até as causas primeiras, para dar uma explicação concludente da realidade, da vida. Com isso só a filosofia pode, portanto, dar indicação do fim último do homem, buscando solucionar o que constitui os seus problemas básicos: o gnosiológico, o metafísico e o moral.*

*Por questão de espaço, limitamos o comentário sobre o pensamento de filósofos e escolas às suas idéias básicas, como também restringimos a citação de obras ao mínimo indispensável.

Do ponto de vista histórico, as várias perspectivas filosóficas do pensamento grego clássico espelham claramente os grandes problemas metafísicos, gnosiológicos, éticos e religiosos, enquanto a Idade Média revela preocupação com o sobrenatural, com a relação do homem com Deus, com a vida futura e a salvação eterna. Essa é a época da transcendente unidade cristã que abrange teologia e filosofia, Igreja e Estado, clero e laicado.

O período da filosofia moderna, que vai do século XVI ao XVIII, enriquece-se em novas instâncias, como a política, a pedagógica e a científica; não obstante, nele persistem os problemas filosóficos tradicionais: o da natureza ou cosmologia; o de Deus ou teodiceia; o do conhecimento, ou gnosiologia; o da alma ou psicologia; o da liberdade e da lei ou moral; e o do ser ou metafísica.

René Descartes

Esse período baliza, forja e abre perspectivas para os movimentos do século XIX, porque o clima foi de total autonomia da pesquisa

O Mundo em que Viveu Allan Kardec | 223

filosófica em relação à teologia; de pluralismo das linhas filosóficas, que passaram a ter liberdade para sustentar qualquer sistema mediante a razão; e de desinteresse gradativo pela metafísica, que, com a crescente preocupação com os problemas gnosiológicos, éticos e políticos, cedeu o lugar privilegiado que tinha no pensamento grego e medieval à epistemologia e à metodologia. É que, com o prestígio das ciências naturais e suas descobertas, os filósofos julgaram poder aplicar os métodos e critérios destas ciências e obter resultados semelhantes, imprimindo com isso a marca da filosofia no século XIX.

O pensamento moderno é, portanto, um grande movimento de caráter especulativo e manifesta-se por meio da concepção imanentista,* humanista** e naturalista*** da Renascença, nos séculos XV e XVI; do racionalismo no século XVII, que representa uma primeira sistematização do imanentismo moderno, privilegiando o conhecimento racional, e negando qualquer valor à experiência sensível; do empirismo nos séculos XVII e XVIII, que privilegia o conhecimento sensível, a experiência sensitiva como base do conhecimento humano; do Iluminismo na segunda metade do século XVIII, que surge, após a gradual maturação do racionalismo e do empirismo,

*Diz-se do que é imanente, ou interior a um outro ser.

**É doutrina moral que reconhece no homem o valor supremo contrapondo-se ao fanatismo religioso e ao estatismo político, que sacrifica o indivíduo à razão do Estado.

***Doutrina que nega a existência do sobrenatural, recusa a idéia de uma criação divina e explica a formação da natureza e dos seres vivos a partir de um princípio vital imanente e material.

como uma saída prática, social, política, moral e religiosa.

Veja-se o caso do século XVII, dominado pela questão do método e pelo problema crítico, isto é, pelo problema do valor do conhecimento, que gera o racionalismo e o empirismo. Embora antitéticos, têm pontos em comum: o problema de ambos é o gnosiológico, e sua concepção de mundo é fenomenista, empirista e sensista para um, matemático e racionalista para o outro. Ambos encontram uma composição e uma aplicação prática no Iluminismo, que é o pressuposto lógico da Revolução Francesa: o mundo, até então concebido como um grande ser animado, como foi próprio da Renascença, passa a ser concebido como uma grande máquina.

O fundador do racionalismo é René Descartes (1596-1649), o "pai da filosofia moderna", que assumiu com ele todos os seus traços ca-

## 224 | EM TORNO DE RIVAIL

racterísticos: o valor do conhecimento, racionalismo, a importância do método, subjetivismo e preocupação central no problema gnosiológico. É o primado da razão – depois do primado da fé, no período medieval – que faz a investigação filosófica voltar-se de Deus para o homem, do céu para a terra.

O ponto de partida do método cartesiano é a dúvida universal, não sistemática e definitiva, mas metódica e provisória, para conquistar com segurança a verdade, pois não se pode pensar sem um ato de pensamento – *cogito ergo sum* – , que nos faculta a certeza da existência do espírito, que é quem duvida e quem traz também ideias inatas, que dependem exclusivamente da razão e, por não poderem ser produzidas pela experiência, necessariamente são inatas, como as ideias 'perfeito', 'infinito', 'eterno' e semelhantes. Descartes usou essa teoria do inatismo para dar solução ao problema que Platão resolveu com a reminiscência, Aristóteles com o intelecto e Agostinho com a iluminação; e com ela promoveu a desvalorização do conhecimento sensitivo e a supervalorização do poder da razão, ou racionalismo, e a negação do mundo físico, ou idealismo.

O mérito de Descartes é o de tentar salvar a filosofia clássica mediante um novo método científico, mas isto tem como consequência indesejável o fato de expor a filosofia ao perigo de ser confundida com as ciências ou a uma certa desconsideração por não dispor de um método eficaz como elas. Ao mesmo tempo são vistas como ponto fraco em seu pensamento a supervalorização do racional e a idolatria da razão. A aplicação desse princípio da soberania da razão, implícita aqui a negação da tradição, da revelação e do sobrenatural, redundará, no século XVIII, no Iluminismo. Seu pensamento exercerá grande influência sobre o mundo cultural francês e europeu, diretamente até Kant e indiretamente até Hegel, em função do espírito crítico que o caracteriza e do método racionalista, implícito nas premissas do sistema.

Seu mais célebre defensor foi N. *Malebranche* (1638-1715), que aceita as teses cartesianas fundamentais, embora só admita o inatismo ontológico: vemos as ideias de todas as coisas no próprio intelecto de Deus, isto é, nós temos a intuição da mente divina, o verdadeiro lugar das ideias ou o lugar dos espíritos, o que o leva a sistematizar o ocasionalismo, segundo o qual devemos entender tudo como 'ocasião' ou instrumento da vontade divina, ou seja, toda energia produtora de ser e de atividade pertence propriamente a Deus. Como se vê, além de fiel continuador de Descartes, ele é também o precursor ideal de Spinoza, antecipando sua visão panteísta do universo.

Baruch *Spinoza* (1632-1677), o mais coerente e lógico dos filósofos cartesianos, representa a conclusão lógica extrema do racionalismo cartesiano, sob forma de monismo\* racional, por concluir que só Deus é substância, divina, eterna e imutável, da qual ele deduz, racional e matematicamente, toda a realidade em número infinito de atributos, dos quais o homem só pode conhecer dois: a espiritualidade e a materialidade. Para ele o *ser* é uno, é a *substância* ou *natureza*: Deus é a própria ordem geométrica necessária a tudo.

> \*Diversamente de Spinoza, que tentara a síntese do racionalismo cartesiano com o panteísmo neoplatônico, e de Malebranche, que buscou a síntese do racionalismo com o platonismo agostiniano, Leibniz tenta uma vasta síntese do pensamento aristotélico-tomista com o empirismo moderno.

Em sua *Ethica*, Spinoza postula que o homem é modo da *substância*, arrastado deterministicamente pela sua evolução, entendida como se entende o desenvolvimento de uma fórmula matemática: é a chamada "moral geométrica" de Spinoza, que pode ser invocada na discussão da doutrina corrente do livre-arbítrio e da chamada lei de causa e efeito.

Na linha metafísica está também o aspecto diferenciador de Gottfried Wilhelm *Leibniz* (1646-1716), cuja originalidade de pensamento\* infundiu, no racionalismo matemático de Descartes, o sistema filosófico que mais o influenciou, uma concepção dinâmica da realidade. Estruturou sua metafísica com a monadologia, ou a doutrina das mônadas, que são os elementos primeiros, fundamentais da realidade, concebidas como átomos espirituais dotados de atividade, substâncias-força capazes de ação.\*\* A ordem entre elas e as relações entre alma e corpo são explicadas por Leibniz pela harmonia preestabelecida por Deus, surgida da influência em seu pensamento do ocasio-

> \*\*Cada átomo reflete todo o universo de um determinado ponto de vista : cada ser é um microcosmo, não apenas o homem. Em sua hierarquia ascendente, contínua, há uma escala que contempla desde a ínfima mônada até Deus, a Suprema Mônada, que é mais ou menos o conceito tradicional de Deus.

nalismo de Malebranche, segundo a qual a uma modificação física corresponde uma modificação psíquica e vice-versa, porque o corpo não atua diretamente sobre a alma, nem esta sobre o corpo.

## 226 | Em Torno de Rivail

A filosofia de Leibniz traz um descortino de ideias novas à mentalidade moderna, com o sentido dinâmico da realidade e seu ativismo,* e encontra seu grande disseminador em Christian *Wolff* (1679-1754), que dá ao racionalismo moderno uma rígida sistematização formal e é considerado o pai da do Iluminismo racional alemão, ou *Aufklärung*, que separou a religião natural da religião revelada, e acaba por negar esta última.

*Seu ativismo contrasta com o mecanicismo de Descartes, com a rigidez do pensamento de Hobbes que chegou a explicar o universo e até o pensamento pelo movimento mecânico, com o determinismo spinoziano e com o entendimento de Malebranche do nosso eu como passivo, incapaz de entender nosso agir, nosso pensar e nosso querer.

Mas a filosofia de Descartes conheceu também oposições, principalmente em Blaise *Pascal* (1623-1662), um dos adversários mais irredutíveis, que propõe uma forma de conhecimento não racional, que conhece o que a razão não conhece: é o *esprit de finesse*, ou a "razão do coração", inaugurando o "método do coração", uma espécie de razão integral, que leva até o cristianismo e propõe uma nova síntese de razão e tradição, de fé e ciência. Opositor foi também o italiano Giambattista Vico(1668-1744), o inventor da ciência histórica, a "ciência nova", ao afirmar, contra Descartes, que identifica o verdadeiro com o certo – *verum est certum*, o verdadeiro é o certo, que *verum est factum*, o verdadeiro é o fato, o que lhe permite afirmar que a história é uma verdadeira ciência, porque satisfaz os dois requisitos fundamentais do saber científico, concretitude e universalidade, pois estuda acontecimentos particulares sujeitos a leis universais.

Esse mesmo século XVII é o "século de ouro" para a Inglaterra, muito rico em várias áreas, mas a característica mais original do pensamento seiscentista é sem dúvida o empirismo, inspirado nas ciências experimentais, que parte da constatação de acontecimentos particulares, da experiência de certos fatos concretos, e reduz o nosso conhecimento às sensações, que nos dão não a realidade, mas as aparências subjetivas das coisas. Abriga o problema do método, com Bacon; o materialismo de Hobbes; a crítica da experiência, com Locke; a crítica do conhecimento e o imaterialismo de Berkeley; o ceticismo teórico ou a conclusão cética do próprio empirismo, com Hume; o sentimentalismo moral de Adam Smith; e a chamada escola escocesa do "senso comum" de T. Reid.

Francis *Bacon* (1561-1626), institui a indução experimental, a ponto de fazer desaparecer a transcendência, no que é completado

O Mundo em que Viveu Allan Kardec | 227

por Thomas *Hobbes*(1588-1679), que leva o empirismo e o naturalismo a consequências extremas, inclusive no campo prático, moral e político, a ponto de ser considerado o teórico do absolutismo político, por força de sua concepção metafísica de cunho marcadamente materialista e de sua visão ética essencialmente hedonista.

Mas John *Locke*(1632-1704), que sucede cronologicamente a Hobbes e Bacon, não acompanha a metafísica materialista de ambos e avança com sua gnosiologia fenomenista-empirista, aceitando no entanto a metafísica tradicional, no que concerne a Deus, à alma, à moral e à religião. Procurou completar seu empirismo com elementos racionalistas, e assim afasta-se da linha de desenvolvimento do empirismo, posta por seus antecessores. Limita-se então ao problema gnosiológico, oferecendo uma teoria do conhecimento que exclui as ideias e os princípios inatos: antes da experiência, o espírito é como uma folha em branco, uma *tabula rasa*, isto é, todo o nosso conhecimento tem origem com e pela experiência.* Formulou a primeira teorização do liberalismo político moderno, que terá grande influência no século XVIII e que contrasta com a doutrina do absolutismo naturalista de Hobbes.

Também na linha do fenomenismo empirista, George *Berkeley* (1685-1753) concentra toda a sua meditação sobre o problema metafísico-religioso, a cujo serviço põe o seu empirismo gnosiológico, ao propor que todas as sensações são

*Interessando-se também pelos problemas pedagógicos, Locke realça, em coerência com sua gnosiologia, a nossa passividade na educação, mas afirma também a parte ativa do aluno, pois é o intelecto que constrói a experiência, elaborando as idéias simples. O processo de educação deve desenvolver o intelecto mediante a moral, pois trata-se de formar seres conscientes e livres. Defende a educação física como instrumento para o auto-domínio.

subjetivas e resultam de uma ação de Deus sobre os espíritos, chegando então ao que ele próprio chamou de imaterialismo e desembocando assim seu pensamento em um espiritualismo teístico, em pleno bojo do empirismo. Seu pensamento é comumente considerado como uma ponte entre o empirismo moderado de Locke e o radical do escocês David *Hume* (1711-1776), que leva essa vertente do pensamento a uma conclusão cética, por permanecer intransigente no princípio empirista de que a única fonte de conhecimento é a experiência, cujo objeto não é a coisa externa, mas a sua representação, além da qual nada se pode conhecer. É grande sua influência nos tempos que se lhe seguiram. É o predecessor do positivismo. Kant

## 228 | EM TORNO DE RIVAIL

declarou que despertou de seu "sono dogmático" ao travar contato com o pensamento de Hume.

Permanecendo no âmbito do empirismo, *Thomas Reid* (1710-1796), o maior nome da chamada escola escocesa do senso comum e também do Iluminismo inglês, tenta vencer o fenomenismo de Hume, mantendo a experiência como limite insuperável, buscando conhecer o espírito por meio da observação e análise das diferentes faculdades e dos princípios constitutivos do homem, e abdicando da explicação de sua origem, o que redunda em um agnosticismo metafísico.

É nesse período que floresce também a filosofia do sentimento de A.Smith.*

*Representada por Shaftesbury (1671-1713), que contrariando Hobbes, postula que em todo indivíduo há um instinto inato de simpatia para com os seus semelhantes, por F. Hutchinson (1694-1747) para quem o homem possui inato o senso da beleza, da simpatia e o senso moral, desinteressado, que lhe faculta perceber tanto o vício quanto a virtude, mas principalmente pelo economista Adam Smith (1723-1790), o maior representante do sentimentalismo moral que baseia seu pensamento na idéia de que Deus colocou no homem um sentimento infalível que o guia ao bem e à felicidade : a simpatia, que nos faculta vermo-nos a nós mesmos como os outros nos vêem – a capacidade de sermos espectadores imparciais de nós mesmos, aprovando ou não o nosso comportamento de acordo com a reação dos outros.

Nesse mesmo século XVIII predomina o movimento filosófico que recolhe e unifica a herança do racionalismo e do empirismo, defendendo os direitos supremos da razão humana e exigindo ao mesmo tempo que eles sejam submetidos ao controle da experiência: o Iluminismo, que é mais do que um sistema filosófico, é um movimento espiritual e cultural, caracterizado por uma ilimitada confiança na razão humana, e é, em essência, um antropocentrismo, cujas fontes principais são o racionalismo – que lhe dá o método crítico, a postura demolidora da tradição, para instaurar a luz, a evidência, a clareza e a distinção da razão; e o empirismo – que lhe fornece o mecanicismo e o associacionismo. Caracteriza-se ainda pela veneração pela ciência, pelo antitradicionalismo e pelo otimismo utopístico. O Iluminismo de tal modo se espalha pela sociedade que vai determinar o maior movimento social, econômico e político dos tempos modernos: a Revolução Francesa, despertando interesse em todas as nações europeias.

Na Inglaterra, o Iluminismo depende substancialmente de Locke, embora reaja contra as suas consequências mecanicistas, naturalistas e materialistas, e atinge seu pleno amadurecimento com

Thomas Reid e Isaac Newton (1642-1727), o fundador da física moderna.*

Mas ainda que a terra de origem do Iluminismo seja a Inglaterra, sua terra clássica é a França, para onde Voltaire a trouxe e onde tornou-se um movimento coletivo e popular mediante a contribuição decisiva da Enciclopédia: *Encyclopédie* ou *Dictionnaire des sciences, des arts et des métiers*, publicada entre 1751-1772, sob a supervisão de Jean-Baptiste *D'Alembert* (1717-1783) e Denis *Diderot* (1713-1784). Seus representantes mais expressivos são Charles de Secondat, barão de *Montesquieu* (1689-1755), o pai do constitucionalismo liberal moderno, também considerado o fundador de uma ciência naturalista da sociedade, que terá em Auguste Comte seu teórico máximo, e François Marie Arouet, cognominado *Voltaire* (1694-1778), que assume de Locke a teoria do conhecimento e a metafísica, mas resvala em um agnosticismo radical relativamente à natureza e aos atributos de Deus. Tendo aderido ao empirismo lockeano, no Iluminismo francês estruturam-se também o ceticismo de Pierre *Bayle* (1647-1706), que disseminou a incredulidade por toda a Europa, defendendo a irracionalidade da revelação, e o sensismo do mais notável filósofo iluminista francês, E. Bonot de *Condillac* (1715- 1780), que derivou toda a experiência da mera sensação sem reflexão, chegando a concluir que a consciência, o eu, é uma coleção de sensações atuais e lembradas. Filosoficamente, seu pensamento desemboca em um ceticismo metafísico e tem ampla influência na Europa.

Interessante a condição de Jean-Jacques *Rousseau* (1712-1778) nesse cenário, suíço de origem, com seu centro de atividade na França. Filho do Ilumi-

*O sistema de mundo de Newton integra a existência de Deus como elemento fundamental e que responde pela existência da estrutura e da ordem do mundo: esse racionalismo teológico é a essência do deísmo, e torna-se a matriz do entendimento das relações entre o mundo e Deus, no século XVIII.

Rousseau por Anton Graff

## 230 | Em Torno de Rivail

nismo, supera o movimento que com ele atinge um de seus pontos mais altos, coloca-se fora dele, quando dá primazia ao sentimento, à espontaneidade natural, torna-se precursor de uma nova fase da cultura, e segue rumo ao Romantismo.**

*Em Emile, desenvolve doutrina pedagógica fundamentada no conceito da educação natural – a natureza humana é natural e originariamente boa, conceito que já fora apresentado por Pascal, portanto deve-se deixá-la desenvolver-se livremente; em função disso a educação deve ser livre, natural, espontânea, de forma a facultar ao discípulo desenvolver toda a sua humanidade originária.

O Iluminismo teve também expressão na Itália e na Alemanha. Na Itália, com a divulgação do experimentalismo de Newton, do empirismo de Locke, do enciclopedismo e do sensismo de Condillac, inaugura-se uma fase de afirmação, em especial nos campos das disciplinas práticas e sociais como economia, direito, estatística e política, com destaque para o já referido G. Vico. Na Alemanha, o iluminismo, fundado pelo também já referido Christian Wolff, faz surgir, como ocorrera na Itália com Vico, uma direção historicista preludiando claramente o Romantismo, principalmente com Gotthold Ephraim *Lessing* (1729-1781), seu maior expoente, cujos traços pessoais, assim como aconteceu com Rousseau, situam-no fora e acima do iluminismo, e fazem dele um precursor do Romantismo, ao considerar, diversamente dos iluministas, que a cultura, a ciência a verdade são uma pesquisa permanente, segundo uma concepção histórica.

Em órbita periférica ao Iluminismo, destaca-se Immanuel Kant (1724-1804), fundador do criticismo, que representa a síntese filosófica e especulativa do racionalismo e do empirismo, e dele decorrerá o idealismo moderno – enfim, decorrerá o pensamento contemporâneo. A crítica de Kant repousa sobretudo no fato de que o racionalismo e o empirismo nunca voltaram sua atenção para a existência de certos tipos de juízos, e também na concepção errônea a respeito do conhecimento humano. A partir daí, Kant tirou a filosofia do imobilismo em que se encontrava, por já estarem esgotadas as possibilidades da investigação racionalista e empirista, consideradas excludentes, e resolveu-as no seu criticismo, com o qual abre o caminho para o idealismo e o positivismo.

Em sua *Crítica da razão pura* (1781), ele trata da razão humana e acaba por concluir pela incapacidade dessa mesma razão para construir a ciência. Já na *Crítica da razão prática* (1788), ele aplica

O Mundo em que Viveu Allan Kardec | 231

os princípios gerais do criticismo ao problema moral, e tenta salvar a metafísica, os conceitos de Deus, alma e moralidade, formulando uma moral categórica, autônoma e formalista, legislada pelo espírito humano e regida pelos postulados da razão prática: Deus, alma e liberdade. A obediência ao imperativo categórico da vontade humana é a essência da moral: o homem obedece à lei pela própria lei e não por outro motivo. Em *Crítica do juízo* (1790), ele trata dos juízos que se fundamentam no sentimento, e que podem ser do tipo teleológico, porque reconhece nas coisas uma ordem que visa a um fim, ou do tipo estético, segundo o qual o valor da beleza não deriva do objeto, mas é posto pelo sujeito.

É verdade que Kant admite o conceito de criatividade do espírito, de síntese *a priori*, mas também é verdade que ele próprio deixa um espaço em que o espírito é passivo porque não pode conhecer o mundo dos *noumenons*.*

A transcendentalidade de Kant é, no fundo, sentido poderoso da subjetividade, que propicia o domínio autônomo do homem sobre o mundo, na ciência; a autonomia da vontade, na moral; e o desenvolvimento da humanidade, na história. Assim Kant agiu fortemente sobre o Romantismo,** e também sobre o neokantismo do século XIX, centrado no conhecimento e na lógica, e representado por Liebmann, pela Escola de Marburg com H. Cohen, P. Natorp, E. Cassirer e pela Escola de Baden, com H. Rickert.

São românticos o poeta-filósofo Friedrich *Schiller* (1759-1805), que formula um idealismo estético, segundo o qual a unidade da vida espiritual é captada pela intuição estética, abrindo o homem aos deveres morais; Johann Gottfried *Herder* (1744-1803) e Wi lhelm *von Humboldt* (1767-1835), que desenvolvem teorias linguísticas à luz de algumas hipóteses

---

*Coisas 'em si', ou seja, que existem independentemente de qualquer relação com nosso espírito, entre as quais figuram as noções de 'espírito puro', 'realidade absoluta' e Deus. São artigos de fé, postulados da razão prática.

**O Romantismo, que pode ser datado a partir de Rousseau, da chamada sensiblerie do século XVII, de Kant, e até mesmo de séculos anteriores, abrange desde o final do século XVII até o início do século XIX, e inspira-se fundamentalmente em três princípios: o reino da natureza é maior e mais autêntico que o da cultura ; o sentimento e a fantasia estão em condições de perceber dimensões religiosas, morais e estéticas da realidade que escapam à razão; o indivíduo é parte de um grande organismo – a nação, o povo, a pátria. E' fenômeno artístico e literário, paralelo e correspondente ao movimento filosófico do idealismo, ambos principalmente alemães. Os maiores românticos alemães são Schlegel e Novalis, Schelling e Schleiermacher, estes dois últimos filósofos idealistas e românticos, pela unidade espiritual do romantismo e do idealismo.

# 232 | Em Torno de Rivail

de Kant, Leibniz e Vico, na esfera da gnosiologia, da metafísica e da história. Esta é uma característica importante do Romantismo: deslocar a reflexão filosófica das esferas da metafísica, da ciência, da gnosiologia e da cosmologia para o plano da estética, da história e da linguística.

Na primeira metade do século XIX, paralelamente ao romantismo, é o *idealismo\** que domina a filosofia e a cultura europeias, nega todo todo dado, coisa em si, perante o qual o espírito é passivo, e portanto nega os *noumenons* de Kant, e reduz tudo à mais absoluta imanência, chegando a um idealismo absoluto, a uma concepção que põe o pensamento como suprema realidade e que vê uma irradiação sua em todos os fenômenos. Assume desdobramentos particulares, como o idealismo ético, fundado pelo primeiro e maior discípulo de Kant, Johann Gottlieb *Fichte* (1762-1814), que concebe idealisticamente toda a realidade, tanto espiritual quanto material, como uma produção do 'eu' puro, universal, absoluto, transcendental do qual os 'eus' empíricos seriam concretizações particulares. É uma 'filosofia do eu' ou idealismo subjetivo.

> \*Doutrina filosófica que nega a existência do mundo exterior e o reduz às representações que temos dele. Teoricamente difícil de refutar, é uma teoria relativa ao alcance de nosso conhecimento, opondo-se ao realismo, segundo o qual conhecemos as coisas tais como são realmente em si mesmas. Idealismo e realismo são doutrinas sobre a origem do conhecimento. O idealismo é sustentado por Platão, por Berkeley, cujo postulado *esse est percipi* levou-o à condição de idealismo absoluto, por Kant, segundo o qual tudo o que conhecemos no mundo – conceitos e intuições – é um puro produto do espírito, e também pelos idealistas alemães.

Já Friedrich Wilhelm Schelling (1775-1854) funda o idealismo estético, advoga que o espírito, o sujeito, o eu é o princípio de tudo, que o espírito e a natureza são a mesma coisa, constituindo-se assim um idealismo objetivo, e afirma ainda que só o gênio artístico atinge e revela o artista misterioso que atua no universo.\*\* A Schelling liga-se o idealismo religioso do teólogo alemão Friedrich *Schleiermacher* (1768-1831), para quem não se pode atingir o Absoluto por via racional nem pela moral, mas tão somente pela via sentimental, concebido o sentimento como a faculdade do Absoluto, equacionando o sentimento como igual à religião.

> \*\*A obra de arte é manifestação do infinito sob forma finita, é conceito básico na teoria schellinguiana da arte, nova e original, que pode não ser a última, mas é talvez a mais elevada concepção sobre a atividade estética.

Mas quem leva o idealismo ao extremo, concebendo a realidade como um vir-a-ser dialético, ou idealismo absoluto, é Johann Wilhelm Friedrich *Hegel* (1770-1831), que parte da síntese *a priori* de Kant, em que o espírito é concebido substancialmente como o construtor da realidade e toda a sua atividade é portanto reduzida ao âmbito da experiência. O problema de Hegel é que ele precisava elevar a realidade da experiência à ordem de realidade absoluta, divina, ou seja, ele precisava mostrar a racionalidade absoluta da realidade da experiência, apesar do mal metafísico, moral e físico, limitado e deficiente. Sua *Fenomenologia do espírito* (1806) é uma reflexão sobre a vida e descreve a história da consciência desde a participação sensível no mundo – no aqui e no agora – até o saber absoluto. É também uma preparação ou introdução à sua *Grande Lógica* (1816).

É que Hegel viu-se na contingência de ter de inventar uma nova lógica, a dialética dos opostos, cuja característica principal é a negação, ou seja, a positividade se realiza por meio da negatividade, na tão conhecida sequência tese-antítese-síntese. Segundo essa nova lógica, a realidade é essencialmente mudança, o vir-a-ser dialético da *ideia*, o conceito é o universal concreto e a filosofia é a história.* Um dos méritos de Hegel é o de ter reivindicado para a filosofia a totalidade do seu objeto, a concretitude do ser na complexidade de suas manifestações e da sua história – como reação contra o abstratismo, e também a concepção de toda a realidade e de toda a história como manifestações do absoluto com caráter racional: com isso Hegel condena implicitamente tanto a interpretação maniqueísta ou fatalista quanto a iluminista.

Na França, a corrente idealista fundamenta-se com Lachelier, Hamelin e Brunschwicg,** e, na Alemanha, ela encontra algumas variações com Dilthey, Simmel, Eucken, Cohen, Windelband e Rickert. Wilhelm *Dilthey* (1833-1911) levou a efeito a especulação do historicismo e relativismo moral, segundo a qual todo conteúdo de vida, vivência, é dado pelo estado de ânimo histórico que o gerou, negando

---

*Os momentos do vir-a-ser hegeliano são a idéia – ou o princípio inteligível da realidade, a natureza – ou a concretização da idéia no tempo e no espaço, e o espírito – ou a idéia consciente de sua divindade imanente, estudados respectivamente na Lógica – ser, não-ser e devir, na Filosofia da Natureza e na Filosofia do Espírito. Por sua vez os momentos dialéticos do espírito são o subjetivo – na instância do indivíduo, o objetivo – na instância da sociedade, e o absoluto – ou Deus no sentido hegeliano. Este terceiro momento do espírito desenvolve-se em arte– ou o absoluto na intuição estética, em religião– ou expressão do absoluto na representação mítica, e em filosofia – como expressão lógica, racional do absoluto.

** Dos quais trataremos como espiritualistas franceses, mais adiante.

## 234 | EM TORNO DE RIVAIL

portanto valor científico à metafísica. Outro relativista é Georg *Simmel* (1858-1918) para quem toda mundividência é um ponto de vista, portanto, parcial, embora tenha o caráter de universalidade. Dilthey e Simmel encontram-se em dois pontos: um é o de que a verdade é relativa às várias épocas históricas, e o outro o de que a filosofia se resolve na história da filosofia.*

*No universo do idealismo alemão floresce ainda o neoidealismo, principalmente com Rudolf Eucken (1846-1926), considerado seu chefe, e destacado adversário do naturalismo e do empirismo materialista. Seu pensamento teve grande influência na Europa, inclusive na Alemanha, nos Estados Unidos e Japão. Proclama a necessidade de um mundo espiritual mais elevado, que repousa sobre um ser divino e absoluto. Deu expressiva contribuição para superar o naturalismo e o positivismo.

Ainda no universo do moderno pensamento filosófico alemão, destacam-se as chamadas escolas de Marburg e de Baden ou Freiburg. A escola de Marburg opõe-se ao positivismo, em nome do idealismo, considera a filosofia como teoria do conhecimento científico, reduzindo-o à pura lógica. Seu chefe é Hermann *Cohen* (1842-1918), que revê o criticismo de Kant e afirma que o conhecimento é uma construção ou produção da realidade.

Já a escola de Baden, também chamada neokantismo de Baden, na corrente do idealismo transcendental, considera a filosofia como a ciência crítica dos valores que todos devem reconhecer, aproximando-se assim do realismo, distinguindo as ciências naturais das históricas – e nisto distancia-se da escola de Marburg. Windelband e Rickert são considerados os fundadores dessa Escola.

Wilhelm *Windelband* (1848-1915), desenvolvendo o neokantismo, sustenta que a crítica transcendental deve aplicar-se também às ciências históricas, eis que a história manifesta valores transcendentes. Sua doutrina é também chamada filosofia dos valores, porque admite, além dos juízos de realidade, formados a partir da observação de fenômenos e suas relações, também juízos de valor em torno dos fatos. Seu aluno H. *Rickert* (1863-1936) reflete sobre existência e valor, destacando que os valores são eternos e devemos elevar-nos a eles.

Na Inglaterra, Arthur *Balfour* (1848-1930), na linha do idealismo kantiano, desenvolve uma filosofia da razão prática e Francis *Bradley* (1846-1924), alinhando-se na perspectiva do idealismo hegeliano, admite que o Absoluto é um indivíduo e é também um sistema, sen-

O Mundo em que Viveu Allan Kardec | 235

do essa a própria realidade.* Enquanto isso, na Espanha do século XIX, ressurge a filosofia escolástica tradicional, graças particularmen te a Jaime Balmes *Urpiá* (1810-1848), que atacou o sensualismo de Condillac e o racionalismo pós-kantiano, e a Miguel de *Unamuno* (1864-1936), cuja filosofia negadora de valores religiosos e filosóficos transcendentais leva ao completo ceticismo.

> *Mas o novo realismo inglês reage ao idealismo, particularmente à sua postura de um método unitário, e postula a necessidade de vários métodos segundo as demandas da experiência. Isto é que pode garantir a validade das múltiplas formas de saber científico, pois esse movimento não se interessa muito pelos problemas éticos e religiosos. Seus representantes são o australiano Samuel Alexander(1858-1938), A.W. Whitehead(1868-1948) e B. Russell enquanto que o novo realismo americano é representado por Jorge Santayanna (1863-1952).

Mas no seio do próprio idealismo surgiram os seus críticos, que se basearam principalmente nos seguintes pontos, que preparam o caminho para o positivismo, que o suplantará na segunda metade do século XIX: o idealismo é um é um sistema paradoxal e contraditório, deformador dos dados da experiência; é fantasiosa a pretensão de que toda realidade seja racional; também fantasiosa é a criatividade do espírito; a interpretação do mundo físico é um arbítrio metafísico; o sistema não contempla os direitos das ciências naturais; foi negada concreção ao indivíduo.

Johann Friedrich *Herbart* (1776-1841), filósofo e pedagogo alemão, que estudou na Suíça os métodos pedagógicos de Pestalozzi, constrói a sua crítica apelando para a razão e para a experiência como fundamento da metafísica e advoga que a ética não depende da metafísica: é autônoma e originária, constituída por juízos de avaliação axiomáticos, necessários e universais. Sua obra é um esforço para elevar a psicologia ao nível de ciência exata. Seu pensamento, marcado pelo pluralismo realístico e pelo mecanicismo das representações, conduz ao ateísmo.

Enquanto Hegel celebrou o racionalismo e o otimismo absolutos, com o alemão Arthur *Schopenhauer* (1788-1860) o idealismo pós-kantiano torna-se radical crítico de si mesmo, tornando-se irracionalismo e pessimismo absolutos, daí derivando o ateísmo e a negação absoluta da realidade, com base no raciocínio de que sempre há sofrimento quando um desejo não é satisfeito, e isso gera novos desejos e sofrimentos. Sua moral nega a vida e o mundo: libertar-se do sofrimento é libertar-se da vontade de viver. Para ele o *noumenon* é a vontade, princípio infinito de todo o real, tão romântica quanto a

236 | EM TORNO DE RIVAIL

razão de Hegel, princípio primeiro do mundo, mas irracional, cega e una – caracterizando um monismo ateu.

O pessimismo de Schopenhauer foi desenvolvido por Eduard *von Hartmann* (1842-1906) na sua filosofia do inconsciente, segundo a qual vontade e intelecto juntos são o princípio incônscio do universo e o fim da sua atividade é a destruição universal, ou seja, a restauração do incônscio em seu primitivo estado de completa indiferenciação. Tal filosofia do inconsciente pode ser considerada como desenvolvimento natural da monadologia de Leibniz, e sinaliza para o pensamento de Freud. Também voluntarista é Wilhelm *Wundt* (1832-1915), que postula que somente a representação é real, que a alma e a atividade criam incessantemente novas sínteses, e que a evolução não é mecânica, ela tem um fim.

Representando uma reação algo tardia ao idealismo de Hegel e ao pessimismo de Schopenhauer está Friedrich *Nietzsche* (1844-1900), que também contribuiu para a constituição do existencialismo, principalmente com seu humanismo absoluto, constituído por sua doutrina do super-homem ou do potenciamento vital: todos os valores devem ser apreciados enquanto favorecem o poderio, a força, e o critério da verdade está no aumento da força, do poder, com vistas à produção do super-homem, imortal e ateu, violento, tirano e egoísta – uma colocação que não se deve dissociar do processo pessoal de Nietzsche, que enlouqueceu aos poucos. Considera que o homem é somente corpo, e Deus é a obra louca de um homem, criação imaginária dos povos fracos.

A reação ao idealismo hegeliano encontra ainda outros dois caminhos. Um de seus críticos mais severos e eficientes é o dinamarquês fundador do existencialismo Sören *Kierkegaard* (1813-1855), cuja filosofia poderia ser chamada de "o indivíduo e Deus" por pretender que a existência do indivíduo é algo imponderável que não pode ser deduzida de nenhum conceito – como aliás queria Hegel, ao pretender deduzir a existência do indivíduo da ideia universal – porque o homem está em contínuo devir, não é perfeito, nem totalmente acabado. Entre o homem e Deus, entre a natureza humana e a natureza divina há uma diferença qualitativa infinita. É uma filosofia do homem diante de Deus.

Ainda no mesmo século XIX, o fundamento filosófico do existencialismo vai ser posto por Edmund *Husserl* (1859-1938), professor de Heidegger, por meio da sua doutrina da fenomenologia, que é uma ciência eidética, isto é, que se ocupa das essências, praticamente no s entido das ideias platônicas. Fundador da fenomenologia, desenvolve também um método: a *Wesenchau*, ou intuição eidética, que permite apreender o abstrato no concreto.* A fenomenologia espalhou-se pela Alemanha, Europa e Américas como um movimento extremamente importante, tendo recebido o influxo da crítica dos principais discípulos de Husserl: Nicolai Hartmann, Martin Heidegger e Max *Scheler* (1873-1928), que tentou aplicar a doutrina fenomenológica à religião, elaborando o sistema do objetivismo ético mediante o qual há um mundo real e objetivo de valores, ou essências eternas, que pode ser atingido pela intuição emocional.**

O idealismo transcendental funcionou como uma espécie de provocação para o surgimento de várias correntes que nos séculos XIX e XX buscaram dar respostas a pontos ignorados, ou sufocados, ou considerados não resolvidos pelo idealismo: o voluntarismo de Herbart, Schopenhauer, Kierkegaard, Nietzsche, Freud, Jung e Dilthey; o materialismo de Stirner, Feuerbach, Marx e Engels; o realismo de Rosmini, Gallupi e Gioberti; o positivismo de Comte, Darwin, Spencer, Ardigò e Stuart Mill; os vários espiritualismos de Ravaisson, Renouvier, Lachelier, Boutroux, Blondel, Maritain, Lotze, Wundt, Dilthey e Kardec, com nuanças mais ou menos sutis; o existencialismo de Husserl, Heidegger, Jaspers, Sartre e Marcel; o estruturalismo de Lévi-Strauss, Foucault, Althusser, Lacan, Chomsky, Derrida e Umberto Eco; o neopositivismo de Wittgenstein e Carnap, e muitas outras correntes. Como se pode depreender, o idealismo é originariamente um movimento filosófico alemão, mas na segunda metade do século XIX e no começo do século XX desenvolveu-se em outros países da Europa e também da América.

---

*A fenomenologia de Husserl foi inicialmente uma lógica dedicada a descrever as operações do espírito, a destacar as 'essências' que a inteligência percebe nas relações lógicas. Posteriormente desdobrou-se em uma filosofia do espírito e depois em uma filosofia de vida, que exerceu profunda influência sobre Scheler, Heidegger e o existencialismo de Sartre e Merleau-Ponty, e também sobre os lógicos, principalmente o intuicionismo de Brouwer.

** N. Hartmann, também crítico do idealismo, postula que a filosofia deve voltar-se para a problemática, ou seja deve estar aberta a todos os problemas da atualidade, Martin Heidegger, com sua filosofia de que a existência é que dá significado à essência, e Karl Jaspers, que faz, como Barth, uma tentativa para conquistar a transcendência teísta e cristã. Todos representantes da filosofia já no século XX. Também na situação limítrofe dos séculos XIX e XX estão Sigmund Freud (1856-1939) que, não sendo filósofo, é no entanto referenciado à reflexão filosófica, em virtude de seus estudos sobre o subconsciente terem orientado alguns filósofos. O mesmo se diz de seus discípulos Alfred Adler(1870-1937) e Carl Gustav Jung(1875-1961).

238 | Em Torno de Rivail

No entanto, o idealismo hegeliano não suscitou alguma coisa além da reação do existencialismo de Kierkegaard e Husserl. Depois da morte de seu fundador, a escola de pensamento de Hegel divide-se no que respeita à reta interpretação da doutrina religiosa, fazendo assim surgirem a direita e a esquerda hegeliana. Os da direita, que aliás teve vida breve, J. K. F. Rosenkranz e G. Herdermann, alterando a postura do mestre, identificam-se com a ortodoxia da fé cristã tradicional, esforçando-se, portanto, em interpretar o idealismo hegeliano em sentido tradicional, teísta e cristão.

A esquerda hegeliana, retendo principalmente o método dialético e a noção de devir, e atingindo um relativismo que critica a religião, afirmou-se amplamente e desenvolveu a filosofia de Hegel, em particular com Feuerbach e Marx, como negação radical dos fenômenos sobrenaturais e naturais da vida religiosa. A esquerda interpretou, pois, o imanentismo hegeliano em sentido positivista, naturalista, porque a dialética hegeliana justifica imanentisticamente toda a realidade, declarada racional em todos os seus aspectos, identificando assim o dever ser com o ser. Eis porque a esquerda hegeliana pode chegar às mesmas conclusões que o positivismo e o materialismo.

O *materialismo* é um fenômeno recorrente na história do pensamento, remontando ao atomismo e epicurismo gregos, ao averroísmo medieval e ao mecanicismo moderno, mas atinge uma culminância no século XIX como movimento filosófico, e passa, no século XX, a movimento cultural de amplas proporções. É uma doutrina segundo a qual não existe outra substância além da matéria, opondo-se ao espiritualismo, que tem no espírito a substância de toda a realidade. Materialismo e espiritualismo são doutrinas ontológicas sobre a natureza do ser ou da realidade. O materialismo rejeita a existência da alma, do além e de Deus, recusa-se a considerar a especificidade do psíquico, atribuindo a existência e produção de uma ideia a uma reação físico-química no cérebro.

A experiência sensitiva e o método científico, alçados à categoria de critério de verdade, fundamentaram uma interpretação materialista do real, mas foi Hegel quem lhe deu o impulso decisivo, ao eliminar a dicotomia entre espírito e matéria, e ao resolver toda a realidade na história, esta tomada como realidade absoluta. Pode-se dizer então que o idealismo foi 'convertido' em materialismo por alguns dos discípulos do próprio Hegel, da esquerda, que proclamaram uma 'reformulação', assumindo uma concepção materialista da história, e com ela, de toda a realidade. Morreu a religião – a cristã ou qualquer outra – como adoração a Deus, e nasceu a nova religião como amor do homem.

Max *Stirner* (1806-1856 ), um dos primeiros a colocar-se contra Hegel, demolindo de forma radical a base religiosa do pensamento de seu mestre, postula que a ideia do ser supremo é uma criação da mente humana: não existe Deus além do homem, nem dentro do homem. Contrariamente ao que ocorreu no pensamento de Feuerbach, Engels e Marx, que fundaram uma filosofia humanista, Stirner afirma que a única verdadeira realidade é o homem singular, criador do próprio destino, e o outro é sempre objeto, e nunca pessoa, fundando seu destino sobre o nada, o que redunda num niilismo absoluto. É também a posição de Bruno *Bauer* (1809-1882), ao declarar que o homem é o novo deus do homem.

Esse humanismo absoluto e a crítica da religião encontram outros representantes em D. F. *Strauss* (1803-1874), que na linha de Hegel quer também demonstrar a unidade do infinito e do finito, de Deus e do homem e chega ao panteísmo, pois, ao influxo da teoria de Darwin, concebe materialisticamente o universo, e em Ludwig *Feuerbach* (1804-1872), o maior pensador da esquerda hegeliana, o primeiro profundo crítico do hegelianismo, ultrapassando portanto a modesta posição que alguns lhe têm atribuído de funcionar como uma passagem de Hegel a Marx. Na mesma linha de Strauss, afirma que o que é real é o homem, como indivíduo, organismo, corpo; que a matéria desenvolve-se em pensamento: este o princípio fundamental do materialismo; e que a religião é um produto puramente humano: com essa nova religião do homem nasce o humanismo ateu ou absoluto, cuja finalidade é a "divindade do homem".

Karl Marx

Lendo a obra de Feuerbach, *A essência do cristianismo*, o industrial e filósofo

240 | EM TORNO DE RIVAIL

Friedrich *Engels* (1820-1895), que muito escreveu sobre economia, abandonou a visão idealista pela materialista, tornando-se o criador do materialismo moderno. Encontrou Marx em Bruxelas e com ele iniciou uma amizade tão profunda que foi ele quem terminou a obra *O capital*, após a morte do amigo, com o qual ele passou a ter uma espécie de simbiose intelectual, a ponto de, a partir de 1884, os traços do pensamento de Engels não mais se distinguirem claramente dos de Marx. Foi ele quem originariamente forneceu a Marx o cunho social e econômico de seu materialismo, em função de sua experiência e competência no campo econômico.*

*Em seu artigo "Esboço de uma crítica da economia política" Engels empreende uma crítica do sistema capitalista mais do ponto de vista econômico que propriamente filosófico e político, afirmando o valor histórico de tal sistema, em detrimento do valor absoluto e até eterno que lhe atribuem os economistas liberais. Afirma ainda o valor de formação histórica que têm as leis de mercado, mediante as quais regulam-se a produção e a distribuição de bens, o que redunda em separar o capital do trabalho e a reduzir os trabalhadores à miséria por ficarem eles privados do fruto da sua atividade. Esse estado de coisas engendra um antagonismo social com um crescente agravamento da luta de classes, o que conduzirá à transformação da sociedade capitalista, à vitória do proletariado, com a instauração do regime comunista, e também à abolição da propriedade privada.

Engels distinguiu os materialismos precedentes, de cunho naturalista, estático e imobilista, do materialismo professado por ele e por Marx: humanista, evolutivo e dinâmico, que objetiva reconhecer as leis da evolução da humanidade segundo um movimento, que se explicita na história. Engels sinaliza a reformulação do idealismo hegeliano para a feição que irá assumir em Marx em termos de análise histórica, econômica e social.

Efetivamente é Karl Marx (1818-1883) quem dá a estruturação definitiva ao materialismo, colhendo várias contribuições: do próprio Hegel, como a concepção da identificação da realidade com a história e o método dialético, embora faça do homem e não de Deus o verdadeiro sujeito da história; da esquerda hegeliana, que lhe deu a teoria de que não foi Deus que criou o homem, mas o homem que criou Deus; de Engels e de Saint-Simon, de quem ele recebeu a doutrina segundo a qual o aspecto mais importante da sociedade é o econômico, em detrimento do político e do religioso; do já referido economista inglês Adam Smith, uma certa convicção a respeito da estabilidade das leis econômicas – universais e necessárias, válidas para todos os tempos e todos os tipos de sociedade, mas que passaram a ser, na concepção de Marx, leis próprias da sociedade capitalista, e portanto fadadas

O Mundo em que Viveu Allan Kardec | 241

a desaparecer com ela; de Darwin, a teoria da evolução de tudo o que há no mundo da natureza e da história; do economista americano Morgan, a teoria segundo a qual é possível saber o que foi uma sociedade no passado e o que será no futuro, quando se conhece a situação atual dessa sociedade.

Atento à história da consciência, em *A fenomenologia do espírito*, de Hegel, fundamentada em uma dialética progressiva, Marx intuiu um dinamismo na história das relações econômicas e, partindo do idealismo, procurou a ideia no próprio real, concebendo a célebre doutrina das relações entre estrutura e superestrutura: a estrutura fundamental é a econômica,\* e as outras estão em seus respectivos setores, quais sejam arte, política, religião etc.: para ele não é a religião que faz o homem, mas o homem que faz a religião. O pensamento de Marx promove uma reinterpretação da relação entre especulação e ação, teoria e práxis: os sentidos é que nos dão o conhecimento direto e imediato, objetivo das coisas; esse conhecimento tem valor em função da utilidade que tenha, no sentido de oferecer ao homem condições de transformar o mundo. Com isso ele superpõe a práxis à teoria,\*\* concluindo que o ser social dos homens determina a sua consciência. Assim, Marx funda o socialismo científico, o materialismo\*\*\* dialético e a concepção da mais-valia.

A esquerda hegeliana não teve apenas desdobramentos no materialismo e no marxismo; ela forjou ainda, com Ernst *Haeckel* (1834-1919), uma forma surpreendente de monismo materialista,

\*A estrutura econômica é fundada sobre o modo de os membros da sociedade se referirem aos meios de produção, que são três: terreno, ou matéria-prima, instrumentos de trabalho e trabalho. A família, o Estado, a religião, o direito etc. constituem a superestrutura, dependente, por sua vez, da relação dos membros com os meios de produção.A lei que regula a transformação da estrutura econômica é dialética, porque se funda na oposição imanente entre evolução da estrutura e conservação da superestrutura.

\*\*Essa posição de que o modo de pensar do homem é condicionado pela situação concreta, e de que o pensamento que realmente vale não é o contemplativo cognitivo, mas o que acompanha a práxis, ação que modifica a vida dos homens, será a base sobre a qual Vladimir Ylyich Ulianov, Lenin (1870-1924), o principal expoente do marxismo ortodoxo, elaborará a sua doutrina da função partídica da filosofia, ou a filosofia a serviço do partido.

\*\*\*O materialismo marxista distingue-se pois em dois aspectos. O dialético, sob o qual são consideradas as leis supremas que regem toda a realidade, e o histórico, sob o qual consideram-se as leis particulares que governam as transformações econômicas ao longo do curso da história, ou seja, o fator fundamental na existência humana é o econômico, apropriando-se assim da concepção anterior a ele, sustentada por Engels e Saint-Simon. Na verdade essa distinção é mais formal que real, porque Marx não distingue história e realidade: a única realidade é a da história, que é a evolução da matéria em todas as suas fases, incluída a humana.

242 | EM TORNO DE RIVAIL

segundo a qual a realidade vem a ser composta de matéria anima-
da pela força imanente que seria Deus; ele fundou as doutrinas da
geração espontânea, segundo a qual a vida deriva de determinadas
combinações de elementos químicos e também a de que a ontogênese
repete a filogênese, isto é, a história do embrião ou do germe dos vários seres vivos reproduz a história dos respectivos antepassados. Na
base de seu pensamento está o princípio da evolução, sobre o qual ele
constrói o processo de formação do universo, o que permite classificar seu pensamento como evolucionismo materialista.

Particularmente na Alemanha a ordem era ater-se aos fatos e às leis,
não restando pois lugar para a 'hipótese' da existência de Deus. Nessa trilha o médico Ludwig *Buchner* (1824-1899) explica a unidade da
consciência aplicando o princípio da conservação da energia, que está
também na base do pensamento do fisiólogo holandês Jakob *Moleschott* (1822-1893) para o qual a vida do pensamento e da vontade está
ligada à qualidade das matérias levadas ao organismo e ao cérebro por
meio da alimentação: quanto melhor a qualidade das matérias assimiladas, tanto mais altos os pensamentos e mais nobres as ações.

O materialismo e o socialismo, segundo algumas classificações,
estão no bojo do positivismo, instaurado prevalentemente no século
XIX como científico e social, frente ao racionalismo do século XVIII.
Interessante aqui retomar-se o pensamento de Kant, que, como já
ficou visto, é o centro de um processo em que duas vertentes anteriores, o empirismo e o racionalismo, para ele convergem, assim como
dele partem – e dele dependem – duas vertentes posteriores, o idealismo e o positivismo, embora sejam duas tendências antagônicas. Kant
é o filósofo do *eu penso* e da atividade criadora do espírito, o pensador
que designa como limite da razão o mundo da experiência e, consequentemente, nega a possibilidade de uma metafísica como ciência.
É daí que parte o positivismo. E favorecido por grandes progressos
das ciências naturais, como a lei da conservação da energia, de Robert
Meyer (1842 ) e a teoria da evolução da espécie – *A origem da espécie*
(1859), de Charles Darwin (1809-1882), que deram às ciências naturais uma orientação que viria a ter repercussões na filosofia.

Segundo essas teorias, os seres do universo aparecem em conexão recíproca e as formas de vida apresentam-se em continuidade
de desenvolvimento: princípios que foram utilizados para uma visão

filosófica da realidade universal. O método que Darwin usou para explicar a origem da natureza orgânica do homem foi aplicado para explicar a natureza espiritual humana em todas as suas manifestações, como a linguagem, a religião e a vida social. Assim, a filosofia positiva pretende dar fundamento a um novo sistema social, do qual o francês Claude Henri de Saint-Simon se considera o profeta, teorizando os fundamentos do positivismo social, e postulando que a história se desenvolve consoante um progresso necessário e ininterrupto, numa série de fatos única e contínua.

Por isso o positivismo assume uma visão unitária e universal do real: unidade da natureza física nas suas leis, unidade da sociedade humana atuada pelas próprias leis. É o fundamento para a sociologia positiva de Comte, ou "física social", ou o estádio positivo dos fenômenos sociais.

Ressalte-se que essa ordem de coisas não se desenvolveu sem o contraponto de linhas filosóficas que valorizavam uma realidade supra-física no homem, como o idealismo, o criticismo de Kant, e o espiritualismo. E nesse quadro o positivismo inscreve-se como uma reação contra o idealismo abstrato, e defende o absoluto do fenômeno, da experiência, cuja descrição e análise objetiva são realizadas por meio da ciência e da história. O objetivo da filosofia passa a ser descobrir a regularidade e a necessidade com que as leis universais se manifestam.

Auguste Comte

O positivismo, como o empirismo, pretende limitar-se à experiência imediata, pura, sensível, dominada por leis mecânicas de associação e de evolução. Portanto, alça a experiência, os dados sensíveis, os fatos positivos a critério de verdade e fonte única de conhecimento. Tal postura gnosiológica reduz a filosofia à metodologia e à sistematização das ciências, revela o repúdio das essências, anula a metafísica e concebe a evolução necessária de uma energia naturalista como lei suprema que rege o mundo, visto sob a ótica positivista. É uma atitude agnóstica, negativa e refratária diante dos problemas metafísicos, do espírito e dos valores espirituais, embora haja aí, no entanto, uma espécie de culto religioso à própria ciência, com uma espécie de endeusamento da razão científica. Como consequência são as concepções morais hedonistas e utilitárias que influenciam os sistemas políticos, econômicos e sociais que vicejam no bojo do positivismo.*

*Por exemplo, na democracia moderna, que se funda sobre a soberania da massa do povo, ou seja, do que pode ser quantificado, a influência positivista reflete-se no sufrágio universal; no socialismo, ressalta a premissa de que a atividade econômica, produtora de bens materiais é o centro da vida humana, e portanto não reconhece, no curso da história da humanidade, a motivação espiritual, moral e religiosa, mas tão somente os interesses materiais, utilitários, econômicos, na linha do materialismo histórico; e no liberalismo, que afirma a liberdade completa do indivíduo enquanto não agredir a liberdade alheia, a influência positivista manifesta-se no postulado liberal da livre concorrência econômica através de leis mecânicas, do conflito material das forças econômicas.

A ideia de conflito mecânico de forças e seres é base para o conceito positivista de evolução, que se ergue como lei fundamental dos fenômenos empíricos humanos e naturais, constatado na luta pela existência, e mediante o qual determina-se uma seleção natural, ou seja, a eliminação do organismo mais imperfeito e a sobrevivência do mais perfeito.

Surgido na França, o positivismo afirmou-se nos principais países da Europa e na América, mas sua terra preferida é a Inglaterra, de tradição empirista e pragmatista. Assumiu nuanças de acordo com o espírito de cada povo, embora haja uma certa uniformidade que permeia todas essas manifestações ou realidades particulares do positivismo, ou positivismos. Desenvolvem-se assim o positivismo social de Comte e de Saint-Simon, na França; o evolucionista de Spencer, na Inglaterra, onde também se desenvolve o utilitarismo social de Stuart Mill e Bentham; o materialista de Buchner, Moleschott, Haeckel** e Laas na Alemanha; o utilitário de Ardigò, na Itália.

**Já tratados quando abordamos o materialismo.

O maior positivista francês é Auguste *Comte* (1798-1857), que, por força de dados cronológicos, é considerado o fundador do positivismo. Substitui a filosofia pela ciência, entendida segundo uma ordem lógico-hierárquica das ciências, que corresponde à ordem histórica em que as mesmas se constituíram: matemática, astronomia, física, química, biologia e sociologia, positiva ou "física social", ciência universal da sociedade humana. Sob essa ótica, segundo Comte, o pensamento humano atravessou três fases: a teológica, a metafísica e a positiva.*

O positivismo francês configura-se assim como um sociologismo, com vistas a reformar a vida social e política, com base na nova religião positiva. Aliás, podem-se distinguir dois momentos no pensamento de Comte: no primeiro momento, a transformação das ciências em filosofia, e, no segundo, a transformação da filosofia em religião. Com essa adoração do fato e a deificação da matéria, é interessante observar-se que o positivismo, inimigo de toda metafísica, acaba sendo, ele também, uma metafísica. A religião positiva é o culto da Humanidade, entendida como o Grande Ser, constituído por todos os homens do passado, do presente e do futuro, úteis à própria humanidade. Há ainda o Grande Fetiche, ou a Terra, onde a humanidade vive, e o Grande Meio, ou o espaço, no qual está a Terra.**

Na França, como se vê em Comte, e também em Saint-Simon, Littré e H.

*A teológica, na qual a humanidade, sob o domínio da fantasia, recorre a seres transcendentes e divinos para explicar os fenômenos da natureza; a metafísica, na qual o homem recorre a entidades racionais, abstratas, para explicar os fatos naturais; e a positiva, na qual renuncia-se a toda investigação de essências e entidades metafísicas e pretende-se compreender os fatos em sua realidade empírica e em suas relações científicas. O objetivo da filosofia positiva é acelerar o máximo possível a superação do estágio metafísico.

** Os três constituem a trindade positivista. Está clara a inspiração católica, da qual Comte tira, também, a idéia de providência moral, intelectual, moral e geral, representadas respectivamente pelas mulheres, pelos sacerdotes e sábios, pelos patrícios e capitalistas, e pelos proletários. E tira ainda o culto privado e público, este oficiado em templo apropriado, com sacerdócio organizado para tal. Há ainda o catecismo positivista, no qual os santos são substituídos por heróis do mundo. Com isso Comte passa do arcabouço teórico do positivismo para uma divinização da história.

Taine, o positivismo tomou a direção social, que coloca a ciência como fundamento de uma nova ordem social e religiosa. A rigor, foi Claude Henri de *Saint-Simon* (1760-1825) quem teorizou os fundamentos do positivismo social, que interpreta a história mediante uma lei infalível de sucessão de épocas orgânicas e épocas críticas, em função das crenças existentes e sua posterior decadência. Assim, a idade orgânica do politeísmo entrou em crise com o monoteísmo, ao qual sucedeu a idade orgânica da Idade Média, posta em crise pela ciência moderna, que engendra a nova época orgânica da filosofia positiva, a qual fundamenta um novo sistema social, do qual Saint-Simon se proclama o profeta, e por isso o que nele se destaca é o pensamento econômico-político. O saintsimonismo teve notável influência em

## 246 | Em Torno de Rivail

França, particularmente nas correntes do socialismo romântico, representadas por Fourier e Proudhon.*

*Charles Fourier (1772-1835) baseia-se na premissa de que há um plano providencial a governar a humanidade, enquanto que a linha social de Pierre-Joseph Proudhon (1809-1865) discute o interesse capitalista que se apropria do trabalho alheio na conhecida definição de que a propriedade é um roubo. Para Proudhon a lei do progresso histórico é a justiça, que se realiza até a perfeição e que deve ser uma força do espírito, vista de maneira concreta.

Já o positivismo de Comte tem sua continuação por meio de seu mais notável discípulo, Emile *Littré* (1801-1881), o que não o impede de recusar a parte religiosa da doutrina comteana por julgá-la um retrocesso no pensamento de seu mestre, porque a filosofia deve aceitar o método das ciências positivas e limitar-se ao que é verificável.

Fica então para o historiador e filósofo Hyppolite *Taine* (1828-1873) a condição de maior discípulo de Comte em França. Reelaborando os motivos do empirismo inglês e do sensismo, ele entende que as sensações são uma identidade de sujeito e objeto, e que a substância espiritual não existe porque o espírito é um feixe e um fluxo de sensações, como também não existe a substância material, porque a matéria é um feixe e um fluxo de movimentos. Ainda na França, o positivismo social ou sociologia positivista foi também representado por Lucien *Lévy-Bruhl* (1857-1939) e por Émile *Durkheim* (1858-1917), para quem o indivíduo só tem valor por meio da sociedade que lhe atribui uma função e uma consciência moral.

Na Inglaterra, o positivismo manifesta-se em toda a sua genuinidade, com suas aplicações lógicas, e apresenta-se como um desenvolvimento, e mesmo uma culminância, do empirismo inglês dos séculos XVII e XVIII, que se fez acrescentar do conceito historicista, dinâmico da lei da evolução. É o positivismo evolucionístico, segundo o qual a evolução é o fundamento de toda a realidade natural, é a manifestação de um misterioso princípio ignorado e infinito. O positivismo evolucionístico e o positivismo social são as duas vertentes dessa doutrina filosófica na Inglaterra.

O sistematizador do positivismo inglês e do positivismo em geral é Herbert *Spencer* (1820-1903), que considera, como Comte, que a filosofia não tem um objeto próprio, diverso do da ciência, mas constitui o conjunto, a sistematização das ciências, unificadas pelo princípio da evolução, o que revela uma espécie de crítica à metafísica.

O evolucionismo recebeu sua base científica como teoria da evolução com o empirista naturalista inglês Charles Darwin (1809-1882), mas foi Spencer quem formulou a lei da evolução como princípio metafísico de uma teoria geral da realidade. No bojo dessa grande lei ele concebe outras, como a da função criadora do órgão, a da luta pela vida e a da seleção natural, que valem para toda a realidade orgânica e inorgânica, sensível e espiritual.

Evolução e progresso são os dois pilares do positivismo spenceriano: o fundo de todo progresso é a lei da evolução que transita do simples para o complexo por intermédio de sucessivas diferenciações. O conceito da evolução como princípio cósmico e causa primeira de todo progresso configura um "evolucionismo metafísico".

A Spencer cabe, pois, o mérito de erguer o princípio de evolução à categoria de elemento fundante de um sistema filosófico, onicompreensivo, ou seja, abrangendo todo o universo, do cósmico ao biológico, do humano ao social, pois tanto a formação do cosmo quanto todos os fenômenos a ela ligados foram dispostos segundo o princípio único da evolução. E o processo evolutivo humano engendra uma cada vez maior harmonia entre a natureza espiritual do homem e as suas condições de vida, e nisso repousam a sua perfeição e a sua plena felicidade.

O princípio da evolução ilumina os fenômenos de experiência ou o domínio do 'cognoscível', da ciência, além do qual há o *Incognoscível*, considerado por Spencer como um dado imediato, fundamental da consciência, como uma realidade absoluta que transcende a capacidade do conhecimento humano. Esse é o domínio da religião, no qual o pensamento de Spencer, pode-se depreender, assume uma forma explícita de agnosticismo, que ele aliás tomou do agnosticismo metafísico de Hamilton (1788-1856) e do agnosticismo religioso de H. Mansel (1820-1871), derivado da escola escocesa, e que bem se presta à conciliação entre religião e ciência. No conceito spenceriano de religião, encontra-se a sua assim chamada metafísica agnóstica.

Como empirista convicto, Spencer deriva da experiência todo o nosso conhecimento, que tem, no entanto, como pressupostos no indivíduo, condições gnosiológicas inatas, hereditárias, que a espécie foi formando e fixando gradativamente mediante as leis da função criadora do órgão, a luta pela vida e a seleção natural. E como as leis do evolucionismo aplicam-se também à vida psíquica do homem, que

248 | EM TORNO DE RIVAIL

é governada pela lei da adaptação, isto vale também para a ação, para a moral, cujos princípios impõem-se ao indivíduo de forma absoluta e obrigatória. Por sua vez, à vida social aplica-se a mesma lei da evolução: também a civilização transita do imperfeito para o perfeito.

Outro expressivo nome do positivismo inglês é John *Stuart Mill* (1806-1873), seguidor do empirismo inglês clássico, mas também influenciado por Comte, e que desenvolveu seu empirismo na direção de um utilitarismo moral: toda ação humana é motivada pela própria utilidade, que só se pode atingir levando-se em conta a utilidade dos outros, um utilitarismo social, coletivo, visando à maior felicidade do maior número possível de homens, entendendo-se por felicidade tanto os prazeres sensíveis quanto os espirituais.

Jeremy *Bentham* (1748-1838) também estrutura uma ética de cunho utilitarista, afinizada com esse conceito de Stuart Mill, com o qual propugnou na Inglaterra as reformas sociais, ponto basilar do utilitarismo social, estabelecendo que o homem deve conhecer bem seus interesses e fazer cálculos claros, numa espécie de aritmética moral. Para isso concebeu uma tabela para o cálculo de interesse, com o objetivo de identificar, entre duas ações, qual a que reúne a maior soma de prazeres e a menor quantidade de dores. Neste ponto há claramente uma confusão no cálculo de interesse, quanto à natureza da ação – utilitária ou desinteressada. Percebendo a confusão, Stuart Mill então acrescentou ao cálculo dos prazeres o desinteresse e a qualidade, ou seja, a distinção de sua maior ou menor nobreza, ilustrando-a com o raciocínio de que é melhor um Sócrates insatisfeito que um porco contente.

Na Alemanha, o positivismo manifesta-se como naturalismo, materialismo, principalmente na chamada esquerda hegeliana, no hegelianismo de Feuerbach e no materialismo de Haeckel; e manifesta-se também como positivismo propriamente dito, com o neokantismo, o empirismo crítico ou empiriocriticismo e a filosofia da imanência.

Do kantismo, a fonte do idealismo moderno, de que Hegel é a culminância, derivam um neokantismo e um positivismo crítico. O neokantismo limita o conhecimento humano ao âmbito da experiência e, portanto, renuncia à metafísica, e tem em Lotze e Lange seus representantes mais notáveis. Friedrich *Lange* (1828-1875) concebe uma série psíquica paralela a uma série física que constituem a realidade e que estão unificadas em um absoluto inabordável ao co-

O Mundo em que Viveu Allan Kardec | 249

nhecimento humano, mas abre possibilidades para um mundo inteligível, como o de Platão e Kant, por meio da "criação poética". Já Rudolf *Lotze* (1817-1881) procura conciliar o espírito e a concepção científica do mundo concebendo, à maneira das mônadas de Leibniz, centros de energia – mas não fechados como as mônadas em Leibniz. Concebe-os como atividades espirituais, elementos constitutivos do real, em cujo centro está o Ser, que instaura um reino ideal de beleza e bondade por meio do mecanismo dos próprios fenômenos. Já na esfera do positivismo crítico, o maior nome é Ernst *Laas* (1837-1885), segundo o qual a ciência é sistematização racional dos fatos e o fato é o que está presente à consciência, elaborando assim uma concepção crítica do problema do conhecimento.

Ainda na Alemanha, surgiram duas correntes que desenvolveram o sentido positivo e crítico, a filosofia da imanência, cujo fundador, Wilhelm *Schuppe* (1836-1913), sustenta a resolução de toda a realidade no conhecer, na sensação, cuja origem está, e resolve-se, no ser percebido; e o empiriocriticismo, de R. *Avenarius* (1843-1906), que reduz tudo à sensação, e o 'eu' a um grupo de sensações relativamente mais constante que o 'não-eu', e de E. *Mach* (1838-1916), que também sustenta a experiência pura como fluir de sensações, sem distinção entre 'eu' e 'não-eu'.

Na Itália, o positivismo, com antecedentes no sensismo de Condillac, desenvolve-se como reação contra o espiritualismo cristão, que emergia no pensamento italiano do século XIX. Apresenta-se mais como um método para a investigação científica e a organização prática, técnica e social, do que como um sistema, e revela-se especialmente dependente do positivismo francês e inglês. O fundador do positivismo italiano é Carlos *Cattaneo* (1801-1869), que aplicou o positivismo à psicologia social para determinar as leis da psique coletiva no seu ser e vir-a-ser,* mas o maior positivista italiano é Roberto *Ardigò* (1828-1920) que, partindo da sensação como dado de consciência, admite o fenômeno do conhecimento, cujo processo, como também a evolução, é passagem do indistinto ao distinto. Sua moral egoísta tornar-se-ia altruísta pela

*Aristides Gabelli (1830-1891) e Andreas Angiuli (1837-1890) que aplicaram os princípios positivistas à pedagogia e o mundialmente conhecido Cesare Lombroso (1836-1909), considerado como a alma da escola positiva italiana de direito penal, que trouxe o conceito de que o criminoso deve ser considerado antes um doente a ser tratado que um culpado a ser punido.

## 250 | EM TORNO DE RIVAIL

coação da sociedade sobre o indivíduo, e na linha do indistinto que passa a distinto, é o indivíduo que se determina por obra da sociedade.*

*Aplicados tais princípios ao campo da educação, a pedagogia de Ardigò fica reduzida a mero e puro treinamento, orientado pelas concepções espaço-temporais, e sem qualquer conceito de espírito, razão e vontade. Para ele a diferença entre o homem e o animal é principalmente orgânica, pois o homem tem um desenvolvimento psíquico mais perfeito como decorrência de sua organização mais perfeita do sistema nervoso, em especial do cérebro.

Quaisquer que tenham sido as manifestações que tenha assumido o positivismo, de acordo com o espírito e o momento de cada povo, ressalta o fato de que o positivismo não é um sistema, mas um método, que em si é bom, mas que errou ao restringir ao campo das ciências experimentais toda a possibilidade de conhecimento, descartando campos de natureza diferente, como a metafísica, a arte, a moral e a religião.

Outro erro, de certa forma ligado a esse, é um certo paradigma de avaliação negativa com relação à metafísica e à teologia, que levou Comte a sustentar as idades teológica, metafísica e científica. Uma contradição no seu bojo é negar a religião e fundar uma religião, ritualística inclusive, ainda que seja para venerar a humanidade. Mas o positivismo tem o mérito de balizar, no terreno firme da experiência, alguns devaneios ou exageros em várias filosofias, coisa que atingiu mediante sua crítica ao idealismo. Outro mérito é o de ter lançado as bases da sociologia moderna, ao procurar instituir uma ciência dos fenômenos sociais.

Mas foi no seio do próprio positivismo – como aliás ocorreu com o idealismo – que houve uma crítica a ele, por ter sido detectada uma crise interior da ciência mecanicista, idolatrada, idealizada pelo positivismo. Isso abriu as portas para outras interpretações do mundo na esfera das ciências positivas, ensejando assim uma crítica dos próprios cientistas à ciência, o que equivale dizer uma crítica ao positivismo.

A essa fase inicial seguiu-se uma outra, de reconstrução filosófica, em nome da razão, que admite as exigências metafísicas ou espiritualistas, e que vai estimular correntes antipositivistas, espiritualistas,**

**O Espiritualismo é teoria relativa à natureza do ser, doutrina segundo a qual o espírito constitui a substância de toda realidade, contrapondo-se ao materialismo, como opõe-se o espírito à matéria, e a vida ao mecanicismo.

ainda no século XIX, e vai constituir a filosofia do século XX, principalmente na França e na Itália.

Esse momento caracteriza-se por vertentes distintas: o ecletismo, de tendência mais ou menos racionalista, que

O Mundo em que Viveu Allan Kardec | 251

predominou como filosofia oficial na França da Restauração, representado principalmente por Victor Cousin; o movimento de reconstrução de uma filosofia cristã católica, como o ontologismo na Itália, o tradicionalismo na França, e a neo-escolástica; e o neo-espiritualismo ou espiritismo, caracterizado pela conciliação da razão com a fé.

Três foram as razões principais que motivaram esse movimento generalizado de reação ao positivismo: o aprofundamento das pesquisas científicas, que levou a ciência a reconhecer seus próprios limites; o reconhecimento de que persistiam as questões éticas e metafísicas, a despeito de o positivismo ter tentado abafá-las como estágios pré-científicos, manifestações da imaturidade do homem; e a convicção de que somente uma visão espiritualista pode resolver adequadamente esse espectro de questões.

O quadro vincula-se à atitude crítica de Kant, que não só identificou as pretensões de uma "razão metafísica", como também aplicou-se à "razão científica", cujo método não lhe permite apreender plenamente certas dimensões não imediatamente redutíveis à matéria, tais como a vida, a ação, o conhecimento, os valores e a vontade, dentre outras.

As correntes antipositivistas mais importantes são o neo-hegelianismo italiano de Spaventa, o contingentismo francês de Boutroux, o pragmatismo americano de James, e o psicologismo de Wundt, além do pensamento de vários outros filósofos, particularmente os franceses.

O espiritualismo italiano que se inscreve no pensamento moderno, além da corrente espiritualista e platonizante, um tanto católica, expressa-se principalmente por meio do pensamento de Galluppi, Rosmini e Gioberti. Há também o neo-hegelianismo de Bertrando *Spaventa* (1817- 1883), que vê no imanentismo hegeliano a culminância e o momento conclusivo do pensamento não só moderno, mas universal. O barão Pasquale *Galluppi* (1770-1846) e o autodidata Antonio *Rosmini* (1797- 1855) pensam sua metafísica e sua moral na linha tradicional católica, segundo o teísmo* tradicional e o argumento ontológico** de inspiração platônica. O ontologismo é também comum a Vicenzo *Gioberti* (1801-1852), que se baseia na convicção metafísica de que Deus é Ideia, de que o Ente cria as existências, e estas voltam ao Ente, ou seja,

*Doutrina segundo a qual Deus é pessoal e vivo.

**Os três constituem a trindade positivistaParte da idéia de Deus como ser perfeito, buscando provar que na condição de perfeito e possuidor de todas as qualidades, Deus necessariamente existe.

## 252 | EM TORNO DE RIVAIL

a criatura deve voltar a Deus mediante a lei moral, e com isso Gioberti harmoniza a razão com a fé.

Já o americano William *James* (1842-1910) supera o positivismo com o seu pragmatismo,* que atribui ao conhecimento um valor utilitário, prático, econômico,** e o também americano John *Dewey* (1859-1952) contribui com o seu pragmatismo instrumentalístico, postulando que ideias e pensamento em geral são instrumento de organização da experiência futura. Ele influenciou amplamente o campo da educação.

*O termo pragmatismo foi usado inicialmente por C.S. Peirce (1839-1914) que defende, em seu pragmatismo lógico, que a significação de uma concepção ou idéia consiste nas suas conseqüências práticas.

**Como psicólogo James descobriu a subconsciência, conceito que o ajuda, junto com o pragmatismo, a explicar e valorizar a religião, redundando seu pensamento em um pragmatismo empírico-espiritualístico.

E, na Alemanha, quem partiu do próprio positivismo para a ele opor-se foi o já referido Wilhelm *Wundt* (1832-1920), um dos fundadores da psicologia moderna experimental, especialmente da psicologia social, como produtora da linguagem, do mito, do costume etc.

Já na França, com o ecletismo, foi expressiva a reação ao materialismo dos enciclopedistas e ao sensismo de Condillac, liderada por Maine de Biran e Victor Cousin.

*Maine de Biran* (1766–1824 ), o mais vigoroso pensador francês da primeira metade do século XIX, foi também um dos melhores psicólogos de sua época. Admite que acima da vida humana há a vida do espírito, mediante a qual o homem, no fundo de sua interioridade, entra em comunhão com Deus, em uma espécie de estado místico em que o homem encontra a certeza máxima. Acentua, especialmente a atividade do espírito no ato cognitivo, donde decorre que a sensação não é pura passividade: este é um dos eixos do sistema de Maine de Biran, facultando distinguir a existência do 'eu' – ou a experiência interna do indivíduo, ou consciência, do 'não-eu' – a experiência externa do indivíduo. Para Maine de Biran, a consciência de si mesmo como energia e esforço dá ao sujeito a segurança de construir o autodomínio perante qualquer evento, mantendo-se nesse equilíbrio em face do mundo das paixões e emoções, que guardam, como se sabe, relação com o nível fisiológico do indivíduo: assim a vida humana triunfa sobre a vida animal.

O Mundo em que Viveu Allan Kardec | 253

Sua projeção no mundo político é notável, e expressiva a atualidade de seu pensamento, que propõe ideias novas ou angulações novas a ideias nem tanto, e que revela um dos melhores psicólogos de seu tempo: teve muito mais influência sobre a psicologia de nossos dias – com o destaque dado ao papel do esforço e do inconsciente na trama de nossos atos, e sobre o intuicionismo posterior, particularmente sobre Bergson –, do que sobre seus contemporâneos.

O pensamento de *Royer-Collard* ( 1763-1845) completou as doutrinas de Maine de Biran e de *Ampère* (1775-1836), que se dedicou particularmente à classificação das ciências, com a filosofia da escola escocesa de Thomas Reid, que afirmou o princípio da atividade da consciência contra o princípio da sua passividade, peculiar da psicologia empirista do seu tempo e de Condillac. Royer-Collard introduziu tal filosofia no ensino oficial, como professor na Universidade de Paris, preparando assim a via ao ecletismo, linha de pensamento da qual seu sucessor na universidade, Victor Cousin, viria a ser o maior expoente.

O advento da filosofia eclética de Cousin, com sua exigência espiritualista, freou na França a corrente materialista.

Nessa escola francesa convivem, numa espécie de síntese involuntária, muitas doutrinas e teorias da escola escocesa, do pensamento de Descartes e, de vez em quando, vestígios da filosofia kantiana e do idealismo transcendental alemão. Observe-se que os filósofos ecléticos não admitem todos um sistema único de filosofia, mas concordam a respeito da existência de substâncias imateriais, da alma e de Deus, do caráter espiritual dos fundamentos da ética, e negam juntos que a sensação seja reduzível unicamente ao conhecimento intelectual.

Victor *Cousin* (1792-1867) tentou compatibilizar essas posições e é a figura de maior relevo da escola eclética, ainda que fique muito a dever a Maine de Biran, na profundidade de pensamento. Brilhante aluno, foi sucessor de Royer-Collard na cátedra de história da filosofia da Faculdade de Letras de Paris.

Nos séculos XIX e XX, o filósofo era frequentemente também professor de filosofia, especialmente se for levado em consideração o fato de que a organização oficial de um curso de filosofia no final do curso secundário francês é um fato de grande importância e de inegável influência sobre as doutrinas, implicando diretrizes ministeriais, inspeções e concursos nacionais, o que pode encorajar ou desencorajar esta ou aquela tendência.*

*A partir de 1925, em função dos governos, do poder econômico e das religiões, o ensino da filosofia usufruiu em França uma extraordinária liberdade. Essa fase sucedeu ao período em que foram criadas Escolas Centrais, que desenvolveram um ensino nitidamente progressista, dando às ciências importância igual à das letras, e nela teriam sido difundidas a filosofia das luzes e a dos discípulos de Condillac, que se autodenominavam "ideólogos", a partir de Destutt de Tracy (1754-1836), que definiu ideologia como a ciência exata das idéias em oposição às hipóteses da metafísica. Pensadores como Cabanis(1757-1808), que estuda as relações entre o físico e o moral, em um sentido materialista, pertencem a esta escola. Mas Napoleão quis desembaraçar a França dos ideólogos porque em suas teorias via a continuação do ideário da filosofia das luzes, considerada nociva e subversiva da ordem social, e ele, ao fundar a Universidade Imperial, em 1808, explicita seu objetivo de formar, para o Estado, cidadãos ligados à sua religião, a seu príncipe, à sua pátria e à sua família. E a filosofia ensinada nos liceus imperiais é decisiva para liquidar a herança racionalista do século XVIII.A filosofia dos liceus terá o objetivo, sob a Restauração, de demonstrar a existência de Deus, a espiritualidade, a imortalidade da alma e o livre-arbítrio, que torna o homem culpável e portanto punível. É a metafísica sendo usada como instrumento para a continuação da política.

Victor Cousin representa esse espiritualismo oficial e usufruiu de um prestígio que raros filósofos tiveram em vida. Suas opiniões filosóficas contemplam a defesa da escola escocesa e de Royer-Collard; o entusiasmo pela metafísica de Kant, Fichte e Schelling, inclinando-o, portanto, a uma espécie de panteísmo hegeliano; e um teísmo racional que o aproximou da Igreja Católica com a qual não chegou a reconciliar-se definitivamente. Ele recorre ao psicologismo, ou intuição, ou ainda experiência interior, que nos proporcionaria a intuição imediata da verdade e nos possibilitaria atingir o Absoluto.

Foi extraordinária a sua influência sobre a filosofia francesa na primeira metade do século XIX, tendo sido por vinte anos uma espécie de ditador do pensamento francês, abrindo-lhe novos caminhos. Seu ecletismo foi pouco original, e um tanto condescendente, amoldando-se às circunstâncias e evitando exageros, razão pela qual facilmente aclimatou-se numa época de certa forma fracamente filosófica para a França.

Para Cousin, os sistemas filosóficos são verdades incompletas, e a verdadeira filosofia deve ser a conciliação de todos esses sistemas diferentes, harmonizando-os no que tenham de verdadeiro, ainda que o resultado seja um todo heterogêneo e informe. Mas fica evidente uma fraqueza de seu pensamento, que não oferece nenhum método para estabelecer com segurança nem o que há de verdadeiro em cada sistema, nem o erro que cada sistema possivelmente encerre.

O Mundo em que Viveu Allan Kardec | 255

Mas, curiosamente, foi essa união sincrética de ideias antagônicas que foi capaz de salvar o espiritualismo.

Não obstante, alguns preferiram revisitar o idealismo. É que o espiritualismo, tal como sustentado pela frágil escola eclética de Victor Cousin, podia oferecer escassa resistência ao positivismo, em razão de seu ecletismo e pelo fato de resolver–se numa investigação puramente psicológica, sobre a qual pretende fundar a metafísica. Nessa mesma época em que o positivismo dominava a cultura francesa, alguns pensadores procuravam, sob a inspiração de Leibniz, Hegel e Schelling, renovar o idealismo, e dentre eles merecem referência Charles Sécrétan e Félix Ravaisson.

Para *Sécrétan* (1815-1895), pensador suíço que se inscreve no universo filosófico da França, onde foi muito seguido, Deus é liberdade absoluta, causa de si mesmo, é criação, produz-se como atividade, como vida, e com um ato de liberdade cria seres livres, enquanto que a liberdade do homem fundamenta-se na liberdade absoluta de Deus. Mediante esse princípio de liberdade, o espírito é lei para si mesmo e por isso pode experimentar a queda, ou o pecado original, mas com a oportunidade de voltar à lei divina mediante a redenção e a imortalidade. Com a interpretação racional da fé cristã, ele sucessivamente reduz o cristianismo a um puro racionalismo.

Outra expressão do idealismo revisitado, que elabora motivos do espiritualismo leibniziano, é Félix *Ravaisson* (1815-1903), que, como Sécrétan, entende que o espírito é liberdade, é espontânea atividade criadora e organizadora da experiência, sendo portanto uma espécie de síntese organizadora. Para ele, o grande engano do positivismo foi não considerar o princípio organizador dos fatores elementares da realidade. No fundo do universo há um princípio organizador que é livre atividade. A realidade é, como em Aristóteles, passagem da potência ao ato, num movimento incessante para a divina perfeição, que refulge no mundo, mas Ravaisson nega que se possa demonstrar a Sua existência e conhecer-Lhe a natureza. Deus é conhecido por uma intuição da alma, pela intuição imediata da beleza e da harmonia do universo. Em suma, a metafísica de Ravaisson* é de cunho espiritualístico-teísta e caracteriza-se como intuicionista e antiintelectualista.

*Apesar de nunca ter lecionado, Ravaisson foi nomeado, em 1863, presidente da banca de admissão de professores de filosofia, ocupação que contribuiu largamente para a difusão de suas idéias.

Muito estimado de F. Ravaisson e aluno de Renouvier, Jules *Lachelier* (1834-1918) parte da filosofia de Kant, tenta eliminar por completo qualquer resíduo de realidade extramental, pontifica o pensamento como única realidade, sendo portanto o objeto uma criação do sujeito. Segundo Lachelier, nunca poderemos sair de nós mesmos, qualquer que seja o sistema adotado.

Com essa mentalidade idealista,* Lachelier desenvolve os problemas básicos da filosofia espiritualista, seu pensamento torna-se mais religioso que filosófico, aspira a um absoluto real e vivente, passa da ideia de Deus, a Deus, que é a única realidade verdadeira, princípio e termo da totalidade do real, e desemboca na transcendência de Deus. Assim Lachelier resolve os problemas entre natureza e espírito, e entre liberdade e necessidade: o mecanismo da natureza é somente exteriorização do que, na sua raiz última, é liberdade espiritual. Seu pensamento, pois, constitui um realismo espiritualista e teísta.

---

*Tentou, durante cinqüenta anos, do alto de sua cátedra, restaurar a metafísica na Escola Normal Superior, onde lecionou por vinte anos; exerceu o magistério até os oitenta e quatro anos, quando faleceu. Como Ravaisson, ele também exercerá grande influência, principalmente a partir de 1879, quando se torna inspetor-geral.

---

Ainda hoje, na França, faz-se sentir a influência de Lachelier e também de Octave *Hamelin* (1856-1907), professor na Sorbonne, que considera a filosofia mais um problema de síntese do que de análise. Opondo-se ao materialismo e ao panteísmo, ele concebe um sistema imanentista e idealista, pois nada existe fora do espírito: a realidade suprema é a realidade-pensamento, que culmina sua ascensão dialética na personalidade e na consciência. Em consequência, nega o nivelamento de todas as consciências e admite uma apenas que realiza plenamente a natureza suprema do espírito, a consciência absoluta do espírito, Deus, o fundamento do universo, da qual derivam todas as consciências. Ele e Lachelier partiram da imanência total, admitindo apenas o mundo do nosso conhecimento, além do qual não há nada, restando ao universo ser um sistema de relações.

Leon *Brunschvigg* (1869-1944) concorda com Hamelin neste ponto, e afirma que o espírito cria, aos poucos, seus objetos: com isso elabora a sua teoria da relatividade generalizada, que reduz o universo a um sistema de relações. O homem pode, no entanto, chegar à consciência intelectual, negando o egoísmo e o apego ao 'eu' psicológico, para atingir a Deus, que não sendo um ser transcendente, constitui-se realidade interior ao próprio homem.

A ideia da liberdade está no centro das preocupações dos espiritualistas, mas em Jules *Lequier* (1814-1862 ) destaca-se no seio de uma filosofia profunda na reflexão e brilhante no estilo, e que foi conhecida graças a Renouvier, que ele encontrou quando entrou para a Escola Politécnica. É a filosofia da liberdade. Este é o tema único que orienta sua reflexão, que tem pressupostos de ordem ética e religiosa. Postula que a vida moral e religiosa só tem sentido se formos os verdadeiros autores tanto de nossos erros quanto de nossos atos virtuosos, mediante o livre-arbítrio.

Este conceito ou princípio enfrenta a dificuldade teológica da préciência de Deus, e Lequier conclui que a liberdade humana limita a pré-ciência de Deus, mas atribuir a pré-ciência de todos os nossos atos seria negar a liberdade. Discutindo esse problema, ele teve necessariamente que discutir também o do determinismo, que exerceu grande influência em seu pensamento.

Lequier afirma a liberdade do homem sem negar Deus que, para ele, não sabe antecipadamente o que o homem vai decidir, pelo seu livre-arbítrio, eis que o ato livre do homem é o começo, porque antes dele nada está decidido. A liberdade do homem é bastante grande para inverter os valores, para criar valores, que ele nem sempre escolhe de forma correta, porque escolhe o melhor que lhe convém, de forma arbitrária. No entanto, essa é pseudocriação, porque as normas fixadas por Deus permanecem e nos julgam. Por meio de Renouvier, que publicou os manuscritos de Lequier, este vai influenciar os neocriticistas e todos os neokantianos.

Ravaisson, Lachelier e Renouvier são os primeiros que contrapõem uma concepção espiritualista ao positivismo. Considerado um mestre do pensamento francês contemporâneo, Charles *Renouvier* (1813-1900) retomou e aprofundou o pensamento de Ravaisson, e levou a crítica ao positivismo ao ponto de fundar um neocriticismo, negando que haja algo de real além dos fenômenos, havendo apenas representações que se colocam à instância do subjetivo e objetivo, e o que chamamos mundo material é um conjunto de fenômenos. Mas, diferentemente do positivismo, Renouvier afirma que entre os fenômenos não há continuidade, sendo portanto possível, entre causa e

258 | EM TORNO DE RIVAIL

efeito, inserir-se a liberdade: todo fenômeno é um novo começo, um ato livre.

Segundo ele, temos o dever de crer na liberdade e na existência de Deus, e com isso ele elimina o dualismo kantiano de razão prática e teórica, afirmando então que todos os juízos são práticos, porque implicam uma adesão da vontade. Filósofo anticatólico, racionalista de grande originalidade, que tentava conciliar Kant com Hume, para ele não existe nenhuma realidade fora do espírito, que é liberdade, atividade espontânea e criadora, e o que chamamos matéria não passa de degradação do espírito: assim como atos repetidos se transformam, em nossa vida psíquica, em vontade cega e na forma instintiva do hábito, também o decair da vida do espírito para mero hábito se transforma em necessidade mecânica da realidade natural.

Renouvier vê o universo como a ascese progressiva de uma só e mesma atividade criadora que tende aos poucos, mas incessantemente, para a forma viva da personalidade consciente, no homem, e para a forma suprema da perfeição e da ordem, em Deus, que ele concebe como Pessoa perfeita e criador de um mundo perfeito, embora sua concepção metafísica seja panteísta, fenomenista, pois exclui a hipótese da criação e aceita a da emanação, que é panteísmo, mas seu Uno ou Deus é concebido como consciência, que volta a sair de si. Daí decorrem a pluralidade das pessoas ou consciências e também a garantia da independência dos centros individuais, cada qual sendo iniciativa de novos atos, ou seja, liberdade. Acata também a pluralidade de mundos sucessivos, incorporando a doutrina de Orígenes.

Também professor na Escola Normal Superior, na Sorbonne e na Universidade de Nancy, espiritualista convicto e profundíssimo conhecedor do pensamento germânico, porque estudou longos anos na Alemanha, Émile *Boutroux* (1845-1921), crítico pertinaz do materialismo, desafia e depois pulveriza todo o determinismo mecanicista e o ateísmo do positivismo clássico francês por meio de suas obras *De la contingence des lois de la nature, Science et religion* e *Études d'histoire de la philosophie*. É o contingentismo de E. Boutroux, que refuta todo monismo materialista que pretendia submeter a natureza, no seu conjunto, a uma dedução necessária. Para ele a liberdade espiritual pode ter um lugar na contingência das leis naturais, porque o determinismo é lacunário.

O Mundo em que Viveu Allan Kardec | 259

Sua filosofia, que defende a liberdade da natureza e do espírito, e uma nova concepção da ciência, recebeu a aprovação dos espiritualistas na segunda metade do século XIX e na primeira do século XX.

Para Boutroux as várias formas do universo são subordinadas entre si, mas a forma superior, porque é a mais perfeita, não é produzida segundo a lei de causalidade, mas por um princípio livre e criador. Em função disso, a lei geral explica o que se repete, mas deixa escapar tudo o que é novo em toda criação. Os esquemas e os símbolos da ciência, como conhecimento intelectualista, não conseguem captar o princípio criador do real, a essência verdadeira das coisas.

Boutroux quer demolir a suposição que só foi posta em discussão ao final do século XIX, e à qual se deve o triunfo do positivismo: a da necessidade e imutabilidade das leis das ciências experimentais e, consequentemente, da certeza e da solidez do conhecimento delas oriundo. O valor das leis científicas é relativo porque não captam a mudança qualitativa que constitui a vida real, cujo fluxo imprevisível transborda por sobre os balizamentos do saber científico. Por isso não se pode comprimir a realidade universal dentro de rígidos esquemas mecânicos nem reduzi-la a formas abstratas, porque é sempre nova criação da espontaneidade do universo, até porque a moral, a metafísica e a religião escapam à pesquisa científica. Mas o homem pode conhecer tudo isso, porque, além do espírito científico, tem uma razão cujo objeto são as verdades filosóficas e religiosas. E dessa forma, com inspiração em Pascal, Boutroux distingue duas formas de conhecimento: o espírito científico, que se ocupa dos fenômenos naturais, e a razão, que se ocupa das ações humanas e divinas.

Opondo-se também a esse espírito científico que se tornara um mito no século XIX, Maurice *Blondel*, (1861-1949) desenvolveu e aprofundou relevante crítica ao idealismo e ao determinismo científico do positivismo, e empreendeu todo o esforço em aprofundar o integral dinamismo do espírito, solicitado e estimulado a transcender-se para uma plenitude de realidade espiritual. É a filosofia da ação. Todo ser racional aspira a construir uma certa unidade interior, espiritual, que é dinâmica e concreta. Entretanto, a solução do problema não pode ser encontrada no reino da pura logicidade, porque o espírito encontra resistências e contradições latentes em si mesmo. Esse objetivo cabe à ação, construtiva e criativa, cujo dinamismo edi-

260 | EM TORNO DE RIVAIL

fica a estrutura do 'eu', e direciona as forças divergentes para a solução ou o êxito: é a lógica da vida moral.

Esse nosso dinamismo integral leva-nos ao princípio universal de todo bem, e a ação exterioriza-se, realiza-se, individualiza-se, faz-se pessoa, família, sociedade, pátria, humanidade, mas em todas as ações está presente o destino transcendente do homem. O fim absoluto que constitui a pessoa é Deus: sem Ele, a própria pessoa e os fins que realiza se perdem. Tendemos para a identidade do ideal com o real, que é Deus; a insatisfação que angustia o coração do homem postula a existência de um ser absoluto e a da ordem sobrenatural da graça, revelada pela fé.

Mas o maior destaque da corrente espiritualista está reservado para o intuicionismo de Bergson. Aluno de Boutroux na Escola Normal Superior, onde depois ensinou de 1897 a 1900, ano em que obteve a cátedra de filosofia no Colégio de França, Henri *Bergson* (1859-1941) desenvolveu um pensamento que constitui a mais original e genial expressão da reação idealista contra a ciência e o intelectualismo científico: o intuicionismo, que teve e continua a ter influência mundial. Recebeu o prêmio Nobel de literatura.

Atraído pelo evolucionismo e pelo positivismo de sua época, Bergson, no entanto, soube tirar, certamente por influência de Boutroux, insuspeitados motivos idealistas de dentro do próprio positivismo. Do pensamento francês do século XIX, Bergson foi capaz de retirar inspiração contra o cientismo ou empirismo evolucionístico francês da segunda metade do século XIX, e notadamente do psicologismo de Maine de Biran, da filosofia da liberdade de Ravaisson, do neocriticismo de Renouvier, do contingentismo de Boutroux etc.

Sua filosofia afirma a irredutibilidade da vida a qualquer forma de mecanicismo físico-químico e conduz a um espiritualismo, particularmente em *As duas fontes da moral e da religião*, na qual ele identifica a espontaneidade da vida com a atividade criadora do espírito. Representando a insurreição do anti-racionalismo, Bergson representa também um momento essencial no desenvolvimento da filosofia francesa. Seu esforço especulativo cumpre dois objetivos convergentes: libertar o biologismo e o evolucionismo do peso do seu cientismo intelectualista e dar à própria vida um sentido profundamente espiritual.

O Mundo em que Viveu Allan Kardec | 261

Com sua tese *Ensaio sobre os dados imediatos da consciência*, Bergson firma posição observando que o tempo do qual a filosofia positivista se ocupava não tem duração e por isso nada tem a ver com o tempo real, que nos é atestado pela consciência e que tem justamente a duração como característica principal. Em *Matéria e memória*, ele aplica sua noção de tempo às faculdades humanas, especialmente à memória, para provar a sua espiritualidade. Já no século XX, em *Evolução criadora* ele aplica o princípio da duração,* explica a vida como uma corrente de consciência – o *élan vital*, ou impulso vital, que se insinua na matéria, submetendo-a a si, mas também sendo limitada e condicionada por ela.

Bergson institui um novo método, o da intuição imediata, capaz de aproximar-se da realidade sem submetê-la a nenhuma pressão, distorção ou abstração, porque a realidade é um processo de perene criação sem princípio nem fim, móvel e viva, sem nenhuma divisão de partes. Conhecer por intuição significa viver dentro de uma coisa e por isso o intuicionismo é um modo absoluto de conhecimento, diverso do modo relativo da análise. Para Bergson, metafísica é conhecimento absoluto da essência interna dos seres, penetração no íntimo de sua criatividade. Mediante a intuição conhecemos a realidade do nosso 'eu', cuja essência, como a do universo, é duração real, correr perene no qual os vários estados se aglutinam em unidade, e que permanece no tempo, flui, vive sem solução de continuidade.

> *Na época em que vivia Bergson concebia-se o tempo de modo análogo ao espaço, de acordo com a concepção positivista e científica, vendo-se nele uma realidade homogênea, divisível em partes distintas entre si, por ocuparem uma posição diferente: o passado, o presente e o futuro. Para sustentar sua crítica ao positivismo Bergson recorre aos dados imediatos da consciência pelos quais constatamos que eles não são homogêneos: nenhum estado de consciência se repete de modo idêntico, suas fases são uma sucessão de momentos essencialmente heterogêneos. O tempo é a sucessão dos estados de consciência, logo, essencialmente duração, e portanto não pode ser reduzido ao espaço: o passado está no presente e o presente está carregado de futuro.

O espírito é fluxo através do tempo, duração psicológica ou real. E quando conseguimos ir além do 'eu' superficial, fragmentário e dividido em tantos atos psíquicos, descobrimos o 'eu' profundo, isto é, a nossa vida unitária, permanente e no entanto sempre renovada. A fonte inesgotável da qual emanam todas as coisas no seu fluxo perene, as espirituais como as materiais, é o impulso vital, diverso daquele encontrado no pensamento da evolução mecanicista, que não

## 262 | EM TORNO DE RIVAIL

é substância mas força, e que produz, por evolução, sempre novas e melhores formas. O objeto da filosofia para Bergson é o impulso vital e a esse devir do qual se originam todas as coisas ele dá o nome de evolução criadora. Alma e corpo, espírito e matéria, razão e intuição são inseparáveis, constituindo-se aspectos complementares de uma única e mesma realidade.

Bergson aplica o método da intuição aos problemas da moral e da religião, o que resulta nos conceitos de moral fechada e aberta, e aos quais, no plano religioso, correspondem os de religião estática e religião dinâmica.*

> *A moral fechada é a moral da razão, inspirada na idéia da sanção temporal com prêmio e castigo, da pressão social, com obediência às leis impostas pela sociedade; e a moral aberta é a que se determina à ação, com base na idéia de dedicação total em benefício da humanidade – é a moral fundada no amor, que Bergson vê em Sócrates, Platão e Buda, nos profetas do povo hebreu e nos santos do cristianismo, em todos os que foram propagadores do bem e se constituíram em poderoso apelo ao amor a todos os homens. A moral fechada é imutável e tende à conservação, enquanto que a moral aberta está em movimento e tende ao progresso.
> À distinção entre moral fechada e aberta corresponde no plano religioso, a distinção entre religião estática, que se exprime nas religiões positivas, um tipo de religião em que o culto é motivado pelo medo de uma sanção eterna ou pela esperança de um prêmio eterno, e religião dinâmica, que se baseia na intuição do Absoluto e na união mística com ele.

Na metade do século XIX, surge ainda uma filosofia espiritualista, autodenominada espiritismo, original na concepção, porque procede de espíritos orientadores da humanidade, mediante a via mediúnica; no posicionamento histórico-filosófico, porque faz a síntese, tão inesperada quanto desafiadora, das linhas argumentativas da ciência e da religião, da razão e da fé; na formatação, porque é um homem quem lhe dá a sistematização da forma, o intelectual, poliglota, escritor, educador, professor Hippolyte-Léon Denizard Rivail, sob o pseudônimo de Allan Kardec.

A doutrina espírita, também chamada neo-espiritualismo, de caráter dialético, associa razão e sentimento, ciência e fé. É doutrina filosófica, com fundamento científico, de consequências religiosas. Seu processo de codificação retirou do positivismo a estrutura formal, que se constata em suas obras básicas, e seu conteúdo reflete a abordagem idealista-intuicionista, de certa forma antecipando esta última, cabendo ao seu codificador o mérito de ter desenvolvido seu trabalho na linha aparentemente paradoxal do que se poderia chamar de positivismo metafísico. Institui a fé raciocinada, corolário do processo dialético de abordagem à ciência e à teologia.

O Mundo em que Viveu Allan Kardec | 263

Ratifica e ultrapassa o inatismo de Descartes e o evolucionismo de Spencer, afirmando, com base no conceito da transpessoalidade e da reencarnação, tanto no plano individual como no da sociedade e da civilização, a transição do imperfeito para o perfeito, conceito este que abrange todos os mundos em sua pluralidade e habitabilidade.

Identifica Deus como causa primária de todas as coisas, imanente e transcendente, Cuja essência é incognoscível à criatura, em seu atual estágio evolutivo, mas abordável ontologicamente por Seus atributos.

Distingue um princípio inteligente e um princípio material como independentes, mas associados e representados no dualismo mente--corpo, espírito-matéria, quando a criatura está encarnada. No campo da moral, também de cunho racionalista, lembra a ética geométrica de Spinoza, sem extremada matematização, mas vai além dela, com o instituto do livre-arbítrio e o da lei de causa e efeito. Na linha de Kant, usa a razão para chegar da dúvida à certeza sobre a lei do dever, sobre a existência de Deus e sobre a imortalidade da alma.

O espiritismo admite e explica o intercâmbio entre 'mortos' e 'vivos', ou entre desencarnados e encarnados, cultivado e praticado em inusitadas dimensões de consciência e de grandeza, apresentando método específico para tal.

Incorpora o método filosófico e o científico, e, por consequência, o que tiver sido por eles avaliado, resultando daí que, segundo a própria doutrina assinala, não corre o risco de ficar ultrapassada.

É religião porque, de suas conclusões filosóficas e de suas constatações científicas, resulta o reconhecimento humano da Paternidade Divina e da irmandade universal de todos os seres da criação, com isso estabelecendo o culto natural do amor a Deus e ao próximo, ratificando o *Evangelho* de Jesus de Nazaré.

O espiritismo* representa uma síntese de razão e fé, ciência e filosofia, bem como de métodos tanto da metafísica quanto do positivismo, inclusive para investigar a realidade suprafísica. Como sistema compõe-se de cosmologia, epistemologia, método, metafísica, teologia, axiologia, psicologia, antropologia filosófica transpessoal e moral. Seus propa-

*Suas obras básicas, resultantes do material recebido do plano espiritual por via mediúnica e da observação e catalogação dos fenômenos psíquicos com rigor científico, são *O livro dos espíritos*, com cuja publicação, em 1857, a doutrina foi trazida a lume, *O livro dos médiuns, O evangelho segundo o espiritismo, O céu e o inferno* e *A gênese*. Complementam-nas *O que é o Espiritismo, Revista Espírita* e *Obras Póstumas*.

264 | EM TORNO DE RIVAIL

gadores vêm de vários campos do conhecimento como Léon Denis, Camille Flammarion, Gabriel Delanne, os irmãos Leymarie, Gustave Geley, dentre outros.

Por seu turno, desde a época de Maine de Biran e de Victor Cousin, ocorreu uma reação católica às filosofias sensistas e materialistas, movimento que tomou o nome de tradicionalismo,* que defende uma revelação primitiva transmitida pela tradição de uma geração a outra, mediante o ensinamento oral e social, tornando irracional o ato de fé. Nessa linha estão *De maistre* (1753-1821), de formação jesuítica, chamado o "profeta do passado", o Visconde Louis *De Bonald* (1754-1840), membro da Academia Francesa, e o tradicionalista mais radical, o sacerdote Félix *De Lamennais* (1782-1854), que fundou, em 1830, o jornal *Avenir,* com Lacordaire e Montalembert, no qual sustentou doutrinas consideradas falsas e arriscadas, o que lhe rendeu uma censura papal e a condição de impenitente até a morte.

*Na verdade trata-se mais de ardentes apologistas do Catolicismo do que de filósofos propriamente, que desenvolveram um posto fraco no movimento ao exagerarem demasiadamente a fraqueza da razão humana e substituírem, por via de conseqüência, a fé à investigação racional e à especulação intelectual. Mesmo assim contribuíram para salvar as verdades básicas da filosofia espiritualista das investidas radicais da filosofia sensista e materialista.

Ao lado dos novos espiritualismos, entre o final do século XIX e o início do século XX, ressurgiram ainda os espiritualismos tradicionais de cunho platônico, agostiniano e tomista, movimento a que se deu o nome de neo-escolástica,** no caso do pensamento católico tradicional, e de neotomismo, no caso do pensamento de são Tomás.

*Através da encíclica *Aeterni Patris* o papa Leão XIII revalorizou a filosofia tomista. Em vários centros e universidades muitos estudiosos dedicaram-se a aprofundar o pensamento de Tomás de Aquino, e na França destacam-se Antonin Sertillanges, Etienne Gilson, Aimé Forest, Louis B. Geiger e Joseph de Finance, além do esforço de desenvolver a filosofia de Tomás de Aquino em disciplinas que foram por ele omitidas ou tratadas muito por alto, como a estética, a história, a pedagogia, a política, a filosofia da ciência etc.

É pensamento de alguns que o século XIX é um século de contradições. E pode sê-lo, se tomarmos para análise apenas o seu horizonte de tempo cronológico, e nesse caso estariam também outros séculos. Mas tomado na perspectiva do tempo, porque não se podem analisar ideias isoladas em um *continuum* de tempo cronológico, verifica-se facilmente que no século XIX situam-se ideias cuja ancestralidade remonta a um ou dois séculos antes e que vieram a atingir culminâncias nesse período – como o idealismo de

Hegel, o materialismo e o cientificismo mítico do positivismo. Outras tantas ideias, alinhadas em amálgamas, às vezes de cunho genial, como o intuicionismo bergsoniano, o espiritismo, os desdobramentos do pensamento de Kant e de Hegel e o positivismo metafísico, colocam-se como vastas sínteses, a demonstrar a validade do esforço especulativo de tempos precedentes, além de formulações inovadoras, como o existencialismo. Sem falar-se no evolucionismo, tão rico em desdobramentos. Isto revela quão apressada é a percepção um tanto generalizada de que apenas o positivismo e o materialismo estiveram em cena nesse século, talvez por terem chegado mesmo a patrocinar a linha política de muitos Estados em várias partes do mundo.

Mas o panorama, como se viu, é multifacético, ainda que com gradação de expressividade diferente. Enquanto que no materialismo o deus é a matéria, o positivismo apresenta-se em duas vertentes: uma, aparentada com o materialismo, e outra que abre espaço para a assunção da própria incapacidade de abranger tudo, surgindo a possibilidade de se admitir o incognoscível – embora, pelo próprio nome, essa instância não deva também estar ao alcance do conhecimento humano.

Ao lado dessas linhas de pensamento, há também os vários desdobramentos da filosofia espiritualista, que sempre esteve muito viva, particularmente na França – em trilhas abertas por Maine de Biran, e em inspirações conectadas à tradição espiritualista de Descartes, Malebranche, Leibniz e Pascal – com vertentes no ecletismo, no tradicionalismo, no ontologismo, no intuicionismo, no espiritismo. São perspectivas diferentes, mas todas com a mesma premissa, e como reação ao fervor iluminista, ao materialismo, ao sensismo e ao positivismo, este dominante por tanto tempo que realmente deixou sequelas de mecanicismo científico, socialismo e materialismo.

O espiritualismo é assim uma constante da filosofia francesa, que tem suas raízes profundas no *esprit* francês formado no clima do cristianismo e prolonga-se no século XX: na neo-escolástica propriamente dita; no neotomismo de Jacques Maritain; em outras direções do pensamento como na chamada "filosofia do espírito" com motivos existencialistas de Lavelle e Le Senne; no neo-idealismo; no intuicionismo, todas essas correntes difundindo-se amplamente em vários outros países, como a Itália, por exemplo.

# 266 | EM TORNO DE RIVAIL

A característica geral dos pensadores da vertente espiritualista nesse período é a tendência ao teísmo cristão e à metafísica, descoberta por meio de uma afirmação apaixonada da liberdade e em luta contra o determinismo naturalista científico, próprio da ciência positiva, com destaque para a proposta inovadora da filosofia espiritualista autodenominada *espiritismo*, palavra cunhada por seu codificador, Allan Kardec, que se difunde mundialmente ainda hoje.

Transbordaram do século XIX para o século XX as diretrizes essenciais dessas linhas, mescladas com os matizes históricos, sociais e político-econômicos que lhes deram feição própria em função dos desafios e perplexidades do homem do século XX, no qual estão presentes linhas de pensamento que tanto pensam o homem como ser historicamente situado quanto o consideram em sua dimensão espiritual. O legado do século XIX.

# III

## Razões e sensibilidades científicas

# História da Medicina: O Homem na Eterna Busca da Cura

## VERÔNICA CARDOSO DE JESUS

A medicina passou a ser considerada como um saber oficial na Grécia, no século IV a.C, por influencia de Hipócrates, filósofo pré-socrático, que admitia que a alma era responsável por todas as ações dinâmicas que ocorrem no organismo.

A partir de Sócrates, Platão e Aristóteles, o animismo perde a sua importância e surge uma tendência de abordagem mais racional das doenças, que se fortalece ainda mais, posteriormente, com as ideias de René Descartes.

Persistindo na busca da cura, as bases científicas foram se estabelecendo e desenvolvendo as ciências como a anatomia, fisiologia, farmacologia e outras, sendo criado diversos sistemas na prática médica.

A França ocupou um lugar privilegiado na Medicina. Napoleão incentivava o trabalho dos cientistas. A Escola de Paris normatizou o ensino médico e serviu de modelo para o desenvolvimento de outras escolas estrangeiras.

Apesar de todo o desenvolvimento científico, houve uma fase de niilismo terapêutico, no qual os médicos estavam descrentes dos recursos da época, principalmente para tratar as doenças epidêmicas que devastavam os povos.

O século XIX foi um período de mudanças aceleradas, buscando encontrar soluções para os problemas, que colocavam em risco a sobrevivência. E a França foi o berço de pesquisas importantes para toda a Humanidade, inclusive acolhendo cientistas estrangeiros, que não puderam se expressar em seus países de origem.

Napoleão visita a enfermaria dos Inválidos, 1808, castelo de Versalhes

Revendo a história da humanidade, a arte de curar se expressava pela medicina mágica e empírica, que eram métodos adquiridos na experiência do dia-a-dia, praticados pelos indivíduos mais idosos das comunidades ou pelos sacerdotes, curandeiros ou xamãs. As pesquisas desenvolvidas pela paleontologia e antropologia, nos séculos XIX e XX, forneceram evidências de que a medicina evoluiu dessas práticas instintivas, oriundas dos estudos da natureza e dos ritos religiosos, que tinham o objetivo de defender o homem contra as forças do mal, da doença e da morte.[1]

Na antiguidade, os povos compartilhavam a crença de que a enfermidade era um castigo imposto pelos deuses aos pecadores. Na Mesopotâmia, cerca de 1700 a.C., os sacerdotes médicos se dividiam em três categorias: o *baume*, que era encarregado dos procedimentos divinatórios, o *ashipu*, que realizava o exorcismo, e o *asu*, que fazia as curas com rituais, preces e o uso de várias substâncias. Eram submetidos ao código de Hammurabi que previa as recompensas para os tratamentos bem-sucedidos e também as punições para os casos de fracasso. Este código, estabelecido pelo rei Hamurabi (1948 – 1905 a.C.), foi o primeiro conceito de responsabilidade civil e criminosa na prática médica.[2]

Hipócrates

A medicina oficial tem suas raízes na Grécia, relacionada à figura mitológica de Esculápio, que, durante sua passagem sobre a Terra, teria constituído uma grande família, onde se destacam Panaceia, que possuía a cura para todos os males, e Higeia, que cuidava da saúde pública.

As diferentes escolas do pensamento grego proporcionaram os fundamentos mais importantes para a medicina científica. Na escola de Crotona, Pitágoras com suas pesquisas e ensinamentos afasta o caráter sobrenatural do conceito de doença. Alcmeon, o médico mais famoso, elevou a medicina à categoria de ciência. Foi pioneiro em afirmar que o intelecto e os sentidos eram uma das funções cerebrais e, investigando os distúrbios funcionais do cérebro, desenvolveu a teoria sobre o sono e a morte, que se baseava no fluxo e refluxo do sangue deste órgão para as veias.[3]

Outras importantes escolas de medicina se desenvolveram em outras regiões, como Cirene, no norte da África; Cnido, no extremo sul da Ásia Menor e também nas ilhas de Rodes e Cós.[4]

Entre os filósofos pré-socráticos, foi Hipócrates (século V a.C.) da escola de Cós, o que mais se destacou por possuir um profundo conhecimento do sofrimento humano, e por se colocar ao lado dos enfermos para melhor observação clínica e orientação precisa do tratamento.[5]

Hipócrates é considerado o "Pai da Medicina" e o "Patriarca do Animismo" por admitir um só princípio, a alma, como responsável por todas as ações dinâmicas que ocorrem no organismo. A escola hipocrática deu à medicina e em especial à homeopatia duas noções básicas da intervenção terapêutica: a lei dos semelhantes e a ideia da individualização do tratamento.[6]

As obras de Hipócrates e de outros autores das principais escolas estão reunidas na *Coletânea hipocrática* ou *Corpus hipocraticum*, que apresenta cerca de setenta e dois livros e cinquenta e nove tratados. Ele entendia que o médico devia limitar-se a agir como um servidor da natureza com três funções principais: favorecer ou ao menos não prejudicar; não atuar quando a enfermidade parecer inexoravelmente mortal e atacar a raiz da enfermidade, contra a causa e contra o princípio da causa.

Posteriormente, por influência de outros pensadores como Sócrates (470-399 a.C.), Platão (427-347 a.C.) e Aristóteles (384-322 a.C.), a medicina europeia desenvolveu a tentativa de abordagem racional das doenças.

Em Roma, Galeno (129-216 a.C.), médico grego de Pérgamo, estudou anatomia e também a psicologia experimental, ao observar a insegurança e o medo dos enfermos, e também a inter-relação entre as emoções e os sintomas. Sua obra influenciou de forma determinante as concepções da medicina por mais de um milênio, seguindo as teorias humorais dos filósofos gregos, que correlacionavam os quatro humores – sangue, bílis negra, bile amarela e fleugma – com os quatro elementos, terra, fogo, ar e água. A doença resultaria do desequilíbrio humoral, que seria restabelecido ajudando-se a natureza, por meio de sangria, purga e dietas.[7]

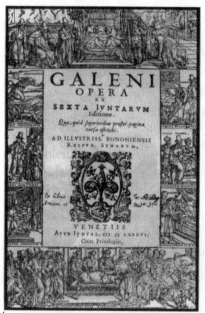
Frontispício da obra completa de Galeno

Na Idade Média, houve um grande declínio na ciência médica. Os médicos mostravam-se impotentes perante muitas epidemias com alto índice de mortalidade, o que desencadeou um reação quase universal contra a abordagem científica e racional para lidar com as doenças. Houve o ressurgimento das práticas supersticiosas, com uma crescente atenção à magia e a outros fenômenos sobrenaturais. A crença de que a cura das doenças era possível com a oração e a intervenção divina foi um obstáculo para o desenvolvimento da medicina. A terapêutica medicamentosa abandonou os critérios científicos retornando às características da medicina popular.

No período medieval, houve uma grande influência da Igreja, principalmente da ordem dos beneditinos, que se espalhou pela Europa Ocidental, fundando vários mosteiros e assegurando o predomínio da medicina monástica.

O ensino da medicina só foi retomado em novas universidades fundadas no sul da Itália, onde se destacou a Escola Médica de Salerno, edificada com bases em contribuições das civilizações latina, grega e islâmica, sendo a primeira a ser reconhecida oficialmente por meio de um ato de Frederico II. Esta escola foi importante para o desenvolvimento de outras universidades como a de Bolonha, Pádua, Nápoles e Montpellier.

No final da Idade Média, o papa Tenório III proibiu a prática da medicina pelo clero. Os médicos foram se organizando em associações, mas ainda não haviam conquistado totalmente a confiança da sociedade. A medicina leiga era muito atuante; os barbeiros desempenhavam algumas funções de médicos como a sangria, a purgação e a cirurgia. Os médicos se recusavam a praticar a cirurgia por considerar abaixo de sua dignidade sujar as mãos de sangue. A cirurgia só adquiriu posição de honra na França por meio do trabalho do italiano Guido Lanfranc, que, forçado a deixar Milão por razões políticas, foi para Lyon onde escreveu *O pequeno livro de cirurgia – Cyrurgia parva*. Em 1295, foi convidado a ensinar cirurgia e passou a dirigir a Escola de Cirurgia da Universidade de Paris.[8]

Cessada a repressão medieval em relação à religião e ao conhecimento, houve um movimento cultural importante com interesse no estudo das obras gregas e romanas que repercutiu em todos os segmentos: política, arte e ciência.

Os médicos da época eram humanistas, pertenciam às classes privilegiadas e tinham maior prestígio. As obras de Galeno ainda eram a base da medicina praticada.

Philippus Aureolus Theophrastus Bombastus von Hohenheim (1493-1541), chamado Paracelso, médico suíço formado pela Escola de Ferrara, era devoto da figura de Hipócrates e não aceitava os ensinamentos de Galeno, cujas obras queimou em público por considerá-las um atraso para a medicina, por muitos séculos. Foi uma figura polêmica, rompeu com a tradição ao ensinar em alemão, abandonando o latim, que era a língua acadêmica. Tinha grande interesse por alquimia e astrologia, desenvolveu grande conhecimento prático em clínica e cirurgia e é considerado o "Pai da Farmacologia" por ter introduzido os remédios químicos na medicina.[9]

Philippus Aureolus Theophrastus von Hohenheim, mais conhecido como Paracelso

A base da medicina moderna se estabeleceu com os trabalhos de Andreas Vesálio (1514-63), nascido em Bruxelas, e que fez a sua formação médica iniciada em Louvain, Montepellier e Paris e concluída na Escola Médica de Paula, após a guerra entre a França e o Império Romano.[10]

Vesálio se dedicou aos estudos da anatomia e, apesar de ser um seguidor da filosofia galênica, demonstrou vários erros encontrados nos escritos do médico grego, sendo violentamente contestado. Publicou diversas obras, sendo a mais famosa *De humanis corporis fabrica*, em 1543, por suas ilustrações, que uniam a arte e a ciência.[11]

No século XVII, a medicina sofre uma influência marcante com o desenvolvimento do racionalismo, estabelecido pelo filósofo René

274 | EM TORNO DE RIVAIL

Descartes (1596-1650), que, junto a outros estudiosos como Kepler (1571-1630), Galileu (1564-1642) e Newton (1642-1727), criou as ciências naturais para o estudo direto da natureza, com senso crítico e objetivo, sem preconceitos e dogmas. O grande interesse em medir as funções vitais levou ao desenvolvimento de vários instrumentos, como o termômetro clínico e o microscópio.

O vitalismo progressivamente vai se associando aos métodos de experimentação e conhecimento teórico-sintético, afastando os médicos da observação clínica e das necessidades daqueles que sofriam das doenças por eles estudadas. Apesar dos avanços da medicina, não foi possível controlar as epidemias que devastaram a humanidade.

As mudanças políticas e o idealismo revolucionário do século XVIII atingiram todas as áreas de conhecimento, acarretando uma valorização crescente dos métodos experimentais, mas também despertando uma consciência maior para o sofrimento dos pobres e enfermos. A Revolução Francesa trouxe maior abertura para os problemas sociais; os doentes mentais passaram a ser tratados com mais dignidade em consequência do trabalho do médico francês Philipe Pinel (1745-1826) no asilo de Bicêtre, próximo a Paris.

Microscópio de 1680

As ideias de Pinel tiveram continuidade com seu discípulo Jean-Étiene-Dominique Esquirol (1772-1840). Numa missão para o governo francês, visitou diversos estabelecimentos para doentes metais e apresentou um relatório denunciando a barbárie encontrada, cujo resultado foi a lei de 1838, que criou uma rede de asilos com médicos e funcionários pagos pelo governo.[12]

As bases das pesquisas científicas estavam se estabelecendo, mas ainda havia o conflito entre as novas ideias e as visões tradicionais. Alguns médicos não atendiam aos apelos da ciência a apoiavam os conceitos filosóficos animistas. O animismo ressurgiu com o médico e filósofo alemão Georg Ernest Stahl (1660-1734), que considerava a alma como sendo o princípio de todos os fenômenos fisiológicos e mórbidos.

A Faculdade de Medicina de Montepellier foi o maior centro de produção e sustentação das teses vitalistas, onde se destacaram Theópile de Bordeu (1722-1776) e Joseph Barthez (1734-1806). Barthez, com sua obra *De principio vitalis hominus*, descreveu e sugeriu uma nova maneira de ver o homem, considerando uma energia vital como um impulso que o anima e o mantém sob sua forma viva. Foi o professor de Philipe Pinel, o "Pai da Psiquiatria moderna", que não era vitalista, mas que ressaltou a importância de se particularizar a história individual de cada paciente.[13]

Neste mesmo período, surge Franz Anton Mesmer (1734-1815), médico formado em Viena, figura polêmica, por sua tese sobre a existência de um misterioso fluido – "magnetismo animal".

As críticas dos médicos vienenses o forçaram a mudar-se para Paris, onde também foi muito contestado, mas ficou famoso com os resultados obtidos no tratamento de mulheres que apresentavam sintomas histéricos. De forma empírica, Mesmer trabalhou com a sugestão hipnótica, abrindo caminho para outros estudos do psiquismo humano.[14]

No final do século XVIII, Christian Friendrich Samuel Hahnemann (1755-1843), médico alemão formado pela Escola de Erlanger, não aceitava o tratamento preconizado pela antiga medicina, que utilizava métodos baseados na ação contrária aos sintomas (*contraria contrarius curantur*) que, numa tentativa de eliminar a causa material das enfermidades, espoliava ainda mais o organismo.

Em 1790, Hahnemann iniciou o trabalho de experimentação com drogas, que se estendeu por um período de quase cinquenta anos de observação sobre a ação dos medicamentos no organismo humano, criando um novo tipo de tratamento, a homeopatia, cujo princípio de cura é a similitude dos sintomas (*similia similibus curantur*).[15]

Samuel Hahnemann, criador da homeopatia

Neste mesmo período, Edward Jenner (1749-1823), nascido em Berkeley concluiu seu estudo de vários anos adaptando a vacina contra varíola das

## 276 | EM TORNO DE RIVAIL

vacas para produzir a imunidade contra a varíola, que já causara a morte de aproximadamente sessenta milhões de pessoas na Europa. Mesmo sem conseguir explicar os aspectos básicos da imunização, Jenner foi o pioneiro de uma nova era de medicina preventiva.[16]

### A Medicina do Século XIX

O século XIX foi um período de grandes descobertas, no qual a pesquisa se intensificava em todas as áreas de conhecimento. Nos primeiros anos, houve um grande desenvolvimento da química moderna e principalmente da bioquímica, na Alemanha. Em 1828, Friedrich Wöhler (1800-1882) produziu a ureia, um produto natural do corpo, a partir de substância inorgânica (carbonato de amônia), mudando o conceito de que os compostos orgânicos eram totalmente distintos das substâncias minerais e inorgânicas. Justus von Liebig (1803-1873) identificou vários compostos químicos nos alimentos e em seus derivados e descobriu também o cloral e o clorofórmio. Liebig treinou vários estudantes em métodos de pesquisa em laboratório.[17]

A França ocupou um lugar privilegiado na medicina. Napoleão incentivaria o trabalho de clínicos e cientistas notáveis. Houve uma valorização das ciências que estudam o homem. O ensino médico, que esteve suspenso de 1792 a 1794,[18] é reorganizado institucionalmente, cabendo a Antoine-François Fourcrois apresentar à Convenção um relatório sobre o estabelecimento de uma nova escola de saúde em Paris para a formação de oficiais de saúde para trabalhar nos hospitais, principalmente nos militares.[19] Com base nesta reforma, foram também criadas as escolas de Montpellier e de Estrasburgo. Em 1802, foi estabelecido um sistema nacional de licenciamento para médicos e cirurgiões. Os médicos eram protegidos pelo Estado e se queixavam da competição dos oficiais de saúde.

Neste período de transição entre os dois séculos, o primeiro cientista a se destacar foi François Xavier Bichat (1771-1802) com os estudos sobre anatomia e fisiologia, explicando que órgãos eram feitos de tecido e distinguindo as duas funções do sistema nervoso, a vegetativa, que controla as funções orgânicas (circulação, respiração, digestão, metabolismo e temperatura) e a animal, própria dos organismos superiores que interage com o mundo exterior, se movimenta, expressa desejos e emoções.[20]

O Mundo em que Viveu Allan Kardec | 277

Jean Nicolas Corvisart (1755-1821) traduziu o livro do médico da Escola de Viena, Leopold Auenbrugger (1722-1809), fundador de ciência do diagnóstico físico, que, ao adotar a técnica da percussão, distinguiu doenças cardíacas separando-as das doenças pulmonares. O seu aluno mais brilhante foi René Theophile Hyacinthe Laënnec (1781-1826), que inventou o estetoscópio e criou um sistema de diagnóstico completo para as doenças do coração e do pulmão, sendo considerado como um dos maiores médicos de todos os tempos.[21]

Os franceses contribuíram muito para o desenvolvimento da fisiologia. François Mangendie (1783-1855) provou experimentalmente a função sensorial das raízes posteriores dos nervos espinhais. Claude Bernard (1813-1878) foi considerado o fundador da fisiologia experimental, por sua dedicação ao laboratório e por descrever o princípio da homeostase – "o meio interno mantém constante os organismos e os mecanismos fisiológicos resistem a quaisquer fatos externos que tentem produzir alterações no estado interno".[22] Em 1857, descobriu que o fígado produz açúcar independentemente do que é ingerido pela dieta. Mais tarde, estudando a função pancreática, descobriu a produção de sucos digestivos.[23]

Paris foi pioneira na abordagem clínica e anatômica da medicina, que era desenvolvida nos hospitais públicos. Essa abordagem foi iniciada cerca de 1800 por Philippe Pinel, em Salpêtrière, por René Läennec, no Hospital Necker, e por Pierre Louis, no Hotel Dieu.

Charles Edouard Brown-Séquard (1817-1894) também contribuiu para o avanço da fisiologia. Desenvolveu a endocrinologia ao observar que todas as glândulas produziam secreções, que eram lançadas na corrente sanguínea e podiam ser usadas na terapêutica. Mais tarde, essas secreções foram denominadas de hormônios pelos médicos britânicos W. M. Bayliss (1860-1924) e por E. H. Starling (1866-1927), quando descobriram a secretina, substância produzida pela mucosa do duodeno.[24]

Guillaume B. A. Duchenne (1806-1875) e Jean-Martin Charcot (1825-1893) foram os fundadores da neurologia. Charcot foi o primeiro a utilizar critérios regionais, reconhecendo que cada parte do sistema nervoso tem função diferente. Fez descobertas originais em diversas áreas da medicina, ficando mundialmente famoso por suas sessões clínicas no Hospital de Salpêtrière e pelos trabalhos apresen-

Charcot na Salpêtrière, em 1865, demonstrando a natureza da histeria

tados sobre histeria e hipnotismo, que demonstravam que estas entidades clínicas não eram distúrbios orgânicos.

A histeria era vista como um mal feminino e as pacientes eram encaminhadas para o ginecologista. No século anterior, os animistas a consideravam como uma desordem da alma e os organicistas como uma neurose do encéfalo. Charcot descreveu o quadro clínico, codificando as fases do ataque histérico e tratou as pacientes por hipnose. Nas sessões clínicas, que aconteciam às terças-feiras e que ficaram conhecidas como o "Teatro da Salpêtrière", as pacientes eram exibidas a uma plateia de artistas e homens públicos.[25]

Posteriormente, Sigmund Freud (1856-1939), que estudara neuropatologia em Viena, mudou para Paris para estudar com Charcot o tratamento da histeria pela hipnose. Freud fica impressionado com as observações clínicas e as teorias desenvolvidas pelo médico francês para explicar os estados mórbidos da doença e afirma: "Charcot é um dos maiores médicos e o que eu sei é que nenhum ser humano

O Mundo em que Viveu Allan Kardec | 279

jamais me afetou dessa maneira".[26] Ao retornar a Viena, difunde as ideias de Charcot e defende a tese de que os pacientes histéricos tinham memórias traumáticas reprimidas e que deveriam ser tratadas estimulando a expressão. Desenvolve a técnica de interpretação dos conflitos e cria a psicanálise, uma nova forma de terapia.[27]

Na Inglaterra, Alemanha e na Rússia os fisiologistas trabalhavam para estudar as funções do sistema nervoso. Ivan Pavlov (1849-1936) lançou as bases da fisiologia do comportamento.[28]

Os avanços da biologia e da química permitiram o isolamento de fármacos e o conhecimento de suas ações sobre os animais e o homem. Foram estudados a quinina, a estricnina, a morfina, os alcaloides e os antipiréticos.

A anatomia patológica,[29] a histologia[30] e a embriologia[31] foram desenvolvidas graças aos avanços técnicos no campo da microscopia. A autópsia possibilitou a correlação das manifestações clínicas das doenças com os achados patológicos nos órgãos. Os principais estudos anatomopatológicos foram realizados na França e na Inglaterra.

William Farr (1807-1883), que estudou na Escola de Paris, em 1837, deu uma excelente contribuição para a medicina por meio de seu livro *Estatística vital*, apresentando um instrumento de análise para os fatos registrados na prática médica.[32]

Em meados do século XIX, a cirurgia parisiense havia alcançado algum progresso devido às guerras napoleônicas, mas ainda não havia solução para quatro problemas difíceis: dor, assepsia, hemorragia e choque pós-cirúrgico. Somente em 1844, Horace Wells (1815-1848), um dentista de Connecticut, anunciou as propriedades anestésicas do óxido nitroso. Em 1848, foi realizada a primeira demonstração pública de cirurgia sem dor.

Superado o problema da dor, o risco de infeção complicava o trabalho dos cirurgiões e dos médicos. Em 1847, o trabalho pioneiro do obstetra húngaro Ignaz Semmelweiss (1818-1865) mostrou que a causa da morte das mulheres após o parto (febre puerperal) era provocada por agentes patológicos nas mãos e nos instrumentos e que poderiam ser eliminados por meio da limpeza e do uso de anti-sépticos. Fez esta descoberta ao observar que a doença que acometia as puérperas assemelhava-se à outra que matava os médicos que se feriam ao realizar autópsias. No Hospital-Geral de Viena, ele era o

280 | Em Torno de Rivail

assistente da Primeira Clínica Obstétrica e ensinava aos estudantes de medicina, que muitas vezes vinham para prática obstétrica, após as aulas de anatomia, onde dissecavam cadáveres. Na Segunda Clínica, ele ensinava às parteiras, que chegavam de suas casas e, nessa clínica, a doença não era tão frequente. Ao determinar que os estudantes lavassem as mãos com um desinfetante, fez com que o índice de mortalidade caísse de 18 % para 1%.[33]

Os trabalhos desenvolvidos pelo químico francês Louis Pasteur (1822-1895) comprovaram a teoria microbiana das doenças e a efetividade da assepsia e anti-sepsia defendida por outros estudiosos.

No final do século, Paul Ehrlich (1854-1915) estabeleceu os fundamentos definitivos dos métodos de luta contra microorganismos e aperfeiçoou as técnicas de microscopia para identificação do bacilo da tuberculose, que já havia sido isolado por Robert Koch (1843-1910). Ampliando o seu campo de atuação, sintetizou produtos químicos para destruir microorganismos e, juntamente com outros pesquisadores, impulsionou as atividades que culminaram no tratamento das doenças bacterianas no século XX.[34]

O século XIX foi um período de mudanças aceleradas, determinadas pelo espírito científico de investigação, mas também pela premência de se encontrarem soluções para os problemas que colocavam em risco a sobrevivência.

A Revolução Industrial provocou o deslocamento das populações rurais, ocasionando a aglomeração das populações em bairros operários, habitando moradias pequenas com precárias condições de higiene. A propagação das doenças epidêmicas, que representava um perigo para as outras camadas da sociedade, a preocupação com a saúde dos operários para garantir o bom funcionamento das fábricas e os trabalhos realizados por Edwing Chadwick sobre as condições sanitárias dos trabalhadores afetaram o governo e a prática médica, culminando na Lei de Saúde Pública, em 1848. As normas sanitárias foram estabelecidas pelo governo alemão após a publicação do relatório do patologista Rudolph Ludwig Unchow (1821-1902) sobre as condições miseráveis de vida do trabalhador. Este trabalho também serviu de estímulo para o governo inglês realizar controle sanitário dos reservatórios de água e da eliminação das águas residuais.[35]

As guerras tiveram papel importante nas mudanças da prática médica. Surgiu a medicina militar para tratar os soldados feridos ou doentes, organizando hospitais militares com corpo médico permanente e unidades de pronto-socorro. As condições de atendimento nos hospitais de campanha melhoraram graças ao trabalho de Florence Nightingale (1820-1910), que conseguiu um verdadeiro *status* profissional para as enfermeiras. Na guerra da Crimeia (1854-1856), por meio do esforço conjunto com trinta e oito enfermeiras, consegue organizar um hospital de campanha em Scutari, reduzindo o índice de mortalidade dos feridos de 40% para 2%. Em 1860, inicia curso de formação de enfermeiras no Hospital de St. Thomas de Londres, preconizando disciplina e vocação profissional. O sistema Nightingale foi adotado em diversos países, como modelo de desenvolvimento da enfermagem.[36]

Florence Nightingale, durante a guerra da Crimeia, Turquia, 1854

Em 1859, Jean Henri Dunant (1823-1910), um banqueiro suíço, esteve presente na batalha de Solferino, no norte da Itália, depois que terminaram as hostilidades. Ficou impressionado com as condições lamentáveis em que se encontravam milhares de soldados feridos e solicitou ao vitorioso comandante francês que libertasse os feridos. Os cirurgiões militares austríacos cuidaram dos feridos das três nações salvando o maior número de vidas possível.

Passados três anos, publicou um livro, *Uma lembrança de Solferino*, que constitui um verdadeiro exemplo de humanitarismo internacional, sendo apoiado pelos escritores Victor Hugo, Joseph Ernest Renan e os irmãos Goncourt. A mobilização popular resultou na organização de uma Conferência Internacional das Sociedades da Cruz Vermelha, em Genebra, em 1863. Posteriormente, em 22 de agosto de 1864, foi acordado na Convenção de Genebra, assinada por 14 nações, que todos os doentes e feridos e todo o pessoal de equipes médicas e de enfermagem eram considerados neutros nos campos de batalha.[37]

Apesar das descobertas e dos avanços no conhecimento, durante os primeiros anos de século XIX, os tratamentos básicos restringiram-se a regimes dietéticos, exercícios, repousos, banhos e massagens, sangrias, escarificações, ventosas, cauterizações, eméticos, purgantes e desinfetantes.

As teorias desenvolvidas no final do século XVIII continuavam a influenciar a prática médica. A doutrina elaborada pelo médico escocês John Brown (1735-1788) se difundiu por grande parte da Europa. Numa tentativa de abordagem pelo método empírico-experimental newtoniano, pretendia explicar as doenças em geral como uma alteração da excitabilidade definida como propriedade dos seres vivos, expressada pelo cérebro e nervos. As doenças seriam o resultado da diminuição da excitação vital por falta de estímulos ou por redução de resposta do organismo aos estímulos oriundos do meio ambiente ou dos conteúdos internos: ar, alimento e sangue.

Baseados nessa teoria, os cientistas italianos Pietro Moscati e Giovani Rasori divulgaram uma nova teoria – a teoria do contra-estímulo, para tratar as doenças que seriam causadas por hiperestimulação.[38] A prática terapêutica utilizava contra-estimulantes, sendo o método principal, a sangria.

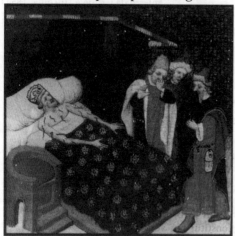
Sangria com sanguessugas

Na França, François Joseph Victor Broussais (1772- 1838), médico-militar do exército napoleônico e médico-chefe do Hospital Val-de-Grâce em Paris, defendia a teoria browniana e praticava a terapêutica rasoriana, utilizando sanguessugas. Esta prática cresceu de tal ordem, que a França chegou a importar 41.654.300 sanguessugas em 1833.[39]

Broussais, convencido de que a vida era mantida por estímulos externos, combatia os trabalhos desenvolvidos pelo clínico Philippe Pinel e pelo anatomopatologista Laënnec.[40]

O Mundo em que Viveu Allan Kardec | 283

Apesar das pesquisas minuciosas dos sintomas clínicos observados no paciente e das lesões anatômicas descobertas no cadáver para determinar a natureza da doença, não houve grande avanço nos recursos terapêuticos.

Os médicos, frustrados com os resultados obtidos, tornaram-se céticos em relação aos métodos disponíveis para tratamento das doenças.

Em 1841, Joseph Dieth, acadêmico australiano escreveu:

> A medicina, como ciência natural, não pode ter a tarefa de encontrar panaceias e descobrir curas milagrosas para banir a morte. Mas, em vez disso, deve descobrir as condições nas quais as pessoas adoecem, recuperam-se ou morrem; em uma palavra, tem a tarefa de aprofundar a doutrina das condições humanas que se baseiam no estudo da natureza, da física e da química.[41]

O niilismo terapêutico da época e a busca ansiosa pela cura reativaram a medicina leiga. Na Inglaterra, alguns grupos, influenciados pelos ensinamentos do místico Emmanuel Sweedenborg, descartaram qualquer tipo de medicamento, acreditando somente nos poderes curadores da natureza, ajudados pela água, prece, autocontrole e iluminação espiritual.[42]

Mary Baker Eddy, em New Hampshire, fundou o Movimento da Ciência Cristã, após ter passado muito tempo doente na década de 1830, com distúrbios nervosos (paralisia histérica), que a medicina oficial não conseguiu curar. Sentiu-se aliviada pela homeopatia e pelo mesmerismo e empreendeu a sua autocura. Em seu livro – *Science and health* (*Ciência e saúde*), publicado em 1875, afirmava que a doença e a dor eram ilusões que a "mente curadora" poderia dissipar.[43]

James Morrison, homem de negócios da Inglaterra, tinha sintomas digestivos que não foram resolvidos pelos médicos consultados. Frustrado com o tratamento, propôs regras de medicina alternativa, que se baseavam na depuração do sangue, utilizando laxantes vegetais. Em 1825, comercializou a "pílula vegetal universal" para curar todas as doenças.

No século XVIII, a impotência da prática médica no controle das doenças epidêmicas foi determinante para o estabelecimento de uma metodologia complexa de observação sob a orientação de um esta-

284 | Em Torno de Rivail

tuto político da medicina. Em Paris, a Sociedade Real de Medicina é instituída pelo governo em 1776 e decide criar uma comissão em Versalhes para estudo das epidemias, por meio de decreto. Essa comissão teria poderes para investigar as doenças, registrando todos os fatos envolvidos, além de indicar os médicos para acompanhamento dos casos, controlando os métodos e a prescrição de tratamento.

Esse controle político sobre o exercício da medicina gerou um conflito com a faculdade, que em protesto paralisou suas atividades por um período. Com o início da Revolução, o Comitê das Finanças da Assembleia Nacional ratificou os poderes da Sociedade Real, justificando que esta teria a finalidade de fazer intercâmbio da medicina francesa com a estrangeira para aprofundar o estudo das doenças e desenvolver uma medicina mais eficaz, com o saber estabelecido de forma sistemática. Consequentemente, desenvolve-se uma medicina social, voltada para o bem-estar geral das comunidades, distanciando-se do individual para o coletivo, referindo noções de saúde, que não eram obtidas na análise do funcionamento regular do organismo; não se definia o conceito de normalidade de uma estrutura orgânica e pouco se conseguiu para tratamento efetivo das doenças.

No século XIX, após a reforma do ensino médico na França, as pesquisas se intensificaram principalmente na anatomia patológica, que, por meio da dissecção dos órgãos, buscava estabelecer uma correlação entre as lesões encontradas e a causa da doença, que levara à morte.

Nesse início do século, Philippe Pinel consegue classificar as doenças pela observação dos sinais e sintomas e da correlação destes com a existência ou não de lesões orgânicas. Apesar de ser muito criticado, o seu trabalho – *Nosographie philosophique* – traçou novos rumos para a medicina, organizando o olhar médico por meio da clínica.[44]

A abordagem clínica remeteu a medicina para o início da sua história no século V, quando Hipócrates se colocava ao lado dos enfermos para melhor observação e entendimento do sofrimento humano. A conduta humanista de Pinel repercutiu positivamente em toda a medicina e especialmente na psiquiatria, quando liberta os doentes mentais que eram aprisionados em correntes e restaura os direitos do cidadão. A sua prática médica mostrou a importância da relação médico-paciente para melhor entendimento dos mecanismos das doenças, evitando medidas que fossem prejudiciais. Por meio da observação clínica, foi possível tratar doenças, que eram dramáticas para a sociedade, como a histeria, tratada por Charcot por meio da hipnose, método desenvolvido por Mesmer no século anterior.

A eterna busca da cura e esse novo olhar da medicina, mais voltado para a concepção vitalista, estimulam o desenvolvimento de outros sistemas de tratamento como a hidroterapia, a quiroprática e a homeopatia.

A homeopatia foi o sistema mais influente e também o mais contestado, que se difundiu por todo o mundo, alcançando muita popularidade nos Estados Unidos, onde foram fundadas as escolas homeopáticas de Filadélfia e de Nova York. Seu fundador obteve grande êxito em Paris. A filosofia homeopática de Hahnemann será abordada no artigo seguinte.

O século XIX é reconhecido como a era das conquistas pelo avanço do conhecimento científico. A medicina progrediu muito na América e na Europa. A França teve grande participação neste desenvolvimento, quando os médicos, estimulados pela Revolução, adquirem uma consciência político-social e buscam atender as reais necessidades do ser humano. Os cientistas, apoiados pelo governo, abrem o caminho para novas pesquisas e acolhem pesquisadores estrangeiros, principalmente aqueles que não puderam se expressar em seus países de origem. O estímulo à pesquisa repercutiu em todos os segmentos da sociedade. Envolvido nesse processo, o professor Rivail se interessa pelos estudos dos fenômenos magnéticos e participa dos trabalhos da Sociedade de Magnetismo de Paris, onde toma conhecimento das 'mesas girantes', que lhe conduzem ao estudo do espiritismo. Era a busca da realidade em todos os aspectos da vida humana. A eterna busca.

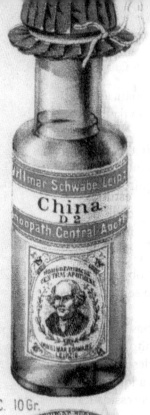

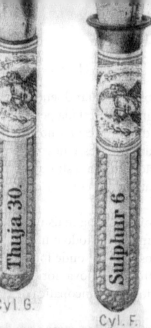

Flac. C. 10 Gr.  Cyl. G.  Cyl. F.  Fla

SCHUTZMARKE

# A HOMEOPATIA: ALVORECER
# DA ARTE DE CURAR

### ELIZABETH PINTO VALENTE DE SOUZA

Este capítulo tem como objetivo apresentar como a homeopatia se insere no século XIX dentro do cenário médico da época . Procuramos identificar as correntes filosóficas e médicas que influenciaram na formulação dos conceitos básicos das leis postuladas por Hahnemann e que sustentam a Homeopatia . Veremos que no despertar do século XIX , muitas teorias afins já existiam há mais de vinte séculos e que estas se apresentaram sob nomes distintos , com modalidades próprias que caracterizam cada autor. Assinalamos as influências , semelhanças e diferenças destas ideias frente às leis que definem a homeopatia .

Mostramos que a divisão existente na medicina entre duas correntes de pensamento , a visão Holística , onde a totalidade é considerada e a visão Mecanicista, onde a parte por si só ganha vida e independência como objeto de estudo e tratamento, era também secular e que a Homeopatia se insere como fato inovador , ao considerar a Totalidade e propor meios terapêuticos demonstráveis cientificamente compatíveis com esta visão. Concluímos que Hahnemann traz à luz um modelo científico experimental onde a Totalidade e a Unidade são primordiais para o entendimento e tratamento do Homem e de seu processo individual de adoecimento.

A homeopatia nos dias de hoje é bastante conhecida, na maior parte do mundo, embora nem sempre compreendida, sendo em muitos países reconhecida pelas autoridades como uma especialidade

Medicamentos homeopáticos em recipientes da época

médica. Sua história que atravessa quatro séculos, em 212 anos de existência, é cheia de movimentos oscilantes quanto à extensão do exercício de sua prática como possibilidade terapêutica na sociedade. Vários fatores contribuem para este fato, eles compõem a história do próprio homem em seus aspectos social, político e científico.

Neste capítulo, apresento os primórdios desta história que se inicia em 1790, na Alemanha, e avança rapidamente por toda a Europa, e o cenário médico que se apresentava no século XVIII e que foi determinante no processo de gestação e apresentação das ideias de Hahnemann, durante o século XIX.

Inicialmente, faremos uma breve revisão das correntes filosóficas e médicas que participaram efetivamente com os conceitos que serão a base das leis postuladas por Hahnemann e que sustentam a homeopatia.

Veremos que, no despertar do século XIX, quando a homeopatia se insere no cenário médico e científico, muitos conceitos afins já existiam aproximadamente há vinte séculos e que vários autores desenvolveram teorias que foram aprimorando e solidificando suas bases.

Casa onde nasceu Hahnemann, Meissen

O Mundo em que Viveu Allan Kardec | 289

Constatamos que princípios como o tratamento pelos semelhantes, a existência de uma força imaterial no organismo e nas substâncias da natureza, a propriedade de manter a saúde peculiar a esta força já eram conhecidos e muito discutidos até aquele momento. Mostraremos que a divisão existente na medicina entre duas correntes de pensamento, a visão holística, em que a totalidade é considerada, e a visão mecanicista em que a parte por si mesma ganha vida e independência como objeto de estudo e tratamento, era também secular e que a homeopatia se insere como fato novo, ao considerar a totalidade e propor meios terapêuticos, demonstráveis cientificamente, que fossem compatíveis com esta visão.

Christiano Frederico Samuel Hahnemann nasceu no dia 11 de abril de 1755, embora o mundo homeopático celebre seu aniversário no dia 10 de abril, na cidade de Meissen, pequena cidade da Saxônia, na Alemanha, e seu falecimento se deu em abril de 1843, aos oitenta e oito anos, em Paris.

Logo reconheceu sua vocação para a medicina e, aos vinte anos, abandona seu lugar de origem e parte para dar início aos seus estudos na Universidade de Leipzig.

Desde criança revela grande inteligência e sua educação, embora modesta em recursos financeiros, foi abundante em recursos morais e humanos.

Logo mostrou grande interesse e facilidade para o aprendizado de idiomas e isso permitiu seu conhecimento de várias línguas entre as quais, grego, latim, hebraico, sírio, árabe, espanhol, italiano, inglês, francês. Este aprendizado permitiu não somente que se sustentasse durante o período da Universidade como, posteriormente ao longo de sua vida, ensinando e fazendo traduções.

Em 1777, vai para Viena, capital da Áustria, por achar o ensino de sua universidade inadequado, mas retorna em 1779 à Alemanha para defender sua tese de doutor em medicina na Universidade de Erlangen. Casou-se em 1782 aos vinte e sete anos, com Henriqueta Kuchler, teve onze filhos, ficou viúvo em 1830 e casou de novo com Marie Melanie d'Hervilly Gohier, sua paciente, em 1835.

De 1779 a 1790, Hahnemann esteve em vários locais da Alemanha e sua vida, além da clínica, era dedicada ao estudo, traduções, escritos e publicação de vários trabalhos.

Demonstrava interesse especial pela química e história natural, especialmente pela mineralogia, sendo reconhecido como um dos principais químicos do seu tempo. Essa particularidade fez com que muitas de suas traduções fossem de livros que versassem sobre química e matéria médica.

Em 1790, descobre a homeopatia e a desenvolve ativamente por meio do método experimental ao longo de toda sua vida, com constantes revisões e aperfeiçoamentos oriundos da aplicação de suas conclusões à experiência clínica e experimental.

Hahnemann, o criador da homeopatia, foi contemporâneo a Allan Kardec entre o período de 1804, ano de seu nascimento, e 1845, ano do falecimento de Hahnemann.

De 1835 a 1843, chegaram mesmo a partilhar a mesma cidade de moradia durante aproximadamente oito anos, pois Hahnemann deixa a Alemanha, em 7 de junho de 1835, em direção a Paris, onde passa seus últimos anos de vida.[1]

Apesar de não haver relatos de encontros entre os dois, existem textos[2] em que Allan Kardec tece comentários acerca da homeopatia.

Para compreendermos o significado do surgimento da homeopatia em 1790 dentro da história da humanidade, necessitamos contextualizar Hahnemann dentro de sua época, bem como havia caminhado a medicina até então.

A filosofia e a ciência sempre estiveram juntas quando seu objeto de atenção era o universo, a natureza, o homem, a vida, a morte, a saúde e a doença.

Desde os primórdios da humanidade até os dias de hoje, as indagações sobre o porquê das coisas, o que é a vida, qual seu sentido, o que é a doença e a morte, o que somos,

Túmulo de Hahnemann no Père-Lachaise

O Mundo em que Viveu Allan Kardec | 291

de onde viemos e para o que fomos criados eram perguntas que os filó-sofos tentavam responder, tendo eles, por isso, uma grande abrangência no saber humano. Portanto, muitos deles ou foram médicos ou influen-ciaram fortemente os fundamentos e os caminhos da ciência médica. Em toda a filosofia grega, tanto na fase pré-socrática, nas ideias mitológicas, no politeísmo ligando a religiosidade à natureza, como a partir dela com seus principais discípulos Platão e Aristóteles, até o advento do cristianismo em que o teísmo, ora panteísta ou monista, predomina, o homem sempre procurou uma explicação para ques-tões sobre sua constituição e essência, a origem da vida, a existência da alma e sua ligação com o corpo, a causa e modo de seu funciona-mento, bem como 'o porquê' de estar no mundo.

Muitos conceitos foram emitidos tentando responder a essas per-guntas, os quais foram sendo modificados ao longo da história, mas basicamente eles se dividiam em versões ora apenas materialistas até concepções em que a imaterialidade estava presente junto à matéria.

Tivemos representantes destas modalidades, nas escolas atomista e animista, que compreendem respectivamente os filósofos que ten-diam a considerar o materialismo e os animistas considerando o *ani-ma*, a imaterialidade na constituição do ser.

Importante é salientar de que forma estas duas correntes atraves-saram os séculos seguintes, apesar de terem roupagens distintas, no-mes diferentes, com as modalidades características dos respectivos autores bem como também da época e as influências que sofreram. Mas, em linha geral, como elas influíram e participaram ativamente nas ideias da medicina do século XIX – nosso objeto de estudo – em que a homeopatia surge como o fato inovador no cenário médico.

No século V a.C., Hipócrates (460 ou 450 a.C.) inicia um novo processo dentro do conhecimento que abarca o conceito de doença e cura. Sendo o maior representante da escola de Cós, marca definiti-vamente a história da medicina.

Para ele eram fundamentais a observação do paciente e o diagnós-tico para o tratamento da *totalidade do enfermo*. Sua observação não se limitava apenas às enfermidades, mas ao estado geral do doente. Estabe-lece *duas formas de possibilidade de tratamento*, e, segundo a origem e a natureza da enfermidade, o tratamento poderia ser feito pelo *similar* ou pelo *contrarium*. Ele afirma que no organismo existe uma força natural

292 | EM TORNO DE RIVAIL

de cura que regula as funções orgânicas e tem capacidade de defender e manter a saúde – *o poder curativo da natureza* – e que devia ser estimulada. Esta era a *physis* hipocrática, que depois aparecerá sob outros nomes em outros autores que marcarão a história da medicina até o século XIX.

Com a morte de Hipócrates entra em declínio a escola de Cós e logo três nomes ilustres vêm marcar a história da filosofia e de quase todas as áreas do saber humano, inclusive da medicina – Sócrates, Platão e Aristóteles.

Platão (420/7-348/7 a.C.), discípulo de Sócrates, prossegue as teorias de seu mestre após sua morte, dando-lhes, aos poucos, suas próprias peculiaridades que vão marcar a história da humanidade em seu campo científico.

Em *Fédon*,[3] no diálogo de Sócrates, observamos claramente a superioridade que é dada à alma, quando afirma que examinando as coisas apenas pela razão, por meio do pensamento, sem sustentar o raciocínio por nenhum sentido corporal, é que conseguiremos encontrar a essência pura e verdadeira das coisas, uma vez que o corpo com todas as suas paixões, seus desejos, confunde a alma e impede que encontremos a verdade.

Para Platão existia um mundo perfeito – o mundo das ideias – anterior ao mundo real, luminoso, onde as verdades existiam, onde habitavam as almas imortais, e que, ao nascer, ao passarmos para outra constituição, passaríamos da luz à sombra, deveríamos então manter com nosso corpo a relação estritamente necessária. O corpo, com suas paixões e desejos, apenas impedia que nossa alma imortal por meio do pensar chegasse à essência das coisas, a verdade.

O mundo concreto, material em que vivemos seria apenas cópia infiel de um outro mundo ideal e conhecer seria apenas relembrar.

> A afirmativa de que o mundo material se torna compreensível por meio da hipótese das ideias deixa em suspenso, um problema decisivo: o da possibilidade de conhecer essas realidades invisíveis e incorpóreas. Em Menon, Platão expõe a doutrina de que o intelecto pode apreender as ideias porque também ele é, como as ideias, incorpóreas.[4]

Considerava o corpo como cárcere da alma, criando assim uma *dualidade* dentro do modelo antropológico.

Concluímos que esta dualidade bem como o desprezo pelo corpo e o enaltecimento da alma trarão consequências às escolas médicas que se seguirão.

Aristóteles (384-322 a.C.), discípulo de Platão, desenvolverá, a partir das ideias de seu mestre, as suas próprias, as quais se diferenciavam por acreditar que o conhecimento é alcançado a partir da realidade que captamos dos sensíveis ao nosso redor. É importante ressaltar em nossa análise que para Aristóteles tudo na natureza tinha uma finalidade, que todos os animais e vegetais tinham traços definidos relacionados a funções também específicas. Este *caráter finalista – teleológico\* – em suas ideias será importante para a* compreensão de Hahnemann.

Para Aristóteles o universo fora criado a partir de um primeiro motor – atos puros, incorpóreos, pura forma. A finalidade maior seria buscar a finalidade da existência humana. *Essa finalidade era alcançar a felicidade, que seria aquilo que melhor somos capazes de ser.* Todas as outras coisas criadas tinham em si uma potência a ser desenvolvida – quando chegaria então a sua finalidade própria e então se 'atualizaria', isto é, passaria de potência a ato.

> \*Do grego Teleíos (no fim), final (causa). Estudo da finalidade, estudo dos fins humanos, ou ainda Doutrina que considera o mundo como um sistema de relações entre meios e fins.

Para ele a alma teria especificidade para aquele determinado corpo, assim como o corpo para alma. Havia dentro desta concepção *a ideia de unidade entre corpo e alma.*

No século II d.C., Ricardo Galeno (130-203), médico grego da cidade de Pérgamo, acrescenta à medicina uma nova perspectiva, ou melhor, retoma um dos postulados hipocráticos, *o tratamento pelos contrários.* Como ele, também enfatiza que deve haver uma aguçada observação dos sintomas, mas preconiza que *o estudo da parte lesionada mostra a alteração da função daquele órgão.* Ele foi o representante deste enfoque médico, *da priorização da parte* sobre a totalidade para o conhecimento da doença. A ideia de Platão teve grande influência sobre Galeno.

Analisando a história da similitude, Rosenbaum analisa que "Galeno raciocinava assim porque, segundo ele, havia um paradoxo entre a autenticidade da informação obtida pelos sentidos e aquela adquirida pelo intelecto."[5]

A influência que Platão teve sobre as teorias de Galeno está nítida em seu pensamento matematicamente orientado; suas ideias influen-

## 294 | EM TORNO DE RIVAIL

ciaram durante mais de um milênio toda a medicina sendo ele considerado o pai da medicina tradicional, a medicina dos contrários.[6]

Ao enfatizar que o objeto da observação deve ser a parte lesionada, por ela ser visível e mensurável, permite a conclusão de que aquilo *que não é material não serve de objeto de estudo* para a medicina.

Galeno diverge da visão hipocrática e aristotélica, em que o homem deve ser observado em sua totalidade – material e imaterial – no processo de doença. A partir deste preceito, focaliza sua aguçada observação no desenvolvimento do estudo da parte, desconsiderando o todo como justificativa para uma análise mais metódica do órgão afetado. Fez interessantes estudos de anatomia pela experiência de cirurgião dos gladiadores e também na dissecção de animais. Propicia o início do estudo da anatomia que, posteriormente, sofre uma ruptura em seu desenvolvimento, pois tanto no cristianismo como na cultura árabe era proibida a dissecção de cadáveres e isto prevaleceu durante toda a Idade Média.

Nos séculos que se seguiram, após o advento do cristianismo, a influência desses pensadores foi marcante para a história da medicina. Quase todos os filósofos desse período se dedicaram às obras de seus antecessores.

*Com a cristianização do Império romano toda filosofia grega foi considerada como prática herege, e com a divisão do Império romano em 385.d.C, ela foi levada de Roma para Alexandria. Foi no Império romano do Oriente – Império Bizantino – que a obra de Aristóteles foi lida e traduzida para o árabe sendo estudada por vários filósofos até que com a conquista militar da península ibérica e da região do mar mediterrâneo pelas tropas cristãs, inclusive as cruzadas, o mundo ocidental cristão volta a ter contato com as obras do estagirista sendo então traduzidas para o latim. Este fato esclarece porque as idéias aristotélicas demoraram tanto tempo para chegar e influir fortemente no mundo Ocidental, sendo que até então somente as idéias Neoplatonicas foram consideradas pela Igreja influenciando a formação da Filosofia de Santo Agostinho que predominou até o século XI e XII.

Durante os primeiros séculos após o advento do Cristo e durante toda a Idade Média, a filosofia no mundo ocidental quase que adormeceu; a filosofia grega foi estudada e desenvolvida no mundo oriental. Muitos filósofos árabes estudaram as ideias platônicas, neoplatonicas e aristotélicas, mas Avicena (980-1037) e Averróis (1126-1198), respectivamente nos séculos XI e XII, foram seus principais representantes, sendo que somente neste momento as ideias aristotélicas chegam ao mundo ocidental.*

No século XIII, Tomás de Aquino retoma as ideias aristotélicas dando assim início à fase do predomínio da chamada escolástica, em que as ideias da igreja católica são cientificamente comungadas

O Mundo em que Viveu Allan Kardec | 295

das à filosofia aristotélica, "a visão que privilegiava a tese de unidade encontrou vários representantes fundamentais mas as suas expressões máximas na história do pensamento foram, até a Idade Média, Aristóteles e Tomás de Aquino (1225-1274)".[8]

É necessário salientar que tanto Aristóteles como Aquino divergiam da concepção platônica de que o conhecimento viria por meio da razão pura e que para eles, ao contrário, o conhecimento se dá a partir da percepção da realidade pelos nossos sentidos, estando todo o ser, não somente nossa razão, envolvido no processo de conhecer.

Repassando a história até esse momento, observamos seis séculos de filosofia e medicina grega em que as indagações sobre o ser, a criação e suas causas eram motivo de desenvolvimento das ideias, e depois quinze séculos em que o predomínio de preconceitos e a ignorância prejudicaram muito o avanço do conhecimento humano.

Este quadro permanece até o Renascimento, quando nasce um novo momento na história da filosofia e das ciências, naturalmente marcando definitivamente o mundo pré-hahnemanniano do século XVIII.

> O Renascimento, que começa no início do século XIV na Itália e vai até o final do século XVI (fase avançada), vem não somente renovar o modelo até agora vigente, teológico e cosmocêntrico, mas vem causar uma ruptura de visão – organização do mundo – significando quebra, novidade, reorganização, mudança, mutação.[9]

Paracelso (1493-1541), no século XVI, retoma por meio do princípio das signaturas,* o símile hipocrático, ao relacionar as características externas das substâncias encontradas na natureza com seu potencial terapêutico. Defende as doses mínimas, o remédio único e a individualização do enfermo como meios para o tratamento. Atacava as ideias de Galeno, sendo contra o princípio "contraria contrariis curantur" e a valorização da parte em detrimento do todo no homem enfermo. Buscava a quinta-essência das substâncias, de natureza imaterial, que por similaridade tratava as doenças. Estas ideias também foram desenvolvidas pelos filósofos árabes.

*Paracelso foi um dos mais importantes representantes da doutrina da signaturas. Esta doutrina postulava o tratamento segundo a similitude entre as doenças e as propriedades extrínsecas dos elementos da natureza.

## 296 | EM TORNO DE RIVAIL

No mesmo século, Descartes dá origem a uma nova filosofia chamada cartesianismo. Muito afinado com a matemática, criticava as ideias predominantes da época – a escolástica aristotélica – mas mantinha-se profundamente ligado à certeza da ideia da existência de Deus.

Segundo seus biógrafos, teve, em sonho, como que uma revelação de cunho matemático de que a explicação de todo o universo poderia ser feita por meio de um entendimento matemático. Lembremos que Platão buscava um entendimento matemático para a gênese da vida e do universo e de sua grande influência sobre as ideias de Galeno.

Paradoxalmente, foi por meio de uma 'revelação' que Descartes chegou ao *primo mobiles* de sua filosofia – "Penso logo existo" – (*Cogit, ergo sum*), colocando a razão como primordial para o conhecimento humano na busca da verdade.

O método cartesiano aplicava duas regras para a operação mental capaz de chegar ao conhecimento: a intuição, "concepção inequívoca de um espírito claro e formado exclusivamente pela luz da razão" – e a dedução – "necessária inferência a partir de outros fatos tidos como certos". Considerava que o mundo era constituído de dois tipos de substância – espírito e matéria.

O espírito era inextenso e indivisível, imensurável, e a matéria era, ao contrário, extensa, divisível e mensurável, obedecendo às leis da física.

Nasce o cartesianismo, que vai marcar toda a história da medicina e das ciências. É relevante observar que *aparece claramente uma dicotomia nesta visão de homem como também aparecia na visão platônica e na galênica. A razão pura era base e origem de todo conhecimento.*

Séculos de preconceito, dogmas, mistério, ideias de castigo, punições, heresias e mortes em fogueira levam o homem, a partir dos séculos XVI e XVII, à necessidade de desvendar mistérios que até então eram proibidos de serem questionados, e uma necessidade progressiva de aprimoramento do conhecimento leva o homem à pesquisa científica e experimental.

Francis Bacon* critica o estado em que a filosofia e a ciência se encontravam, qualificando-as de paralisadas e justifica que a ciência deve ser refeita, reiniciada, deixando enterrado tudo aquilo que até então predominava: os filósofos gregos e

---

*Francis Bacon (1561-1626) Nasceu em Londres e é considerado por alguns, pai da filosofia moderna.

O Mundo em que Viveu Allan Kardec | 297

a escolástica que durante mil e quinhentos anos predominaram no mundo filosófico e científico.

Propõe que se trabalhe *com o método, com a experiência e que por meio dela sejam feitas as induções e que elas então possam ser repetidas para então serem elevadas à categoria de leis.* Propõe o abandono de tudo aquilo que não seja visível, critica as ideias platônicas pelo mundo das formas ou ideias, invisível, e as ideias aristotélicas pela concepção da origem do cosmo, por existir uma causa imóvel, primeiro motor, afirmando que tudo tem uma causa. Ela deve ser investigada na natureza pela organização da experiência e do conhecimento.

Vimos que, com o Renascimento, surgem duas correntes: o racionalismo – conhecimento por meio da razão pura, com Descartes, e o empirismo – em que o conhecimento só pode ser alcançado por meio da experiência dos sentidos, com Bacon.

Mas, na verdade, estas ideias se desenvolveram e traziam em si o germe daquelas que se seguiram durante a época clássica da Idade Moderna de meados do século XVII e XVIII, que vieram constituir a busca do conhecimento da natureza por meio de um método científico racional (prevalência da razão), experimental (por meio da experiência), quantitativo (mensurável). Estas características marcam o modelo mecanicista.

Os reflexos na medicina deste modelo vêm relembrar todas as visões dentro da história que trazem a dicotomia, a dualidade, a separação. Deus ou nada, o corpo ou espírito, a parte ou o todo, a razão ou os sentidos, a qualidade ou a quantidade, o visível – material, ou o invisível – imaterial.

Seja no mundo das ideias metafísicas platônicas, seja nas ideias ainda rudimentares de uma análise da parte frente ao todo na medicina galênica, seja no método cartesiano em que a razão é aquela capaz de apreender a natureza de uma forma objetiva, palpável, mensurável, seja mesmo naquilo que se é capaz de experimentar, as especulações metafísicas, o subjetivo, o inatingível, o imensurável, o impalpável devia ser deixado de lado para a religião e seus afins, não mais para a ciência. A natureza devia ser desbravada, explorada, desvendada, analisada, segundo este método científico e dentro da natureza estava incluído, naturalmente, o homem.

298 | Em Torno de Rivail

Tais ideias caracterizariam o Iluminismo, que viria a predominar no século XVIII.

Do século XVI ao XVIII essas teorias vão cada vez mais se definindo em dois modelos, mecanicista e vitalista; este último, na verdade, sendo a continuação de ideias,como a concepção da *physis* hipocrática, da quintessência de Paracelso, da unidade aristotélica de Tomás de Aquino, Avicena e Averróis, portanto bem anterior ao século XVI.

A iatroquímica* torna-se a base da terapêutica em todos os séculos que seguem até o XIX.

*Doutrina médica, reinante no século XVI, que pretendia explicar todos os fenômenos da economia animal pela química rudimentar da época.

Para o modelo vitalista existe algo além da matéria, invisível, 'fluídico' que é responsável pela existência e manutenção da vida e da saúde.

Mas dentro do vitalismo encontramos várias correntes que se diferenciavam quanto a alguns pontos centrais: havia um único princípio vital, que abrangesse todo o ser, ou estaria ele localizado em cada parte, constituído de autonomia? Estava em questão novamente a totalidade na concepção da constituição do homem.

Percebemos então que havia, dentro da escola vitalista, também a ideia separatista e reducionista compartilhada pela escola mecanicista.

Outra questão que se tornava ponto de discussão era se essa força que anima o ser, que mantém sua integridade, a *physis* hipocrática – que segundo alguns era apenas a tentativa do organismo de se defender das doenças, mas incapaz por si mesma de curar – devia ou não ser imitada.

Vários autores são grandes expoentes desta teoria. Podemos citar, entre eles, além de Paracelso, já citado, Van Helmont (1577-1644), George E. Stahl (1660-1734), Albrecht Von Haller (1708-1777), Stoerck (1731-1803)[10] e Barthez (1734–1806) como defensores de um vitalismo em que a totalidade era concepção vigente, e em que *a vis medicatris naturae*, função da força vital que mantém o organismo, não devia ser imitada, pois suas manifestações constituíam a própria doença.

Outras questões apareciam como divergentes em cada autor como: qual a sua origem? Qual a relação deste conceito com a teologia, na gênese da constituição do homem? Vários nomes foram dados a esta força imaterial que precedia os fenômenos físicos em suas manifestações. Alguns chegavam a confundi-la com a alma, mas neste momento não é objetivo aprofundar estas diferenças.

O Mundo em que Viveu Allan Kardec | 299

Este era o mundo das concepções vigentes na época de Hahnemann, meados do século XVIII e início do século XIX. Na primeira metade de sua vida, ele parece estar estabelecido no sistema vigente até o momento em que, já no exercício de sua profissão, acontece uma ruptura, que possibilitará um novo caminho para a humanidade.

Em 1787, com sua atividade clínica bem-sucedida e seus trabalhos publicados, mesmo sendo próspero seu caminho, depara-se com o dilema que esteve presente em sua alma do início ao fim da sua existência: *a cura e os meios mais eficazes para alcançá-la.*

Cheio de críticas à racionalidade médica da época, frustrado pelos resultados alcançados com as possibilidades terapêuticas, indignado com as hipóteses apriorísticas adotadas pelos seus pares, resolve abandonar a clínica e dedicar-se a traduções, trabalho que, em outra época, já havia sido seu sustento.

Paralelo ao progresso e às descobertas no campo da ciência – da química, física e da biologia e também da própria medicina, por exemplo, sobre o conhecimento da constituição do corpo e o funcionamento de seus órgãos por meio do desenvolvimento da anatomia e fisiologia – existia uma profunda ignorância quanto à forma de tratar as doenças.

Os tratamentos no século XVIII não eram muito diferentes desde os tempos medievais: sangria, sanguessuga, ventosa, para eliminar o excesso de sangue; purgativos para limpar os intestinos; vomitivos para eliminar a bílis e para os transtornos de estômago.

Os estudos da química eram rudimentares e a iatroquímica emergente na época era baseada em conclusões aprioristicas, tornando a utilização das substâncias conhecidas sem resultados positivos para um tratamento seguro.

A ideia de que se deveria imitar a natureza pelo método derivativo de tratamento, o tratamento pelo método dos contrários, considerando a origem das doenças pelos conceitos de irritabilidade ou de excitação celular, todas essas teorias eram alvo de severas críticas de Hahnemann. Elas aparecem claramente em uma carta dirigida a Hufeland G.W. – médico vitalista que compartilhava a ideia do tratamento pelos semelhantes – na qual diz que jamais aceitaria as limitações impostas pelos tratamentos da época, e que tem certeza de que *deveria existir um método seguro que aliviasse as doenças de forma permanente e que esta certeza vinha da confiança que tinha em Deus,*

300 | EM TORNO DE RIVAIL

*o mais Sábio e Generoso dos seres, e ao admirar a natureza perfeita ao atender as necessidades de todos os seres da criação, não podendo desta forma, ter abandonado seu filho à doenças que o levavam à morte e não ser agraciado por uma outra possibilidade de tratamento.*[11]

Está claro, no ideário de Hahnemann, a crítica aos devaneios e hipóteses ontológicas próprias do racionalismo, bem como também a afirmação de sua concepção teísta, traço marcante que perpassa toda sua obra.

Constatando a inutilidade das terapêuticas em voga e vendo a morte se seguindo à doença pelas limitações a que estava submetida a medicina, resolve abandonar o seu exercício e começa a se dedicar às traduções.

Foi assim que Hahnemann, em 1790, ao traduzir a matéria médica, William Cullen – grande médico escocês – e ler sobre as propriedades da *cinchona officinalis* ou quinquina, usada para febre intermitente, chama-lhe a atenção o relato de que trabalhadores que manipulavam esta planta e que eram intoxicados apresentavam quadros semelhantes à febre intermitente. A explicação dada pelo autor quanto ao seu uso terapêutico era que o sabor amargo da planta causava a liberação, no estômago, de uma substância febrífuga.

Hahnemann, aliado à observação dos efeitos de intoxicação sobre os que manipulavam esta substância, e questionando a explicação vigente, formula a hipótese de que se a planta fosse ingerida por pessoas saudáveis – como os trabalhadores – elas também apresentariam os mesmos tipos de sintoma. Para ele, da mesma forma que as substâncias eram capazes de atuar num organismo doente, deveriam também causar modificações em organismos saudáveis. Além disso, as alterações produzidas poderiam ser mais bem aferidas por estarem livres dos sintomas da doença.

Resolve então experimentar em si mesmo a *china* e relata as modificações que sofreu em seu organismo: febre, frio, sonolência, prostração, palpitações, tremor, sede. Ao parar de ingerir a substância, cessavam os sintomas, e isso se repetia sempre que retomava a experiência.

Formula então o primeiro passo de seu raciocínio por meio da experiência comprovada: a substância, quando administrada ao homem sadio, é capaz de despertar sintomas novos, que cessam quando cessa a administração da mesma e se renovam quando essa volta a ser ingerida. Conclui que a ação curativa da *china* sobre a febre intermitente nos doentes era devido a ela ser capaz de despertar sintomas semelhantes no homem são.

Experimenta outras substâncias utilizadas na época e o mesmo fato se repete; segue experimentando e reexperimentando, e juntam-se a ele muitos outros médicos, obtendo os mesmos resultados.

Fica clara neste momento a adesão de Hahnemann ao princípio do tratamento pelo semelhante. Há muitos séculos a ideia de *simile* estava presente, como já citamos anteriormente, mas sem demonstração científica. Ao utilizar o *método da experimentação no homem são*, como meio de despertar os sintomas próprios da substância – seu potencial terapêutico – demonstra de que forma poderia ser utilizada a ação pelos semelhantes. Este foi o fato inovador naquele momento.

Estamos em 1790, finais do século XVIII, e percebemos claramente a influência da corrente filosófica empírica em Hahnemann. Ele se afasta da medicina, renegando os tratamentos com bases apriorísticas, retorna ao exercício desta, somente quando, por meio de um método experimental, chega a novas conclusões. O caráter *empírico* da descoberta da homeopatia é inegável e entendemos perfeitamente a relação deste fato quando nos remetemos ao passado e compreendemos todo o processo de evolução do saber humano. Ela se aproxima das ideias do empirismo quando este renega a razão pura como fonte do conhecimento apriorístico e defende que ele deve vir a *posteriori* da experiência sensorial humana. Assim como Aristóteles e Tomas de Aquino defendiam que o conhecimento se dava a partir da apreensão da realidade pelos sentidos.

Hahnemann

Hahnemann lança ao mundo suas novas ideias e durante muitos anos trabalhou com sucesso em sua nova doutrina médica, e seus seguidores aumentavam dia a dia espalhados por todo o mundo, bem como seus críticos.

302 | Em Torno de Rivail

Em 1810, lança ao mundo seu primeiro livro *O organon da arte de curar*, em que claramente adere à corrente vitalista, ao dizer no parágrafo 12 sobre as doenças: "O único que produz as enfermidades é a força vital alterada". Também define suas propriedades: mantém e integra todos os órgãos, tenta preservar a saúde – aqui, denomina esta função de *vis medicatris naturae* que vem a ser a *physis* hipocrática. Diz claramente que a força vital é ininteligente e incapaz de curar-se por si mesma, sendo suas manifestações o quadro da própria doença, por isso jamais deve ser imitada, indo contra os tratamentos vigentes. Mas seu ideário era claro: a cura deve ser suave, rápida e permanente.

Apesar do sucesso do tratamento homeopático, e de sua rápida difusão pela Europa, Hahnemann nunca abandonou o espírito pesquisador e até o final de sua vida continuou revisando e aprimorando seus estudos, mostrando os equívocos quando chegava a novas conclusões.

Hahnemann percebe que seus pacientes, antes de melhorarem, apresentavam um aumento dos sintomas da doença, e isto não correspondia a uma cura suave, que fazia parte do seu ideário. Relacionou isto a doses demasiadamente 'grandes' da substância, isto é, muita 'quantidade'. Foi assim progressivamente diminuindo a quantidade de substância em cada dose e os resultados foram cada vez melhores, isto é, a cura sem a piora precedente. Tais dados fizeram com que prosseguisse neste processo de diminuição das doses até um ponto que tão pouca quantidade era utilizada que resolveu diluir em água alcoolizada, para melhor distribuição entre solvente e soluto. Pensou então, por bem, agitar o vidro para melhor homogeneização. Chega assim às doses infinitesimais, obtidas por meio das sucussões e diluições progressivas, em que cada vez há menos matéria e mais energia medicamentosa.

As sucussões eram esses 'agitos' vigorosos dados ao frasco contendo o medicamento e que eram feitos a cada diluição. Convém lembrar que Hahnemann sabia que os médicos árabes e Paracelso já buscavam a quinta-essência, o poder terapêutico imaterial das substâncias e que já utilizavam o processo de diluições. Com o novo processo, os agravamentos iniciais desapareceram e a cura passa a se manifestar de forma suave.

Depois de alguns anos aplicando a homeopatia, observa que aquelas doenças tratadas com sucesso em seus pacientes começam a re-

O Mundo em que Viveu Allan Kardec | 303

tornar, às vezes, sob a mesma forma, e outras, sob formas até mais graves. Não havia cura, apenas desaparecimento de sintomas durante um período ou aparecimento de novos quadros de doenças. Esta constatação, oriunda da observação e da experiência sistemática, faz com que ele, junto a seus inúmeros discípulos, inicie um estudo da história completa de cada paciente antes do tratamento homeopático; de como, desde o início de sua vida, havia sido o seu processo de adoecer, e constata que em todos havia uma tendência a um caminho comum: as primeiras manifestações apareciam sempre em órgãos mais superficiais, geralmente na pele, e depois essas manifestações iam aparecendo em órgãos cada vez mais nobres e vitais na manutenção da vida, num processo progressivo, que levava à morte.

Concluiu que havia uma tendência de evolução, uma 'interiorização' para as manifestações das doenças no homem ao longo de sua vida e que os tratamentos parciais iam apenas substituindo uma doença pela outra. Observa que, apesar de seu tratamento homeopático parecer eficiente de modo imediato, havia sido parcial e não havia tratado a totalidade do doente, pois não havia conseguido inverter a evolução da doença. Estas observações demonstravam que havia um caminho da doença do ponto de vista clínico, que era a própria tentativa do organismo de se conservar, de se manter; por isso, primeiro a manifestação em órgãos mais superficiais, por exemplo a pele, e, depois, a tendência a manifestações mais internas. Da mesma forma que existe um caminho de aprofundamento da doença, existe um caminho inverso para o processo curativo que se manifesta de dentro para fora no sentido da superficialização.

Hahnemann percebe que a força que animava o organismo era incapaz por si mesma de curar, porque ela era automática e ininteligente; sua tentativa de reação aos agentes morbíficos, na verdade, constituía os sinais e sintomas da doença.

Percebeu também, ao estudar inúmeros casos de pacientes, que antes de o indivíduo adoecer clinicamente, havia alterações em sua maneira de estar, de sentir, alterações de ânimo, caráter, de funções, isto é, havia uma alteração de caráter 'geral', de todo o indivíduo, antes de uma manifestação orgânica eclodir. Confirma a ideia da totalidade envolvida no processo de adoecimento e conclui que esta também deveria estar presente no processo curativo.

Ao trabalhar com as doses diluídas, infinitesimais, em seus experimentos no homem são, observa sintomas mais sutis, que falavam da forma de sentir e atuar do indivíduo e que mostravam alteração nas funções de vários sistemas sem necessariamente haver lesão, isto é, sensações e funções alteradas, alterações na maneira de sentir e atuar em todos os níveis de expressão da totalidade do indivíduo, do mais sutil – seus sentimentos e atitudes – ao mais visível e palpável, as alterações corporais. Isto o fez concluir, que 'todo' o indivíduo estava comprometido no processo de adoecimento e que estes sintomas 'sutis' apareciam antes da lesão corporal compondo somente aí uma entidade clínica.

Deduz que os fracassos iniciais do emprego da homeopatia deviam-se ao fato de que ele estava considerando e tratando apenas uma *parte* da totalidade, e só então, após o fato experimental, ao resgatar o conceito de unidade do ser, foi capaz de perceber que o processo de adoecimento era mais abrangente, estava expresso em todo o ser, e que algo que não era visível continuava se desenvolvendo no caminho da doença, apesar da aparência de saúde, pois o sintoma havia desaparecido, mas, tempos depois, outras doenças se manifestavam dando a certeza de que havia apenas tratado uma parte e a verdadeira causa do desequilíbrio continuava inexoravelmente seu caminho.

Hahnemann retratado em pintura sobre vidro, Hospital Luter, Coethen, Alemanha

Esta conclusão levou Hahnemann, após 1828, em sua obra, a afirmar que é o desequilíbrio da força vital o responsável pelo adoecimento, ou melhor, pela suscetibilidade a adoecer do ser humano. Afirma que o desequilíbrio da energia vital é a única doença e que ele

O Mundo em que Viveu Allan Kardec | 305

apenas se dá a perceber pela manifestação dos sinais e sintomas tanto no estado de saúde como no estado de doença.

Propõe uma nova metodologia para perceber a totalidade enferma: a reunião de todos os sintomas subjetivos e objetivos do paciente que seja semelhante à individualidade da substância demonstrada no experimento do homem são. Ao aplicar a técnica concernente às novas conclusões, em que pretende tratar a totalidade, observa que os resultados enfim são os esperados. Um fato importante observado empiricamente reafirma suas hipóteses: os pacientes tratados, ao desaparecerem seus últimos sintomas, apresentam juntamente uma nova sensação de bem-estar, um retorno de sintomas que eles já haviam tido e estes desaparecem suavemente até chegar aos mais superficiais, que foram os originários no seu processo de adoecimento.

Este fato vem confirmar, em verdade, que os sintomas anteriores não haviam sido realmente curados; dá a este fenômeno o nome "retorno de sintomas" e conclui que eles são um rearranjo causado por este novo equilíbrio, levando o organismo, agora, ao processo curativo.

Assume assim seu vitalismo e sua postura filosófica fica evidente, mas chega a estas conclusões não aprioristicamente, mas depois de empiricamente demonstrar seus postulados e comprovar seus resultados.

Hahnemann conclui que a terapêutica deve abranger toda uma semiologia que atenda a estes sinais e sintomas da totalidade, que individualiza o ser e que apenas uma substância que possua os mesmos sintomas, por semelhança, deve ser administrada para reequilibrar a força vital, e este equilíbrio se manifestará em todos os níveis do indivíduo.

Para Hahnemann o reequilíbrio da energia vital colocaria o homem no estado de saúde e ele teria então seus instrumentos livres para alcançar os mais altos fins de sua existência.[12]

Ele define como fins da existência humana:

> (...) aproximar-te, por meio de sensações que assegurem a tua felicidade, de ações que exaltem a tua dignidade, de conhecimentos que abarquem o universo, do Grande Espírito que adoram todos os habitantes dos sistemas solares.[13]

Este é o gênio Hahnemann, o sábio que lega à humanidade, em pleno século XIX, quando os conflitos de ordem, política, social e filosófica estavam em grande ebulição, uma nova ciência médica, uma arte de curar, com um modelo antropológico definido.

Importante ressaltar que a homeopatia nasce e se desenvolve em meio à transição da filosofia romântica em que as ideias vitalistas se disseminavam contra aquelas que se desenvolvem no período do positivismo lógico enquanto a escola mecanicista quantitativa e reducionista avança ao longo do século XIX, dificultando assim seu desenvolvimento.

Samuel Hahnemann, Paris, 1841

Concluindo este capítulo, fica evidente que, na história da evolução do homem no caminho do conhecimento, em todas as áreas, este processo causa grande influência. Mas cabe aqui assinalar o avanço que produziu na medicina a ideia de dualismo, de separação, mecanicista e materialista, em que a parte devia ser analisada e explorada em detrimento do todo. E Hahnemann, em pleno século XIX, quando o positivismo de Comte aparece como ideia predominante, traz à luz do modelo científico experimental uma filosofia e psicologia experimental, uma medicina vitalista, dinâmica, imaterial, na qual a totalidade é primordial e a unidade está presente. E o teísmo e o teleologismo aristotélico, por meio do sentido finalista da vida do homem, são claramente ditados como função no estado de saúde.

A homeopatia é uma medicina teísta, que aplica as leis da natureza em favor de um tratamento médico, possibilita um alívio abrangente de sofrimento, isto é, físico, mental e 'espiritual'. Entende-se 'espiritual' como a tendência individual que cada um tem em adoecer, e um estado de cura em que o homem possa alcançar, com liberdade, o seu próprio caminho em direção ao crescimento, por meio da utilização em harmonia dos instrumentos que constituem as manifestações da sua individualidade em nível psíquico, físico e espiritual.

# CIÊNCIA EM EVOLUÇÃO

### EDGAR FRANCISCO DE JESUS

O século XIX representou uma era de avanços impressionantes em todos os ramos das ciências, lançando as bases para a grande evolução cientifica observada no princípio do século XX. Entretanto os acontecimentos científicos da primeira metade do século XIX começaram a se delinear ao final do século XVIII alavancados pelo o início da Revolução Industrial, pela Revolução Francesa e por movimentos filosóficos como o iluminismo. Desse modo nossa análise da evolução da ciência será iniciada com os fatos mais marcantes do final do século XVIII, seguidos de uma análise das bases de conhecimento científico na primeira metade do século XIX, uma vez que Leon Denizard Rivail nasceu em 1804 e publicou seu "Livro dos Espíritos" em 1857. Neste trabalho incluímos também um histórico dos conceitos médicos preconizados por Anton Mesmer na França ao final do século XVIII e que ficaram conhecidos com o nome de Mesmerismo. Acreditamos que tais fatos, embora normalmente desprezados pela evolução oficial da medicina podem ter tido uma influência importante sobre as atividades de Leon Denizard do desenvolvimento de suas ideias sobre o espiritismo.

## Introdução

Vamos iniciar nosso trabalho com uma retrospectiva dos fatos mais importantes para a ciência ocorridos na segunda metade do século XVIII. Embora falando de ciência, não podemos deixar de lado fatos importantes deste período como a Revolução Francesa e a Revo-

Darwin, por Alphonse Legros

310 | EM TORNO DE RIVAIL

lução Industrial que tiveram uma importância fundamental em toda a sociedade mundial, principalmente na Europa, ainda que possa ser discutível se essa influência foi boa ou má. Nessa época, a física a química e a astronomia se destacavam de modo absoluto sobre os demais ramos das ciências que na sua grande maioria ainda davam os seus primeiros passos.

Vamos abordar também um aspecto da história da medicina normalmente ignorada por ser considerado irrelevante: os conceitos preconizados por Anton Mesmer na França, ao final do século XVIII, e que ficaram conhecidos com o nome de 'mesmerismo'. Acreditamos, entretanto, que tais fatos podem ter tido uma influência importante sobre as atividades de Léon Denizard no desenvolvimento do espiritismo.

Em seguida vamos tentar fazer uma reconstrução dos principais eventos científicos do início do século XIX, suas influências na sociedade como um todo, e de que modo poderiam ter afetado de modo significativo o trabalho de Léon Denizard durante sua vida.

Temos consciência de que toda a riqueza desse período não poderia ser descrita nestas breves páginas, mas esperamos estar contribuindo de algum modo para uma melhor compreensão do modo de viver que existia no século XIX quando foram trazidos à luz os conhecimentos que se constituíram a base da doutrina espírita.

## O Final do Século XVIII

Ao final do século XVIII, a França e a Grã-Bretanha podiam ser consideradas os grandes centros de desenvolvimento científico do mundo ocidental. Entretanto, havia diferenças significativas entre os dois países no modo como eram desenvolvidas as pesquisas científicas e efetuadas as descobertas. Mas, inegavelmente, eles representavam a base de todo o conhecimento científico da época.

A física e a astronomia, duas disciplinas que haviam se firmado como ciência no século anterior, acomodaram-se. Ambas haviam se desenvolvido seguindo os princípios estabelecidos pelas descobertas de Isaac Newton publicadas no *Principia*, de 1678, e *Óptica*, de 1704.

Na astronomia, a aplicação da lei da gravitação universal de Newton permitiu efetuar a previsão adequada da órbita dos planetas do sistema solar. Mas é a descoberta do planeta Urano foi a grande novidade da época, pois os demais planetas já eram conhecidos desde a Antiguidade.

O Mundo em que Viveu Allan Kardec | 311

Urano foi descoberto pelo alemão William Herschel, em 1781, na Inglaterra. Herschel era inicialmente músico e, ao se interessar por astronomia, passou a construir seus próprios telescópios. Ainda por influência de Herschel, o governo inglês decidiu construir um grande telescópio nas proximidades de Londres, no que talvez se tenha constituído um dos primeiros apoios de um governo no campo da pesquisa pura.[1]

Aproximadamente na mesma época, foi iniciada a construção de um observatório em Paris, e a astronomia estava quase pronta para iniciar uma nova fase, embora os grandes telescópios existentes, muito pesados, difíceis de manejar e na sua maioria com refletores metálicos, deixassem muito a desejar.

Na física merecem destaques os estudos sobre o calor que levaram ao desenvolvimento das escalas térmicas e ao conceito de calor específico,* mas ainda estava longe uma conceituação correta do que era o calor, que era tratado, ora como decorrente da vibração dos corpos, ora como um fluido imponderável. Esses estudos eram em grande parte incentivados pelo fato de que nesse período as máquinas térmicas já estavam sendo desenvolvidas levando ao surgimento das locomotivas e das primeiras fábricas, que caracterizaram o surgimento da Revolução Industrial na Inglaterra.

> *Calor específico representa a capacidade de um corpo de absorver calor.

Mas os fatos mais importantes na área da física, ao final do século XVIII, que teriam uma influência fundamental no desenvolvimento científico do século seguinte, foram as pesquisas sobre eletricidade. A eletricidade estática era conhecida desde a Grécia Antiga. O efeito de atração (ação à distância) obtido ao friccionar âmbar com bastões de vidro era associado ao efeito magnético que alguns corpos possuem de atrair peças de ferro.

Durante a primeira metade do século XVIII foram montadas máquinas eletrostáticas que geravam energia por meio do atrito entre as partes componentes, acionadas normalmente por meio de manivelas. Foram também descobertos sistemas de armazenamento de energia, como as "Garrafas de Leyden", que foram os primeiros capacitores.** Nessa fase não podemos deixar de citar o trabalho de Benjamin Franklin nos Estados Unidos que, ao conseguir carregar garrafas de Leyden usando uma pipa que ele

> *Capacitores são equipamentos com capacidade para armazenar energia elétrica.

312 | EM TORNO DE RIVAIL

soltou durante uma tempestade, provou que os raios nada mais eram do que uma descarga de eletricidade estática.

Em 1781 e 1795, um engenheiro francês, Charles-Augustin de Coulomb, utilizando uma balança de torção que ele inventara, consegue medir a força de atração e repulsão entre cargas de eletricidade estática, estabelecendo a proporcionalidade do inverso do quadrado das distâncias e complementando a lei de repulsão do inglês Joseph Priestley.

Porém, as descobertas mais importantes sobre eletricidade vieram da Itália, onde, em 1780, Liugi Galvani, na Universidade de Padova, realizando pesquisas com animais, observou que os membros de rãs se contraíam quando ele aplicava uma carga de eletricidade estática na coluna vertebral do animal. Mas o resultado que mais o surpreendeu foi que os membros também se contraíam quando o animal estava colocado sobre uma superfície isolada, desde que estivessem conectados aos nervos ganchos condutores e que houvesse na proximidade uma máquina eletrostática gerando uma descarga, ou que houvesse tempestade com descargas elétricas. Entretanto, também eram observadas contrações sem nenhum motivo aparente, com as máquinas desligadas e sem tempestades.

Galvani concluiu que as contrações eram devidas a uma "eletricidade animal", um "fluido" que, segundo algumas teorias existentes na época, deveria existir no músculo de todos os animais.

Os resultados de Galvani, porém, foram contestados por outro italiano, Alexandre Volta, professor de física na Universidade de Bolonha, que, em 1793, apresentou uma teoria de que a eletricidade, e as contrações, seriam produzidas pelo contato dos ganchos metálicos, de materiais diferentes e nada tinham a ver com a vida ou os tecidos. Isso gerou uma disputa que envolveu o alemão Humbolt, chefe de Galvani, e o francês Coulomb, chefe de Volta. Volta conseguiu demonstrar que sua teoria estava correta ao conseguir gerar eletricidade, em 1799, utilizando um dispositivo formado por um empilhamento de discos de cobre e zinco separados por papelão úmido.

A descoberta da 'pilha', nome com que ficou conhecido o aparato montado por Volta, foi uma das grandes descobertas do século nesta área, pois permitiu aos pesquisadores disporem de uma fonte de energia segura e confiável para o desenvolvimento de suas atividades. Seu nome também ficou ligado à unidade de diferença de potencial, o volt.

O Mundo em que Viveu Allan Kardec | 313

Mas, se a física e a astronomia já eram reconhecidas como ciências desenvolvidas, a química deu, nesse período, os primeiros passos para se firmar como tal. Embora a teoria de Aristóteles sobre os quatro elementos, terra, fogo, água e ar, já tivesse sido abandonada há algum tempo, os trabalhos do inglês Robert Boyle sobre a relação entre o volume e a pressão dos gases, e do belga Jan Baptista Van Hulmont, realizados durante o século XVII, não conseguiram tirar a química das bases empíricas em que era praticada pelos alquimistas desde a Idade Média. A Van Hulmont devemos também a origem da palavra *gás*, que ele usou para designar a fumaça proveniente da combustão, e a necessidade de controlar a exata quantidade de cada elemento que entra em uma reação.[2]

Durante o século XVIII, vários foram os pesquisadores que contribuíram para a evolução da química. Dentre estes podemos citar o alemão Georg Sthal, que introduziu a teoria do flogisto, que seria um elemento relacionado não apenas à combustão mas também à respiração, calcinação e outros processos semelhantes e que dominou o pensamento dos químicos por muitos anos; e o inglês Joseph Black, um médico que concluiu que o ar não era uma substância simples, mas uma combinação de várias substâncias.

O desenvolvimento da química, entretanto, encontrou o seu apogeu com o trabalho do inglês Joseph Priestly e do francês Antoine-Laurent de Lavoisier. Priestly, estudando o ar, chegou à conclusão de que ele era composto por vários "tipos de ar" diferentes dentre os quais o ar flogisticado, que facilitava a combustão, e o ar deflogisticado, que a inibia. Concluiu também que da combustão dos dois tipos de ar resultava o aparecimento de água, começando a fazer uma ligação entre ar e água. Priestly esteve em Paris na década de 1770 e chegou a trocar ideias com Lavoisier, funcionário do governo francês e que acabou sendo guilhotinado, em 1794, durante o período do Terror da Revolução Francesa.

A Lavoisier, entretanto, devemos a descoberta de que a parte combustível do ar era um componente que deveria existir em todos os ácidos que ele chamou de "princípio ácido" ou "princípio oxigênio". Ele verificou também que, em certas circunstâncias, a água se dividia formando o "princípio ácido" e um outro constituinte que ele chamou de "princípio hidrogênio". Embora, na verdade, o princípio

314 | EM TORNO DE RIVAIL

ácido seja o hidrogênio e não o oxigênio, Lavoisier não teve tempo para descobrir seu equívoco, pois morreu apenas cinco anos depois de publicar seu *Tratado elementar de química*, que se constitui uma das bases da química moderna.

Para completar a revisão sobre o conhecimento científico do final do século XVIII, precisamos ainda citar a geologia e a biologia.

A geologia começou a se desenvolver no século anterior como resultado dos trabalhos de mineração, levando imediatamente à identificação de um grande número de minerais. Porém, o aspecto mais interessante da geologia estava ligado às teorias sobre a origem, a evolução e a idade da Terra, ou seja, nos estudos do solo e das camadas de solos, onde os fósseis começaram a aparecer como uma opção para revelar os segredos das diferentes camadas de solo. Aqui podemos destacar o trabalho do alemão Abraham Werner, que estabeleceu a idade da Terra em "talvez mais de um milhão de anos",[3] e tinha uma teoria segundo a qual a Terra teria sido formada, de início, somente por oceanos, de onde teriam surgido todos os tipos de solo e rochas. Porém, a ideia geral que predominava, mesmo entre os homens de ciência, era a de que a Terra teria sido criada por inspiração divina e que teria sido recriada diversas vezes após cada grande catástrofe como o dilúvio. Qualquer ideia ou teoria que pudesse de alguma maneira contradizer esse princípio era imediatamente descartada como herética com um evidente e maciço apoio da Igreja.

Porém, em pior situação que os geólogos estavam os biólogos, que precisavam explicar o aparecimento das diferentes espécies e, dentre elas, a do homem. Nas fases anteriores e mesmo ao final do século XVIII, o grande trabalho dos biólogos ainda estava relacionado ao levantamento das espécies existentes com o desenvolvimento de um modelo adequado de classificação. Nesse particular se destacou Carl von Linné que criou o sistema de classificação para plantas e animais com dois nomes, um para o gênero e outro para a espécie, que é utilizado até os nossos dias. Linné era um dos que acreditava na criação divina como origem de todas as coisas, e desse modo considerava as espécies como imutáveis.

Entretanto, apesar dessa corrente quase religiosa ser bastante aceita, começa a ser questionada pelos filósofos iluministas, que assumem cada vez mais uma posição puramente materialista, descartando a

O Mundo em que Viveu Allan Kardec | 315

criação divina e buscando explicações puramente científicas. Esses trabalhos, embora incipientes, começaram a criar condições para que pudesse surgir no século seguinte uma teoria evolucionista completa, em condições de ser aceita pela maioria da sociedade.

Assim, chegamos ao final do século XVIII com descobertas importantes, mas ainda dispersas, fruto, na grande maioria das vezes, do trabalho de pesquisadores isolados, que não se correspondiam entre si, e muito concentrado em poucos centros importantes como Londres e Paris. Na grande maioria dos casos, as pesquisas estavam ligadas a atividades industriais, como no caso da química, geologia e mecânica, e serviam para impulsionar a Revolução Industrial que estava em curso ao final do século.

A falta de um conhecimento mais profundo levava os pesquisadores a explicar seus resultados de forma genérica e pouco científica. Era bastante comum o uso de conceitos abstratos como "eletricidade animal", "fluidos imponderáveis" e outros, que nunca possuíam uma explicação pormenorizada, até porque seus criadores também não sabiam o que eram exatamente. Isso levou ao aparecimento de 'sistemas', na maioria das vezes completamente absurdos e que serviam para explicar os resultados obtidos na prática, porém sem qualquer consistência científica.

Além desse fato havia também as explicações puramente divinas. Além dos cientistas que seguiam uma linha de raciocínio baseado nas premissas religiosas, havia aqueles que justificavam seus resultados dizendo que eles eram fruto da "vontade divina". Se tal fato acontecia era porque Deus assim o queria, sem maiores explicações. Evidentemente essa corrente era contestada pelos iluministas, que, embora tenham surgido apenas ao final do século, procuravam tirar da ciência toda e qualquer influência divina ou religiosa.

A divulgação do conhecimento científico nessa época era feita principalmente pelas sociedades científicas existentes nas grandes cidades. Em Paris, eram comuns as sociedades que realizavam reuniões em que os cientistas relatavam suas descobertas. Algumas eram fechadas com acesso apenas aos sócios que muitas vezes pagavam vultosas quantias para fazer parte do grupo, mas muitas eram abertas ao público, que se maravilhava com as descobertas, muitas vezes fantásticas, expostas pelos seus descobridores.

316 | EM TORNO DE RIVAIL

Assim, a ciência e a ficção caminhavam lado a lado ao final do século XVIII. Juntamente com as descobertas sérias, algumas das quais aqui relatadas, havia também aquelas 'maravilhosas', que conseguiam responder a todas as dúvidas e perguntas usando como base fluidos imaginários ou invisíveis, forças desconhecidas não medidas e não observadas, sistemas montados sem razões lógicas ou plausíveis. Termos como *eletricidade, éter, magnetismo* faziam sucesso levando ao delírio e à confusão o público em geral, que não sabia direito no que acreditar, uma vez que algumas descobertas efetivamente mudavam aos poucos o modo de viver do homem, como as máquinas térmicas e os vôos de balão, que deslumbravam a sociedade, levando a crer que o caminho do desenvolvimento passava necessariamente pelos laboratórios científicos, como realmente ocorreu com a humanidade nos últimos dois séculos.

### Mesmer e o Magnetismo Animal

O final do século XVIII, na França, foi um período reconhecido pela atividade política e social que acabou extrapolando para todo o mundo na forma de novos ideais de igualdade e liberdade, que serviram de modelo para o desenvolvimento dos movimentos de independência de várias nações da Europa e da América.

Entretanto, ao mesmo tempo em que se desenvolviam os acontecimentos políticos e sociais que deram origem à Revolução, um fenômeno paralelo movimentava Paris e algumas das maiores cidades francesas. Acabou se espalhando pelo mundo levando ao desenvolvimento da técnica de hipnotismo, que revolucionou as práticas terapêuticas em psiquiatria. Estamos nos referindo ao mesmerismo, nome com que ficou conhecido o tratamento introduzido por Mesmer em Paris, em 1778, que pretendia curar as doenças do homem por meio do restabelecimento do equilíbrio do fluxo do "magnetismo animal" no organismo.

Esse movimento, entretanto, não é normalmente considerado nos tratados de história da medicina, a não ser para ser citado como exemplo de charlatanismo, numa típica atitude da medicina ocidental tradicional, que rejeita todo e qualquer procedimento que não possua uma explicação científica que não é capaz de entender que. Mesmo hoje ainda muito pouco se sabe das verdades relacionadas ao ser humano como um todo.

Além de sua importância no desenvolvimento do hipnotismo, o magnetismo animal levou, no princípio do século XIX, ao uso do sonambulismo como um agente terapêutico e foi uma das ciências adotadas e estudadas por Hippolyte Léon Denizard Rivail, a partir da década de 1820, influenciando e auxiliando em muito seu trabalho de codificação da doutrina espírita.

**Evolução Histórica do Mesmerismo**

Franz Anton Mesmer nasceu na Alemanha, em 1734, mas existem divergências sobre o local de seu nascimento.* Formou-se em medicina pela Universidade de Viena, em 1765, onde apresentou a tese *De planetarum influx* (A influência dos planetas) que pode ser considerada uma mistura de medicina, física newtoniana e astrologia, uma combinação que pode parecer estranha hoje, mas que era algo bastante comum naquela época.[6]

*Ele pode ter nascido em Weiller ou Mersebourg. Segundo Darnton (1939), Mesmer nasceu em Iznang, perto de Constança.

Nesse trabalho, Mesmer faz considerações sobre a influência à distância entre os planetas, o Sol e a Lua, a influência sobre as marés, e especula sobre a possibilidade dessa influência atuar também no homem, por meio de um 'fluido' que tudo permeia no universo. Provavelmente, na falta de melhor definição, ele foi chamado de fluido magnético em associação à ação à distância dos ímãs sobre os materiais metálicos.

Embora possa parecer interessante, a ideia não era nova. Na verdade, a tese de Mesmer era uma associação de conhecimentos médicos antigos e medievais, como a astrologia e o uso dos ímãs como agentes de cura. Ele seguia uma linha de pensamento que vinha desde Hipócrates e que, como Paracelso, atribuía um 'espírito' para cada elemento da natureza, fosse ele mineral, vegetal ou animal, ou como

Mesmer

van Helmont, segundo o qual existia um princípio vital que preenchia não apenas os homens, mas toda a natureza ao qual ele dava o nome de magnetismo animal. Combinava assim estes conhecimentos com conceitos astrológicos e novos conhecimentos científicos.

Em 1773, Mesmer, junto com um padre jesuíta de nome Hell, fundou uma clínica para tratamento de pessoas doentes com o uso de ferros imantados. Relata, então, algumas curas, inclusive de pessoas importantes da sociedade vienense.[7] Mais tarde, descartou o uso dos ímãs e começou a tratar as pessoas apenas com a manipulação do que ele passa a chamar de "fluido magnético", seguindo as ideias do padre J. J. Gassener, que tratava os doentes usando apenas a sua influência pessoal. Algo como uma imposição das mãos que permitiria a transferência do fluido magnético de um corpo para o outro, restabelecendo o equilíbrio dos doentes. Essa mudança na forma de tratamento e controvérsias sobre a cura da cegueira de Marie Paradies que não se teria realizado levaram Mesmer a abandonar Viena indo para Paris em 1778.

Em 1779, Mesmer publicou um livro intitulado *Memória sobre a descoberta do magnetismo animal*, em que apresenta um modo de cura aplicado a todas as doenças, que consistia apenas no restabelecimento dos fluxos naturais de energia no corpo do paciente, obtido por meio de aplicações em cubas de magnetização, sob orientação de um magnetizador experiente.

A cuba de magnetização era constituída por uma caixa de madeira com cerca de 40 cm de altura cheia de água, onde era colocada limalha de ferro. A tampa era perfurada, e desses furos saíam barras de ferro curvadas e soltas. Os pacientes sentavam-se em volta da cuba e seguravam as barras de ferro que eram apontadas para os pontos do

A famosa cuba de Mesmer

O Mundo em que Viveu Allan Kardec | 319

corpo que necessitavam de tratamento. Uma corda unia todos os participantes para permitir a circulação do fluido magnético.

A sala de magnetização era geralmente acolchoada, um piano executava música e a iluminação era bastante reduzida com janelas e portas fechadas, protegidas por cortinas. Os magnetizadores possuíam uma fina barra metálica utilizada para tocar o corpo dos pacientes. O processo durava várias horas e as reações variavam de pessoa para pessoa, desde uma postura calma até convulsões violentas com longa duração.

Em relação às convulsões:

> Elas são caracterizadas pelos movimentos de todos os membros e do corpo inteiro, pelo aperto na garganta, sobressaltos dos hipocôndrios e do epigastro, pelo tremor e alucinação dos olhos, gritos penetrantes, choros, soluços e risos descontrolados. São precedidas ou seguidas de um estranho estado de torpor e de sonho, de uma espécie de abatimento e até de adormecimento. O menor ruído imprevisto causa estremecimentos e a mudança de tom e de medida da música tocada no piano influi nos doentes de sorte que um movimento mais vivo os agita e renova a vivacidade de suas convulsões.[8]

Percebe-se assim que normalmente as convulsões eram induzidas ou alteradas pela música, variando os movimentos de acordo com o tipo de ritmo empregado. Assistentes relatam que as convulsões demoravam a acontecer, mas, uma vez iniciada a primeira, outras se seguiam quase imediatamente.[9] Os mesmeristas chamavam essas convulsões de 'crise' e, segundo Mesmer, eram necessárias para restabelecer o equilíbrio do fluido animal no corpo dos pacientes.

Ao chegar a Paris e iniciar seus tratamentos, Mesmer chamou a atenção da Academia de Ciência, que, entretanto, não acreditou ou não aceitou suas descobertas. Mesmer começa então um movimento no sentido de apresentar suas curas para serem analisadas por diferentes sociedades científicas da França, como a Sociedade Real de Medicina e a Faculdade de Medicina da Universidade de Paris, mas não consegue chegar a um acordo com a primeira sobre os pacientes que seriam tratados; a segunda rejeita seus resultados e ele passa a ser fortemente atacado pela ciência oficial.

Deslon, um médico da Faculdade de Medicina, adota as ideias de Mesmer, publica um artigo intitulado "Observações sobre o Magnetismo Animal" e tenta defender Mesmer, mas a Congregação da Faculdade não aceita suas opiniões. Ele é suspenso por um ano das assembleias, em setembro de 1780 e, posteriormente, expulso da Faculdade, em setembro de 1784.[10]

Apesar da pressão oficial contra Mesmer, é inegável que ele consegue fazer sucesso entre o público de Paris. Convenhamos que a medicina oficial estava longe de ser eficiente ou popular. Os tratamentos com sangrias, ventosas e laxativos, ou utilizando elementos químicos, muitas vezes tóxicos, deviam provocar pavor entre a população e a oportunidade de ser tratado sem os dissabores dos medicamentos da época era um atrativo especial. Além disso, não podemos esquecer que o tratamento preconizado por Mesmer tinha um quê de misterioso, e isso devia excitar o povo que acorria às cubas.

É bom lembrar, entretanto, que, quando falamos de 'povo', estamos nos referindo aos nobres e à burguesia abastada, uma vez que o tratamento não era gratuito nem barato. Havia cubas para os pobres, mas eram em número limitado. Ao mesmo tempo, era muito maior o

Faculdade de Medicina de Paris

O Mundo em que Viveu Allan Kardec | 321

número de mulheres que se submetiam ao tratamento e também muito maior o número das mulheres que entravam em 'crise'.

Esses fatos, aliados aos ataques da medicina oficial, transformaram os mesmeristas no principal alvo dos folhetins, dos chargistas e dos humoristas da época, que ridicularizavam o tratamento e chamavam os mesmeristas de charlatães.

Diante da pressão existente sobre ele, Mesmer decide se afastar da França, mas seu sucesso ante o público em geral, ou pelo menos ante uma parte importante e influente do público, levou a rainha Maria Antonieta a interceder em favor de Mesmer, encaminhando-o a um ministro que propôs uma pensão anual e local para ele instalar uma clínica, desde que se submetesse a uma inspeção por uma comissão de cinco membros dos quais apenas dois poderiam ser ligados à Faculdade de Medicina.[11] Embora a comissão não tivesse o poder de vetar o acordo, Mesmer rejeita a oferta. Aparentemente ele não queria que seu tratamento fosse analisado por qualquer um, o que era agravado pelo fato de ele não relatar os fundamentos de sua doutrina, dizendo apenas o que achava necessário para a atuação de um magnetizador.

É possível também que Mesmer não quisesse divulgar demais o que considerava um meio de corrigir todos os problemas da humanidade. Sob proteção do governo, talvez fosse pressionado a contar todas as suas descobertas, e talvez ele não tivesse muito para contar. O fato é que ele vai para a Inglaterra, permanecendo algum tempo afastado da França.

Finalmente, Mesmer decide retornar à França depois que dois seguidores, o advogado Nicolas Bergasse e o banqueiro Guillaume Kornmann, fundam a *Sociedade da Harmonia Universal* e abrem uma subscrição para, mediante pagamento de certa quantia em dinheiro, conhecer finalmente os segredos da doutrina de Mesmer, até então restritos ao próprio Mesmer.[12] A subscrição alcança valores elevados para a época (cerca de 340.000 libras) e Mesmer se instala em Paris, mas não consegue ter paz, pois aí começa a briga interna entre os mesmeristas, principalmente com Deslon.

Deslon, expulso da faculdade, abre sua própria clínica de magnetização, o que cria um rompimento com o mestre. Adeptos dos dois partidos se acusam mutuamente, acarretando prejuízos para a causa do magnetismo. Por outro lado, Mesmer entra em choque com os

## 322 | Em Torno de Rivail

membros da *Sociedade da Harmonia Universal*, pois ele não queria que seu 'segredo' fosse divulgado. Mas aqueles que tinham pago caro por ele achavam que tinham o direito de divulgá-lo à vontade.

Em 1784, o governo nomeia uma comissão para fazer um relatório sobre o magnetismo. A comissão era presidida pelo cientista e embaixador americano em Paris, Benjamin Franklin, e composta pelo doutor Joseph Guillotin, o astrônomo Jean Baily, o químico Antoine Lavoisier e o botânico A. L. de Jussieu. Ao mesmo tempo, uma comissão da *Sociedade Real de Medicina* também avaliou os efeitos do magnetismo e ambas foram quase unânimes em rejeitar o tratamento, sendo muito importante o peso da comissão governamental por ser constituída por pessoas de renome internacional.

A comissão se submeteu pessoalmente ao tratamento, sem observar nenhum efeito. Apesar dos protestos de Mesmer em carta aberta a Benjamim Franklin, eles acompanharam vários pacientes de Deslon dentro e fora de sua clínica, e verificaram que não havia nenhuma relação entre a magnetização e seus supostos efeitos, pois pacientes considerados particularmente sensíveis desmaiavam junto a árvores que não haviam sido magnetizadas e nada sentiam junto àquelas previamente magnetizadas, ou bebiam tranquilamente xícaras de água magnetizadas e tinham convulsões ao beber água sem qualquer tratamento.[13]

Esse desempenho levou a comissão a concluir que o fluido de Mesmer não existia. De acordo com o *Relatório da Comissão* encarregada de avaliar o Magnetismo Animal, as convulsões e as crises podiam apenas ser atribuídas à imaginação superexcitada dos pacientes e aos toques dos magnetizadores.[14] Para escapar dessa ruidosa manifestação, e de problemas com a condução da *Sociedade da Harmonia Universal* surgidos entre Bergase e D'Esprémesnil, Mesmer acaba se afastando da França e percorre a Europa divulgando sua doutrina, que, como veremos, acabou fugindo de seu controle e ganhando uma dimensão muito maior e mais ampla.

Evidentemente, os relatórios fazem apenas com que o assunto fosse cada vez mais discutido. Peças teatrais ridicularizando o mesmerismo são encenadas com grande sucesso, mas, ao mesmo tempo, a *Sociedade da Harmonia Universal* se espalha pela França alcançando outras cidades como Estrasburgo, Bordeaux, Bayonne e Lyon, entre outras. Chegou a ser estruturada em mais de quarenta cidades.[15]

O Mundo em que Viveu Allan Kardec | 323

A interiorização do mesmerismo e provavelmente o fato de estar longe dos cuidados de seu descobridor e principal defensor levou a uma interação do mesmerismo com outras doutrinas espiritualistas já existentes na França, principalmente na cidade de Lyon, importante centro onde floresciam a c ultura dos rosacruzes, dos alquimistas, dos cabalistas, dos swedenbourguianos e de espiritualistas de origem variada.

> Em 1787 a Sociedade Exegética e Filantrópica Swedenborguiana de Estocolmo enviou uma longa carta e uma brochura swedenborguiana prometendo um maior leque de experiêncis espirituais aos mesmeristas de Estrasburgo. O mesmerismo e o swedenborguismo se completavam perfeitamente, afirmava a carta, e as sociedades de Estrasburgo e Estocolmo deveriam cooperar na tarefa de regenerar a humanidade, cada qual divulgando as obras da outra.[16]

Essas interações do conceito de magnetismo animal com os conhecimentos espiritualistas já existentes na França, e fora da França, levaram ao surgimento de novas descobertas como os estados de catalepsia induzida, avaliados por J. H. D. Petetin, em Lyon, que permitiam a extração de dentes e amputações de membros de forma indolor, e ao desenvolvimento, ou melhor, ao renascimento do sonambulismo, pelo marquês de Puységur e seus seguidores, embora eles nem sempre se declarassem a favor do modelo de magnetismo animal preconizado por Mesmer.

O sonambulismo inicia uma nova fase na forma de lidar com o desconhecido. Agora, em vez de ter crises, o paciente, ou um sensitivo, entra em sono profundo e segue as indicações do magnetizador. Ele vê, fala e descreve coisas das quais não tem o menor conhecimento em estado de vigília. Identifica doenças e prescreve tratamentos. O marquês de Puységur obtém esses efeitos magnetizando uma árvore e diante dessa árvore as pessoas são induzidas a um sonambulismo profundo. Outros conseguem o mesmo efeito apenas induzindo o estado com ordens diretas, mas em todos os casos as curas se sucedem e o magnetismo, com o novo nome de sonambulismo, se desenvolve de modo acentuado, em toda a França.

Em Paris, o mesmerismo também sofre alterações, mas, longe de enveredar pelo caminho do sonambulismo, segue o caminho político-

324 | Em Torno de Rivail

social. Bergasse e Jean Jacques d'Esprémesnil ou Durval d'Esprémesnil, segundo outros autores (conselheiro do parlamento francês que tivera um papel desastrado ao defender o mesmerismo durante as apresentações de peças teatrais), depois de se desentenderem sobre a forma de conduzir as sessões da sociedade, acabaram se associando. Passaram a trabalhar, então, para difundir uma nova visão social e política do mesmerismo, uma vez que Mesmer se afastou de Paris e viajava pela Europa difundindo suas teorias sobre o magnetismo animal.

Mesmer publicou, ainda, em 1799, em Paris, um livro de memórias sobre suas descobertas, em que tenta incluir a base do sonambulismo dentro de sua descoberta sobre o magnetismo animal. Em 1815, na Alemanha, ele publicou ainda mais um livro, *Mesmerismus*, e falece logo em seguida, meio esquecido e no ostracismo.

### Transformação do Magnetismo

Desde o princípio da década de 1780, a polícia francesa havia feito relatórios secretos alertando o rei sobre os aspectos radicais associados ao mesmerismo.[18] Segundo o mesmo autor, Baily faz também um relatório secreto ao rei em que relata os perigos associados à nova doutrina.

Efetivamente, a doutrina de Mesmer possuía um apelo profundamente social quando se propunha tratar o homem e restituir a ele o equilíbrio energético natural perdido devido ao seu modo de vida. Uma vez reequilibrado o homem, surgiria naturalmente uma sociedade mais justa para todos.

Esse modo de ver o homem e sua forma de tratamento possui a mesma origem vitalista da medicina desenvolvida por Paracelso e van Helmont, que levou ao surgimento da escola homeopática desenvolvida por Hahnemann ainda no final do século XVIII, que, sem dúvida, pode motivar o desenvolvimento de todo um movimento de reforma social. Evidentemente, não foi obra do acaso o surgimento das ideias de magnetismo animal exatamente poucos anos antes do desenrolar da Revolução Francesa.

Entretanto, a conduta de Mesmer parece estar direcionada apenas para aplicar seu tratamento e auferir ganhos monetários imediatos. Apesar de inicialmente ele se dizer à disposição das sociedades científicas para que fizessem uma análise de seu sistema, seja por ter sido

O Mundo em que Viveu Allan Kardec | 325

prontamente rejeitado ou por não querer abrir mão de seus conhecimentos, ele adota uma postura de não conciliação quando nunca concorda com os termos propostos para a inspeção ou mesmo quando rejeita as condições extremamente favoráveis apresentadas pelo *comté* de Segur, com o apoio da rainha.

Essa faceta parece ser confirmada quando ele aceita a proposta da *Sociedade da Harmonia Universal* e volta a Paris, em 1784, subsidiado por uma pequena fortuna. Mas também podemos imaginar que talvez essa fosse a única forma de difundir algo que ele provavelmente achava muito importante para o bem da humanidade.

A *Sociedade da Harmonia Universal* pretendia ser, a exemplo das demais sociedades existentes na época, um local onde todos os presentes pudessem atuar de modo igualitário, e isso era usado por Mesmer como um dos motivos de sua sociedade causar aversão aos nobres da época.[19] Mas o fato é que a taxa de inscrição de cem luíses, extremamente elevada, impedia que qualquer pessoa pudesse fazer parte da sociedade e nivelava naturalmente seus participantes, tirando qualquer sentido igualitário ou popular que ela pudesse pretender.

Após 1785, as conferências da sociedade, proferidas principalmente por Nicolas Bergasse e d'Esprémesnil, afastaram-se profundamente dos ensinamentos de Mesmer e assumiram um aspecto mais social e político. Segundo o próprio Bergasse: "Subverti todas as bases do seu sistema e ergui sobre as ruínas desse sistema um edifício, creio eu, muito mais vasto e solidamente construído".[20]

Porém, essas ideias eram desenvolvidas principalmente fora do ambiente da sociedade, em casa do banqueiro Kornmann, que financiou grande parte da propaganda revolucionária produzida pelo grupo, que alinha outros mesmeristas e revolucionários como Lafayette, Sabathier etc., pois, segundo Bregasse: "os ideais do magnetismo estavam associados aos ideais de liberdade".[21]

O período de 1787 a 1789 mostrou que os principais mesmeristas apareciam como aqueles que participavam da linha de frente contra o governo e apoiavam abertamente o parlamento e a convocação dos estados gerais.[22] Provavelmente, o fato de Mesmer ter sido violentamente atacado pelas sociedades científicas oficiais com o apoio do rei e ter se rebelado contra isso, indo buscar apoio entre os leigos, deve ter representado o que procuravam os revolucionários que, viam na

## 326 | EM TORNO DE RIVAIL

ação do governo contra Mesmer a necessidade de manter o controle sobre a sociedade e, na ação de Mesmer, o indicativo da necessidade de resistência e mudanças.

O fato de Mesmer não ser um nobre levou outros revolucionários, como Jean Louis Carra e Jaques Pierre Brissot, a apoiar o mesmerismo, pois ele representava a possibilidade de chegar a ser reconhecido ante a sociedade sem ter nascido nobre ou ser burguês rico. Esse aspecto revolucionário, que provavelmente não foi desejado por Mesmer, fez com que ele se afastasse da França, o que, associado com o advento da Revolução Francesa, determinou uma ligeira perda de interesse sobre o magnetismo animal em Paris.

A Revolução Francesa não determinou o final do mesmerismo, mas modificou profundamente sua prática.[23] Os mesmeristas pós-revolucionários davam ênfase à interação das leis físicas e morais da natureza e defendiam teorias clássicas sobre a ética e a política; realizavam análises pseudocientíficas sobre a luz, eletricidade e outras forças; acreditavam em uma sociedade natural primitiva e em uma religião primitiva que incluía um misto de panteísmo, astrologia, metempsicose e a convicção de uma hierarquia de espíritos que unia o homem a Deus, associada aos seus fluidos magnéticos e à prática de sonambulismo. Ou seja, estavam mais interessados no contato com o mundo espiritual do que nas curas propriamente ditas.

### Ciência no século XIX

Na segunda metade do século XVIII, surgiram no mundo várias sociedades científicas cujos participantes se reuniam para divulgar suas descobertas. Foram as *sociedades reais* e outras, como a *Sociedade Lunar de Birmingham*, que recebeu esse nome porque se reunia nas noites de lua cheia, focos locais de encontro e divulgação do conhecimento. No século XIX, porém, elas proliferaram e cresceram em importância com o surgimento, a partir de 1831, da *Sociedade para Pesquisa da Ciência Britânica* e outras similares em diversos países, levando à criação da palavra *cientista* em 1840. Essas sociedades parecem ter surgido pelo fato de que, além de servir como fórum de debate para as novas descobertas, serviam também para efetuar uma comprovação ou uma análise dos resultados obtidos, conferindo aos mesmos maior seriedade e consistência.

O Mundo em que Viveu Allan Kardec | 327

Com o surgimento dessas sociedades, e com um maior número de pessoas trabalhando em pesquisa, vemos lentamente os demais países, principalmente Alemanha e Estados Unidos, começarem a participar das descobertas científicas, embora, até o final do século, Paris e Londres continuassem sendo capitais do progresso científico mundial.

Nesse século, as mudanças serão mais profundas do que as observadas no século XVIII. O desenvolvimento de equipamentos mais sofisticados vai intensificar a capacidade de observação dos cientistas. Na astronomia, os telescópios com espelhos refletores de vidro em vez de metal polido e os novos microscópios a serviço dos biólogos permitem que o homem possa prescrutar desde o infinitamente grande ao mais infinitamente pequeno, dando os primeiros passos decisivos na longa trajetória, ainda hoje não terminada, para desvendar os segredos que cercam as origens do mundo e da Vida.

A química se firma definitivamente com a teoria atômica e a química orgânica. A física, com os estudos de calor, luz, eletricidade e magnetismo, contribui com um desenvolvimento surpreendente para a humanidade mudando os padrões de vida do homem. Na biologia, o conceito de célula, a descoberta dos microorganismos, os procedimentos de descontaminação e a anestesia mudam os procedimentos médicos e começam a ganhar a luta contra as doenças. Coroando todas essas descobertas, temos a *teoria da evolução de Darwin*, atestando a condição dos seres vivos de se modificarem de acordo com suas capacidades e necessidades, ponto de equilíbrio entre as teorias de origem divina e as correntes puramente materialistas.

Além de todos esse fatos, ou talvez em decorrência deles, vemos surgir no século XIX uma preocupação crescente com a seriedade e a coerência das descobertas científicas, uma mudança essencial para que a humanidade pudesse realmente progredir, tendo por base os resultados das pesquisas científicas.

Vamos passar agora a uma análise dos principais fatos que ocorreram em cada área de conhecimento, focalizando principalmente a primeira metade do século, período de maior importância para nosso trabalho.

A matemática, que nos séculos anteriores havia presenciado o desenvolvimento do cálculo diferencial e integral, apresentou novidades que, embora não tenham sido muito conhecidas e aceitas em sua época, se tornaram ferramentas importantes e indispensáveis para o

## 328 | EM TORNO DE RIVAIL

desenvolvimento científico do século XX. Dentre os novos desenvolvimentos podemos citar a geometria não-euclidiana, que surgiu devido à impossibilidade de Euclides e seus seguidores em conseguir provar o teorema de que duas retas paralelas nunca se encontram, embora o enunciado possa parecer bastante óbvio. No século XVIII, um matemático italiano chamado Girolano Saccheri tentou provar esse teorema pelo processo que chamou de "redução ao absurdo". Não conseguiu, mas levantou as bases de uma nova geometria na qual ninguém, nem ele mesmo, acreditou em sua época.[24]

No século XIX, vários matemáticos seguiram o caminho de Saccheri, mas quando não conseguiram provar o teorema de que as retas não se encontravam, e passaram a concluir que elas poderiam se encontrar. Esses trabalhos resultaram no desenvolvimento proposto pelo russo Lobachevscky, pelo húngaro Bolyai e pelo alemão Bernard Reimam, que, em 1866, apresentou sua teoria: duas paralelas não poderiam ser traçadas. Desenvolve uma geometria de traços curvos, que também não foi bem-aceita, e mesmo atacada por princípios filosóficos. Mas ela foi a base dos novos conceitos de universo curvo desenvolvidos no século XX.[25]

Além da geometria, outra disciplina matemática teve um desenvolvimento importante naquele período, a estatística. Aplicações sociais da estatística foram efetuadas ainda no princípio do século XVIII, por meio do levantamento de dados de nascimento e mortalidade. Um destaque interessante pode ser feito em relação ao trabalho do inglês John Arbuthnot. Com base nos registros de nascimento em Londres, em 1710, concluiu que a providência divina determinava o nascimento do maior número de homens, pois eles poderiam morrer em maior número devido a guerras e acidentes de trabalho.

No princípio do século XIX, os trabalhos do belga Lambert Quétele e do francês Simeon Poisson levaram ao desenvolvimento de vários métodos para o estudo das características sociais e de comportamento humano. Foram criadas médias de várias espécies e a distribuição normal ou gaussiana, que tomou o nome do matemático alemão Friedrich Gauss. Com os novos métodos, a estatística foi aplicada à astronomia e à medicina, e teve um grande impulso com Francis Galton, que promoveu seu desenvolvimento no estudo do comportamento humano.

O Mundo em que Viveu Allan Kardec | 329

Galton era um aristocrata que usava seus recursos pessoais e seu tempo para pesquisar assuntos de seu interesse. Ele era neto de Erasmus Darwin, e aos desesseis anos, iniciou estudos de medicina, como queria sua mãe, no Hospital Geral de Birmingham. Deixou a medicina, tornou-se explorador e meteorologista, mas seu trabalho mais conhecido foi sobre a aplicação dos novos desenvolvimentos sobre estatística no comportamento social.

Ele fez um trabalho sobre o estudo do comportamento humano. Acreditava que tudo podia ser quantificado, chegou mesmo a tentar analisar a eficiência da prece sobre o homem.[26] Porém, sua mais importante contribuição foi a criação de um laboratório de psicologia onde foram lançadas as ideias dos testes mentais e trabalhos de psicologia experimental.

Galton era primo de Charles Darwin e, segundo consta, manteve com ele intensa troca de informações. Ele concluiu que a seleção natural deveria funcionar de acordo com leis estatísticas e, assim, a transferência de capacidades hereditárias poderia ser prevista. Defendeu a teoria de que as crianças nascidas em famílias com membros notáveis teriam mais condição de desenvolver potencialidades, contrariando a teoria de que o meio seria capaz de influenciar o desenvolvimento do homem. Sua teoria era que a melhoria social poderia ser feita por meio de um programa de *eugenia*, palavra criada por ele, para promover o talento e a saúde da sociedade.[27]

Evidentemente, esse tipo de consideração teve fortes implicações raciais e acabou criando o que foi chamado de "darwinismo social", que muitos males tem causado à humanidade.

A astronomia apresenta uma mudança marcante no século XIX. Com a maior capacidade dos equipamentos, por volta de 1850, deixa-se de se preocupar apenas com os planetas do sistema solar e seus movimentos. Uma vez que as leis de Newton parecem resolver adequadamente esse problema e passa-se a se interessar mais pelo universo como um todo. Esse trabalho foi auxiliado pelo surgimento da fotografia, aproximadamente em 1850, que permitiu aos astrônomos fixar uma região do céu para poder comparar com exposições obtidas posteriormente. Com os novos equipamentos foi possível efetuar medidas da distância das estrelas, chegando-se pela primeira vez a uma ideia real das dimensões do universo em que vivemos.

330 | EM TORNO DE RIVAIL

No sistema solar, a aplicação das leis de Newton permitiu observar que a trajetória de Urano estaria incorreta. Esse erro poderia ser devido à existência de um outro planeta mais distante e desconhecido que alterasse os cálculos. O astrônomo francês Urbain Le Verrier chegou a uma solução, em 1846, e, com o auxílio do Observatório de Berlim, conseguiu localizar o novo planeta, que recebeu o nome de Netuno.

Outro auxílio importantíssimo para a astronomia foi o desenvolvimento dos equipamentos medidores de comprimento de onda da luz. Eles permitiram que a obtenção dos espectros de emissão das estrelas distantes fosse decomposta e comparada com os espectros da luz emitida pelo sol, concluindo que eles eram similares, mas apresentavam um desvio para o vermelho, interpretado como devido ao efeito Doppler, sendo a velocidade da estrela em relação à Terra medida por *sir* Willian Huggins, de 40km/s.*[28]

*O desvio observado indica que as estrelas estão se afastando, ou seja que o Universo esta se expandindo e a teoria da relatividade permitiu calcular corretamente a velocidade de expansão, o que juntamente com outros dados vem reforçar a teoria do "Big Bang" sobre o início ou criação do Universo.

Definitivamente, o século XIX lorde um desenvolvimento expressivo, fazendo com que ela se tornasse definitivamente uma disciplina exata, graças principalmente ao trabalho desenvolvido por John Dalton, que estabeleceu as bases da nova teoria atômica.

O interesse principal de Dalton era a meteorologia e, estudando o ar, segundo o conceito de Lavoisier, acabou formulando um novo conceito de que as substâncias diferiam umas das outras em peso e comportamento. Dalton utilizou símbolos para identificar cada elemento e calculou o peso relativo de cada um deles. Ele não podia calcular o peso de cada átomo porque não sabia quantos átomos havia em determinada porção de matéria, mas concluiu que para uma mesma quantidade de cada substância havia sempre o mesmo número de átomos.

Ao estabelecer que a combinação entre duas substâncias segue sempre uma combinação definida de partes de cada uma delas, ele permitiu que a química se tornasse uma disciplina com um bom grau de precisão, deixando de lado definitivamente o empirismo, embora sua teoria não fosse completa e possuísse algumas incertezas.

Sua teoria teve o apoio de pesquisadores importantes, com o Gay-Lussac e Amadeo Avogadro, que auxiliaram a confirmar as teorias de Dalton e aprofundaram seus resultados. Foi a partir do trabalho

O Mundo em que Viveu Allan Kardec | 331

de Avogadro que foi desenvolvido o termo 'molécula', aplicado para descrever grupos de átomos que se combinam para formar uma substância. A partir destes trabalhos foi também possível estabelecer os pesos atômicos de cada elemento com boa precisão a partir da metade do século.

Entretanto, a teoria atômica e a ideia de molécula, embora aceitas por muitos cientistas, não foram imediatamente absorvidas pela comunidade internacional. Somente em 1983 a França incluiu a teoria atômica nos currículos de segundo grau devido à ação de vários pesquisadores que se recusavam a acreditar nela,[29] declarando que se recusavam a acreditar naquilo que não podiam ver.

Outra contribuição importante nesse início de século foi dada pelo trabalho do sueco Jöns Jacok Berzelius, que imaginou uma forma simples para representar os elementos usando a inicial ou iniciais de seus nomes, método mantido até hoje. A representação de Berzelius foi fortemente combatida por Dalton, que também nunca concordou com as teorias de Gay-Lussac e de Avogadro, embora elas estivessem rigorosamente corretas e de acordo com os pontos centrais de sua própria teoria.[30]

O uso da eletricidade, disponível nas pilhas criadas pelo italiano Volta, ao final do século anterior, permitiu aos químicos iniciarem o trabalho de decomposição de substâncias por meio do uso da corrente elétrica. A eletrólise serviu como instrumento importante na identificação dos constituintes de várias substâncias. Ela permitiu ao químico inglês *sir* Humphry Davy concluir que Lavoisier tinha errado ao identificar o princípio ácido como sendo o oxigênio, pois observou que o hidrogênio ao ser adicionado a uma solução é que a transformava em ácido.[31]

O uso da eletricidade também permitiu ao inglês Michael Faraday estabelecer, em 1833, a *lei da eletrólise*, nome dado por ele ao processo de decomposição das substâncias pela eletricidade.

Porém, apesar de todas as descobertas importantes dos químicos, uma deve ser destacada. Foi a percepção de que os corpos vivos eram formados pelos mesmos elementos encontrados na natureza em corpos inanimados. A síntese de ureia obtida pelo alemão Friedrich Wölher, em 1828, a partir de cianeto de amônio, demonstrou que substâncias, ditas orgânicas, podiam ser criadas a partir de elementos comuns, abrindo um novo campo de pesquisas chamado 'química orgânica'.

## 332 | Em Torno de Rivail

A nova disciplina, que provavelmente alcançou seu ponto alto no século XIX com a descoberta, em 1865, por August Kekulé von Stradowitz de que a estrutura do benzeno era composta por uma cadeia fechada de átomos de carbono, serviu para começar a contestar a ideia reinante no princípio do século de que a 'vida' de um modo geral provinha de 'geração espontânea', o que era provado normalmente colocando-se um pedaço de carne em um vidro e observando-se o aparecimento de larvas após alguns dias.[32]

Mas esse é um campo mais bem analisado pela área médica, uma vez que a palavra final sobre esse tema foi dada pelo trabalho de Pasteur sobre os microorganismos.

A física também teve, na primeira metade do século XIX, avanços notáveis, principalmente no que se refere ao estudo da eletricidade da luz e do calor.

O estudo do calor envolveu cientistas ilustres, como o francês Sadi Carnot, que, devido a sua morte prematura, em 1832, com apenas trinta e seis anos durante uma epidemia de cólera, deixou a maior parte de seu trabalho sobre máquinas térmicas incompleto, mas contribuiu de forma decisiva para que outros chegassem a uma determinação exata do que era o calor, tratado até então como 'fluido imponderável'.

Três outros pesquisadores conseguiram chegar a uma boa conclusão. Os ingleses James Joule e William Thompson (lorde Kelvim), e o alemão Rudolf Clausius. Joule efetuou medidas da quantidade de trabalho necessário para mudar a temperatura da água. Clausius estudou o motor a vapor, o trabalho realizado por Carnot, chegando às duas primeiras leis da termodinâmica, afirmando que nas máquinas térmicas o calor era transformado em trabalho. lorde Kelvim associou o trabalho dos dois e chegou a uma escala de temperatura absoluta para a medida do calor, que não era baseada nas temperaturas de ebulição e congelamento da água.

Com isso, o calor passou a ter suas características definidas, não como fluido imponderável, mas como forma de energia perfeitamente mensurável, enquadrando-se dentro dos princípios de conservação de energia estabelecidos, em 1847, pelo alemão Hermann von Helmoltz. Mas nessa época as máquinas a vapor já eram realidade, as ferrovias e as fábricas já mudavam o cenário mundial e os estudos serviram apenas para definir e quantificar a grandeza física. Por isso mesmo talvez um pouco mais importantes tenham sido as pesquisas que envolveram a caracterização do que seria a eletricidade e o magnetismo.

Já vimos que a construção das pilhas por Volta permitiu um grande desenvolvimento na química com a eletrólise, mas a existência de uma fonte de energia permanente e relativamente simples permitiu avanços importantes na compreensão da eletricidade. Assim, por volta de 1825, o alemão George Ohm apresentou o resultado de seus estudos sobre a passagem de corrente elétrica em um condutor metálico, com a tese de que a eletricidade se deslocaria de uma partícula para outra dentro do condutor, desde que houvesse uma diferença de tensão elétrica entre as extremidades do condutor. Da mesma forma como ocorria com o calor em relação à diferença de temperatura.

Quase ao mesmo tempo, o francês André-Marie Ampère estabeleceu uma relação sobre o efeito da corrente elétrica em ímãs e vice-versa. Esses estudos permitiram ao físico inglês Michael Faraday, em 1831, estabelecer a relação entre a formação de uma força magnética que surge quando uma corrente atravessa um condutor e a formação de corrente elétrica quando um ímã se desloca ao longo de um condutor, que ele atribuiu à conversão de magnetismo em eletricidade e vice-versa.

Ao final da década, Faraday desenvolveu a ideia de que tanto a eletricidade que atravessava o condutor como a força magnética que provinha do ímã se propagavam pelo espaço em "linhas de força" não-visíveis cuja concentração diminuía à medida que se afastava do condutor ou do ímã, mas que eram capazes de atuar à distância, mesmo sem contato direto entre os objetos materiais.

Ampère, desenho de Boilly

Entretanto, uma formulação matemática para o campo elétrico e para o campo magnético só foi obtida em 1861 pelo inglês James Clerk Maxwell, sendo condensada, modificada e simplificada ao final do século pelo alemão Heinrich Herz, um dos mais brilhantes cientistas do final do século XIX.

334 | Em Torno de Rivail

O trabalho de Faraday abriu o caminho para o desenvolvimento e a construção de motores elétricos, geradores, telégrafo, telefone e outros inventos, que modificaram completamente o modo de vida da sociedade ao final do século XIX e que nos influenciam de modo importante até hoje.

Com os trabalhos desses cientistas ficou demonstrada, já na primeira metade do século XIX, a capacidade de ação à distância das forças eletromagnéticas. O magnetismo deixou de ser um "fluido imponderável" e ganhou definições precisas e matemáticas ao final do século, embora, até hoje, possa ser visto pela maioria das pessoas como algo sobrenatural e extraordinário.

Mas não só a eletricidade, o magnetismo e o calor puderam ser mais bem compreendidos em nosso período de análise. O mesmo aconteceu com a luz.

*Sir* Isaac Newton apresentara, no século XVII, uma proposta de que a luz seria formada por corpúsculos cuja natureza não podia ainda ser definida. Essa teoria, embora tenha sido aceita por algum tempo, não conseguia explicar o resultado de algumas experiências e foi rejeitada.

Por volta de 1800, um pesquisador inglês, Thomas Young, com formação em medicina, trabalhando sobre distúrbios da visão, propôs uma teoria segundo a qual a luz seria formada por ondas. Cerca de quinze anos depois, com o auxílio de outros pesquisadores, ele conseguiu contornar todas as oposições ao seu trabalho e formular uma teoria ondulatória aceitável para a luz, que, ao final do século, foi confirmada pelo trabalho de Hertz. Ele demonstrou ser a luz uma radiação eletromagnética formada por um conjunto de campos elétricos e magnéticos perpendiculares entre si.

Vemos assim, mais uma vez, o nome de Hertz ligado a descobertas importantes de seu tempo. Mas a evolução do conhecimento não cessa e, embora fugindo um pouco da nossa faixa temporal, vale a pena uma consideração a mais a respeito das teorias científicas sobre a luz.

Para conseguir provar que a luz era radiação eletromagnética, Hertz utilizou uma experiência conhecida com o nome de efeito fotoelétrico. Consiste em fazer incidir um feixe luminoso sobre uma placa metálica ligada a um circuito elétrico e observar a variação de corrente no circuito quando existe ou não existe luz incidindo sobre a placa.

O Mundo em que Viveu Allan Kardec | 335

Porém, com o tempo, surgiram alguns problemas que a teoria não conseguia explicar, até que, em 1905, Einstein usou a mesma experiência para provar que a luz, apesar de ser formada por uma combinação de campos elétricos e magnéticos, em determinadas situações se comporta como formada por corpúsculos chamados de fótons, partículas sem massa, o que nos leva a imaginar que *sir* Isaac Newton talvez não estivesse totalmente sem razão.

A teoria corpuscular da luz apresentada por Einstein pode ser considerada como o segundo passo da ciência para chegar à física quântica, disciplina responsável pela maior parte do desenvolvimento tecnológico existente.

Voltando ao nosso período, outro fato importante em relação à luz foi a construção e aperfeiçoamento dos equipamentos destinados à análise do espectro da luz. Newton já havia demonstrado que a luz solar, ou luz branca, era formada pela combinação de todas as outras cores. Os primeiros equipamentos construídos com a finalidade de isolar os diferentes componentes da luz, em vez de mostrar cores diferentes, mostravam uma série de linhas finas e escuras que foram associadas aos diferentes comprimentos de onda das componentes da luz.

Paralelamente a isso, observou-se que gases aquecidos por descargas elétricas apresentavam também conjuntos de linhas que variavam com o tipo do gás. Essa associação permitiu analisar as substâncias presentes em uma amostra pela avaliação do conjunto de linhas emitidas quando ela era aquecida, abrindo novo campo de análise de materiais.

Mas as coisas não param por aí. Foi relativamente simples passar da análise de materiais para concluir que a luz emitida pelo sol era formada pela emissão de seus elementos constituintes. Com isso, foi possível analisar também a luz de todas as estrelas gerando um grande avanço na astronomia.

Confirmando a tendência de ser um século de grandes 'luzes' para a humanidade, o princípio do século XIX apresentou ainda, em áreas da ciência consideradas iniciantes, grandes resultados, descobertas e teorias que modificaram de modo sensível o modo de vida do homem sobre a Terra, mas também a concepção do que é o homem e do papel que ele representa no planeta e no universo.

Ao final do século XVIII os naturalistas, botânicos e biólogos estavam mais ou menos reunidos em um só grupo de cientistas cujas ati-

336 | EM TORNO DE RIVAIL

vidades estavam resumidas em catalogar as espécies vegetais e animais especulando sobre as origens da vida, idade do planeta e das espécies em geral, particularmente do homem. Como vimos, naquela época prevalecia a ideia da geração divina. Acreditava-se que as espécies vegetais e animais, após o ato da criação, não mais se alteravam e permaneciam sempre como haviam sido criadas. O peso e a força da Igreja tentavam a todo custo manter essa situação, auxiliada nesse intento pelos cientistas católicos que subordinavam seus resultados às suas crenças.

Essas ideias começaram a ser contestadas, ainda sem muita convicção, pelos trabalhos do francês Jean Baptiste de Monet, cavaleiro de Lamarck, que, em 1815, apresentou um trabalho sobre a *História Natural dos Animais Invertebrados* em que introduz a classificação separada para vertebrados e invertebrados, sugerindo que havia uma sequência natural para todas as criaturas vivas. As ideias de Lamarck foram parcialmente inspiradas no *Zoonomia*, escrito por Erasmus Darwin, em 1796 e, onde ele conclui: "A causa final desta luta entre machos parece ser que o animal mais forte e mais ativo deveria propagar a espécie, que seria assim melhorada".[33]

A teoria de Lamarck, assim como a de Eramus Darwin, da *Sociedade Lunar de Birminghan*, ou a de James Huston, de Edimburgo, no final do século XVIII, não conseguiram se superpor às teorias que consideravam a criação divina, como descrita na Bíblia, como base para a origem da vida na Terra, defendidas vigorosamente por cientistas como George Cuvier, um francês formado em Stuttgart, um dos criadores da paleontologia, que nem assim conseguiu perceber a importância dos fósseis na reformulação das ideias sobre as origens da vida na Terra.[34] Cuvier preferia acreditar que as diferenças observadas nos fósseis dos animais eram devidas às diferentes fases de vida na Terra, interrompidas por catástrofes como o dilúvio. Após cada catástrofe, Deus criava novamente a vida no planeta, segundo sua vontade, de forma definitiva e imutável, provavelmente ligeiramente diferente da criação anterior. Afinal, quem éramos nós para questionar a vontade divina?

Ao final do século XVIII e no início do XIX, os fósseis humanos ainda não eram conhecidos. Somente em 1816, com a descoberta do *homem de Neanderthal*, a teoria da criação divina começou a ser severamente questionada.[35]

Charles Robert Darwin, neto de Erasmus Darwin, nasceu em 1809. A exemplo de seu primo Galton, foi enviado a Edimburgo para estudar medicina. Dois anos depois concluiu que não queria ser médico. Seu pai o enviou para Cambridge para ser pastor, curso que também não foi concluído. Entretanto, demonstrou durante os cursos um grande interesse por história natural, sendo indicado, em 1831, como observador para acompanhar uma expedição que faria um levantamento da costa da América do Sul.

Pouco antes de iniciar sua viagem, foi publicado o primeiro volume da obra *Princípios de geologia*, do escocês Charles Lyell, um estudo sobre as formações geológicas, que explicava a formação de extratos como uma alteração lenta e gradual dos continentes, e não devido a catástrofes naturais, como sugeriam os defensores da doutrina criacionista. Nesse trabalho, Lyell usou a distribuição das plantas e dos animais para explicar que a extinção e o surgimento de novas espécies constituíram num processo constante.[36]

Darwin levou o primeiro volume da obra de Lyell em sua viagem, que durou cinco anos, e conseguiu receber o segundo volume durante a viagem. Observando os estratos geológicos ao longo da costa da América, Darwin concluiu que eles realmente se alteravam após sua formação, provavelmente por ação de terremotos ou outros fenômenos naturais, o que poderia ser demonstrado pela presença em locais elevados de corais que só podiam ter sido formados dentro d'água.

Além do trabalho de observação geológica, o que mais interessou Darwin foi a catalogação das espécies vivas. O longo tempo de viagem e as diferentes regiões visitadas permitiram a Darwin observar a presença de animais semelhantes em diferentes regiões do planeta. Aves praticamente iguais, mas com pequenas diferenças de região para região, a existência de fósseis de animais pré-históricos semelhantes a animais muito menores existentes atualmente, deram a ele a ideia de que eles deveriam se modificar para poder sobreviver de acordo com as características do local específico ou da época em que habitavam.

Aparentemente, o passo decisivo para que Darwin chegasse a uma solução para suas observações foi dado pelo trabalho de Thomas Malthus, *Ensaio sobre o princípio da população*. Nesse trabalho, Malthus afirmou que, se a população não fosse controlada, ela dobraria a cada vinte e cinco anos e com isso haveria falta de alimentos para todos.

338 | EM TORNO DE RIVAIL

Esse era o argumento que faltava para Darwin concluir, em 1838, que as espécies sobreviviam apenas se pudessem evoluir e se adaptar ao meio em que viviam, exterminadas ou modificadas aquelas que não se adaptassem.

Mas a obra de Darwin *Sobre a origem das espécies graças à seleção natural ou a preservação de raças favorecidas na luta pela vida* surgiu apenas em 1859, mais de vinte anos depois de seu retorno. Para explicar esse fato, temos que falar de um cientista tão importante quanto Darwin, praticamente desconhecido, Alfred Russel Wallace.

Wallace nasceu em 1823, em família pobre, e foi obrigado a deixar a escola cedo para poder trabalhar. Mais tarde, como professor em uma escola de Leicester, toma contato com as obras de Lyell e com os diários de viagem de Humbolt e Darwin e decide se tornar naturalista. Juntamente com um amigo entomologista, Henry Bates decide, em 1848, viajar para o Brasil para coletar amostras de insetos, na floresta amazônica, que seriam vendidos na Inglaterra para cobrir custos da viagem.

Wallace passou quatro anos na região do Amazonas e aparentemente começou a ter os mesmos questionamentos que Darwin. Em seu diário *Narrativas de Viagens ao Amazonas e rio Negro*, publicado em 1853, Wallace descreve: "não há nada de mais interessante e instrutivo na história natural do que o estudo da distribuição geográfica dos animais",[37] numa clara alusão às ideias de Lyell.

Entretanto, a viagem de volta é acidentada. O navio em que ele viajava com todos os seus espécimes afunda algumas semanas depois de deixar Manaus. Mas Wallace não desiste e, em 1854, vai para a Malásia, onde fica por oito anos coletando amostras de animais e enviando-as para Londres.

Em 1855, publica *Da lei que regula a introdução de novas espécies*, um ensaio transformista em que ele não consegue chegar a entender qual o mecanismo que regula o processo de evolução.[38]

Em 1858, doente e com febre, forçado a ficar deitado por longos períodos de tempo, Wallace lembra do texto de Malthus e chega à mesma conclusão que Darwin. De acordo com Wallace:

> Ocorreu-me fazer a seguinte pergunta: por que alguns morrem
> e outros sobrevivem? E a resposta foi clara: no conjunto o mais

O Mundo em que Viveu Allan Kardec | 339

bem-equipado sobrevive. Acometidos por doenças, os mais sadios resistem; perseguidos por inimigos, os mais fortes e os mais ágeis, os mais espertos; pela fome, os melhores caçadores ou aqueles com melhor capacidade digestiva, e assim por diante.[39]

Wallace escreve a Darwin relatando sua descoberta e pede que ele envie seu manuscrito a Lyell para outra avaliação. No entanto Darwin já havia escrito sua teoria desde 1842, e enviado cópias do manuscrito para Lyell e Hooker, com a recomendação de que, se algo ocorresse a ele, o trabalho fosse publicado. Com o aparecimento do trabalho de Wallace, Darwin decide publicar *A origem das espécies*, reconhecendo a incrível coincidência de Wallace ter chegado às mesmas conclusões de modo totalmente independente.

Podemos apenas especular o motivo que levou Darwin a adiar a publicação de seu livro e admirar a correção de Lyell e Hooker, que apresentaram os dois trabalhos no mesmo dia perante a *Sociedade Lineense de Londres*, explicando o acontecido e a retidão de Wallace, que não só admitiu a prioridade de Darwin, como considerou seu livro um trabalho muito mais completo e cientificamente mais adequado do que qualquer coisa que ele pudesse ter feito. Apesar disso, Wallace é praticamente desconhecido, malgrado sua contribuição ter sido fundamental para a história da ciência no século XIX.

O livro de Darwin foi o mais vendido do ano; a primeira edição esgotou-se praticamente no dia do lançamento. Mas o sucesso do livro trouxe também grandes antagonismos por parte de alguns cientistas que não aceitavam as considerações puramente teóricas de Darwin. Evidentemente, a Igreja apoiava essa corrente que contava com nomes ilustres com o lorde Kelvin. Mas, de um modo geral, a maioria apoiou o trabalho de Darwin, considerado o iniciador da biologia moderna. Como consequência de seus trabalhos, a teoria evolucionista cresceu e foi estendida inclusive para o homem, por meio de estudos de anatomia comparada com animais, principalmente macacos.

Se, por um lado, as teorias evolucionistas serviram para quebrar a hegemonia da Igreja no pensamento científico ocidental, serviram também para justificar o domínio dos povos europeus sobre os demais países, numa política de expansão colonialista sem precedentes, com a justificativa de que eles eram os mais inteligentes e mais

340 | Em Torno de Rivail

capazes, por isso deveriam dominar os mais fracos e ignorantes. O "darwinismo social" chegou ao extremo de servir de justificativa para programas de eutanásia, em que os mais fracos e doentes deveriam ser eliminados para que a sociedade pudesse evoluir sem doenças, mais forte e mais inteligente. Um dos defensores dessas ideias foi Francis Galton, primo de Darwin, que, apesar de suas importantes contribuições referentes à aplicação da estatística aos estudos sociais, era também um ferrenho defensor da eugenia.

Nesse século, a biologia começa a se firmar como uma ciência mais ou menos independente. Nessa época, a questão da origem da vida ainda era tratada de modo superficial, sobretudo devido à influência da Igreja. De um modo geral, a maioria das pessoas acreditava na teoria da "geração espontânea da vida", uma vez que, quando tecidos orgânicos eram deixados em infusão, logo apareciam milhares de pequenos animais, o que não ocorria quando a infusão possuía apenas produtos minerais.

O desenvolvimento dos microscópios foi fundamental para que fossem desenvolvidos novos conceitos de célula como base para o funcionamento dos tecidos vivos, animais ou vegetais, entretanto, o conhecimento de que uma célula só podia se originar de outra célula surge somente em 1858 e o da influência do espermatozoide na fecundação do óvulo e do real papel das células na reprodução só foram alcançados em 1876.

Embora no século XVIII alguns pesquisadores tivessem contestado a teoria da geração espontânea da vida, esse conceito estava muito enraizado para ser questionado sem fortes evidências experimentais. Alguns trabalhos chegaram a demonstrar que nem sempre os pequenos animais surgiam em infusões, mas que seu aparecimento era sempre associado à presença de ar. Na primeira metade do século XIX, ficou provado que não era o ar o agente mais importante, mas sim alguma coisa que o ar transportava que fazia surgir a putrefação e que esse agente poderia ser destruído pelo aquecimento do ar usado na experiência.

Apesar destes resultados, em 1860, ainda se acreditava na geração espontânea e, apenas após as pesquisas de Pasteur e alguns colaboradores, a existência dos microorganismos foi conhecida. Em 1861, Pasteur publica seus resultados sobre os corpúsculos no ar, mas uma aceitação definitiva só se consolida com as confirmações feitas pelo inglês John Tyndall e pelo alemão Ferdinand Cohn. O reconhecimento da existência de microorganismos no ar levou ao desenvolvimento de trabalhos sobre o controle de doenças que até aquela época dizimavam populações inteiras sem nenhuma espécie de controle.

Em 1865, Pasteur começa a trabalhar nessa área, criando, a partir de 1880, vacinas para combater uma série de doenças transmissíveis.

Outro desenvolvimento importante na área de saúde, ao final do século XIX, foi o controle da infecção hospitalar, que foi reduzida de modo sensível apenas com a obrigatoriedade de os médicos e estudantes internos lavarem as mãos após as biópsias e antes de cuidarem dos demais pacientes. Entretanto, impor esse procedimento não foi simples nem fácil; muitos defensores da prática foram dispensados e desacreditados em seus trabalhos até a segunda metade do século.

Parteur, por Albert Edelfelt

## Magnetismo no Século XIX

Em 1784, um adepto do mesmerismo, em Busancy, Armand Marie Jacques de Chastenet, marquês de Puységur, chamado para atender o camponês Victor Race, de 23 anos, que estava doente havia alguns dias, o magnetizou e, para seu espanto, após quinze minutos de tratamento, o rapaz entrou em um sono profundo, sem agitação e sem dor. Nesse estado de sono profundo, o rapaz passou a atender os pedidos do magnetizador, mesmo quando eles não eram expressos verbalmente, e demonstrou uma capacidade e desenvoltura que não possuía no estado de vigília. Estava redescoberto o sonambulismo moderno.

Entretanto, nem todas as pessoas magnetizadas caíam em sonambulismo e apenas uma pequena parte ficava totalmente adormecida. Alguns, porém, apresentavam características muito especiais, sendo capazes de identificar doenças em pessoas que lhes eram apresen-

342 | Em Torno de Rivail

tadas, prescrever medicamentos, prever crises futuras e, em alguns casos, até ler com os olhos tampados e/ou documentos fechados.

Com a divulgação dos resultados obtidos pelo marquês de Puységur, em vários pontos da França surgem novas formas de induzir o sonambulismo, como no caso dos catalépticos do doutor Petetin, em Lyon, que podiam ser operados sem anestesia, ou o processo introduzido pelo abade Faria, um português que passou muitos anos na Índia e que fazia as pessoas entrarem em sonambulismo apenas ordenando a elas que dormissem.

Na maioria dos casos, esses novos magnetizadores combatiam as ideias do magnetismo animal de Mesmer, mas, perante a opinião pública, os dois fatos estavam definitivamente ligados. Na verdade, podemos afirmar que o sonambulismo é muito mais coerente com as ideias mesmeristas do que as crises que aconteciam nas cubas de Mesmer, uma vez que os dois processos são, sem dúvida, pelos seus efeitos nos magnetizados, completamente diferentes.

No livro que publica em Paris, em 1799, Mesmer tenta incorporar ao magnetismo animal as novas descobertas sobre o sonambulismo.[40] Ele diz que já tinha observado a indução de sono em seus pacientes, mas que julgava que isso não era necessário ao tratamento, por ser extremamente radical, e que apenas as crises seriam suficientes para obter a cura. Nesse ponto, Mesmer parece ter alguma razão, uma vez que seu tratamento pretendia curar o paciente e o sonambulismo, em seu estágio inicial, foi mais usado como meio de diagnóstico e de diversão de salão, e não como tratamento, como preconizava Mesmer.

Mas essa visão inicial do sonambulismo viria a mudar nas primeiras décadas do século XIX.

Em 1813, Joseph Philippe François Deleuze publicou um livro intitulado *História crítica do magnetismo* em que apresenta a nova face do magnetismo animal representada pelo sonambulismo, integrando os aspectos físicos, morais e espirituais que envolviam as novas práticas.

Deleuze não se limitou a analisar os efeitos do magnetismo, mas na verdade propôs uma nova forma de magnetizar, profundamente diferente do sistema utilizado por Mesmer. Seguindo uma linha profundamente espiritualista, Deleuze afirma: "Todos os preceitos se reduzem a este: tocar atentamente os doentes com vontade de lhes fazer o bem, e que essa vontade não seja desviada por nenhuma outra ideia."[41] Se-

O Mundo em que Viveu Allan Kardec | 343

gundo ele, o fluido magnético forma em torno de nós uma atmosfera que pode ser direcionada, por meio da vontade, ao indivíduo desejado. Ao contrário de seu mestre, ele recomenda que o processo de magnetização seja individual, feito com poucas testemunhas sintonizadas na intenção de fazer o bem ao paciente.

Deleuze descreve um novo procedimento para a magnetização, efetuado com o paciente sentado e o magnetizador se colocando de frente para o paciente, tomando suas mãos do paciente entre as dele e fazendo circular o fluido magnético pela ação da vontade para que fosse estabelecida uma ligação entre magnetizador e magnetizado. O tratamento continua com a transferência de fluido magnético deslocando as mãos ao longo do corpo do paciente da cabeça aos pés, estando as mãos ligeiramente afastadas do corpo, em movimentos semelhantes ao que hoje é conhecido com o nome de passe. Esse mesmo procedimento pode ser encontrado em manuais de tratamento magnético editados no princípio do século XX, o que permite constatar que a técnica foi bem-aceita pela sociedade.[42]

Outro magnetizador importante nesse período foi o padre português José Custódio Faria, conhecido com *abbé* Faria pelos franceses, que estudou e ensinou técnicas de sonambulismo e magnetização, mostrando que eram uma espécie de sugestão, desafiando os teólogos da época que consideravam o sonambulismo e a magnetização como coisas sobrenaturais e diabólicas.[43]

A mudança de atitude e a diferença do comportamento dos principais magnetizadores rendem ao processo uma nova e diferente popularidade. A mudança consegue até mesmo fazer com que o procedimento de magnetização seja inserido no *Dictionaire des sciences médicales*, de Virney, publicado em 1819. Em 1820, o tratamento começa a ser aplicado em alguns hospitais de Paris como o Hotel-Dieu, pelo doutor du Potet, mas é suspenso em seguida pelas autoridades sob a alegação de que era um trabalho experimental que poderia expor os pacientes a riscos.[44]

No mesmo ano, Alexandre Bertrand divulga o magnetismo em cursos públicos e, em 1826, publica um livro *Du magnétisme animal en France: et des jugements qu'en ont portés les sociétés savantes. Considérations sur l'apparition de l'extase dans les traitements magnétiques* em que descreve toda a história do magnetismo até aquela data.[45]

344 | EM TORNO DE RIVAIL

É nessa nova fase que Hippolyte Léon Denizard Rivail toma contato com o magnetismo, declarando, na *Revue Spirite*, ter se dedicado ao estudo do sonambulismo, lendo obras a favor e contra essa nova ciência.[46] Rivail refere-se elogiosamente a Deleuze, Deslon, a du Potet, e aparentemente tornou-se também um magnetizador, atuando na *Sociedade de Magnetismo de Paris*. No prefácio da edição inglesa de *O livro dos espíritos*, edição de 1875, Anna Blacwell declara que foi um magnetizador da *Sociedade de Magnetismo de Paris* quem pela primeira vez falou a Rivail sobre as mesas girantes.

A novidade sobre os tratamentos magnéticos levou um médico, doutor Foissac, a pedir, em 1825, uma nova avaliação à *Academia de Medicina de Paris*. Ele sustentava que os seus pacientes em estado sonambúlico faziam prescrição de medicamentos que em nada diferiam da maneira de tratar da medicina convencional.[47]

Uma comissão foi formada para discutir a questão e, em 1826, decidiu que deveria ser feita uma nova avaliação do relatório de Bailly, de 1784. O relator, doutor Husson, seguindo uma linha de raciocínio bastante sensato, considerou que as modificações existentes no processo de magnetização, somadas ao fato de que em vários países o sonambulismo estava sendo estudado, seriam motivos suficientes para efetuar nova avaliação. Além disso, é preciso concordar que as descobertas científicas nem sempre são reconhecidas como importantes nem mesmo pelos especialistas da área, normalmente arraigados a conhecimentos preestabelecidos.

Após seis anos de trabalho, em 1831, a comissão apresentou seu relatório. Nele o doutor Husson afirmava que em muitos pacientes os efeitos do magnetismo eram praticamente insignificantes, mas que muitos casos somáticos e psíquicos foram certificados, embora as explicações fornecidas não fossem muito convincentes.

O relatório da comissão aponta que, nessa situação, está o sono profundo induzido em muitos pacientes, apresentando-se características especiais como a insensibilidade, que permite que muitos sejam operados sem sentir dor, a capacidade de ler e identificar objetos e cartas com os olhos vendados, sensibilidade especial ao toque do magnetizador etc.[48]

Entretanto, muitos fatos não foram adequadamente investigados e a existência de muitos casos de trapaça fez com que as questões

O Mundo em que Viveu Allan Kardec | 345

relativas ao magnetismo animal permanecessem em aberto e sujeitas à discussão.

Em 1837, um médico, doutor Berna, solicitou nova avaliação à Academia de Paris, declarando estar em condições de comprovar efeitos de clarividência e previsão do futuro feitos por pacientes magnetizados. Ele falha completamente em suas tentativas, o relatório da comissão é francamente contrário ao magnetismo fazendo com que o magnetismo fosse considerado charlatanismo.

Quase na mesma época, outro médico, o doutor Burdin, ofereceu um prêmio de três mil francos para quem, em um período de três anos, pudesse ler sem auxílio dos olhos, sem luz e sem toque. A Academia aceitou servir de avalista do prêmio, reduzindo o prazo para dois anos. A mais séria concorrente, filha de um médico, doutor Pigeaire, é acusada de fraude e a Academia aceita, em 1840, a proposta do doutor Double de não mais cogitar de magnetismo ou de magnetizadores.[49]

Assim, a ciência oficial pareceu definir sua opinião sobre o magnetismo animal na França.

Mas, nos anos 40, um médico inglês da cidade de Manchester, doutor Jacob Braid, impressionado com o sonambulismo, realizou várias experiências e publicou um trabalho em que atribuiu os fenômenos observados a causas fisiológicas. Em seu livro *Neurohypnologie, traité du sommeil nerveux ou hypnotisme*,[50] ele afirma: "que o olhar fixo e prolongado, paralisando os centros nervosos nos olhos e suas dependências, e destruindo o equilíbrio do sistema nervoso, produz também os fenômenos em questão".[51] Para diferenciar os fatos reais do charlatanismo ele deu ao processo que estava estudando o nome de 'hipnotismo'.

Era necessário para que o magnetismo começasse a ser aceito. Um novo nome e uma explicação 'científica' permitiram que os fatos ligados ao sonambulismo fossem analisados sob perspectiva diferente. Seguiram-se trabalhos de diversos cientistas e médicos como Charles Richet, Bernheim e outros, usados por Jean-Martin Charcot[52] para analisar casos de histeria em La Salpêtrière, em Paris.* Desse modo, o hipnotismo foi definitivamente incorporado ao arsenal médico, principalmente nas atividades ligadas à psiquiatria. Mesmo assim, apesar dos resultados obtidos por pesquisadores

---

*Charcot usou o hipnotismo para tratar casos de histeria e demonstrar que a doença não tinha causas orgânicas. Sigmund Freud foi discípulo de Charcot, a quem ele considerava um grande médico.

346 | EM TORNO DE RIVAIL

de renome internacional, a aplicação da hipnose nunca chegou a ser uma unanimidade entre os médicos.

Entretanto, se podemos observar uma diferença significativa entre os procedimentos de Mesmer e Puységur, o mesmo não pode ser dito das diferenças entre Puységur e Braid ou Richet. Do mesmo modo que Deleuze, Richet, em seu *Traité de métapsychique* descreve assim seu procedimento de hipnose:

> [...] faço sentar o paciente em uma cadeira defronte de mim; tomo cada um dos seus polegares em uma das mãos e os aperto fortemente, mas de uma maneira uniforme. Essa manobra leva de três a quatro minutos. Em geral as pessoas nervosas sentem logo uma espécie de peso nos braços, nos cotovelos e principalmente nas pálpebras. No princípio das minhas tentativas, eu pensava que fosse necessário mandar fixar um objeto qualquer pelo paciente: vi mais tarde que era uma complicação inútil. A fixação do olhar tem talvez alguma influência, mas não é indispensável. Entre um e outro operador havia diferenças no modo de proceder, diferenças que não vale a pena expor aqui longamente. Tratava-se de projetar o fluido magnético no corpo do paciente. Isto se fazia em maior ou menor quantidade, ou carregando o corpo inteiro, ou especialmente quer o tronco, quer a cabeça, quer alguns membros, conforme os fenômenos que se tratava de obter, ou a sede da moléstia. O que havia geralmente de comum eram os passes. Por eles se fazia a transmissão. Esses passes eram sempre de cima para baixo.[53]

Os procedimentos de Richet são os mesmo preconizados por Puységur, Deleuze, ou por du Potet e os resultados igualmente semelhantes.

Mas agora a medicina oficial aceita o hipnotismo, pois ele se baseia em efeitos fisiológicos, não mais em hipotéticos fluidos magnéticos, e sua aceitação vai levar ao desenvolvimento da psicanálise por Freud, um passo importante no caminho do entendimento e da obtenção da saúde mental do homem.

### Conclusão

Os acontecimentos científicos ocorridos na primeira metade do século XIX são a base do edifício que permitiu todo o desenvolvimento tecnológico do século passado. Nessa fase, o método científico começou a se estruturar de maneira a permitir que os resultados experimentais pudessem ser utilizados de forma coerente para apoiar o desenvolvimento das teorias científicas.

No século XVIII, as "maravilhas da ciência" deslumbravam a sociedade, fazendo crer que todas as explicações estavam nas mãos dos cientistas, que por isso mesmo se aproveitavam da credulidade das pessoas para fazerem sucesso criando explicações para fatos baseados apenas nas suas próprias ideias, sem muito compromisso com a realidade experimental. O novo século trouxe um amadurecimento da comunidade científica que, por meio de diferentes sociedades, procurava fazer uma análise criteriosa de tudo o que era divulgado para poder selecionar o real do imaginário.

# ALLAN KARDEC
## (Hippolyte-Léon-Denizard *Rivail*)

Maurice Lachâtre

Chef et fondateur* de la doctrine dite *spirite*, né à Lyon le 3 octobre 1804, originaire de Bourg en Bresse, département de l'Ain. Quoique fils et petit-fils d'avocats, et d'une ancienne famille qui s'est distinguée dans la magistrature et le barreau, il n'a point suivi cette carrière; de bonne heure il s'est voué à l'étude des sciences et de la philosophie. Élève de Pestalozzi, en Suisse, il devint un des disciples éminents de ce célèbre pédagogiste, et l'un des propagateurs de son système d'éducation, qui a exercé une grande influence sur la réforme des études en France et en Allemagne. C'est à cette école que se sont développées les idées qui devaient plus tard le placer dans la classe des hommes de progrès et des libres penseurs. Né dans la religion catholique, mais élevé dans un pays protestant, les actes d'intolérance qu'il eut à subir à ce sujet lui firent, dès l'âge de quinze ans, concevoir l'idée d'une réforme religieuse, à laquelle il travailla dans le silence pendant de longues années, avec la pensée d'arriver à l'unification des croyances; mais il lui manquait l'élément indispensable à la solution de ce grand problème. Le spiritisme vint plus tard le lui fournir et imprimer une direction spéciale à ses travaux. Vers 1850, dès qu'il fut question des manifestations des esprits, Allan Kardec se livra à des observations persévérantes sur ces phénomènes, et s'attacha principalement à en déduire les conséquences philosophiques. Il y entrevit tout d'abord le principe de nouvelles lois naturelles: cellqui

## 350 | Em Torno de Rivail

régissent les rapports du monde visible et du monde invisible; il reconnut dans l'action de ce dernier une des forces de la nature, dont la connaissance devait jeter la lumière sur une foule de problèmes réputés insolubles, et il en comprit la portée au point de vue scientifique, social et religieux.

Ses principaux ouvrages sur cette matière sont : le *Livre des esprits*, pour la partie philosophique, et dont la première édition a paru le 18 avril 1857; le *Livre des médiums*, pour la partie expérimentale et scientifique (janvier 1861); l'*Evangile selon le spiritisme*, pour la partie morale (avril 1864); le *Ciel et l'Enfer*, ou la justice de Dieu selon le spiritisme (août 1865); la *Revue spirite, journal d'études psychologiques*, recueil mensuel commencé le 1er janvier 1858. Il a fondé à Paris, le 1er avril 1858, la première société spirite régulièrement constituée sous le nom de *Société parisienne des études spirites*, dont le but exclusif est l'étude de tout ce qui peut contribuer au progrès de cette nouvelle science. Allan Kardec se défend lui-même d'avoir rien écrit sous l'influence d'idées préconçues ou systématiques; homme d'un caractère froid et calme, il a observé les faits, et de ses observations il a déduit les lois qui les régissent; le premier il en a donné la théorie et en a formé un corps méthodique et régulier. En démontrant que les faits faussement qualifiés de surnaturels sont soumis à des lois, il les fait rentrer dans l'ordre des phénomènes de la nature, et détruit ainsi le dernier refuge du merveilleux et l'un des éléments de la superstition. Pendant les premières années où il fut question de phénomènes spirites, ces manifestations furent plutôt un objet de curiosité qu'un sujet de méditations sérieuses; le *Livre des esprits* fit envisager la chose sous un tout autre aspect; alors on délaissa les tables tournantes, qui n'avaient été qu'un prélude, et l'on se rallia à un corps de doctrine qui embrassait toutes les questions intéressant l'humanité. De l'apparition du *Livre des esprits* date la véritable fondation du spiritisme, qui, jusqu'alors, n'avait possédé que des éléments épars sans coordination, et dont la portée n'avait pu être comprise de tout le monde; de ce moment aussi la doctrine fixa l'attention des hommes sérieux et prit un développement rapide. En peu d'années ces idées trouvèrent de nombreux adhérents dans tous les rangs de la société et dans tous les pays.

Ce succès, sans précédent, tient sans doute aux sympathies que ces idées ont rencontrées, mais il est dû aussi en grande partie à la clarté, qui est un des caractères distinctifs des écrits d'Allan Kardec. En s'abstenant des formules abstraites de la métaphysique, l'auteur a su se mettre à la portée de tout le monde et se faire lire sans fatigue, condition essentielle pour la vulgarisation d'une idée. Sur tous les points de controverse, son argumentation, d'une logique serrée, offre peu de prise à la réfutation, et prédispose à la conviction. Les preuves matérielles que donne le spiritisme de l'existence de l'âme et de la vie future, tendent à la destruction des idées matérialistes et panthéistes. Un des principes les plus féconds de cette doctrine, et qui découle du précédent, est celui de *la pluralité des existences*, déjà entrevu par une foule de philosophes anciens et modernes, et dans ces derniers temps par Jean Reynaud, Charles Fourier, Eugène Sue et autres; mais il était resté à l'état d'hypothèse et de système, tandis que le spiritisme en démontre la réalité, et prouve que c'est un des attributs essentiels de l'humanité. De ce principe découle la solution de toutes les anomalies apparentes de la vie humaine, de toutes les inégalités intellectuelles, morales et sociales; l'homme sait ainsi d'où il va, pour quelle fin il est sur la terre, et pourquoi il y souffre. Les idées innées s'expliquent par les connaissances acquises dans les vies antérieures; la marche ascendante des peuples et de l'humanité, par les hommes des temps passés qui revivent après avoir progressé; les sympathies et les antipathies, par la nature des rapports antérieurs; ces rapports, qui relient la grande famille humaine de toutes les époques, donnent pour base les lois mêmes de la nature, et non plus une théorie, aux grands principes de fraternité, d'égalité, de liberté et de solidarité universelle. Il touche, en outre, directement à la religion, en ce que *la pluralité des existences*

Monumento no túmulo de Allan Kardec

# 352 | EM TORNO DE RIVAIL

étant la preuve du progrès de l'âme, détruit radicalement le dogme de l'enfer et des peines éternelles, incompatible avec ce progrès; avec ce dogme suranné tombent les nombreux abus dont il a été la source. Au lieu du principe: *Hors l'Église point de salut*, qui entretient la division et l'animosité entre les différentes sectes, et qui a fait verser tant de sang, le spiritisme a pour maxime : *Hors la charité point de salut*, c. à d. l'égalité de tous les hommes devant Dieu, la tolérance, la liberté de conscience et la bienveillance mutuelle. Au lieu de la *foi aveugle* qui annihile la liberté de penser, il dit: "Il n'y a de foi inébranlable que celle qui peut regarder la raison face à face à tous les âges de l'humanité. A la foi, il faut une base, et cette base, c'est l'intelligence parfaite de ce que l'on doit croire; pour croire il ne suffit pas de voir, il faut surtout comprendre. La foi aveugle n'est plus de ce siècle; or, c'est précisément le dogme de la foi aveugle qui fait aujourd'hui le plus grand nombre d'incrédules, parce qu'elle veut s'imposer, et qu'elle exige l'abdication d'une des plus précieuses facultés de l'homme: le raisonnement et le libre arbitre." (*l'Evangile selon le spiritisme.*)

La doctrine spirite, telle qu'elle ressort des ouvrages d'Allan Kardec, renferme en elle les éléments d'une transformation générale dans les idées, et la transformation des idées amène forcément celle de la société. A ce point de vue elle mérite l'attention de tous les hommes de progrès. Son influence s'étendant déjà sur tous les pays civilisés, donne à la personalité de son fondateur une importance considérable, et tout fait prévoir que, dans un avenir peut-être prochain, il sera posé comme l'un des réformateurs du XIX$^e$ siècle.

---

*Charcot usou o hipnotismo para tratar casos de histeria e demonstrar que a doença não tinha causas orgânicas. Sigmund Freud foi discípulo de Charcot, a quem ele considerava um grande médico.

Chefe e fundador* da doutrina dita *espírita*, nascido em Lyon, no dia 3 de outubro de 1804, originário de Bourg en Bresse, departamento do Ain. Embora filho e neto de advogados, e de uma antiga família que se distinguiu na magistratura e no foro, ele não seguiu essa carreira; cedo dedicou-se ao estudo das ciências e da filosofia. Aluno de Pestalozzi, na Suíça, tornou-se um dos eminentes discípulos do célebre pedagogo e um dos propagadores de seu sistema de educação, que exerceu uma grande influência sobre a reforma dos estudos na França e na Alemanha. É nessa escola que se desenvolveram as ideias que deviam mais tarde colocá-lo na classe dos homens de progresso e

O Mundo em que Viveu Allan Kardec | 353

dos livres-pensadores. Nascido na religião católica, mas educado em um país protestante, os atos de intolerância que ele teve de suportar a esse respeito fizeram-no, desde a idade de quinze anos, conceber a ideia de uma reforma religiosa, na qual trabalhou em silêncio durante longos anos, com o pensamento de chegar à unificação das crenças; mas faltou-lhe o elemento necessário para a solução desse grande problema. O espiritismo veio mais tarde fornecer-lhe e imprimir uma direção especial aos seus trabalhos. Por volta de 1850, assim que se tratou das manifestações dos espíritos, Allan Kardec se entregou às observações perseverantes sobre esses fenômenos e se dedicou principalmente a deduzir deles as consequências filosóficas. Neles entreviu antes de tudo o princípio de novas leis naturais: aquelas que regem as relações do mundo visível e do mundo invisível; reconheceu na ação deste último uma das forças da natureza, e seu conhecimento devia lançar luz sobre uma multidão de problemas reputados insolúveis, e compreendeu o alcance disso do ponto de vista científico, social e religioso.

Suas principais obras sobre essa matéria são: *O livro dos espíritos*, para a parte filosófica, e cuja primeira edição apareceu no dia 18 de abril de 1857; *O livro dos médiuns*, para a parte experimental e científica (janeiro de 1861); *O evangelho segundo o espiritismo*, para a parte moral (abril de 1864); *O céu e o inferno, ou a justiça de Deus segundo o espiritismo* (agosto de 1865); *a Revista Espírita, jornal de estudos psicológicos*, coleção mensal começada no dia 1º de janeiro de 1858. Ele fundou em Paris, no dia 1º de abril de 1858, a primeira sociedade espírita regularmente constituída sob o nome de Sociedade Parisiense de Estudos Espíritas, cujo objetivo exclusivo é o estudo de tudo o que pode contribuir para o progresso dessa nova ciência. O próprio Allan Kardec se proíbe de escrever sob a influência de ideias preconcebidas ou sistemáticas; homem de um caráter frio e calmo, observou os fatos e, de suas observações deduziu as leis que os regem; primeiro deu a teoria e dela formou um corpo metódico e regular. Demonstrando que os fatos falsamente classificados de sobrenaturais estão submetidos a leis, ele os faz entrar na ordem dos fenômenos da natureza e destrói assim o último refúgio do maravilhoso, um dos elementos da superstição. Durante os primeiros anos em que o assunto foram os fenômenos espíritas, essas manifestações foram antes um objeto de curiosidade que um assunto de meditações sérias; *O livro dos espíritos* fez olhar a coisa sob um outro aspecto; então deixaram-se as mesas girantes, que só tinham sido um prelúdio, e se concentrou em um corpo de doutrina que abarcava todas as questões que interessavam à humanidade. Da aparição de *O livro dos espíritos* data a verdadeira fundação do espiritismo, que, até então, não possuíra senão elementos dispersos sem coordenação e cujo alcance não pudera ser compreendido por todo mundo; desse momento também a doutrina fixa a atenção dos homens sérios e tomou um rápido desenvolvimento. Em poucos anos, essas ideias encontraram numerosos partidários em todos os níveis da sociedade e em todos os países.

Frontispício do *Nouveau Dictionnaire Universel*

Esse sucesso, sem precedente, se deve, sem dúvida, às simpatias que essas ideias encontraram, mas é devido também em grande parte à clareza, que é um dos caracteres distintivos dos escritos de Allan Kardec. Abstendo-se das fórmulas abstratas da metapsíquica, o autor soube pôr-se ao alcance de todo o mundo e fazer-se lido sem fadiga, condição essencial para a vulgarização de uma ideia. Sobre todos os pontos de controvérsia, sua argumentação, de uma lógica rigorosa, oferece pouca margem à refutação e predispõe à convicção. As provas materiais que dá o espiritismo da existência da alma e da vida futura tendem à destruição das ideias materialistas e panteístas. Um dos princípios mais fecundos dessa doutrina, e que decorre do precedente, é o *da pluralidade das existências*, já entrevisto por várias filosofias antigas e modernas, e nestes últimos tempos por Jean Reynaud, Charles Fourier, Eugène Sue e outros; mas permanecera no estado de hipótese e de sistema, enquanto o espiritismo demonstra a realidade disso e prova que é um dos atributos essenciais da humanidade. Desse princípio decorre a solução de todas as anomalias aparentes da vida humana, de todas as desigualdades intelectuais, morais e sociais; o homem sabe assim de onde vem, para onde vai, para que fim está na terra e porque aí sofre. As ideias inatas se explicam pelos conhecimentos adquiridos nas vidas anteriores; a marcha dos povos e da humanidade, pelos homens dos tempos passados que revivem após ter progredido; as simpatias e as antipatias, pela natureza das relações anteriores; essas relações, que reatam a grande família humana de todas as épocas, dão como base as mesmas leis da natureza, e não mais uma teoria, aos grandes princípios de fraternidade, de igualdade, de liberdade e de solidariedade universal. Ele toca, entre outros, diretamente à religião, uma vez que *a pluralidade das existências*, sendo a comprovação do progresso da alma, destrói radicalmente o dogma do inferno e das pernas eternas, incompatível com o progresso; com este dog-

O Mundo em que Viveu Allan Kardec | 355

ma antiquado caem os numerosos abusos do qual ele foi a fonte. No lugar do princípio: *Fora da Igreja não há salvação*, que alimenta a divisão e a animosidade entre as diferentes seitas, e que faz correr tanto sangue, o espiritismo tem por máxima: *Fora da caridade não há salvação*, do qual se depreende a igualdade de todos os homens perante Deus, a tolerância, a liberdade de consciência e a benevolência mútua. No lugar da *fé cega*, que aniquila a liberdade de pensar, ele diz: "Fé inabalável só o é a que pode encarar a razão face a face em todas as épocas da humanidade. Para a fé é preciso uma base, e esta base é a perfeita compreensão do que se deve crer; para crer não é preciso ver, é preciso sobretudo compreender. A fé cega não é mais deste século; ora, é precisamente o dogma da fé cega que faz hoje o imenso número de incrédulos, porque ela quer impor e exige a renúncia de algumas das mais preciosas faculdades do homem: a razão e o livre-arbítrio." (*O evangelho segundo o espiritismo.*)

A doutrina espírita, tal qual ela ressalta das obras de Allan Kardec, encerra em si os elementos de uma transformação geral nas ideias, e a transformação da ideias leva forçosamente à da sociedade. Nesse ponto de vista, ela merece a atenção de todos os homens de progresso. Como sua influência se estende já sobre todos os países civilizados, dá à personalidade de seu fundador uma importância considerável, e tudo faz prever que, em um futuro talvez próximo, ele será citado como um dos reformadores do século XIX.

(Extraído da obra *Nouveau dictionnaire universel*, Paris, 1867, tradução de José Antonio Carvalho.)

# SOBRE OS AUTORES

*Beatriz Helena da Costa Nunes*, graduada em biologia e biblioteconomia, é apreciadora da música clássica; assessorou durante doze anos a pianista Guiomar Novaes. Atualmente trabalha com turismo cultural em Petrópolis.

*Cleone Augusto* é escultora e professora aposentada da Faculdade de Letras da UFRJ, com pós-doutorado em literaturas francófonas (Universidade de Bordeaux III, França).

*Edgar Francisco de Jesus*, graduado em engenharia mecânica, é mestre e doutor em engenharia nuclear. Desde 1990 é professor universitário, com pesquisas na área da física nuclear.

*Elizabeth Pinto Valente de Souza*, médica, com especialização em homeopatia, é fundadora e coordenadora da Escola Kentiana do Rio de Janeiro.

*Fabio Dubs* é graduado em arquitetura e urbanismo, com mestrado em arquitetura e paisagem, e pós-graduação em planejamento e uso do solo urbano. Entre 1991 e 1998, colaborou em projetos no Rio e em São Paulo. Atualmente trabalha como urbanista, em Genebra, Suíça, onde mora desde 1998.

358 | EM TORNO DE RIVAIL

*Iole de Freitas* é artista plástica, professora de escultura contemporânea da Escola de Artes Visuais do Parque Lage, foi diretora do Instituto de Artes Plásticas da Funarte. Tem obras em várias coleções públicas e privadas, no Brasil e no exterior. Nascida em Belo Horizonte, atualmente vive e trabalha no Rio de Janeiro.

*Maria do Carmo Marino Schneider* é graduada em letras neolatinas, com pós-graduação em educação. Durante mais de trinta anos lecionou literatura francesa, sendo autora de vários livros nessa área.

*Maria Elisa Hillesheim* é formada em letras (português-inglês) e em pedagogia, com especialização em administração escolar. Diretora de escola há muitos anos nos ensinos fundamental e médio, possui ampla experiência nos campos da educação infantil e da assistência social.

*Nadja do Couto Valle* é graduada em letras (português-inglês). Possui mestrado e especialização em educação, e doutorado em filosofia. Atuou durante vinte e cinco anos como professora universitária e do ensino médio.

*Pedro Simões* é graduado em serviço social, com mestrado na mesma área e doutorado em sociologia. É professor universitário desde 1997.

*Renata Feital* possui graduação em comunicação social, com mestrado em sociologia. É professora universitária.

*Rodrigo Bentes Monteiro* é graduado em história, mestre e doutor em história social. Trabalhou durante quatorze anos como professor nos ensinos fundamental e médio, e é professor universitário.

*Veronica Cardoso de Jesus* é médica com especializações em hematologia e hemoterapia, além da homeopatia.

# NOTAS

**INTRODUÇÃO**

1   A título de exemplo, a cosmologia e o sistema ritual do espiritismo foram estudados por Maria Laura V. C. Cavalcanti, *O mundo invisível: cosmologia, sistema ritual e noção de pessoa no espiritismo*, Rio de Janeiro, Zahar, 1983, e por Cândido Procópio F. de Camargo, *Católicos, protestantes e espíritas*, Petrópolis, Vozes, 1973, a partir de um enfoque basicamente antropológico. A forma de participação política e eleitoral dos espíritas foi objeto da pesquisa sociológica de Antônio Flávio Pierucci et Reginaldo Prandi, *A realidade das religiões no Brasil: religião, sociedade e política*, São Paulo, Hucitec. 1996. A história do enraizamento dessa tradição religiosa no Brasil foi tema do livro de Silvia F. Damazio, *Da elite ao povo: advento e expansão do espiritismo no Rio de Janeiro*, Rio de Janeiro, Bertrand Brasil, 1994. O apelo à caridade e seu fundamento para as práticas assistenciais foram abordados no estudo de Emerson Giumbelli, Em nome da caridade: assistência social e religião nas instituições espíritas. Rio de Janeiro, Iser [Projeto Filantropia e Cidadania], 1995, 2 v.

2   Entre várias obras, destacam-se: a biografia realizada por Zêus Wantuil et Francisco Thiesen, *Allan Kardec*, Rio de Janeiro, FEB, 1982, 3 v; trabalhos sobre as circunstâncias que envolveram o advento do espiritismo, de Zêus Wantuil, *As mesas girantes e o espiritismo*, Rio de Janeiro, FEB, 1958, e de Canuto Abreu, *O livro dos espíritos e sua tradição histórica e lendária*, São Paulo, LFU, 1996; e por fim, a síntese de Edson Audi, *Vida e obra de Allan Kardec*, Rio de Janeiro, Lachâtre, 1999.

3   Norbert Elias, *Mozart sociologia de um gênio*, Rio de Janeiro, Zahar, 1995.

4   Para essas reflexões, Elias, *A sociedade dos indivíduos*, Rio de Janeiro, Zahar, 1994. Nas palavras do autor: "...cada pessoa que passa por outra, como estranhos aparentemente desvinculados na rua, está ligada a outras por laços invisíveis, sejam estes laços de trabalho e propriedade, sejam de instintos e afetos (...) Ela vive, e viveu desde pequena, numa rede de dependências que não lhe é possível modificar ou romper pelo simples giro de um anel mágico, mas somente até onde a própria estrutura dessas dependências o permita; vive num tecido de relações móveis que a essa altura já se precipitaram nela com seu caráter pessoal. E aí reside o verdadeiro problema: em cada associação de seres humanos, esse contexto funcional tem uma estrutura muito específica. (...) Entretanto esse arcabouço básico de funções interdependentes, cujas estrutura e padrão conferem a uma sociedade seu caráter específico, não é criação de indivíduos

## 360 | EM TORNO DE RIVAIL

particulares, pois cada indivíduo, mesmo o mais poderoso, mesmo o chefe tribal, o monarca absolutista ou o ditador, faz parte dele, é representante de uma função que só é formada e mantida em relação a outras funções, as quais só podem ser entendidas em termos da estrutura específica e das tensões específicas desse contexto total". Ibidem, p. 22.

5  *Ibidem*, p. 35.

## O UNIVERSO EDUCACIONAL E A PROPOSTA DE PESTALOZZI

1   Dora Incontri, *Pestalozzi, educação e ética*, São Paulo, Scipione, 1996, p. 18.
2   George F. Kneller, *Introdução à filosofia da educação*, Rio de Janeiro, Zahar, 1972, p. 11.
3   Firmino Costa, *Pestalozzi*, Belo Horizonte, s. ed. s.d., 2a edição.
4   Dora Incontri, *op. cit.*
5   *Ibidem.*
6   *Ibidem.*
7   Influências também de contemporâneos de Pestalozzi: Kant e Herder. Aprofundamento deste tema remete à obra em espanhol de Lorenzo Luzuriaga, "Antologia de Pestalozzi", Madri, *Revista de Pedagogia*, 1931.
8   Jean-Jacques Bouquet, *Histoire de la Suisse*, Paris, Puf, 1995.
9   Dora Incontri, *op. cit.*, p. 83.
10  Paralelo entre Pestalozzi e Carl Rogers, *ibidem*, p. 86.
11  Carl Rogers, *Liberdade de aprender em nossa década*, Porto Alegre, Artes Médicas, 1986, p. 128.
12  Dora Incontri, *op. cit.*
13  *Ibidem.*
14  *Ibidem.*
15  *Ibidem.*
16  Dora Incontri, *op. cit.*, p. 101.
17  Ney Lobo, *Filosofia espírita da educação*, Rio de Janeiro, FEB, pp. 276-277.
18  Dora Incontri, *op. cit.*
19  Firmino Costa, *op. cit.*
20  Dora Incontri, *op. cit.*, p. 130.
21  Para maiores detalhes remetemos a Luzuriaga, *op. cit.*
22  Zêus Wantuil *et* Francisco Thiesen, *Allan Kardec*, Rio de Janeiro, FEB, 1982, v. I, p. 32.
23  Wallace Leal Rodrigues, *Breve história de Pestalozzi*, Franca, Fundação Pestalozzi, 1996, p. 61.
24  Firmino Costa, *op. cit.*
25  Tradução de Dora Incontri.
26  Dora Incontri, *op. cit.*
27  *Ibidem.*
28  Wantuil et Thiesen, *op. cit.*, p. 43.
29  Philippe Ariès, *História social da criança e da família*, Rio de Janeiro, Zahar, 1981, pp.195-274.
30  Herculano Pires, *Pedagogia espírita*, São Paulo, Edicel, 1985, p. 74.

31 Para maior conhecimento do pensamento pedagógico do professor Rivail, aconselhamos a leitura de Hippolyte Léon Denizard Rivail. *Textos pedagógicos*, São Paulo, Comenius, 1998.
32 Paul Natorp detalha as disputas internas em Iverdon. O livro está disponível apenas em tradução espanhola. Paul Natorp, *Pestalozzi Su vida y sus ideas*, Barcelona e Buenos Aires, Labor AS, 1931.
33 Thiago M. Wurth, *Panegírico de Pestalozzi*, Rio de Janeiro, Biblioteca Nacional.
34 Walter Oliveira Alves, *Educação do espírito*, São Paulo, IDE, 1997, p. 130.
35 Wallace Leal Rodrigues, *op. cit.*, p. 73.

## AS MULTIFÁRIAS MANIFESTAÇÕES DA ESPIRITUALIDADE NA LITERATURA
1 Scott, Walter apud Castex, Pierre-Georges, *Le conte fantastique en France*, Paris, José Corti, 8ème réimpression, 1994, p. 5.
2 Balzac, Honoré de, *Sarrasine*, Paris, Pleiade, VI, p. 79.
3 Pierre-Georges Castex, *op. cit.*, pp. 94-99.
4 Mme. de Staël apud Chassang e Senninger, Ch, *Reccueil de textes littéraires français, XIX ème. siècle*, Paris: Hachette, 1966, p. 39.
5 Mme. de Staël, *De l'Allemagne*, 4e partie, chap.IX: "De la contemplation de la nature".
6 *Ibidem*.
7 *Ibidem*, chap. X: "De l'enthousiasme".
8 Chateaubriand, *Mémoires d' outre-tombe*, apud Lagarde et Michard. XIXème. siècle, Collection Littéraire, Paris, Bordas, 1961, p. 71.
9 Gautier, Théophile, apud Thoraval, Jean, *Les grandes étapes de la civilization francaise*, Paris, Bordas, 1976, p. 330.
10 Lamartine, "L'Immortalité" apud Lagarde et Michard, *op. cit.*,1961, pp. 91-92.
11 Sem grifo no original.
12 Lamartine, "L' immortalité", in: *Méditations*, IV, v. 30-40.
13 Na obra *Les années Hugo (1802-1885)*, Paris, Larousse, 2002, p.135, organizada por Jacques Marseille, destaca-se o papel de mme. de Girardin na difusão do fenômeno das 'mesas girantes'.
14 Alguns biógrafos ignoram essas experiências ou chegam a comentá-las, porém desqualificando-as ou ridicularizando-as. Existem, todavia, várias obras que tratam do assunto com seriedade. Em 1923, Gustave Simon publicou setenta atas dessas sessões espíritas realizadas no exílio, algumas transcritas sob a forma de fragmentos: *Chez Victor Hugo, les tables tournantes de Jersey* (arquivadas na Biblioteca Nacional de Paris). Camille Flammarion afirma em *Les annales politiques et littéraires*, de 7/5/1899, que, alguns anos antes de sua morte, Victor Hugo conversou pessoalmente com ele várias vezes e que jamais deixara de crer nas manifestações dos espíritos. Em 1997, Graham Robb publica em Londres uma das mais completas biografias de Hugo, dedicando atenção significativa às experiências espíritas vividas pelo ilustre biografado, em capítulo intitulado *Strange horizon – 1852/1856*. (Graham Robb, *Hugo*, London, Picador, 1997.)
15 Emmanuel Godo, *Victor Hugo et Dieu*, Paris, Éditions du Cerf, 2001, pp. 9-10.
16 Victor Hugo *apud* Emmanuel Godo, 2001, *op.cit.*, p.125.
17 *Ibidem*, p. 121.
18 *Ibidem*.

19 Victor Hugo. *Les Contemplations*, Paris, Nelson Éditeurs, 1856, p. 349.
20 *Ibidem*, Livre VI, XXVI.
21 Em comemoração aos duzentos anos de nascimento de Victor Hugo, Alain Decaux, da Academia Francesa, lançou pela editora Perrin *Les plus beaux manuscrits de Victor Hugo*, em 2001, em que constam reproduções manuscritas das sessões das mesas girantes feitas por Victor Hugo em Jersey, assim como a foto do *Livre des tables*. (pp.132-137)
22 Victor Hugo, 1856, *op. cit.*, p. 255.
23 Pela análise da biblioteca de Hugo, levada a efeito por Jean-Bertrand Barrère, em dois artigos da *Révue d'histoire littéraire de la France*, em outubro/dezembro de 1951 (pp.441-445), percebe-se o interesse de Hugo pelos temas religiosos e ligados à busca do desconhecido: *Les cérémonies et coûtumes religieuses de tous les peuples du monde, de 1807-1809*, de Bernard Picart; *L'histoire des usages funèbres et des sépultures des peuples anciens*, de E. Feydeau, de 1856, ou ainda *L'histoire critique de l'Inquisition d'Espagne*, de J.A.Lorente, de 1877-1818; *De veritate religionis*, de Grotius, em uma edição de 1769; os dez volumes de Delisle de Sales, *De la philosophie de la nature*, datados de 1804, que desenvolvem a ideia de que, na natureza, tudo é sensível; um *Traité du sortilège, de la fascination et des apparitions*, de 1622, com várias anotações; um tomo de *Lettres cabalistiques*, publicadas em Haia, em 1766; uma obra sobre *Pneumatologie des esprits et de leurs manifestations fluidiques*, do marquês Eudes de M..., de 1852; *Le magnetisme à la recherche d'une raison sociale*, de Gérard, datado de 1866; *La réalité des esprits et des phénomèmes merveilleux de leur écriture directe*, de L. de Guildenserbé, de 1857; *Terre et ciel*, obra de teologia ocultista publicada por Jean Reynard em 1854, e ainda, dentre muitos outros, o ensaio de Victor Hennequin, *Réligion*. Tudo o que podia representar uma via de acesso ao invisível interessava a Hugo, que frequentou ou leu os grandes ocultistas de seu tempo como Eugène Nus ou Eliphas Lévi, e manteve relações estreitas com o filósofo cabalista Alexandre Weill. entre 1836 e 1852.
24 Alfred Vigny, *Poésies chosies*. Paris, Hachette, pp. 81-82.
25 *Ibidem*, "Esprit Pur", v. 50-70.
26 Alfred Musset, *apud* A. Chassang e Ch. Senninger, *Reccueil de textes français, XIXème. siècle*, Paris, Hachette, 1966, p.222.
27 Alfred Musset, em carta a seu irmão, 1831, *apud* Lagarde et Michard, 1961, p. 208.
28 Collection Nelson, *Petite anthologie des poètes français*, Paris: Nelson Éditeurs, 1934, p. 497.
29 Sem grifo no original.
30 Charles Nodier, *Contes*, Paris, Garnier, 1961, p. 37.
31 *Ibidem*, p. 591.
32 *Ibidem.*, p. 176.
33 Pierre-Georges Castex, *Le conte fantastique en France, de Nodier à Maupassant*. Paris, José Corti, 1994.
34 *Ibidem, op. cit.*, p.245.
35 Théophile Gautier, apud A. Chassang, *op.cit.*, p.234.
36 Gérard Nerval *apud* Lagarde et Michard, *op.cit.*, p. 272.
37 Gérard Nerval, *Aurelia*, première partie, I.

38 Gérard Nerval, *Odelettes*.
39 Alexandre Dumas *apud* Valérie Terranova, "Alexandre le Grand" in: *Révue des deux mondes*, Janv./2002, pp.106-11.
40 Arnold Hauser, *História social da literatura e da arte*, São Paulo, Mestre Jou, 1982, p. 937.
41 Lagarde et Michard, 1961, *op. cit.*, referem-se à originalidade dessa obra em que Balzac expõe suas ideias sobre o espiritismo (Cap. VI, "Preceitos sobre o magnetismo"), e sobretudo desvenda a trama do romance por meio da intervenção do além-túmulo. Assim, a obra ilustra de uma maneira marcante as duas faces do gênio, pela inserção do sobrenatural em uma intriga realista: é um verdadeiro estudo filosófico ao mesmo tempo em que narra uma cena típica da vida na província (ambição dos herdeiros, roubo do testamento, cilada etc.). (pp. 308-309). Em Louis Lambert o autor descreve um sonho do personagem que a psicologia moderna explica como ilusão mental, fenômeno do *déjà vu* ou hypermnésia.
42 Pierre-Georges Castex, *op. cit.*, p. 213.
43 Prosper Mérimée, *Oeuvres complètes*, Paris, Champignon, 1927, Tome III, p. 25.
44 Leconte de Lisle, *apud* A. Chassang, *op. cit.*, p.377.
45 Leconte de Lisle, *Poèmes barbares*, 1862.
46 Gustave Flaubert, *apud* A. Chassing, *op. cit.*, p.390.
47 Ernest Renan, *apud* Émile Abry, Charles Audic et Paul Crouzet, *Histoire illustrée de la litérature française*, Paris, Didier, 1949, p. 630.
48 Ernest Renan, *L'avenir de la science*, "Préface".
49 Charles Baudelaire, *Les fleurs du mal*, Paris, Librio, 2001, p. 126.
50 Charles Baudelaire, *Les fleurs du mal*, éd. de 1861, "Le voyage", VIII.
51 Théophile Gautier, in: Fúlvia M. L Moretto, *Caminhos do decadentismo francês*, São Paulo, Perspectiva,1989, pp. 44-45.
52 Théophile Gautier, *Les fleurs du mal*. "Preface", 1868.
53 Charles Baudelaire, *op. cit.*, p. 16.
54 Charles Baudelaire, *op. cit.*, éd. de 1857.
55 Pascal Pia, *Baudelaire par lui même*, Paris, Éditions du Seuil, 1952, p. 77.
56 Paul Verlaine, *apud* R. Magalhães Jr. *O livro de ouro da poesia da França*. Rio de Janeiro, Ediouro, 2000, p. 324.
57 Arthur Rimbaud, *apud* Jean d'Ormesson. *Une autre histoire de la littérature française. La poésie au XIXème. siècle*, Paris, Librio, 2001, p. 107.
58 Arthur Rimbaud, *Une saison en enfer*, Paris, Monvallon, s.d., p. 147.
59 Arthur Rimbaud, *op. cit.* "Alchimie du verbe".
60 Arthur Rimbaud, *apud Classiques Larousse: Verlaine et les poètes symbolistes*, "Le bateau îvre", Paris, Larousse, 1943, p. 50.
61 Arthur Rimbaud, *Poésies*, "Le bateau îvre".
62 Arnold Hauser, *op. cit.*, p. 1112.
63 Carlos Felipe Moisés, "Proust, um poeta fin-de siècle" in: *Cult*. São Paulo, ano.5, n. 52, nov./2001, pp.16-17.

**NOTAS DE UMA VIAGEM MUSICAL: ESCALAS E ESCOLHAS EM PARIS**
1 Esta é uma proposta afetiva, nascida de afinidades eletivas e predileções, construída

sob a ótica de ouvinte imaginária. Não pretende, em momento algum, elaborar um estudo exaustivo e técnico do período abrangido por este livro, apoiado na musicologia acadêmica. Em decorrência, é uma abordagem seletiva e fragmentária da Paris musical visitada. Para estudos acadêmicos e de grande porte das escolas e estilos vigentes à época é vasta a oferta de literatura competente e técnica no mercado editorial brasileiro e internacional. Bibliografias especializadas representativas podem ser pesquisadas nas grandes redes de informação. Como exemplo, citaremos obra significativa traduzida no Brasil recentemente: Charles Rosen, *A geração romântica*, São Paulo, Edusp, 2000. Neste trabalho o autor, pianista e pesquisador da linguagem musical, apresenta ensaios e análises, com vasto apoio técnico de trechos de partituras das obras de alguns compositores do Romantismo, com ênfase em Chopin, Liszt, Berlioz, Mendelssohn, Bellini e Schumann.

2   Kurt Pahlen, *História universal da música*, São Paulo, Melhoramentos, s/d, 2ª ed., p. 60.

3   Luís Elmerich, *Guia da música e da dança*, São Paulo, Boa Editora Ltda., 1962, p. 148. Grifo nosso.

4   Kurt Pahlen, *op. cit.*, p. 153. Grifo nosso.

5   J. C. Caldeira Filho, *Os compositores*, São Paulo, Cultrix, 1951, p. 155.

6   Wagner (Leipzig, 1813 – Veneza, 1883) Na Alta Idade Média, a Saxônia surgia como um ducado originado da dissolução do Império Carolíngio. No século X a Casa de Saxe desempenhou papel importante no restabelecimento do Império. Todavia, ao digladiar-se com outras casas nobres germânicas, comprometia a estabilidade do poder central na 'Alemanha'. Marcos posteriores dessa descentralização foram: a Paz de Augsburgo (1555), quando o imperador Carlos V foi constrangido a reconhecer a liberdade religiosa de principados luteranos; a Guerra dos Trinta Anos (1618- 1648), quando tropas estrangeiras devastaram as terras do Sacro Império. A França, então, destruía o poder do rei da Espanha e do imperador, ambos da família Habsburgo. Desde a segunda metade do século XVII assiste-se à ascensão da Casa de Brandenburgo, como potência alemã, reino da Prússia desde 1701. Durante a Guerra dos Sete Anos (1756-1763), Frederico II, da Prússia, avançou sobre a Saxônia. A capital, Dresden, foi ocupada por tropas prussianas até 1759. Não obstante, Dresden torna-se um dos grandes centros da civilização europeia (a Florença do Elba), ponto de convergência de artistas renomados. No início do século XIX o domínio napoleônico significou o fim do Sacro Império. De 1806 a 1812 a Confederação do Reno reunia os estados alemães, com exceção da Áustria e da Prússia, sob protetorado francês. Por sua vez, o Congresso de Viena dava origem à Confederação Germânica – sob chefia austríaca – em que se destacavam os reinos da Prússia, Saxônia, Hannover, Baviera e Wurttenberg. A onda revolucionária que varria a Europa teve reflexos na Confederação, embora Prússia e Áustria fossem potências absolutistas da Santa Aliança. Em 1849 rebentam motins em Dresden, quando Wagner, comprometido politicamente, mediante intervenção de Liszt, refugia-se em Weimar e depois segue para Paris, fugindo da Saxônia clandestinamente.

7   C. Caldeira Filho, *op. cit.*

8   Maxime Leroy, *Les premiers amis français de Wagner*, Paris, Albin Michel, 1925.

9   Luís Ellmerich, *op. cit.*

10  Liszt. As origens da nacionalidade húngara remontam ao rei Estevão I (997-1038), primeiro soberano cristão daquelas terras, antes à mercê de lutas tribais. O rei Estevão foi canonizado e vivia a inspirar a obra de Liszt. Desde então o

reino da Hungria vivia períodos de prosperidade, entrecortados pelas invasões mongol (séc. XIII) e turca (séc. XVI). Sobretudo, outro poder comprometia cada vez mais a soberania do reino; os duques Habsburgos de Áustria serviam-se da luta contra os turcos para melhor fundir a Hungria a seu império. A maior reação a esta tendência veio com o príncipe da Transilvânia, Rákóczi II (1676-1735), que chegou a decretar o destronamento dos Habsburgos. O movimento foi derrotado e os rebeldes anistiados. Todo o governo efetivo era, então, transferido para Viena, enquanto a Hungria permanecia agrícola, em completa dependência da Áustria. O alemão tornava-se língua oficial. Sabe-se que Liszt comunicava-se em alemão, pouco dominando o húngaro e, mais tarde, na França, dominava o francês. O ambiente de reformas, iniciado com a Revolução Francesa, teve como expoente o conde Szechenyi (1791-1860), "O Maior dos Húngaros". Promotor de várias obras públicas, o conde achava que o progresso material era o caminho para a independência. Em 1839-1840 a Dieta Húngara fazia várias exigências à corte de Viena. Mas, em 1848, o movimento revolucionário na Áustria foi derrotado, estopim para a guerra da independência da Hungria. O resultado foi um compromisso assinado entre a Áustria e a Hungria, em 1867. A convivência entre os dois países era acertada, sendo comuns o soberano e alguns ministérios. Esse esquema permaneceria até o fim da 1ª Guerra Mundial, em 1918.

11 Harold C. Schonberg, *The great pianists – from Mozart to the present*, New York, Simon and Schuter, 1963, pp. 121-122.

12 Schonberg, *op. cit.*

13 Chopin (Zelazowa Wola, 1810 – Paris, 1849). No início do século XV, a nobreza polaca conseguia reerguer e unificar o Estado, detendo os perigos de insurreição camponesa, da crescente autonomia urbana e da imigração germânica. Formava-se então o império polono-lituano, inaugurando a dinastia dos jagelões. A universidade de Cracóvia preparava quadros para a evangelização da Lituânia, sustentando o ponto de vista polonês ante as pretensões germânicas. No século XVI, a Polônia vivia a sua idade de ouro. O humanismo e as reformas religiosas conferiam à vida cultural grande esplendor, sustentado pelo enriquecimento da nobreza fundiária e pelo reforço das relações servis, em prejuízo dos camponeses. A extinção da dinastia jagelônia, em 1572, gerava efetivamente uma espécie de república nobiliárquica. Doravante, o poder se concentrava em assembleias aristocráticas, que elegiam o príncipe soberano – sempre um estrangeiro. Criava-se, assim, a monarquia eletiva na região. Mas, esse sistema desarmava a Polônia ante vizinhos cada vez mais fortes e autocráticos, obrigando a república nobiliárquica a fazer concessões territoriais, enquanto a população padecia os efeitos da guerra. A partir do século XVIII as potências estrangeiras disputavam a eleição do rei polonês pela força das armas. Essa situação culminaria na primeira partilha da Polônia em 1772, seguida pela segunda, em 1793, definitiva em 1795, entre Rússia, Prússia e Áustria. E a Polônia desaparecia como Estado soberano até 1918. Não obstante, a cultura polonesa, revestida de acentuado sentimento nacionalista, ganhou os círculos políticos, literários e artísticos europeus no século XIX, em especial na França.

14 Guy Pourtalés, *Vida de Chopin*, São Paulo, Atena Editora, 1959.

15 *Ibidem*, p. 65.

16 *Ibidem*, p. 65.

17 Casimir Wierzynsky, *Chopin*, Lisboa, Editorial Aster, s/d., p. 10.

18 *Ibidem*.

19 George Sand em correspondência.
20 Théophile Gautier, despedindo-se de Chopin.
21 Casimir Wierzynsky, *op. cit.*

ARTES PLÁSTICAS: A POTÊNCIA DE UMA ESTÉTICA RENOVADORA
1 Otto Maria Carpeaux, *História da literatura ocidental*, Rio de Janeiro, Alhambra, 1981, v.5, p. 1153.
2 *Le Petit Robert 2*, Paris, Le Robert, p. 497.
3 Giulio Carlo Argan, *Arte moderna*, São Paulo, Companhia das Letras, 1995.
4 Para essas reflexões, cf. Patrick Bade, *Degas*, Lisboa, Editorial Stampa, 1992; Beaux-arts hors-série, *Monet*, Paris, Publications Nuit et Jour, s.d.; Walter Benjamin, *O conceito de crítica de arte no romantismo alemão*, São Paulo, Edusp, 1993; Jean-François Courtine *et alii*, *Du sublime*, Paris, Belin, 1988; Ann Dumas *et alii*, *The private collection of Edgar Degas*, New York, The Metropolitan Museum of Art, 1998; Charles F. Stuckey, *Water lilies*, Colônia, Könemann, 1988; Robert Gordon et Andrew Forge, *Monet*. New York, Abradale Press, H. N. Abrams Publisher, 1989; Bernd Grone, *Edgar Degas*, Colônia, Taschen, 1996; Paul Hayes Tucker, *Monet in the 90's*, Boston, Museum of Fine Arts, em associação com The Yale University Press, s.d.; Geraldo Jordão Pereira (coordenador editorial), *Monet, o mestre do impressionismo*, Rio de Janeiro, Salamandra, 1997; Richard Kendall, *Les colisses de Degas*, Paris, Assouline, 1996; Daniel Malcolm *et alii*, *Edgar Degas, photographer*. New York, The Metropolitan Museum of Art, 1999, s.d.; *O livro da arte*, São Paulo, Martins Fontes, 1999; Fayga Ostrower, *A grandeza humana*. Rio de Janeiro, Campus, 2003. Arlette Sérullaz *et alii*, *L'ABCdaire de Delacroix*, Paris, Flammarion, 1998.

PARIS, ESPAÇO E PAISAGEM DA MODERNIDADE
1 Jean de Cars *et* Pierre Pinon, *Paris e Haussmann*, Picard, France, 1991, p. 189.
2 Leonardo Benevolo, *L'Histoire del'architecture moderne*, Dunod, Paris, 1987, p.119,
3 Giulio Carlo Argan, *Arte moderna*, Companhia das Letras, São Paulo, 1993.
4 Leonardo Benevolo, *op. cit.*, p.97.
5 Giulio Carlo Argan, *História da arte como a história da arquitetura*, São Paulo, Martins Fontes, 1995.
6 Também fizeram parte destas reflexões: Bertrand Lemoine, *L'architecture du fer–France, XIXème Siècle*, Champ Vallon, s.d.; Lewis Mumford, *A cidade na história*, São Paulo, Martins Fontes, 1995.

HISTÓRIA ENTRE IMPÉRIOS E REVOLUÇÕES
1 Sobre a catedral de Notre Dame de Paris, Bernard Mathieu, *Cathedrale Notre-Dame de Paris, ses grandes heures historiques*, Paris, La Tourelle, 1977.
2 Horácio González, *A Comuna de Paris – os assaltantes do céu*, São Paulo, Brasiliense, 1982, pp. 92-94.
3 Como exemplo desta abordagem, François Furet, *La révolution 1770-1880*, Paris, Hachette, 1988. Sobre o sentido primeiro do termo revolução, utilizado pelos astrônomos até o século XVIII para designar o retorno a um mesmo ponto, como no movimento dos planetas ao redor do sol, Hannah Arendt, *Da revolução*, São Paulo, Ática, 1988.
4 Para essas informações gerais sobre o império napoleônico, Louis Girard, *Le temps des révolutions 1715-1870*, Paris, Bordas, s.d., pp.179-227.

5  O fracasso das festas organizadas durante a Revolução Francesa, particularmente no período jacobino, por sua falta de conexão com o imaginário popular, foi analisado por Mona Ozouf, *La fête révolutionnaire 1789-1799*, Paris, Gallimard, 1976.

6  Napoleão Bonaparte, apud Gustavo de Freitas, *900 textos e documentos de história*, Lisboa, Plátano, 1976, p.124.

7  Pierre Miquel, *Histoire de la France*, Saint Amand, Marabout, 1998, pp.323-331. Cf. também A. Jardin et A.-J. Tudesq, *La France des notables – la vie de la nation 1815-1848*, Paris, Seuil, 1973.

8  Para essas informações, René Remond, *O século XIX (1815-1914)*, São Paulo, Cultrix, 1990.

9  *Ibidem*, p. 23.

10  Para essas informações, Jean Philippe Guinle, *Les souverains de la France*, Paris, Bordas, 1995, pp. 222-226.

11  Chateaubriand, *apud ibidem*, p. 226. Para Jardin et Tudesq, em 1815, ninguém evocava menos o *Vert Galant* (Henrique IV) que o obeso Luís XVIII. Com cinquenta e nove anos de idade, era incapaz de montar a cavalo. O povo o chamava de le gros cochon; no entanto, os que podiam aproximar-se falavam de sua dignidade natural. Ministros e cortesãos conheciam sua secura de coração, sua ausência de franqueza. No tempo de Luís XVI, o conde de Provence conspirou. Tendo emigrado, levou a existência de um príncipe errante expulso, segundo as vicissitudes da política e da guerra, buscando diversos asilos, para enfim fixar-se na Inglaterra. Com a morte do "órfão do templo" (Luís XVII), em 1795, ele tomou o título de rei da França. Jardin et Tudesq, *La France des notables – l'évolution générale 1815-1848*, Paris, Seuil, 1973, pp.15-16.

12  Jardin et Tudesq, *op. cit.*

13  *Ibidem*, p.16. Sobre o poder de cura dos reis de França em relação aos acometidos por escrófulas, Marc Bloch, *Os reis taumaturgos*, São Paulo, Companhia das Letras, 1993.

14  *Apud* Miquel, *op. cit.*, pp.337-338.

15  *Apud* Jardin et Tudesq, *op. cit.*, pp.122-123.

16  *Ibidem*, pp.123-124.

17  *Ibidem*, pp.124-125.

18  Remond, *op. cit.*, p.28. Para essas informações, *ibidem*, pp.25-48.

19  *Ibidem*, p.31.

20  Ibidem, p.33.

21  Para essas informações, Miquel, *op. cit.*, pp.339-352.

22  Remond, *op. cit.*, p.42.

23  Jardín et Tudesq, *op.cit.*, p.157. Para essas informações e as seguintes, Miquel, *op. cit.*, pp.339-352. Sobre a ética protestante – presente em Guizot – e o capitalismo, Max Weber, *A ética protestante e o espírito do capitalismo*, São Paulo, Pioneira, 1983.

24  *Apud ibidem*, p.343.

25  *Apud* Eric Hobsbawm, *A era das revoluções 1789-1848*, Rio de Janeiro, Paz e Terra, 1982, p.332.

26  *Apud* Hobsbawm, *A era do capital 1848-1875*, Rio de Janeiro, Paz e Terra, 1982, p .29.

27 Para essas informações, Maurice Aguilhon, *1848, o aprendizado da república*, Rio de Janeiro, Paz e Terra, 1991, pp.35-36.
28 *Ibidem*, pp.78-79.
29 *Ibidem*, p.79.
30 *Ibidem*, p.86.
31 *Ibidem*, pp.95-96.
32 Miquel, *op. cit.*, pp.369-372.
33 Agulhon, *op. cit.*, p.136
34 *Ibidem*, pp.153-159.
35 *Ibidem*, p.197.
36 *Ibidem*, p. 202.
37 Para essas informações, Louis Girard, *op. cit.*, pp.290-295.
38 Para essas informações, Alain Plessis, *De la fête impériale au mur des fédérés 1852-1871*, Paris, Seuil, 1979. Citação: *ibidem*, p.7.
39 *Ibidem*, p.13.
40 *Apud ibidem*, p.39.
41 Para uma análise da literatura em relação ao problema social do período, Maria Stella M. Bresciani, *Londres e Paris no século XIX: o espetáculo da pobreza*, São Paulo, Brasiliense, 1982.
42 Para essas informações, Plessis, *op. cit.*
43 Louis Girard, *op. cit.*, p.253.
44 Pierre Nora (org.), *Les lieux de mémoire*, Paris, Gallimard, 1997, 3 v.
45 Para as informações sobre Michelet, Lucien Febvre, *Michelet e a Renascença*, São Paulo, Scritta, 1995.
46 *Ibidem*, p.47.

A 'QUESTÃO SOCIAL' E SUAS ALTERNATIVAS
1 Karl Polany, *A grande transformação: as origens da nossa época*, 2a. edição, Rio de Janeiro, 2000.
2 Robert Castel, *As metamorfoses da questão social: uma crônica do salário*, Petrópolis, Vozes, 1998.
3 Louis Girard, *Le temps des révolutions 1715-1870*, França, Bordas, s.d. e Eric Hobsbawn, *A era das revoluções 1789-1848*, Rio de Janeiro, Paz e Terra, 1977.
4 Orlando de Miranda (org), *Para ler Ferdinand Tönnies*, São Paulo, Edusp, 1995.
5 T. Bottomore *et* R. Nisbet (orgs.), *História da análise sociológica*, Rio de Janeiro: Zahar, 1980.
6 José Guilherme Merquior, *O liberalismo: antigo e moderno*, Rio de Janeiro, Nova Fronteira, 1991.
7 T. H. Marshall, *Cidadania, classe social e status*, Rio de Janeiro, Zahar Editores, 1967.
8 Norberto Bobbio, *A era dos direitos*, Rio de Janeiro, Campus, 1992.
9 Karl Marx, *A questão judaica*, Rio de Janeiro, Laemmert, 1969.
10 Barringhton Moore Jr, *As origens sociais da ditadura e da democracia: senhores e camponeses na construção do mundo moderno*, São Paulo, Martins Fontes, 1983.
11 A forma como este processo ocorre e, mesmo, suas consequências para a

dinâmica social são discutidas de forma distinta por Karl Marx, *O capital: crítica da economia política*, São Paulo, Abril Cultural, 1983, e Emile Durkheim, *A divisão do trabalho social*, São Paulo, Martins Fontes, 1995, por exemplo.

12 Weber mostra com muita propriedade como se dá esta passagem quando trata da ética tradicionalista (ver Max Weber, *A ética protestante e o espírito do capitalismo*, São Paulo, Pioneira, 1994).

13 Karl Marx e Friedrich Engels, *Manifesto do Partido Comunista*, Petrópolis, Vozes, 1990, p. 74.

14 Hobsbawn, *op. cit.*, 1977.

15 Para Moore Jr., Estados Unidos, França e Inglaterra constituem um tipo próprio de transição para o capitalismo e são os melhores exemplos de afirmação do ethos burguês. Moore Jr., *op. cit.*

16 W. H. Sewell Jr, "Artisans, Factory Workers and the Formation of the French Working Class, 1789-1848", in: Ira Katznelson et A. R. Zolberg (orgs.), *Working-class formation: nineteenth-century patterns in western Europe and the United States*, New Jersey, Princeton University Press, 1986.

17 Michelle Perrot. *Os excluídos da história: operários, mulheres, prisioneiros*. Rio de Janeiro, Paz e Terra, 1988.

18 Hobsbawn mostra que, sem a luta dos trabalhadores, não teria sido possível a construção dos Estados de Bem-Estar Social (Eric Hobsbawn, "Adeus a Tudo Aquilo", in: Blackburn, R. (org.). *Depois da queda: o fracasso do comunismo e o futuro do socialismo*. Rio de Janeiro, Paz e Terra, 1991.

19 Há uma passagem em que Marx trata teoricamente da questão da caridade e da filantropia. Ver Karl Marx, *A miséria da filosofia: resposta à filosofia da miséria do sr. Proudhon*, São Paulo, Editora Ciências Humanas, 1982, cap. 2, sétima e última observação, pp. 115 e ss.

20 Max Weber, *op cit*.

21 Licia Valladares, "Cem Anos pensando a pobreza (urbana) no Brasil", in: *Corporativismo e desigualdade*, Rio de Janeiro, IUPERJ e Rio Fundo Editora, 1991.

22 *Ibidem*, p. 84.

23 Karl Marx, *op. cit.*, 1983, p. 70.

24 *Ibidem*, nota 20a.

25 *Ibidem*.

26 *Ibidem*, p. 198.

27 *Ibidem*, p. 200.

28 Catherine Duprat, *Le Temps des Philanthropes: la philantropie parisiense de Lumières à la monarchie de juillet*, Paris, Editions C. T. H. S., 1993, p. 66. Tradução livre.

29 *Ibidem*.

30 *Ibidem*, p. 73.

40 Colette Bec, *Assistance et Republique: la recherche d'un nouveau contract social sous la III Republique*, Paris, Les Éditions de L'atelier, 1983, p. 24.

41 *Ibidem*.

42 Gertrude Himmelfarb, *La idea de la pobreza: Inglaterra a principios dela era industrial*, Mexico, Fondo de Cultura Econômica, 1988, p. 35.

43 Para saber mais sobre a discussão das Poor Laws, bem como das reformas por que estas leis passaram, ver Karl Polany, *op. cit.*, e Gertrude Himmelfarb, *op. cit.*
44 Karl Polany, *op. cit.*, p. 92.
45 Gertrude Himmelfarb, *op. cit.*, p. 194.
46 *Ibidem*, p. 10.
47 As principais informações contidas neste texto sobre os pensadores socialistas utópicos foram retiradas de Jean-Christian Petitfils, *Os socialismos utópicos*, Rio de Janeiro, Zahar, 1978, e Edmund Wilson, *Rumo à estação Finlândia: escritores e atores da história*, São Paulo, Cia. das Letras, 1986.
48 Karl Marx e Friedrich Engels, *op. cit.*, 1990, p. 94.
49 *Ibidem*, p. 95.

**MATERIALISMO E ESPIRITUALISMO NA FILOSOFIA: CULMINÂNCIAS E SÍNTESES**
1 Para essas reflexões, cf. Nadja do Couto Valle, "Um olhar sobre Kardec", *in Reformador*, Brasília, FEB, out/2002, pp.18/20; *Coleção Os pensadores*, São Paulo, Nova Cultural, 1988, vols. referentes aos autores citados'; Battista Mondin, *Curso de filosofia*, São Paulo: Edições Paulinas, 1981-1983, vols. 2 e 3; H. Padovani et L. Castagnola, *História da filosofia*, São Paulo, Melhoramentos, 1961; M. Federico Sciacca, *História da filosofia*, São Paulo, Mestre Jou, 1968, vols. 2 e 3; e Teofilo Urdanoz, *História de la filosofia*, Madri, Biblioteca de Autores Cristianos, 1975, vol.V.

**HISTÓRIA DA MEDICINA: O HOMEM NA ETERNA BUSCA DA CURA**
1 Para essas informações, Albert S. Lyons e Joseph R. Petrucelli, *História da medicina*, São Paulo, Manole, 1997.
2 Roberto Margotta, *História ilustrada da medicina*, São Paulo,1998.
3 *Ibidem*, p. 24.
4 Albert S. Albert e Joseph R. Petrucelli, *op. cit.*, 1997.
5 Roberto Margotta, *op. cit.*
6 Paulo Rosenbaum, *Homeopatia e vitalismo, um ensaio acerca da animação da vida*, Robe, 1996.
7 Roy Porter, *História ilustrada da medicina*, Revinter, 1996.
8 Roberto Margotta, *op. cit.*.
9 Albert S. Lyons e Joseph R. Petrucelli, *op. cit.*
10 Roy Porter, *op. cit.*
11 Roberto Margotta, *op.cit.*
12 Moacir Scliar, *A paixão transformada, história da medicina na literatura*, São Paulo, Companhia das Letras, 1996.
13 Paulo Rosenbaum, *op. cit.*
14 Roberto Margotta, *op. cit.*
15 Samuel Hahnemann, *Organon de la medicina*, Buenos Aires, Albatroz, 1986.
16 Louis Callebat, *Histoire du médecin*, Paris, Flammarion, 1999.
17 Roy Porter, *op. cit.*
18 Louis Callebat, *op. cit.*
19 Michel Foucault, *O nascimento da clínica*, Rio de Janeiro, Forense Universitária, 1998.

20 Albert S. Lyons *et* Joseph R. Petrucelli, *op. cit.*
21 Louis Callebat, *op. cit..*
22 Roberto Margotta, *op. cit.*
23 Richard Gordon, *A assustadora história da medicina*, São Paulo, Ediouro, 2002.
24 Albert S. Lyons et Joseph R. Petrucelli, *op. cit.*, 1997.
25 Michelle Perrot, *História da vida privada: da Revolução Francesa à Primeira Guerra*, São Paulo, Companhia das Letras, 1991.
26 Mannoni Octave, *Uma biografia ilustrada*, Rio de Janeiro, Jorge Zahar, 1994.
27 Moacyr Scliar, *op. cit.*, p. 208.
28 Otávio de Freitas Júnior, *Pavlov, vida e obra*, Rio de Janeiro, Paz e Terra, 1976.
29 Estudo das partes do organismo alteradas por processo mórbido.
30 Estudo da estrutura e organização dos tecidos dos organismos animais e vegetais.
31 Ramo da biologia que estuda embriões de animais e plantas.
32 Moacir Scliar, *op. cit.*
33 Richard Gordon, *op. cit.*, 2002.
34 Albert S. Lyons *et* Joseph R. Petrucelli, *op. cit.*, 1997.
35 Roy Porter, *op. cit.*
36 Richard Gordon, *op. cit.*
37 Roberto Margota, *op. cit.*
38 François Furet, *O homem romântico*, Lisboa, Presença, 1995.
39 *Ibidem*, p. 163.
40 *Ibidem.*
41 Roy Porter, *op. cit.*, pp. 138-142.
42 *Ibidem*, p. 115.
43 *Ibidem.*
44 Michel Foucault, *op. cit.*

**A HOMEOPATIA: ALVORECER DA ARTE DE CURAR**
1 J. E. R Galhardo, Iniciação homeopática, Typ. Henrique M. Sodermann, Rio de Janeiro, 1936, p. 14-36.
2 Sobre os artigos e cartas trocadas entre Kardec e médicos homeopatas da época veja: Allan Kardec, "Medicina Homeopática, Dissertação de Hahnemann", in *Revista Espírita*, 1863, São Paulo, Edicel, 1985, p. 258; *Ibidem* "Triunfo da homeopatia onde falha a medicina comum", p. 233; *Ibidem*, "A ação da homeopatia no tratamento das moléstias morais", 1867, p. 172; *Ibidem*, "A homeopatia não corrige uma disposição moral viciosa", p.175.
3 Platão, *Diálogos, Fédon*, São Paulo, Cultrix, 1999.
4 *Apud Os pensadores, Platão, op.cit.*, p. 20.
5 *Apud* Paulo Rosembaum, *Homeopatia e vitalismo – um ensaio acerca da animação da vida*, São Paulo, Robe, 1996, *op.cit.*, p. 38.
6 *Apud* J. L. Boyd, *A concepção antiga de símile – selecta homeopathica*, Rio de Janeiro, Instituto de Homeopatia James Tyler Kent 2(I):5-54, jan /jun 1994, p. 30.
7 Sobre o movimento das ideias helênicas através dos mundos ocidental e oriental e suas influências, Aristóteles, *Ética a Nicômaco / Aristóteles*, 2002, Bauru, Edipro,

2002, pp.20-21; e Etienne Gilson, *A filosofia na Idade Média*, São Paulo, 2001, pp. 423-494.

8 Apud Paulo Rosembaum, *Homeopatia e vitalismo, um ensaio acerca da animação da vida*, São Paulo, Robe, 1996, *op. cit.*, p. 40.

9 Apud Madel T, *Luz, natural, racional, social. razão médica e racionalidade científica moderna*, Rio de Janeiro, Campus, 1988, *op.cit.*, p 28.

10 Apud J. L. Boyd, *A concepção antiga de símile – selecta homeopathica*, Rio de Janeiro, Instituto de Homeopatia James Tyler Kent 2(I):5-54, jan /jun 1994, p. 22.

11 Samuel Hahnemann, "Carta a um médico de alta categoria acerca de la urgência de una reforma en medicina", in: *Escritos menores*, Madrid, D. Ignatio Doix,1843, pp. 331-341.

12 Samuel Hahnemann, *Organon da arte de curar*, Buenos Aires, Albatros, 1978.

13 Samuel Hahnemann. "Esculapio en la Balanza", *Escritos menores*, Madrid, D. Ignatio Doix 1843, pp. 331-341.

**CIÊNCIA EM EVOLUÇÃO**

1 Colin Ronan, *A história ilustrada da ciência da universidade de Cambridge*, vols. III e IV, São Paulo, Circulo do Livro, 1987.

2 Colin Ronan, *op. cit.*

3 Colin Ronan, *op. cit.*

4 Ernest Bersot, *Mesmer e o magnetismo animal*, Rio de Janeiro, CELD, 1995.

5 Robert Darnton, *O lado oculto da Revolução: Mesmer e o final do Iluminismo na França*, São Paulo, Companhia das Letras, 1988.

6 *Ibidem.*

7 Ernest Bersot, *op. cit.*

8 *Ibidem*, p. 12.

9 *Ibidem.*

10 Michaelus, *Magnetismo espiritual*. Rio de Janeiro, FEB, 1952.

11 Ernest Bersot, *op. cit.*

12 *Ibidem.*

13 *Ibidem.*

14 Robert Darnton, *op. cit.*

15 Ernest Bersot, *op. cit.*

16 Robert Darnton, *op. cit.* p. 66.

17 *Ibidem.*

18 *Ibidem.*

19 *Ibidem.*

20 *Ibidem*, p. 73.

21 *Ibidem.*

22 *Ibidem.*

23 *Ibidem.*

24 Colin Ronan, *op. cit.*

25 Eric J. Hosbsbawm, *A era das revoluções 1789-1848*, Rio de Janeiro, Paz e Terra, 1982.

26 Colin Ronan, op. cit.
27 www.maps.jcu.edu.au/hist: consulta em março de 2003.
28 Jean-Pierre Verdet, Uma história da astronomia, Rio de janeiro, Jorge Zahar, 1991.
29 Pierre Thuillier, De Arquimedes a Einstein a face oculta de invenção científica, Rio de Janeiro, Jorge Zahar. 1994.
30 Filipo Garozzo, Os homens que mudaram a humanidade, Michael Faraday, São Paulo, Editora Três. 1975; Filipo Garozzo, Os homens que mudaram a humanidade, John Dalton, São Paulo, Editora Três. 1975.
31 Colin Ronan, op. cit.
32 Ibidem.
33 Denis Buican, Darwin e o darwinismo, Rio de Janeiro, Jorge Zahar, 1990, p. 8.
34 Eric J. Hosbsbam, op. cit.
35 Colin Ronan, op. cit.
36 Ibidem.
37 Jacob Bronowski, A escalada do homem, São Paulo, Martins Fontes, 1992, p.300.
38 Denis Buican, op. cit.
39 Jacob Bronowski, op. cit., p. 306.
40 Ernest Bersot, op. cit.
41 Ibidem.
42 Para maiores esclarecimentos sobre o tratamento com passes magnéticos, consultar Paul-Clément Jagot, Iniciação à arte de curar pelo magnetismo humano, São Paulo, Editora Pensamento, 1935.
43 Zêus Wantuil et Francisco Thiesen, Allan Kardec: meticulosa pesquisa bibliográfica, vol. I, Rio de Janeiro, FEB, 1979.
44 Ernest Bersot, op. cit.
45 José Laponi, Hipnotismo e espiritismo, Rio de Janeiro, FEB, 1988.
46 Zêus Wantuil et Francisco Thiesen, op. cit.
47 José Laponi, op. cit.
48 Ernest Bersot, op. cit.
49 José Laponi, op. cit.
50 Tradução francesa de J. Simom, 1843, citado por José Laponi, op. cit., p. 25.
51 Apud Michaelus, p. 12.
52 José Laponi, op. cit.
53 Michaelus, op. cit., p. 18.

# BIBLIOGRAFIA

**INTRODUÇÃO**
ABREU, CANUTO. *O livro dos espíritos e sua tradição histórica e lendária*. São Paulo, LFU, 1996.
AUDI, EDSON. *Vida e obra de Allan Kardec*. Rio de Janeiro, Lachâtre, 1999.
ELIAS. *A sociedade dos indivíduos*. Rio de Janeiro, Zahar, 1994.
WANTUIL, ZÊUS. *As mesas girantes e o espiritismo*. Rio de Janeiro, FEB, 1958.
_____ et THIESEN, FRANCISCO. *Allan Kardec*. Rio de Janeiro, FEB, 1982, 3º vol.

**O UNIVERSO EDUCACIONAL E A PROPOSTA DE PESTALOZZI**
AGUILHON, MAURICE. *1848, o aprendizado da República*. Rio de Janeiro, Paz e Terra, 1991.
ALVES, WALTER OLIVEIRA. *Educação do espírito*. São Paulo, IDE, 1997.
ARIES, PHILIPPE. *História social da criança e da família*. Rio de Janeiro, Zahar, 1981.
BOUQUET, JEAN-JACQUES. *Histoire de la Suisse*. Paris, Puf, 1995.
COSTA, FIRMINO. *Pestalozzi*. 2ª ed, Belo Horizonte, s. ed., s.d.
INCONTRI, DORA. *Pestalozzi, educação e ética*. São Paulo, Scipione, 1996.
KNELLER, GEORGE F. *Introdução à filosofia da educação*. Rio de Janeiro, Zahar, 1972.
LOBO, NEY. *Filosofia espírita da educação*. Rio de Janeiro, FEB.
LUZURIAGA, LORENZO. "Antologia de Pestalozzi", in: *Revista de Pedagogia*. Madri, 1931.
NATORP, PAUL. *Pestalozzi su vida y sus ideas*. Barcelona e Buenos Aires, Labor AS, 1931.
PIRES, HERCULANO. *Pedagogia espírita*. São Paulo, Edicel, 1985.
RIVAIL, HIPPOLYTE LEON DENIZARD. *Textos pedagógicos*. São Paulo, Comenius, 1998.
RODRIGUES, WALLACE LEAL. *Breve história de Pestalozzi*. Franca, Fundação Pestalozzi, 1996.
ROGER, CARL. *Liberdade de aprender em nossa década*. Porto Alegre, Artes Médicas, 1986.
WURTH, THIAGO M. *Panegírico de Pestalozzi*. Rio de Janeiro, Biblioteca Nacional, s.d.

**AS MULTIFÁRIAS MANIFESTAÇÕES DA ESPIRITUALIDADE NA LITERATURA**
ABRY, ÉMILE et alii. *Histoire illustrée de la littérature Française*. Paris, Didier, 1949.
ADAM, ANTOINE et alii. *Literatura francesa* – secretary. XIX e XX. Rio de Janeiro, Larousse do Brasil, 1972, 2º vol.
BAUDELAIRE, CHARLES. *Richard Wagner e Tannhäuser em Paris*. Tradução de Plínio Augusto Coelho e Heitor Ferreira da Costa. São Paulo, Primeira Linha, 1999.
_____. *A modernidade de Baudelaire*. Tradução de Suely Cassal. Rio de Janeiro,

Paz e Terra, 1988.
_____. *Les paradis artificiels*. Paris, Librio, 2000.
_____. *Les fleurs du mal*. Paris, Librio, 2001.
CASTEX, PIERRE-GEORGES. *Le conte fantastique en France*. Paris, José Corti, 1994.
CHASSANG A. *et* SENNINGER, CH. *Recueil de textes littéraires français– XIXe siècle*. Paris, Hachette, 1966.
CLASSIQUES ILLUSTRÉS VAUBOURDOLLE. *Taine. Pages choisies*. Paris, Hachette, 1953.
_____. *Verlaine. Poésies chosies*. Paris, Hachette, 1956.
_____. *Vigny. Poésies chosies*. Paris, Hachette, 1935.
CLASSIQUES LAROUSSE. *Verlaine et les poètes symbolistes*. Paris, Larousse, 1943.
COLLECTION NELSON. *Petite anthologie des poètes français*. Paris, Nelson Éditeurs, 1934.
DECAUX, ALAIN *et alii*. *Les plus beaux manuscrits de Victor Hugo*. Paris, Perrin, 2001.
GINESTIER, PAUL *et* MAILLET, ANDRÉ. *Culture et civilization françaises*. Paris, Didier, 1962.
GRUNEWALD, JOSÉ LINO. *Poetas franceses do século XIX*. Tradução de José Lino Grunewald. Rio de Janeiro, Nova Fronteira, 1991.
GODO, EMMANUEL. *Victor Hugo et Dieu. Bibliographie d'une âme*. Paris, Les Éditions du Cerf, 2001.
HAUSER, A. *História social da literatura e da arte*. Tradução de Walter H. Geener. 3ª ed. São Paulo, Mestre Jou,1982.
HUGO, VICTOR. *Les contemplations*. Paris, Nelson Éditeurs, 1856.
_____. *Obras completas*.Tradução de Jamil Almansur Hadad. 44 vols. São Paulo, Américas, 1960. 44º vol.: "*Les quatre vents de l' esprit*".
_____. Tradução de Hilário Correia. 44 vols. São Paulo, Américas, 1959. 32º vol.: "Pós escrito da minha vida e atos e palavras".
LAGARDE, ANDRÉ *et* MICHARD, LAURENT. *XIX$^{e\,Siècle}$: les grands auteurs français du programme*. Paris, Bordas, 1961, 5º vol.
MACHADO, UBIRATAN. *Os intelectuais e o espiritismo*. Niterói, Lachâtre, 1996.
MAGALHÃES JR. R. *O livro de ouro da poesia da França*. Rio de Janeiro, Ediouro, 2001.
MARSEILLE, JACQUES (org.). *Les années Hugo (1802-1885)*. Paris, Larousse, 2002.
MINISTÈRE DE LA CULTURE ET DE LA COMMUNICATION. Direction des archives de France.*Célébrations Nationales 2002*. Paris, Caractere, 2001.
MOISÉS, CARLOS FELIPE. "Proust, um poeta *fin-de siècle*". Cult, São Paulo, nov./2001, nº 52, pp.16-17.
MORETTO, FÚLVIA M. L. *Caminhos do decadentismo francês*. São Paulo, Perspectiva,1989.
ORMESSON, JEAN DE. *Une autre histoire de la littérature française. La poésie au XIX$^e$ siècle*. Paris, Librio, 2001.
_____. *Écrivains et romanciers du XIX$^{e\,siècle.}$* Paris, Librio, 2001.
PIA, PASCAL. *Baudelaire par lui-même*. Paris, Éditions du Séuil, 1952.
RIMBAUD, ARTHUR. *Iluminuras*. Tradução de Rodrigo Garcia Lopes e Maurício Arruda Mendonça. 3ª ed. São Paulo, Iluminuras, 2002.
TERRANOVA, VALÉRIE. "Alexandre le Grand". *Révue des deux mondes*. Jan./2002, pp. 106-111.

THORAVAL, JEAN. *Les grandes étapes de la civilisation française.* Paris, Bordas, 1978.

VERLAINE, PAUL. *Confissões.* Tradução de Cabral do Nascimento. Lisboa, Relógio D'Água Editores, 1994.

**NOTAS DE UMA VIAGEM MUSICAL: ESCALAS E ESCOLHAS EM PARIS**

ANDERSON, PERRY. *Linhagens do estado absolutista.* São Paulo, Brasiliense.

CALDEIRA FILHO, J. C. *Os compositores.* São Paulo, Cultrix, 1951, p. 285.

ELMERICH, LUÍS. *Guia da música e da dança.* São Paulo, Boa Editora Ltda., 1962.

EWEN, DAVID. *Maravilhas da música universal: enciclopédia das obras primas da música.* Tradução João Henrique Chaves Lopes. Porto Alegre, Editora Globo, 1959, 2º vol., p. 565.

LEROY, MAXIME. *Les premiers amis français de Wagner.* Paris, Albin Michel, 1925, p. 234.

PAHLEN, KURT. *História universal da música.* São Paulo, Melhoramentos, s/d., p. 376.

POURTALÉS, GUY. *Vida de Chopin.* Tradução Aristides Ávila. São Paulo, Atena Editora, 1959, p. 258.

ROSEN, CHARLES. *A geração romântica.* Tradução Eduardo Seineman. Ed. rev. e ampl. São Paulo, Editora da Universidade de São Paulo, 2000, p. 946.

SCHONBERG, HAROLD C. *The great pianists: from Mozart to the present.* New York, Simon and Schuster, 1963, p. 448.

WIERZYNSKY, CASIMIR. *Chopin.* Lisboa, Editorial Aster, s/d., p. 356.

**ARTES PLÁSTICAS: A POTÊNCIA DE UMA ESTÉTICA RENOVADORA**

ARGAN, GIULIO CARLO. *Arte moderna.* São Paulo, Companhia das Letras, 1995.

BADE, PATRICK. *Degas.* Lisboa, Editorial Stampa, 1992.

BEAUX-ARTS HORS-SÉRIE. *Monet.* Paris, Publications Nuit et Jour, s.d.

BENJAMIN, WALTER. *O conceito de crítica de arte no romantismo alemão.* São Paulo, Edusp, 1993.

CARPEAUX, OTTO MARIA. *História da literatura ocidental.* Rio de Janeiro, Editorial Alhambra, 1981, 5º vol.

COURTINE, JEAN-FRANÇOIS *et alii. Du sublime.* Paris, Belin, 1988.

DUMAS, ANN *et alii. The private collection of Edgar Degas.* New York, The Metropolitan Museum of Art, 1998.

F. STUCKEY, CHARLES. *Water lilies.* Colônia, Könemann, 1988.

GORDON, ROBERT *et* FORGE, ANDREW. *Monet.* New York, Abradale Press, H. N. Abrams Publisher, 1989.

GRONE, BERND. *Edgar Degas.* Colônia, Taschen, 1996.

HAYES TUCKER, Paul. *Monet in the 90's.* Boston, Museum of Fine Arts, em associação com The Yale University Press.

JORDÃO PEREIRA, GERALDO (coord. ed.). *Monet, o mestre do impressionismo.* Rio de Janeiro, Salamandra, 1997.

KENDALL, RICHARD. *Les colisses de Degas.* Paris, Assouline, 1996.

LE PETIT Robert 2. Paris, Le Robert, 1989.

MALCOLM, DANIEL *et alii. Edgar Degas, photographer.* New York, The Metropolitan Museum of Art, 1999.

O LIVRO da arte. São Paulo, Martins Fontes, 1999.

OSTROWER, FAYGA. *A grandeza humana*. Rio de Janeiro, Campus, 2003.

SÉRULLAZ, ARLETTE et alii. *L'ABCdaire de Delacroix*. Paris, Flammarion, 1998.

**PARIS, ESPAÇO E PAISAGEM DA MODERNIDADE**

ARGAN, GIULIO CARLO. *Arte moderna*. Ed. Companhia das Letras, 1993.

_____. *História da arte como a história da arquitetura*. Ed. Martins Fontes, 1995.

BENEVOLO, LEONARDO. *Histoire de l'architecture moderne*. Ed. Dunod, 1980, 1º vol.

DES CARS, JEAN et PINON, PIERRE. *Paris et Haussmann*. France, Ed. Picard, 1991.

LEMOINE, BERTRAND. *L'Architecture du Fer– France:XIXème Siècle*. Ed. Champ Vallon.

MUMFORD, LEWIS. *A cidade na história*. Ed. Martins Fontes, 1995.

**HISTÓRIA ENTRE IMPÉRIOS E REVOLUÇÕES**

ARENDT, HANNAH. *Da revolução*. São Paulo, Ática, 1988.

BLOCH, MARC. *Os reis taumaturgos*. São Paulo, Companhia das Letras, 1993.

BRESCIANI, MARIA STELLA M. *Londres e Paris no século XIX: o espetáculo da pobreza*. São Paulo, Brasiliense, 1982.

FEBVRE, LUCIEN. *Michelet e a renascença*. São Paulo, Scritta, 1995.

FREITAS, GUSTAVO DE. *900 textos e documentos de história*. Lisboa, Plátano, 1976.

FURET, FRANÇOIS. *La révolution 1770-1880*. Paris, Hachette, 1988.

GIRARD, LOUIS. *Le temps des révolutions 1715-1870*. Paris, Bordas, s.d.

GONZÁLES, HORÁCIO. *A comuna de Paris, os assaltantes do céu*. São Paulo, Brasiliense, 1982.

GUINLE, JEAN PHILIPPE. *Les souverains de la France*. Paris, Bordas, 1995.

HOBSBAWN, ERIC. *A era das revoluções 1789-1848*. Rio de Janeiro, Paz e Terra, 1982.

_____. *A era do capital 1848-1875*. Rio de Janeiro, Paz e Terra, 1982.

JARDIN, A. et TUDESQ, A.-J. *La France des notables, l'évolution générale 1815-1848*. Paris, Seuil, 1973.

MATHIEU, BERNARD. *Cathedrale Notre-Dame de Paris, ses grandes heures historiques*. Paris, La Tourelle, 1977.

MIQUEL, PIERRE. *Histoire de la France*. Saint Amand, Marabout, 1998.

NORA, PIERRE (org.). *Les lieux de mémoire*. Paris, Gallimard, 1997, 3º vol.

OZOUF, MONA. *La fête révolutionnaire 1789-1799*. Paris, Gallimard, 1976.

PLESSIS, ALAIN. *De la fête impériale au Mur des Fédérés 1852-1871*. Paris, Seuil, 1979.

REMOND, RENÉ. *O século XIX (1815-1914)*. São Paulo, Cultrix, 1990.

WEBER, MAX. *A ética protestante e o espírito do capitalismo*. São Paulo, Pioneira, 1983.

**A 'QUESTÃO SOCIAL' E SUAS ALTERNATIVAS**

BEC, COLETTE. *Assistance et Republique: la recherche d'un nouveau contract social sous la III Republique*. Paris, Les Éditions de L'atelier, 1983.

BOBBIO, NORBERTO. *A era dos direitos*. Rio de Janeiro, Campus, 1992.

BOTTOMORE, T. et NISBET, R. (orgs.). *História da análise sociológica*. Rio de Janeiro, Zahar, 1980.

CASTEL, ROBERT. *As metamorfoses da questão social: uma crônica do salário*. Petrópolis, Vozes, 1998.

DUPRAT, CATHERINE. *Le Temps des philanthropes: la philantropie parisiense de lumières à la monarchie de juillet*. Paris, Editions C. T. H. S., 1993.

DURKHEIM, EMILE. *A divisão do trabalho social*. São Paulo, Martins Fontes, 1995.

GIRARD, LOUIS. *Le temps des révolutions 1715-1870*. França, Bordas, s.d.

HIMMELFARB, GERTRUDE. *La idea de la pobreza: Inglaterra a principios dela era industrial*. Mexico, Fondo de Cultura Econômica, 1988.

HOBSBAWN, ERIC. *A era das revoluções 1789-1848*. Rio de Janeiro, Paz e Terra, 1977.

_____. "Adeus a Tudo Aquilo", in: BLACKBURN, R. (org.). *Depois da queda: o fracasso do comunismo e o futuro do socialismo*. Rio de Janeiro, Paz e Terra, 1991.

MARSHALL, T. H. *Cidadania, classe social e status*. Rio de Janeiro, Zahar Editores, 1967.

MARX, KARL. *A miséria da filosofia: resposta à filosofia da miséria do sr. Proudhon*. São Paulo, Editora Ciências Humanas, 1982.

_____. *A questão judaica*. Rio de Janeiro, Laemmert, 1969.

_____. *O capital: crítica da economia política*. São Paulo, Abril Cultural, 1983.

_____ *et* ENGELS, FRIEDRICH. *Manifesto do Partido Comunista*. Petrópolis, Vozes, 1990.

MERQUIOR, JOSÉ GUILHERME. *O liberalismo: antigo e moderno*. Rio de Janeiro, Nova Fronteira, 1991.

MIRANDA, ORLANDO DE (org). *Para ler Ferdinand Tönnies*. São Paulo, Edusp, 1995.

MOORE JR., BARRINGTON. *As origens sociais da ditadura e da democracia: senhores e camponeses na construção do mundo moderno*. São Paulo, Martins Fontes, 1983.

PERROT, MICHELLE. *Os excluídos da história: operários, mulheres, prisioneiros*. Rio de Janeiro, Paz e Terra, 1988.

PETITFILS, JEAN-CHRISTIAN. *Os socialismos utópicos*. Rio de Janeiro, Zahar, 1978.

POLANY, KARL. *A grande transformação: as origens da nossa época*. 2ª ed., Rio de Janeiro, 2000.

SEWELL JR., W. H. "Artisans, Factory Workers and the Formation of the French Working Class, 1789-1848", in: KATZNELSON, IRA *et* ZOLBERG, A. R. (orgs.). *Working-class formation: nineteenth-century patterns in western Europe and the United States*. New Jersey, Princeton University Press, 1986.

VALLADARES, LICIA. "Cem Anos pensando a pobreza (urbana) no Brasil", in: *Corporativismo e desigualdade*. Rio de Janeiro, IUPERJ e Rio Fundo Editora, 1991.

WEBER, MAX. *A ética protestante e o espírito do capitalismo*. São Paulo, Pioneira, 1994.

WILSON, EDMUND. *Rumo à estação Finlândia: escritores e atores da história*. São Paulo, Cia. das Letras, 1986.

**MATERIALISMO E ESPIRITUALISMO NA FILOSOFIA: CULMINÂNCIAS E SÍNTESES**
COUTO VALLE, NADJA DO. "Um olhar sobre Kardec" in: *Reformador*, Brasília, FEB, out/2002, pp.18-20.

Coleção *Os pensadores*. São Paulo, Nova Cultural, 1988, vols. referentes aos autores citados.

MONDIN, BATTISTA. *Curso de filosofia*. Trad. Benôni Lemos. São Paulo, Edições Paulinas, 1981-1983. volumes 2 e 3.

PADOVANI, H. & CASTAGNOLA, L. *História da filosofia*. 4ª ed. São Paulo, Melhoramentos, 1961.

SCIACCA, M. FEDERICO. *História da filosofia*. Trad. Luís Washington Vita. 3ª ed.

São Paulo, Editora Mestre Jou, 1968, volumes 2 e 3.

URDANOZ, TEOFILO. *Historia de la filosofia*. 2ª ed. Madrid, Biblioteca de Autores Cristianos, 1975, 5º vol.

### HISTÓRIA DA MEDICINA: O HOMEM NA ETERNA BUSCA DA CURA

CALLEBAT, LOUIS. *Histoire du médecin*. Paris, Flammarion, 1999, p. 319.

FOUCAULT, MICHEL. *O nascimento da clínica*. Rio de Janeiro, Forense Universitária, 1998, p. 241.

FURET, FRANÇOIS. *O homem romântico*. Lisboa, Editorial Presença, 1999, p. 270.

GORDON, RICHARD. *A assustadora história da medicina*. São Paulo, Ediouro, 2002, p. 432.

HAHNEMANN, SAMUEL. *Organon de la medicina*. Buenos Aires, Editora Albatroz, 1986, p. 332.

JÚNIOR, OTÁVIO DE FREITAS. *Pavlov, vida e obra*. Rio de Janeiro, Editora Paz e Terra, 1976, p. 138.

LYONS, S. ALBERT et PETRUCELLI, R. JOSEPH. *História de medicina*. São Paulo, Editora Manole Ltda, 1997, p. 615.

MANNONI, OCTAVE. *Uma biografia ilustrada*. Rio de Janeiro, Jorge Zahar Ed., 1994, p. 190.

MARGOTTA, ROBERTO. *História ilustrada da medicina*. São Paulo, Editora Manole Ltda, 1998, p. 192.

PORTER, ROY. *História ilustrada da medicina*. Rio de Janeiro, Editora Revinter, 1996, p. 399.

PERROT, MICHELLE. *História da vida privada. Da Revolução Francesa à Primeira Guerra*. São Paulo, Companhia das Letras, 1991, 4º vol., p. 639.

ROSENBAUM, PAULO. *Homeopatia e vitalismo um ensaio acerca da animação da vida*. São Paulo, Rose Editorial, 1996, p. 205.

SCLIAR, MOACIR. *A paixão transformada história da medicina na literatura*. São Paulo, Editora Schwarcz Ltda., 1996, p. 307.

### A HOMEOPATIA: ALVORECER DA ARTE DE CURAR

ARISTÓTELES. *Ética a Nicômaco / Aristóteles*. Bauru, SP, EDIPRO, 2002.

BOYD, J. L. *A concepção antiga de símile – Selecta homeopathica*. Rio de Janeiro, Instituto de Homeopatia James Tyler Kent, 1994.

DURANT, W. *A história da filosofia*. São Paulo, Nova Cultural, 2000.

GALHARDO, J. E. *Iniciação homeopática*. Rio de Janeiro, Typ. Henrique M. Sodermann, 1936.

GILSON, E. *A filosofia na Idade Média*. São Paulo, Martins Fontes, 2001.

HAHNEMANN, S. *Escritos menores*. Madrid, D. Ignatio Doix, 1843.

_____. *The chronic diseases*. New Delhi, B. Jain, 1986.

_____. *Organon de la Medicina*. Buenos Aires, Albatros, 1978.

KARDEC, A. *Revista Espírita – 1863*. Edicel, São Paulo, 1985.

_____. *Revista Espírita – 1867*. Edicel, São Paulo,1985.

MADEL, T. L. *Natural, racional, social. Razão médica e racionalidade científica moderna*. Rio de Janeiro, Campus, 1988.

PLATÃO. *Diálogos, Fédon*. São Paulo, Cultrix, 1999.

_____. *Os pensadores*. Rio de Janeiro, Nova Cultural, 2001.

ROSENBAUM, P. *Homeopatia e vitalismo – um ensaio acerca da animação da vida*. São Paulo, Robe, 1996.

RUIZ, R. *Da alquimia à homeopatia*. São Paulo, UNESP, 2002.

## CIÊNCIA EM EVOLUÇÃO

BERSOT, ERNEST. *Mesmer e o magnetismo animal*. Tradução por José Jorge. Rio de Janeiro, CELD, 1995.

BRONOWSKI, JACOB. *A escalada do homem*. Tradução por Núbio Negrão. São Paulo, Martins Fontes, 1992.

BUICAN, DENIS. *Darwin e o darwinismo*. Tradução por Lucy Magalhães. Rio de Janeiro, Joge Zahar, 1990.

DARNTON, ROBERT. *O lado oculto da Revolução: Mesmer e o final do Iluminismo na França*. Tradução por Denise Bottmann. São Paulo, Companhia das Letras, 1988.

GAROZZO, FILIPPO. *Os homens que mudaram a humanidade, Michael Faraday*. São Paulo, Editora Três, 1975.

_____. *Os homens que mudaram a humanidade, John Dalton*. São Paulo, Editora Três, 1975.

HOSBSBAWM, ERIC J. *A era das revoluções 1789-1848*. Tradução por Maria Tereza Lopes Teixeira e Marcos Penchel. 4ª ed. Rio de Janeiro, Paz e Terra, 1982.

JAGOT, PAUL-CLÉMENT. *Iniciação à arte de curar pelo magnetismo humano*. Tradução por Sonia Rangel. São Paulo, Pensamento, 1935.

LAPONI, JOSÉ. *Hipnotismo e espiritismo*. Tradução por Almerindo Martins de Castro. 3ª ed. Rio de Janeiro, FEB, 1988.

MICHAELUS. *Magnetismo espiritual*. 7ª ed. Rio de Janeiro, FEB, 1952.

RONAN, COLIN. A. *História ilustrada da ciência da universidade de Cambridge volume III Da renascença à revolução científica*. Tradução por Jorge Enéas Fortes. São Paulo, Círculo do Livro, 1987.

_____. *História ilustrada da ciência da universidade de Cambridge volume IV Da renascença à revolução científica*. Tradução por Jorge Enéas Fortes. São Paulo, Circulo do Livro, 1987.

THUILLIER, PIERRE. *De Arquimedes a Einstein a face oculta de invenção científica*. Tradução por Maria Inês Duque-Estrada. Rio de Janeiro, Jorge Zahar, 1994.

VERDET, JEAN-PIERRE. *Uma história da astronomia*. Tradução por Fernando Py. Rio de janeiro, Jorge Zahar, 1991.

WANTUIL, ZEUS et THIESEN, FRANCISCO. *Allan Kardec: meticulosa pesquisa bibliográfica*. 4ª ed. Rio de Janeiro, FEB, 1979, 1º vol.

De Jean Prieur
# *Allan Kardec e seu tempo*

    Belíssima narrativa da vida do Codificador do espiritismo escrita pelo mais importante escritor espírita francês da atualidade. Repleto de interessantes fatos da vida de Allan Kardec (1804-1869), Jean Prieur foge do relato tradicional dos seus biógrafos.

Esta edição foi impressa em Julho de 2015 pela Assahi Gráfica e Editora Ltda., São Bernardo do Campo, SP, para o Instituto Lachâtre, sendo tiradas três mil cópias, todas em formato fechado 155x225mm e com mancha de 105x175mm. Os papéis utilizados foram o Off-set Chambril 63g/m² para o miolo e o Cartão Ningbo 300g/m² para a capa. O texto foi composto em Berkeley 11/12,1. A programação visual da capa foi elaborada por Andrei Polessi.